Cultures & Conflits
n° 94/95/96 - été/automne/hiver 2014

Critique de la raison criminologique

Les textes récents de la revue sont accessibles sur :
www.cairn.info/revue-cultures-et-conflits.htm, ainsi que sur :
http://www.jstor.org

Actualité de la revue, colloques, séminaires, résumés des articles
(français/anglais) et tous les anciens articles publiés sur :
www.conflits.org

Résumés en anglais également disponibles sur :
www.ciaonet.org

Indexé dans *Cambridge Sociological Abstracts*,
International Political Science Abstracts, PAIS, *Political Sciences Abstracts*,
Linguistics & Language Behavior Abstracts.

Cultures & Conflits

n° 94/95/96 - été/automne/hiver 2014

Critique de la raison criminologique

Ce numéro a bénéficié des soutiens du Centre National du Livre, du Centre National de la Recherche Scientifique, du Ministère de la Défense et de TELECOM École de management.

Cultures & Conflits

n° 94/95/96 - été/automne/hiver 2014

Manuscrits à envoyer à : Cultures & Conflits - bureau F515, UFR DSP, Université de Paris-Ouest-Nanterre, 92001 Nanterre cedex - redaction@conflits.org

Conception de la couverture : Karel Yon

En couverture : « Mesure de l'oreille ». Illustration tirée d'un article de Jean Sigaux, « L'anthropométrie », *in L'illustration*, n° 2402, 9 mars 1889, pp. 198. Document provenant de la collection personnelle de Pierre Piazza mis en ligne surcriminocorpus.org

ISBN : 978-2-343-05760-6

SOMMAIRE / CRITIQUE DE LA RAISON CRIMINOLOGIQUE

Critique de la raison criminologique

Didier BIGO, Laurent BONELLI

Didier Bigo et Laurent Bonelli sont co-rédacteurs en chef de Cultures & Conflits.

Pour le sociologue ou le politiste français, l'expression même de « criminologie » sonne au premier abord comme un peu étrange et un peu ridicule. Pourquoi séparer des comportements – criminels en l'occurrence – de l'ensemble des relations sociales dans lesquelles ils sont encastrés et en faire un champ d'étude spécifique ? Si la criminologie se focalise seulement sur le crime, elle n'a guère plus de sens qu'une « anorexicologie », une « suicidologie » ou une « mariagologie », respectivement entendues comme sciences de l'anorexie, du suicide et du mariage. Si, en revanche, son ambition est de resituer le crime dans la fabrication et le maintien d'un ordre social et politique, pourquoi la distinguer de la sociologie ou de la science politique ? La question est volontairement naïve. Selon les pays, l'existence ou non de la criminologie comme discipline, de même que le sens qui y est donné dépendent de trajectoires historiques singulières dont il faut à chaque fois retracer les étapes et les modalités. Les rapports de forces sociaux et les équilibres académiques entre le droit, la sociologie, la médecine et la psychologie dessinent en effet des formes d'institutionnalisation différentes au Canada, en Belgique, aux États-Unis, au Royaume-Uni, en Allemagne, en Italie ou en France [1]. Toutefois, la naïveté de la question n'est qu'apparente. Les batailles pour l'existence disciplinaire de la criminologie demeurent en effet inséparables d'une promotion plus large de modes de questionnement, de catégories de pensée et de mise en récit spécifiques, c'est-à-dire d'une « raison criminologique » que ce numéro spécial de *Cultures & Conflits* entend interroger.

Le crime, relation ou essence ?

Au fond, faut-il ajouter quelque chose à l'analyse d'Émile Durkheim, lorsqu'il écrit en 1895 : « Classer le crime parmi les phénomènes de sociologie normale, ce n'est pas seulement dire qu'il est un phénomène inévitable quoi que regrettable, dû à l'incorrigible méchanceté des hommes ; c'est affirmer

1. Pour un propos général, voir Pires A., « La criminologie et ses objets paradoxaux : réflexions épistémologiques sur un nouveau paradigme », *Déviance et société*, 17 (2), 1993, pp. 129-161.

qu'il est un facteur de la santé publique, une partie intégrante de toute société saine [2] » ? Pour le sociologue, la « normalité » du crime et l'étonnante plasticité des faits ou des individus englobés sous ce registre indique qu'il n'y a pas de neutralité et encore moins de naturalité de ces actes ou de ces identités. Ils résultent d'un processus de définition, dont l'enjeu est notamment de fixer les frontières morales d'un groupe ou d'une société. Cette perspective connaît une large postérité et inspire à des degrés divers les travaux d'auteurs aussi différents que Aaron V. Cicourel, Norbert Elias, Jean-Claude Chamboredon ou Donald Black, pour n'en citer que quelques uns [3]. Elle marque également ceux de Howard S. Becker et de Michel Foucault [4], dont des contributions inédites ou peu connues sont présentées dans ce numéro.

Pour autant, cette approche n'a jamais complètement emporté l'adhésion de ceux qui ont partie liée à la régulation concrète de la criminalité et qui se reconnaissent plutôt dans Gabriel Tarde – souvent présenté comme l'un des pères de la criminologie (et lui même magistrat) – lorsqu'il affirme : « Le crime est un fait social comme un autre, mais un phénomène antisocial en même temps, comme le cancer participe à la vie d'un organisme, mais en travaillant à sa mort [5] ». La métaphore médicale n'apparaît pas ici par hasard : la raison criminologique, quelles que soient ses déclinaisons, demeure avant tout *prophylactique*. Aujourd'hui comme hier, il s'agit de fournir des savoirs pragmatiques, orientés vers l'action afin de « guérir » les sociétés de la criminalité. L'analyse glisse de la dimension *relationnelle* de définition du crime vers un caractère prétendument ontologique, c'est-à-dire vers sa *substance*, voire son essence. On attend alors dans cette vision du grand corps social malade, des réponses à des questions simples comme : « qui sont les délinquants ? » ou « quelles sont les causes de la criminalité ? » afin d'« apporter des solutions », toutes aussi simples, pour protéger la société.

(In)fortunes de la criminologie française

En France, la formation de savoirs sur le crime a été abondamment documentée et l'on ne peut en livrer qu'une synthèse imparfaite, qui demeure toutefois nécessaire pour fournir des éléments de compréhension des dynamiques contemporaines [6]. La constitution d'une discipline nommée anthropologie criminelle regroupant anthropologues, médecins, juristes et praticiens du pénal s'est d'abord focalisée dans les années 1880 autour de la controverse

2. Durkheim E., *Les règles de la méthode sociologique*, Paris, PUF 1996 [1895], p. 66.
3. Cicourel A. V., *The Social Organization of Juvenile Justice*, New Brunswick, Transaction Publishers, 1995 [1968] ; Elias N. et Scotson J. L., *Les logiques de l'exclusion*, Paris, Fayard, 1997 [1965] ; Chamboredon J-C., « La délinquance juvénile, essai de construction d'objet », *Revue française de sociologie*, 12 (3), 1971, pp. 335-377 ; Black D., *The Behavior of Law*, San Diego, Academic Press, 1980 [1976].
4. Notamment Becker H. S., *Outsiders. Études de sociologie de la déviance*, Paris, Métailié, 1985 et Foucault M., *Surveiller et punir. Naissance de la prison*, Paris, Gallimard, 1975.
5. Tarde G., *La philosophie pénale*, Paris, éditions Cujas, 1972 (1890), p. 420.
6. Pour ces développements, nous renvoyons notamment à Kaluszynski M., *La République à*

entre l'école italienne de Cesare Lombroso – qui évoque l'idée d'un criminel-né – et celle d'Alexandre Lacassagne, qui lui reproche de ne pas tenir compte du « milieu social ». Mais la distance qui les sépare demeure minimale et c'est plutôt du côté de Gaston Richard, un collaborateur de Durkheim, que l'on trouvera les premiers travaux s'appuyant sur la statistique et l'objectivation du crime comme phénomène social [7]. Ceci dit, le projet ne connaîtra pas le succès que les durkheimiens eurent dans d'autres secteurs de l'activité scientifique. La rupture de Richard avec Durkheim en 1907, ainsi que la mort de Tarde sans héritiers en 1904, sonnent la quasi-disparition de recherches sociologiques en ce domaine, dans un contexte de montée en puissance du discours médical et psychiatrique, au sein même de l'anthropologie criminelle (avec notamment l'idée de la « dégénérescence »).

Le débat savant sur le crime oppose surtout à cette période juristes et médecins. Les premiers avaient reçu avec hostilité les thèses sur les doctrines biologiques de la criminalité, qui remettaient notamment en question des bases du droit pénal, que sont le libre-arbitre et la responsabilité. Ils voient également d'un mauvais œil l'irruption de l'expertise médicale dans les procès, capable par exemple de détruire l'expertise juridique basée sur un témoignage. L'anthropologie criminelle, vue comme discours savant (et maintenant médical) sur le crime est donc traitée avec suspicion. Derrière ces concurrences professionnelles se joue une lutte entre élites sociales (les médecins et les juristes) sur leur rôle et leur prédominance dans la société. L'une des manifestations de cette lutte est leur opposition sur les modalités disciplinaires à déployer pour juguler le crime : force du droit contre hygiène sociale et morale. La position dominante des juristes aux débuts de la Troisième République explique sans doute que leurs visions du monde l'aient emporté. La « criminologie » (nommée parfois « science criminelle » ou « science pénitentiaire ») connaît certes un début d'institutionnalisation, avec l'enseignement de la médecine légale, de la médecine mentale, d'éléments de police technique, d'anthropologie du droit pénal, mais dans les facultés de droit. Entre 1905 et 1914, trois d'entre-elles (Paris, Toulouse et Dijon) créent des certificats de science pénale et, en 1922, naît l'institut de criminologie de Paris, sous la double tutelle des facultés de droit et de médecine (mais dans les locaux de la faculté de droit).

---

l'épreuve du crime. La construction du crime comme objet politique, 1880-1920, Paris, L.G.D.J. 2002 ; Mucchielli L. (ed), *Histoire de la criminologie française*, Paris, L'Harmattan 1995, « L'impossible constitution d'une discipline criminologique en France. Cadres institutionnels, enjeux normatifs et développements de la recherche des années 1880 à nos jours », *Criminologie*, 37 (1), 2004, pp. 13-42, *Criminologie et lobby sécuritaire. Une controverse française*, Paris, La Dispute, 2014 ; et Renneville M., *Crime et folie. Deux siècles d'enquêtes médicales et judiciaires*, Paris, Fayard, 2003.

7. Par exemple Richard G., « Les crises sociales et les conditions de la criminalité », *L'Année sociologique*, 1898-1899, année 3, pp. 15-42.

La criminologie demeure ainsi académiquement marginale et marquée par les parcours conservateurs de ceux qui s'en réclament, comme par une profonde hostilité à un droit pénal fondé sur l'humanisme de la peine. Elle s'aliène donc nombre de juristes et se tourne vers la branche encore plus ténue de la science pénitentiaire. Si les thèses du criminel-né s'estompent, le lien entre classe sociale, pauvreté et criminalité fait en revanche florès. L'acte criminel supposerait une subjectivité criminelle particulière et la figure de l'ouvrier – ou plus encore du lumpenprolétariat délinquant – envahit les discours. Les questionnements se déportent vers les politiques à adopter lorsqu'existent des situations criminogènes qui favorisent l'émergence de types d'individus associés à des actes délinquants particuliers. Deux approches s'opposent ou se combinent pour combattre ce que l'on appelle alors « la dangerosité [8] » : d'une part la « prophylaxie sociale [9] » qui entend jouer sur les conditions individuelles et collectives pouvant faciliter la délinquance et, de l'autre, les mesures de sûreté visant à « réadapter » l'individu déviant en plus de son châtiment pénal. Ces dimensions structurent les disputes criminologiques après la Seconde Guerre mondiale, auxquelles on peut associer les noms de Jean Pinatel (1913-1999), inspecteur de l'administration pénitentiaire, collaborateur assidu de la *Revue de science criminelle et de droit pénal comparé* et membre important de la Société internationale de criminologie ; du magistrat Marc Ancel (1902-1990), fondateur de « la défense sociale nouvelle [10] » ou encore de Jacques Léauté, professeur de droit privé à la Faculté de droit de Paris (1958-1970), puis directeur de l'Institut de criminologie de Paris (1972-1985), qui insiste sur le rôle de la criminologie clinique, sur les déterminants individuels du crime, et sur la nécessité de lier l'approche psychologique et le traitement judiciaire [11]. Malgré cette activité – y compris internationale –, c'est pourtant du côté de la sociologie et du droit que se développent en France les études sur le crime, d'abord avec Henri Lévy-Bruhl (1884-1964), puis avec André Davidovitch et Jean Carbonnier [12]. Ce mouvement s'amplifie à partir des années 1960-1970, dans un contexte intellectuel marqué par la contestation politique du système pénal et la réception des théories interactionnistes et notamment de celle de l'étiquetage [13]. La dynamique se déporte davantage vers l'étude de la pénalité, d'abord au Service d'études pénales et criminologiques (SEPC), créé en 1968 sous la houlette de Philippe Robert, puis au

8. Danet J., « La dangerosité, une notion criminologique, séculaire et mutante », *Champ pénal/Penal field* [en ligne], vol. V, 2008.

9. Le premier congrès international de prophylaxie criminelle se tient à Paris du 27 au 30 septembre 1959. Il entend « substituer une science tout à fait nouvelle aux anciennes conceptions en matière de prévention du crime et des psychopathies ». *Cf. Revue internationale de droit comparé*, 11 (2), 1959. p. 422.

10. Ancel M., *La Défense sociale nouvelle, un mouvement de politique criminelle humaniste*, Paris, éditions Cujas, 1954.

11. Léauté J., *Criminologie et science pénitentiaire*, Paris, PUF, 1972.

12. Mucchielli L. et Marcel J-C., « La sociologie du crime en France depuis 1945 », *in* Mucchielli L. et Robert Ph., *Crime et sécurité. L'état des savoirs*, Paris, La Découverte, 2002.

13. Voir Robert Ph. « La sociologie entre une criminologie du passage à l'acte et une criminologie de la réaction sociale », *L'Année sociologique*, troisième série, vol. XXIV, pp. 441-504.

Centre de recherche sociologique sur le droit et les institutions pénales (CESDIP), qui le remplace en 1983. La criminologie prophylactique continue certes à irriguer des milieux professionnels, mais malgré les désirs de Pinatel [14], ne parvient guère à se ménager des espaces autonomes, au-delà de quelques îlots disséminés dans les facultés de droit.

Vers la fin des années 1970, l'Institut de criminologie de Paris emprunte une voie originale pour sortir de son confinement. Léauté essaie d'y préserver l'essence de la question « criminelle », mais en la rattachant au discours naissant sur le « terrorisme », qui accompagne le développement de la violence politique en Europe (en Allemagne, en Italie, mais aussi liée à la question palestinienne). L'ethnologue Jean Servier, partisan à son heure de l'Algérie française, s'y associe occasionnellement [15]. Surtout, le journaliste Christian de Bongain – un ancien d'Occident chrétien, plus connu sous son pseudonyme Xavier Raufer – y est recruté pour mener des recherches.

Ce dernier joue très vite le rôle d'intermédiaire entre l'Institut, des membres des services de renseignements français avec lesquels il partage des affinités politiques et certains médias. Dans des articles de presse (à *L'Express* notamment), des émissions de radio et de télévision et dans des ouvrages (plus d'une vingtaine entre 1982 et 2010), il développe ses thèses sur le terrorisme et le crime sous toutes leurs facettes. Utilisant un langage simplificateur, dont il s'honore dans une veine anti-intellectuelle, il fait un usage abondant des métaphores biologiques et médicales [16]. Sous sa plume, les organisations clandestines deviennent des « guérillas dégénérées [17] », les États du Sud, des « États faillis » aux « zones grises incontrôlables » justifiant les interventions des puissances occidentales, et il insiste sur les ennemis infiltrés dans ces dernières, hier les « Partis communistes combattants », aujourd'hui les « islamo-gangsters ». La « violence sociale » et les « zones de non droit » des banlieues françaises sont projetées dans des discussions géopolitiques sur le chaos global, dessinant l'image d'un présent et d'un futur menaçants. Sa prose et ses gloses mêlent la désignation de « groupes à risques », l'évaluation des conditions de leur passage à l'acte et des injonctions à l'action (publique). Il suit en cela la ligne de pente de la criminologie prophylactique de ses ainés, sans toutefois se

14. Pinatel J., « La criminologie : recherche scientifique et action sociale », *Revue française de sociologie*, 1964, 5-3, pp. 325-330.
15. En 1979, il écrit notamment un « Que sais-je ? » intitulé *Le terrorisme* (n°1768) dans lequel on peut lire que « La personnalité du terroriste est comme celle de certains criminels de droit commun : une personnalité suicidaire. Ce refus du présent, de la société des adultes, cette volonté de retour au passé sont en réalité autant de jalons sur un même itinéraire de fuite vers la mort, solution de tous les échecs » (p. 121 de l'édition de 1992).
16. Sur les métaphores médicales, l'appartenance à l'extrême droite et l'anthropologie guerrière, voir *Cultures & Conflits* n°43, 2001, intitulé « Construire l'ennemi intérieur ».
17. Métaphores associées aux théories des conflits de basse intensité développées par David Galula et Max Manwaring dont il s'inspire sans toutefois leur reconnaître la paternité de ces « notions ». Voir notamment, Galula D., *Counterinsurgency Warfare: Theory And Practice*, New York, Praeger, 1964 et Manwaring, M. G., *Gray Area Phenomena: Confronting the New World Disorder*, Boulder, Westview press 1993.

référer à eux ni prendre part aux débats intellectuels qui les mobilisent. Dans des médias friands d'interprétations simples et « à chaud », ce type de propos génère une notoriété immédiate. Et ce n'est pas le moindre des paradoxes que le renouvellement de la criminologie française auquel il participe repose davantage sur des ressources médiatiques et politiques que sur celles académiques et professionnelles qui prévalaient auparavant.

La « criminologie nouvelle » à l'offensive

À partir de la fin des années 1980, dans une configuration qui voit la consolidation d'une préoccupation publique pour la sécurité [18], une remise en cause des analyses stratégiques due à la fin de la bipolarité, ainsi que le resserrement des liens d'interdépendance entre les champs médiatique et politique [19], ces formes d'expertise criminologique vont prospérer.

Assénant des affirmations idéologiques comme s'il s'agissait d'évidences venant d'un savoir académique, ceux qui peuvent les endosser arrivent à créer un genre journalistique et télévisuel qui fait leur succès : une *démagogie disciplinaire* d'un genre nouveau où l'expert présumé – loin de se distancier des stéréotypes – flatte au contraire un « bon sens » dit populaire dès que ce dernier peut être orienté vers le soutien aux politiques les plus sécuritaires. Utilisant un style narratif facile et racoleur, mêlant fiction et détails réels, où les ennemis sont presque toujours secrets, puissants et sur le point de renverser un système inconscient du danger (« l'aveuglement » et « l'angélisme » reviennent souvent [20]), ils participent à la promotion de ce que le politiste américain Michael Rogin nomme une « démonologie politique [21] ». Celle-ci rallie d'anciens professionnels de la sécurité qui peuvent pimenter à moindre coût la publication de leurs mémoires et des hommes politiques soucieux de marquer des écarts distinctifs dans leurs partis en endossant la cause de la « sécurité ».

Ces nouveaux experts déploient ainsi leurs « analyses » sur les plateaux de télévision, dans les studios de radios ou les colonnes des journaux ; dans le champ politique (comme conseillers des élus locaux, de partis politiques ou des cabinets ministériels) ; dans le champ bureaucratique (par la participation aux écoles de formation de la police ou de la gendarmerie, à des missions techniques, des rapports) ; dans le champ éditorial (par des publications d'ouvrages, la direction de collections) et à la marge du champ académique (par des enseignements universitaires – notamment dans des masters 2 professionnels ou des diplômes universitaires (DU) spécialisés en sécurité) [22]. Selon une

18. Bonelli L., *La France a peur. Une histoire sociale de « l'insécurité »*, Paris, La Découverte 2010 [2008].
19. Champagne P., *Faire l'opinion. Le nouveau jeu politique*, Paris, éditions de Minuit, 1990.
20. Par exemple Raufer X., « Temps, espace : horizon stratégique », *Sécurité globale*, 5, 2013, p. 15.
21. Rogin M., *Les démons de l'Amérique*, Paris, Seuil, 1998.
22. Bonelli L., « Quand les consultants se saisissent de la sécurité urbaine », *Savoir / Agir*, 9,

logique circulaire, chaque position occupée dans l'un de ces univers renforce leur autorité à intervenir dans les autres, tout en contribuant à y diffuser l'image d'une criminologie « en prise avec son temps », accessible dans ses analyses et parfois iconoclaste dans son propos. La création par le gouvernement d'une chaire de « criminologie appliquée » au Conservatoire national des arts et métiers (CNAM) en 2009 puis d'une section de « criminologie » (section 75) au Conseil national des universités (CNU) en 2012 viennent objectiver l'augmentation de la valeur d'usage et de la valeur d'échange de cette criminologie qui ignore son histoire. Si quelques universitaires (notamment des héritiers de Pinatel) s'associent un temps à l'entreprise, le label est surtout approprié par quelques entrepreneurs de cause dont les enjeux demeurent plus moraux, économiques et politiques qu'académiques. Ce dont atteste d'ailleurs leur absence d'adhésion, même minimale, aux règles de fonctionnement du champ scientifique (d'*illusio* et de *libido* pour reprendre les termes de Pierre Bourdieu [23]), leur coupure avec les cercles antérieurs où se débattaient ces questions (comme par exemple l'Association française de criminologie) et leur ignorance tenace des travaux criminologiques antérieurs.

La trajectoire de M. Alain Bauer, longtemps président directeur général d'une entreprise de conseil en sécurité (AB Associates) et aujourd'hui titulaire de la chaire du CNAM – il aime à ce titre se présenter comme « le seul professeur de criminologie français » – condense à ce point l'ensemble de ce mouvement qu'il en vient presque à le personnifier. Son style « bonhomme » et son sens de la formule lui permettent de ravir des publics divers, en particulier les médias, les entrepreneurs de sécurité, les élus locaux et le grand public [24]. Mais l'autorité qu'il a acquise n'est pas séparable du travail collectif d'un petit groupe pour asseoir ses positions et qui fonctionne par des transferts croisés de capital social et symbolique (incluant des renvois d'ascenseur).

Parmi ses membres, M. Bauer ne manque jamais de citer M. Raufer (qui se fera conférer finalement un titre de docteur en géopolitique en 2007), M. François Haut, maître de conférences en droit, et M. Yves Roucaute, professeur de sciences politiques à l'université de Paris Ouest Nanterre [25]. Les deux premiers s'occupent du département de recherche sur les menaces criminelles contemporaines (DRMCC) à l'Institut de criminologie de Paris, qui a

septembre 2009, pp. 17-28.

23. Bourdieu P., *Méditations pascaliennes*, Paris, Seuil, 2003 [1997], p. 25.
24. On notera en revanche le dédain des universitaires venant de la criminologie universitaire – critique ou non – qui s'est développée en Angleterre, en Italie, en Suède lorsqu'il représente la criminologie française dans des enceintes spécialisées comme Europol, et les distances que les responsables non français de ces différentes agences maintiennent avec lui et avec ses « manières ». Sur sa trajectoire, voir Rimbert P., « Les *managers* de l'insécurité. Production et circulation d'un discours sécuritaire », *in* Bonelli L. et Sainati G (ed), *La machine à punir. Pratiques et discours sécuritaires*, Paris, L'Esprit frappeur, 2001, pp. 235-276 et Bonelli L., *La France a peur…*, *op. cit.*, pp. 169-172, 241.
25. Par exemple dans Bauer A., *À la recherche de la criminologie : une enquête*, Paris, CNRS éditions, 2010, pp. 27 et 33.

succédé en 1997 au CERVIP (Centre d'étude et de recherche sur la violence politique, créé en 1986). Le DRMCC rattaché par contrat à l'université Panthéon Assas – Paris II est habilité à délivrer un diplôme d'université (DU). Les intervenants sont essentiellement des professionnels de la sécurité et son objet reste explicite : « la détection précoce, l'observation et l'analyse de toutes les formes de menaces criminelles aux fins de proposer des diagnostics, de dégager des concepts et de mesurer leur impact [26] ». Surtout, le DRMCC dispose d'un débouché éditorial important aux Presses universitaires de France (PUF), où M. Raufer avait été recruté au début des années 1990 et où il dirige la collection « Criminalité internationale ». La singularité de cet assemblage institutionnel (associatif / éditorial / universitaire) doit beaucoup aux affinités politiques nationalistes et anticommunistes de ceux qui le composent et l'ont rendu possible [27]. Mais il n'en reste pas moins qu'il offre à M. Bauer des débouchés qui lui étaient inaccessibles au début de sa carrière. Ainsi, c'est aux PUF qu'il publie en 1998 son premier ouvrage *Violences et insécurités urbaines* (avec M. Raufer) et qu'il peut ensuite s'associer avec des hauts responsables policiers, comme M. Émile Perez (avec qui il cosigne *L'Amérique, la violence, le crime. Les réalités et les mythes* en 2000, *Les polices aux États-Unis* et *Le crime aux États-Unis* en 2003, puis *Les 100 mots de la police et du crime* en 2009), M. André-Michel Ventre (*Les polices en France. Sécurité publique et opérateurs privés* en 2001) ou le juge Jean-Louis Bruguière (*Les 100 mots du terrorisme*, « Que sais-je ? », n° 3897, 2010). Il y publie ensuite 14 ouvrages entre 2010 et 2014, dont un fameux *Criminologie plurielle* (2011), que le criminologue belge Dan Kaminski résume comme une tentative d'établir une « science de la menace et de l'ennemi », avant de le congédier d'une belle formule : « une "science" de la menace est une menace pour la science ; une "science" de l'ennemi est une ennemie de la science [28] ».

Ce transfert de capital académique s'observe également dans son rapprochement avec M. Roucaute, un professeur agrégé de science politique de l'université de Paris Ouest Nanterre, où il dirige un master 2 de « management du risque ». Celui-ci signe en 2008 avec MM. Bauer et Raufer le court texte programmatique d'une « criminologie refondée », dont l'ambition est « de répondre aux questions fondamentales – qui sont aujourd'hui les criminels (et comment évoluent-ils) ? Où sont-ils ? Combien sont-ils ? Que font-ils et pourquoi ? [29] » – en intégrant également des perspectives de géopolitique et de relations internationales.

26. http://www.drmcc.org
27. Rigouste M., *Les marchands de peur. La bande à Bauer et l'idéologie sécuritaire*, Paris, Libertalia, 2011.
28. Kaminski D., « Criminologie plurielle et pourtant singulière », *Revue de science criminelle et de droit pénal comparé*, 2, 2011, pp. 475-495.
29. Bauer A., Raufer X. et Roucaute Y., « Une vocation nouvelle pour la criminologie », *Sécurité globale*, 5, 2008, p. 90.

M. Bauer tire de ces rapprochements une légitimité intellectuelle *par imprégnation* ou *par capillarité*. Ils lui fournissent des ressources dans les luttes qu'il conduit dans les bureaucraties de la sécurité. En effet la « nouvelle criminologie » française – comme il l'appelle – apparaît peut-être moins comme une entreprise proprement universitaire qu'administrative et politique. Fort des proximités nouées avec des élites de ces secteurs, M. Bauer va jouer un rôle dans la réorganisation des institutions de production et de diffusion de connaissances sur la criminalité [30].

D'abord, il participe à la réorientation de l'Institut des hautes études sur la sécurité intérieure (IHESI) du ministère de l'Intérieur, créé en 1989 par M. Pierre Joxe et rebaptisé Institut national des hautes études sur la sécurité (INHES) en 2004 : un Observatoire national de la délinquance (OND) y est créé, dont M. Bauer devient le président. Ce nouveau département composé de 9 personnes est dirigé par M. Christophe Soullez, un ancien étudiant de M. Raufer à l'Institut de criminologie de Paris. Il recrute également comme chargé d'études un ancien directeur de la sécurité de la ville de Roubaix, M. Jean-Luc Besson, auteur d'un ouvrage intitulé *Les cartes du crime*, publié la même année aux PUF, et préfacé par… M. Bauer. Comme le rapporte un témoin, cette petite cellule prit rapidement le pas sur le conseil d'orientation de l'OND et devint la véritable cheville ouvrière de la production, de l'analyse et de la communication des chiffres de la délinquance [31]. Le poids pris par les promoteurs de l'OND dans l'INHES se renforce encore lorsque ce dernier devient l'Observatoire national de la délinquance et des réponses pénales (ONDRP) en 2009, à l'occasion d'un nouveau changement de nom de l'institut, désormais appelé Institut national des hautes études sur la sécurité et la justice (INHESJ) et dirigé jusqu'en mars 2014 par l'inspecteur général de la police nationale André-Michel Ventre, coauteur de M. Bauer aux PUF.

Cette influence se traduit également sur le terrain des connaissances. À son origine, l'Institut laissait généralement une large place à la recherche, même si les relations entre administration et chercheurs étaient parfois rugueuses [32]. À partir de 2004, le département recherche perd son autonomie, se voit adjoindre les études et est dirigé par des professionnels : commissaire de police puis magistrat. La revue qu'il éditait (*Les cahiers de la sécurité intérieure*), d'une bonne tenue académique, est réorganisée et devient en septembre 2007 *Les cahiers de la sécurité*. M. Roucaute en devient, pour un temps, le

30. M. Bauer est enchâssé dans une multitude de réseaux politiques (au Parti socialiste comme à l'Union pour un mouvement populaire) et francs-maçons (il fut grand maître du Grand Orient de France de 2000 à 2003) qui participent à accroître sa surface sociale.
31. Ocqueteau F., « Une machine à retraiter les outils de mesure du crime et de l'insécurité : l'Observatoire National de la Délinquance », *Droit & Société*, LGDJ, 2012, pp. 447-471.
32. Ocqueteau F. et Monjardet D., « Insupportable et indispensable, la recherche au ministère de l'Intérieur », *in* Bezes Ph., Chauvière M., Chevallier J., de Montricher N. et Ocqueteau F., *L'État à l'épreuve des sciences sociales. La fonction recherche dans les administrations sous la Ve République*, Paris, La Découverte, 2005, pp. 230-247.

rédacteur en chef et MM. Raufer et Haut figurent parmi les contributeurs très réguliers. L'inflexion des problématiques est sensible et laisse une large place au projet intellectuel de la nouvelle criminologie. La simple liste des titres est évocatrice : « La violence des mineurs » (n°1, septembre 2007) ; « Le fléau de la drogue » (n°5, septembre 2007) ; « La criminalité numérique » (n°6, décembre 2008) ; « Sport : menaces et risques » (n°11, mars 2010) ; « Les dangers de la contrefaçon » (n°15, mars 2011) ; « L'école face aux défis de la sécurité » (n°16, juin 2011) ; « L'économie du crime » (n°25, septembre 2013) ; etc. Parfois, la couverture en dit assez long sur le contenu, comme le montre celle du n°7, intitulé « Les organisations criminelles » (mars 2009), reproduite ci-contre.

La stratégie de conquête des promoteurs de la « nouvelle criminologie » ne s'arrête pas aux institutions du ministère de l'Intérieur. En 2007, M. Bauer se voit confier par M. Nicolas Sarkozy et M. François Fillon la présidence d'une mission de réflexion sur le rapprochement des institutions de formation et de recherche qui travaillent sur les questions de sécurité et de défense. Parmi ses cinq membres, on remarque M. Raufer, et l'un des deux rapporteurs n'est autre que M. Soullez. La mission rend son rapport en mars 2008, préconisant la fusion de l'INHES et de l'Institut des études et recherches sur la sécurité des entreprises (IERSE) d'une part et celle du Centre des hautes études de l'armement (CHEAr) avec l'Institut des hautes études de la défense nationale (IHEDN) d'autre part. Il propose également la création d'un Conseil supérieur de la formation et de la recherche stratégique (CSFRS), en charge de fixer les orientations stratégiques des deux pôles et de coordonner leur activité, notamment en regroupant l'ensemble de ces institutions sur un même site, l'École militaire. L'ensemble du projet est mis en œuvre entre 2009 et 2010, et le président du CSFRS est… M. Bauer. M. Raufer n'est bien sûr pas oublié. Il reçoit une place de choix, comme secrétaire du « groupe des experts internationaux », en même temps qu'une tribune annuelle, lors des Assises nationales de la recherche stratégique. Outre le prestige associé à ces positions, les enjeux qui y sont attachés sont également extrêmement pratiques, puisque le CSFRS est devenu un guichet unique par lequel passent nombre de financements de recherche auparavant distribués par les institutions qui le composent. Une situation avantageuse que laisse transparaître M. Bauer, lorsqu'il déclare lors des Assises du 24 juin 2010 : « Le CSFRS n'a pas vocation à monopoliser ou uniformiser la recherche, mais à lui permettre de se développer dans les meilleures conditions en évitant redondances et gaspillage [33] ».

La colonisation rapide d'un bon nombre d'administrations produisant des savoirs sur la sécurité par les tenants d'une nouvelle criminologie ne signifie pas que les relations en son sein soient exemptes de tensions, ou qu'elle rassemble seulement des acteurs tendus vers un même objectif. Comme toute mobilisation collective, cette entreprise agrège des intérêts hétérogènes et fait l'objet d'investissements inégaux. Elle se heurte de surcroît à des résistances. Les agents du ministère de la Justice semblent n'accompagner le mouvement que du bout des lèvres et maintiennent de larges marges d'autonomie, allant par exemple jusqu'à créer en 2014 un Observatoire de la récidive et de la désistance en dehors de l'ONDRP. De la même manière, les institutions militaires semblent avoir assez largement freiné ce que certains en leur sein considèrent comme une offensive du ministère de l'Intérieur.

Il n'en reste pas moins qu'entre 2004 (création de l'OND) et 2009 (création du CSFRS et de la chaire du CNAM), les positions institutionnelles des partisans d'une « criminologie renouvelée » ont été largement renforcées. Et c'est dans ce contexte que Mme Valérie Pécresse, ministre de l'enseignement supérieur et de la recherche confie en décembre 2009 à M. Loïck Villerbu, un professeur de psychologie à Rennes-II, la présidence d'une « Conférence nationale de criminologie ». Parmi les neuf membres du comité, on remarque l'incontournable M. Bauer. Le rapport, rendu en juin 2010, préconise le développement de la criminologie dans les universités françaises. Une section nouvelle du CNU (la 75) voit le jour par décret le 13 février 2012, dont les membres sont nommés par le ministère le 18 avril. MM. Bauer et Haut font évidemment partie des 18 titulaires. La conjonction des mobilisations et de l'alternance politique emporte la section, supprimée en août sans avoir eu d'activité [34]. La sociologie de cette querelle – qui coalise des groupes assez différents – reste à faire. Mais l'intention politique qui lui a donné naissance était claire : renforcer et stabiliser les positions académiques des tenants de la « nouvelle criminologie ».

L'échec de la section 75 ne signe pour autant pas celui de cette dernière dont l'objet demeure moins scolastique que symbolique. Il s'agit en effet moins de débats intellectuels que de la constitution d'une *identité académique en simili*, capable de faire illusion vis-à-vis des professionnels de la sécurité, de la politique et des médias [35]. En se parant des vertus de neutralité et de désin-

33. Cité dans Moro Ch., « Premières Assises nationales de la recherche stratégique : bilan et perspectives », *Sécurité globale*, 13, 2010, p. 18.
34. Mucchielli L., *Criminologie et lobby sécuritaire...*, *op. cit.*, pp. 149 et ss.
35. La dernière manifestation en date de ces tentatives qui « font science » est le lancement en octobre 2013 de la *Revue française de criminologie et de droit pénal* (RFCDP), dont le titre et l'apparence austère rappellent les revues académiques. En réalité, elle dépend de l'Institut

téressement attachées à la science, celle-ci peut en effet atténuer les suspicions qui pèsent sur le caractère idéologique et/ou commercial des analyses des « nouveaux criminologues » et, par là même, renforcer les positions qu'ils occupent dans différents champs (bureaucratique, médiatique et politique notamment). D'ailleurs, on ne peut qu'observer avec surprise la cécité de nombre de chercheurs mobilisés contre la section 75, qui tenaient pour entité négligeable les menées de M. Bauer et ses alliés tant qu'elles avaient lieu en dehors du champ académique et les découvrent horrifiés quand elles y entrent par effraction du fait du prince. Leur indignation prête d'abord le flanc à la critique facile de la défense d'un territoire, mais surtout rate l'essentiel : l'analyse des rationalités d'une raison criminologique prégnante bien au-delà de la discipline éponyme, dans l'administration, les médias, la politique et même parfois dans la science politique (particulièrement dans l'étude des politiques publiques), la sociologie, le droit ou la psychologie.

(Dé)raison criminologique contemporaine ? Continuité, critique, abandon

Si l'on met momentanément de côté ces aléas récents et bien français, en adoptant une perspective de moyenne durée, on observe que la raison criminologique prophylactique s'est transformée et ajustée aux pratiques de management observables dans le cadre d'une bureaucratisation néolibérale [36]. Elle a d'abord rompu en partie avec les thèses de l'individu dangereux sur lesquelles Foucault portait un diagnostic critique, et elle n'est plus véritablement un carrefour central entre savoirs pénitentiaire et psychiatrique. Elle apparaît davantage en adéquation avec les savoirs managériaux, les entreprises privées de sécurité, les technologies de géolocalisation, de cartographie, de vidéo-surveillance, de logiciels de profilage. Elle devient également un discours de justification de la surveillance technologique et des demandes policières d'un accès sans réserve à des données (personnelles) numérisées. Elle maintient son soi-disant utilitarisme (issu de la « défense sociale »), tout en se dissociant des éléments les plus extrémistes qui l'avaient associée avec l'idéologie fasciste et la biologisation des populations [37]. Il subsiste certes à ses marges une attraction pour le « criminel né », jadis repéré par la forme de son crâne et aujourd'hui par les neurosciences [38]. Mais l'orientation semble plus « comportementa-

pour la Justice, une association de type loi de 1901, connue pour ses analyses très conservatrices en matière de justice pénale. MM. Bauer et Raufer font partie des comités scientifique et de lecture aux côtés de quelques universitaires (souvent retraités, comme le criminologue canadien Maurice Cusson ou le professeur de droit public André Varinard) et surtout de praticiens.

36. Hibou B., *La bureaucratisation du monde à l'ère néolibérale*, Paris, La Découverte, 2012.
37. Sur les dilemmes de la criminologie à se départir de ces tendances en Allemagne, on se reportera à la contribution de Grégory Salle dans ce numéro.
38. Bien qu'elles s'en défendent souvent, un nombre important de publications vont en ce sens, dans des revues académiques qui n'ont rien de confidentielles. Voir par exemple Sterzer Ph., "Born to Be Criminal? What to Make of Early Biological Risk Factors for Criminal Behavior", *American Journal of Psychiatry*, 167 (1), janvier 2010, pp. 1-3 ; Templer D. et

liste », afin de recruter certains médecins et psychiatres spécialisés dans la « détection précoce » des comportements « à risques » [39]. Le comportementalisme devient moins une caractéristique intrinsèque à un individu particulier, qu'une relation distinguant au sein d'une population ceux qui ont des comportements « anormaux ».

Ceci permet de mobiliser des savoirs statistiques pour la gestion des populations et, comme le signale Ian Hacking, de la crédibiliser par des chiffres et des courbes, distribuant les individus entre points extrêmes et points modaux et constituant ainsi des frontières entre catégories. La répartition statistique des individus aux positions rares est relue comme une anormalité par rapport à des normes sociales majoritaires et partant, comme une illégitimité [40]. Ce saut logique, que Foucault avait désigné comme la différence entre *normation* et *normalisation*, est loin d'être l'apanage de la criminologie. On le retrouve dans la plupart des sciences de gestion, mais il prend une tournure particulière avec le mode de traitement que celle-ci recommande à l'égard de ces populations minoritaires, désormais perçues davantage comme migrants à surveiller et mettre à l'écart, plutôt que comme prolétaires à discipliner, les deux objectifs ayant connu une inversion de priorité, mais subsistant comme fondement anthropologique de cette raison criminologique et de son mode de production de la vérité [41].

La conjonction entre la promotion d'une surveillance dissuasive, préventive et prédictive [42] et des processus contemporains d'(in)sécurisation dédifférenciant les sphères du policier, du renseignement, du militaire et de l'entre-

---

Rushton Ph., "IQ, skin color, crime, HIV/AIDS, and income in 50 U.S. states", *Intelligence*, 39, 2011, pp. 437-442 ; Yang Y. *et alii*, "Volume Reduction in Prefrontal Gray Matter in Unsuccessful Criminal Psychopaths", *Biological Psychiatry*, 57, 2005, pp. 1103-1108 ; Yang Y. *et alii*, "Localization of Deformations Within the Amygdala in Individuals With Psychopathy", *Archives of General Psychiatry*, 66 (9), 2009, pp. 986-994 ; Meyer-Lindenberg A. *et alii*, "Neural mechanisms of genetic risk for impulsivity and violence in humans", *Proceedings of the National Academy of Sciences*, 103 (16), 2006, pp. 6269-6274. Un auteur important de ce courant est Adrian Raines, auteur notamment de *The Anatomy of Violence: The Biological Roots of Crime*, New York, Pantheon, 2013. Nous remercions Jean-Claude Croizet, de l'université de Poitiers, pour ses éclaircissements sur ce domaine.

39. On trouvera par exemple une magnifique « courbe évolutive d'un jeune qui au fur et à mesure des années s'écarte du "droit chemin" pour s'enfoncer dans la délinquance » dans Bénisti A., *Sur la prévention de la délinquance, Rapport de la Commission prévention du groupe d'études parlementaire sur la sécurité intérieure de l'Assemblée nationale*, octobre 2004, p. 7. Un rapport de l'INSERM, intitulé *Trouble des conduites chez l'enfant et l'adolescent*, de septembre 2005 allait dans le même sens. Il souleva une large opposition de pédiatres, de pédopsychiatres et de psychiatres. La pétition « Pas de zéro de conduite pour les enfants de trois ans ! » qu'ils ont lancée a recueilli près de 200 000 signatures.
40. Hacking I., "Statistical Language, Statistical Truth and Statistical Reason: The Self-Authentication of a Style of Reasoning", *in* McMullin E. (ed), *Social Dimensions of Science*, Notre Dame, University of Notre Dame Press, 1992, pp. 130-157 et "'Language, Truth and Reason' thirty Years Later", *Studies in History and Philosophy of Science*, 43, 2012, pp. 599-609.
41. Voir la contribution de Fabienne Brion dans ce numéro.
42. Bigo D., « Sécurité maximale et prévention ? La matrice du futur antérieur et ses grilles », *in* Cassin B. (ed), *Derrière les grilles : sortir du tout évaluation*, Fayard, Paris, 2013.

prise [43] a permis à la « nouvelle criminologie » de se démarquer de ses origines contestées et d'élargir son assise. Elle apporte à un discours stratégique parlant d'ennemi interne un formidable alibi, puisqu'elle affaiblit les différenciations entre adversaires et ennemis, ennemis et criminels, populations dangereuses et populations en danger, situations risquées et situations nécessitant la résilience. Désormais, explique savamment M. Bauer après les attentats des 7, 8 et 9 janvier 2015, « la menace provient de groupes hybrides et opportunistes capables de transformations rapides. Il existe un nouveau "melting-pot" criminel intégrant fanatisme religieux, massacres, piraterie, trafic d'êtres humains, de drogues, d'armes, de substances toxiques ou de diamants. Un *continuum* criminalo-terroriste, un "gangsterrorisme" apparaît, qui ne correspond plus aux petits casiers doctement préparés pour eux » (*Le Point*, 15 janvier 2015).

De manière plus centrale encore, la raison criminologique participe, de pair avec les rationalités pratiques des services de renseignement et de la surveillance à grande échelle, à invalider la logique du procès pénal ou à la subvertir, à s'appuyer sur les pratiques proactives de police et à s'adosser sur une production de « l'opinion » qui aurait peur, se sentirait troublée et inquiète. Il n'est donc pas surprenant qu'outre les sciences de gestion, elle s'appuie sur celles de la communication et renoue avec les théories des opérations psychologiques des guerres antisubversives. Il s'agit cette fois de frapper l'imagination en construisant la figure du criminel comme un ennemi de l'intérieur qui a néanmoins des caractéristiques d'altérité suffisamment reconnaissables (retrouvant par là les ressorts classiques de la propagande) pour que chacun puisse se convaincre du bien-fondé de ses analyses et de ses verdicts. Par exemple quand elle propose la mise à l'écart et l'expulsion de l'individu suspect comme alternative économique (et morale) à l'enfermement de longue durée du coupable, au nom du fait que la pénologie devrait dorénavant moins s'intéresser à la peine et la culpabilité qu'à la dangerosité sociale du phénomène criminel et à sa prévention [44]. Une prévention qui supposerait diverses mesures de sureté, dans et hors le droit, le futur ne s'encadrant pas juridiquement.

---

43. Voir notamment les n°58 de *Cultures & Conflits* (2005) sur « Suspicion et exception » et 31-32 (1998) sur « Sécurité et immigration ».
44. Ce trait passait d'autant plus inaperçu qu'il s'appliquait à des populations minoritaires, les plus défavorisées, les plus désaffiliées, les moins susceptibles de produire un contre discours. Depuis la crise de 2008, on voit apparaître un discours criminologique s'en prenant au 1% les plus riches avec des argumentaires qui dupliquent ceux utilisés pour la stigmatisation des étrangers en situation irrégulière, des déboutés du droit d'asile ou des populations nomades. Ils seraient tous « mobiles », « sans attache au sol », « sans identité nationale bien construite », etc. Cela confirmerait d'une certaine façon le diagnostic de Zygmunt Bauman sur les conséquences de la mondialisation mais entrainerait une sorte de renversement d'analyse par rapport à la situation de privilégiés qu'il décrivait auparavant. La majorité des « envieux » de la mondialisation pourraient ainsi se retourner, non seulement contre les vagabonds et les touristes pauvres, mais aussi contre les « élites ». Une certaine criminologie en France qui se situait très à droite de l'échiquier politique au milieu des années 2000 a pu ainsi rapidement réinvestir le terrain de son utilité politique, en visant le cyber-crime, le crime financier, la cor-

La raison criminologique contemporaine apparaît plus technique, et surtout plus gestionnaire qu'elle ne l'était à ses origines. Elle est très sourcilleuse des formes que prennent ses raisonnements, tout en infléchissant très peu ses objectifs. Elle ne revient donc pas sur son caractère de « science appliquée » permettant d'étudier le phénomène criminel, mais elle s'ajuste aux modes de raisonnement du libéralisme et à ses outils de gestion et de communication pour convaincre de son utilité et de sa « vérité ». La politique des chiffres devient dès lors cruciale, tant dans le style de pensée que dans l'action. Et l'on comprend mieux les efforts des tenants de la nouvelle criminologie française pour conquérir et monopoliser les institutions de mesure de la délinquance, comme l'ONDRP par exemple [45].

La gestion des populations via les outils statistiques propose une vision et des modes de production de la vérité qui se veulent plus « neutres » que la criminologie centrée sur l'individu dangereux. Ils n'essentialisent pas la frontière entre le criminel et les autres, mais essaient de l'établir en termes de proportion au sein d'une population donnée. Cela permet ainsi de s'éloigner du psycho-biologique et de renouer avec « l'économie du crime », c'est-à-dire « l'opportunité » et les calculs « coûts/avantages » au cœur des approches de micro-économistes comme Gary Becker [46]. Dans cette « criminologie du soi », comme l'appelle David Garland, le délinquant apparaît comme un consommateur rationnel, un « homme situationnel [47] ». L'infléchissement discursif se fait en faveur des situations risquées, de la vulnérabilité des victimes et prend ses distances avec le profil individuel, sauf pour les cas de récidive (de réincidence ou de réitération) [48]. La figure du récidiviste mêle en effet cette rationalité libérale et celle de l'individu dangereux (« la criminologie de l'autre » pour Garland) dont il faudrait explorer le psychisme et évaluer le danger potentiel, même après la peine, dans des « diagnostics à visée criminologique » par exemple [49].

À cette exception près, la raison criminologique recomposée a su trouver, avec son ajustement aux normes statistiques d'abord, son investissement dans l'économie des sentiments des populations ensuite, puis dans le discours de la prévention situationnelle et sa technicisation via la cartographie du « crime »,

ruption via l'image des « *banksters* », se donnant par là un vernis acceptable dans une partie de la gauche critique. Voir notamment Bauer A., *Crime 3.0: the rise of global crime in the 21st century*, Washington, Westphalia Press, 2014.

45. Pour l'usage des chiffres au niveau des politiques locales de sécurité, voir l'article d'Élodie Lemaire et Laurence Proteau dans ce numéro.

46. Becker G., *Essays in the Economics of Crime and Punishment*, New York, Columbia University Press, 1974.

47. Garland D., « Les contradictions de la "société punitive". Le cas britannique », *Actes de la recherche en sciences sociales*, 124, 1998, pp. 49-67.

48. Harcourt B.E., *Against Prediction. Profiling, Policing, and Punishing in an Actuarial Age*, Chicago/London, The University of Chicago Press, 2006.

49. Voir dans cc numéro les contributions respectives de Véronique Voruz sur la psychiatrie et d'Olivier Razac et Fabien Gouriou sur les services pénitentiaires d'insertion et de probation (SPIP).

les appuis politiques qu'elle avait perdu dans les années 1960, lorsque son modèle de prophylaxie sociale apparaissait comme le lieu par excellence des nostalgiques du colonialisme et même de l'eugénisme et du fascisme. Barrée pour un temps des cercles politiques et universitaires au profit d'une démarche de sociologie policière et judiciaire se développant à l'abri des renouvellements du droit pénal, elle connut un retour en grâce à partir de la fin des années 1970, lorsque « l'insécurité » devint un objet et un enjeu politique. Quand la sécurité acquit le statut de « première des libertés » – comme le répèteront à l'envi nombre de gouvernants de tous bords quelques années plus tard – sa subordination aux notions de liberté et de justice (comme moyen en vue de fins la dépassant) fut remise en cause. Au-delà des statistiques du crime, un savoir basé sur des enquêtes d'opinion concernant le « sentiment d'insécurité » et des études de sécurité (intérieure) pouvaient prospérer, alors justement que la sociologie du droit pénal de l'époque refusait de les cautionner, en insistant sur l'individualisation du droit, l'impossible mise en chiffre des résultats des jugements et le danger de traiter la justice à l'aune de son efficacité, ramenée elle-même à son seul caractère coercitif d'emprisonnement et de garde à vue préventive.

Si de nombreux détracteurs de la criminologie mettaient alors l'accent sur son passé et sur la pérennité d'une discipline à vocation de stigmatisation des groupes les plus faibles (*folk devils*) et de construction de stéréotypes sur les individus dangereux, peu ont vu les changements structurels qui furent la condition de son succès politique quand elle se para des couleurs de l'expertise statistique sur des groupes de population en fonction de leurs trajectoires et délaissa sa chasse au corps et à l'esprit criminel individuel. Plus grave, sans doute, bien des critiques de la prophylaxie sociale partageaient avec elle l'idée de l'anormalité du crime. Caressant l'idée de vivre dans un monde qui en serait débarrassé, ils renouaient avec la volonté thérapeutique en se référant au marxisme sur les causes structurelles du crime ou à la psychanalyse sur ses causes individuelles. Ils ne faisaient donc guère ce travail historique et généalogique par lequel le chercheur retrace, comme dit Foucault, « l'histoire de la manière dont les choses font problème [50] » et dont chaque narration se veut, malgré ses différences, un accès à l'universel de l'explication. Et c'est sans doute là que le philosophe intervint, en signalant certains de ces glissements et manquements des critiques classiques. Il proposa de penser les limites de la loi dans leur rapport à la biopolitique des populations et dans la problématisation des modes de gouvernement du crime. Comme le soulignent Colin Gordon et Fabienne Brion [51], Foucault a eu un rapport discontinu avec le droit pénal et public et s'est très peu intéressé au discours criminologique en tant que tel, qu'il considérait comme une vacuité. Mais, à l'invitation des juristes belges luttant contre les mesures de sûreté que le gouvernement voulait instituer, il

50. Voir son entretien dans ce numéro.
51. Voir leurs deux contributions dans ce numéro.

prit une position politique de soutien et accepta de venir faire cours à l'Université catholique de Louvain en 1981, tout en se mettant à distance du militantisme par un propos rappelant la généalogie des modes de gouvernement par la loi et par la vérité et n'abordant que dans la toute dernière leçon la question de l'actualité [52]. Il visait semble-t-il à faire comprendre à son public que les arguments de souveraineté, de fondement juridique de la loi, aussi importants soient-ils, ne posaient pas la question de l'exercice du pouvoir, de son fonctionnement. Pour lui, il fallait dès lors s'intéresser aux pratiques de gouvernement s'appuyant sur la gestion différentielle des populations pour analyser comment se forment et se conforment les nouvelles images sociales des anormaux et comment elles se nouent entre elles en lissant l'arbitraire de leurs significations et en se présentant comme continuités d'une même vérité universelle du crime [53]. Il lui semblait donc que l'essentiel était ailleurs que dans les débats entre une criminologie prophylactique et une criminologie critique. Il s'agissait de questionner l'acceptabilité des pratiques punitives contemporaines et d'ouvrir une brèche dans le régime de légitimité et de rationalité qui les sous-tend.

Si la critique qu'il propose en suivant la piste de la généalogie de l'idée d'individus dangereux s'applique assez bien aux débats de son temps, elle n'est plus aussi pertinente pour traiter des évolutions contemporaines du discours gestionnaire et statisticien de la criminologie qui s'est éloigné de l'individu pour se recentrer sur l'analyse des situations et des profils criminels. En revanche, un point reste d'une criante actualité : la conjugaison entre le savoir statistique sur le risque et un régime de véridiction qui puise au plus profond de la pastorale chrétienne le lien entre le crime et le mal. Si la criminologie continue de fasciner et de séduire des publics divers, c'est d'une certaine façon parce qu'elle propose un horizon de libération. Le crime comme le mal pourraient être éradiqués. Un fil d'Ariane lie les différentes facettes de la raison criminologique prophylactique et ses transformations dans le temps, y compris parfois chez ceux qui s'intitulent critiques. Il est celui d'une société sans crime qui serait possible et souhaitable, si les institutions d'État le voulaient et étaient efficaces grâce à la mobilisation de savoirs, de « partenaires » locaux ou privés, de la technologie, etc. Il dessine une société de sécurité maximale à venir, une société du bonheur pour tous, une fois mis à l'écart, enfermés ou répudiés les anormaux ou les situations anormales. Cette (dé)raison s'articule alors sur un mode de véridiction faisant du crime la manifestation concrète du mal, et dont les visions les plus technicistes et les plus managériales ne se déprennent pas. L'utopie d'une société « guérie » du crime, omniprésente dans les discours politiques – des plus hauts responsables gouvernementaux jusqu'aux plus humbles édiles des petites villes – se décline aussi dans les

52. Foucault M., *Mal faire, dire vrai : fonctions de l'aveu en justice*, Louvain-la-Neuve, Presses Universitaires de Louvain, 2012.

53. Cette piste est explorée pour les illégalismes financiers dans l'article d'Anthony Amicelle, dans ce numéro.

déclarations de guerre récurrentes contre la drogue, la terreur, les bandes ou la récidive. Elle apparaît comme une profonde théologisation de la politique la plus ordinaire, qui dépolitise par son aura techniciste et prophylactique le problème de la sécurité, ses modes de raisonnement et sa légitimité.

Cette utopie a elle-même généré sa propre critique dystopique d'un monde génétiquement maîtrisé et dès lors conforme à un ordre social d'où toute innovation et déviance sont bannies, en sus du crime [54]. Elle a aussi produit plus récemment une mise en question de l'activité policière ordinaire. Dès lors que le mal n'est plus à rechercher dans les profondeurs de la conscience humaine (chez les *usual suspects*) mais dans les situations et les opportunités que des individus, aussi banals soient-ils, rencontrent, les actes futurs peuvent être anticipés, par des *précogs* dans *The Minority Report*, l'ouvrage de Philip K. Dick, mais aussi par des logiciels comme PredPol (pour *Predictive Policing*), utilisé par la police de Los Angeles, aux États-Unis, pour déployer ses patrouilles [55]. La littérature d'anticipation politique apparaît ici comme une forme de critique lucide et efficace de cette version conservatrice des lendemains qui chantent que la criminologie décline comme un avenir « où vous n'aurez plus peur et serez libéré du mal », afin de justifier au quotidien des politiques de gestion de l'inquiétude, dont l'une des forces est de se manifester aussi sous les traits de la sollicitude, de la bienveillance, et non de la coercition directe.

Tensions critiques

À rebours de cette criminologie et de ses récents développements hexagonaux coexistent ceux qui présentent la criminologie critique comme une véritable alternative et ceux qui doutent de la pertinence de toute forme de raisonnement criminologique.

Dans d'autres pays que la France, parce que la criminologie a su faire émerger des formes de savoir plus respectueux des règles de la connaissance académique et de la vérité historique, des auteurs insistent sur la validité d'une discipline autonome, dès lors qu'elle suit le projet que Foucault donne dans l'entretien qu'il avait accordé à André Berten et que nous republions dans ce numéro. « Interroger le système pénal moderne à partir de la pratique punitive, de la pratique corrective, à partir de toutes ces technologies par lesquelles on a voulu modeler, modifier, *et cætera*, l'individu criminel, il me semble que ça permet sans doute de faire apparaître un certain nombre de choses », explique-t-il. On peut suivre le cheminement de sa pensée, qui peut déboucher sur deux lignes d'interprétation. La première invite à prendre la mesure d'une institution à partir non pas du discours sur lequel elle se fonde, mais de

54. Des romans comme *Le Meilleur des Mondes* d'Aldous Huxley (1932) ou le film *Bienvenue à Gattaca* d'Andrew Nicoll (Colombia pictures, 1997) symbolisent ce mouvement.
55. Voir http://www.predpol.com

ce qu'elle fait – de ses « effets ». Il faut voir qui est en prison, ce que la prison fait à ceux qui y ont été et/ou y sont et, à partir de là, se demander ce qu'est la loi. La seconde suit la problématique suivante : quelles sont les conduites qui influent sur les conduites dites légales ? Comment les historiciser, en faire la généalogie afin de les fragiliser dans leurs certitudes et les questionner ? La criminologie critique serait alors cette œuvre de fragilisation des certitudes du droit pénal et des pratiques punitives qu'opère le travail historique généalogique. Paradoxalement, elle serait alors une « anti-criminologie », car la connaissance qu'elle produit devient insupportable pour une discipline qui, dans sa version prophylactique, se veut préventive et prédictive. La généalogie replace l'ambiguïté au cœur de la pratique et déstabilise les croyances – converties en certitudes – sur lesquelles reposait l'édifice. Il n'y aurait donc pas de criminologie critique foucaldienne. Il ne pourrait y avoir qu'une approche foucaldienne qui se situe hors des limites de la criminologie disciplinaire et en moque les frontières mouvantes qui se cristallisent à chaque fois comme de nouvelles barrières de protection pour ceux qui désignent ce qu'est le crime (criminel né, criminel comportemental, action criminelle, opportunité d'action dans une situation donnée, etc.), à l'égard des procédures de véridiction.

Pour des sociologues de la déviance, en revanche, le doute sur toute forme de savoir criminologique prend une tournure plus radicale. Howard S. Becker le résume abruptement : « Les criminologues n'ont jamais rien fait à propos du problème du crime ». Un criminologue, même critique, s'implique dans le système de justice criminelle et y participe, y compris en le réformant. Or, y participer, c'est concourir à son hypocrisie. L'étude du système de justice pénale et de ses différentes composantes (police, justice, prison) ne peut alors relever que d'une sociologie plus générale des institutions. Une sociologie qui vise à penser réflexivement la construction des catégories de ces institutions, quand elles parlent du crime, et qui analyse la réalité de leurs pratiques et de leur tendance à vouloir perdurer selon les intérêts professionnels de leurs agents. Une sociologie attentive aux manières dont elles construisent les statistiques qui ensuite leur servent de base pour proposer les raffinements à apporter à leurs savoirs en constitution, qu'ils portent sur les comportements humains via les neurosciences ou sur la gestion des populations potentiellement criminelles via des statistiques et des algorithmes, toujours présentés comme suffisamment bons (*good enough*) à l'égard de la « réalité du crime » présent et à venir, mais toujours aussi perfectibles, afin de maintenir la pression sur « l'innovation ». Ici, la critique rejoint une sociologie des formes contemporaines des savoirs d'État, dont les progrès technologiques (et notamment numériques) ont exacerbé l'ambition prédictive.

Les contributions rassemblées dans ce numéro mettent en tension ces deux lignes d'analyse en les déployant sur des terrains spécifiques et en les articulant chacune à leur manière. Ensemble, elles dessinent la ligne de pente d'une raison criminologique qui, malgré ses ajustements, demeure relativement stable dans le temps. Dès lors que l'on accepte l'analyse de Durkheim du crime comme normal et nécessaire, l'obsession prophylactique de celle-ci semble vouée à « poursuivre désespérément une fin qui fuit à mesure qu'on avance [56] ». En revanche, si l'on prend au sérieux le caractère ontologique qu'elle donne au crime, le travail de classification des groupes et des individus qu'elle opère en fonction non pas seulement de leurs actes, mais de leur possibilité de les commettre, les mesures qu'elle promeut en deçà et au-delà du droit pénal afin d'anticiper, de prévenir et de « défendre la société », tout comme la définition et la hiérarchisation permanente des menaces auxquelles elle se livre, la raison criminologique apparaît pour ce qu'elle est : une rationalité de gouvernement profondément conservatrice, toute entière tendue vers la préservation de l'ordre des choses, c'est-à-dire de l'ordre social et politique tel qu'il est.

56. Durkheim E., *Les règles de la méthode sociologique*, *op. cit.*, p.74.

« Les criminologues n'ont jamais rien fait à propos du problème du crime »

Entretien de Howard S. Becker avec Didier Bigo, Laurent Bonelli et Fabienne Brion (1er octobre 2012)

Cultures & Conflits (C&C) : Vous êtes considéré comme l'un des pères de la sociologie interactionniste de la déviance et on aimerait savoir comment vous avez croisé la criminologie dans votre vie intellectuelle, c'est-à-dire comment, par exemple, les criminologues américains ont-ils reçu vos travaux. Quel type de commentaires, de critiques ont-ils formulés ? Et qu'avez-vous à leur répondre ?

Howard S. Becker (H.B.) : La situation de la criminologie aux États-Unis diffère quelque peu, je pense, de ce qu'elle est en France. Il y a toujours eu, pourrait-on dire, deux façons d'approcher ces questions ; deux façons qui au départ étaient un peu mêlées, mais se sont séparées.

La première se caractérise par sa prétention à « l'amélioration » : « Aidons la société à se libérer de ces problèmes ». L'idée était de découvrir qui sont les criminels et d'apprendre comment les trouver et s'en débarrasser. Vous connaissez ces tentatives de découvrir comment la forme de votre tête peut indiquer des tendances criminelles [1].

La seconde est en quelque sorte aux racines du type de travail que j'ai mené. Beaucoup plus sociologique, elle relève davantage d'une science abstraite ou généralisante, qui ne considère pas tout ou presque tout comme allant de soi.

---

1. Howard Becker renvoie aux thèses de l'anatomiste Franz Joseph Gall – inventeur de la « phrénologie » – et aux applications criminologiques auxquelles elles ont donné lieu à la fin du XIXe siècle, qu'il s'agisse des travaux de Cesare Lombroso – l'auteur de *L'uomo delinquente* (1876) et le fondateur de l'anthropologie criminelle – ou de ceux d'Alphonse Bertillon – l'inventeur de l'anthopométrie judiciaire et le premier directeur du Service de l'Identité judiciaire. Sur la généalogie de cette problématisation, voir, entre autres références, Ducros A., « Phrénologie, Criminologie, Anthropologie : une interrogation continue sur anatomie et comportement », *Bulletins et Mémoires de la Société d'anthropologie de Paris*, Nouvelle Série, tome 10, fascicule 3-4, 1998, pp. 471-476 ; et Labadie J.-M., « Corps et crime. De Lavater (1775) à Lombroso (1876) », in Debuyst C., Digneffe F., Labadie J.-M., Pires A., *Histoire des savoirs sur le crime et la peine*, vol. 1, Bruxelles, Larcier, 1995, pp. 315-373.

Bien sûr, je n'ai jamais été criminologue : enseigner comme criminologue, même à l'intérieur de la sociologie, signifiait s'impliquer dans le système de justice criminelle (puisque désormais ce sont ces mots – « justice criminelle » – qui sont utilisés). Certes, la pression à se débarrasser de la délinquance était forte. Mais il n'y avait pas que cela : la sociologie américaine des premières années insistait avec force sur l'observation rapprochée et détaillée de choses supposément criminelles. Ainsi, il y a le grand ouvrage de Frederic Thrasher, *The Gang: A Study of 1 313 Gangs in Chicago*, (Chicago, University of Chicago Press, 1927) – j'ai toujours adoré la précision du nombre, 1 313, vraiment ? (*rires*). Le cadre, c'était vraiment la vision de la ville qu'avait Robert Park. Park était un élève de Simmel (de sorte que mon lignage, c'est Simmel, Park et Everett Hughes). C'était aussi un ancien journaliste professionnel. Son approche, était : « Oh, regarde ça ! Comme c'est intéressant ! » Il a écrit un essai formidable sur la ville comme laboratoire du comportement humain ; c'est une façon de penser ce type de criminologie.

Edwin Sutherland – un criminologue, mais pas de la sorte qui collabore avec la police – est un autre descendant de cette lignée. L'un des livres pour lesquels il est devenu célèbre est *The Professional Thief by a Professional Thief* (Chicago, University of Chicago Press, 1937). C'est l'autobiographie d'un voleur, d'un arnaqueur, appelé Chic Conwell dans le livre mais dont le véritable nom était Broadway Jones. Parmi les étudiants de Sutherland, il y avait des gens comme Alfred R. Lindesmith, qui a écrit un livre magnifique, *Opiate Addictions* (Bloomington, Principia Press, 1947) qui a fait date. L'idée était que le crime est juste une autre sorte de comportement humain, de comportement social. Et donc nous l'étudions de la même manière que nous aurions pu étudier les tribunaux, les universités, les usines. Juste un autre spécimen de la vie sociale humaine.

Au même moment, à l'université, certains criminologues essayaient de prédire qui violerait les conditions mises à la libération conditionnelle [2]. J'ai appris très tôt certaines choses à ce propos. L'un de mes amis, qui travaillait comme psychologue dans une prison en Illinois, m'avait rapporté un fait très intéressant. Il m'avait dit : « Nous faisons passer des tests psychologiques à tous les condamnés pour voir ceux qui sont trop fous pour pouvoir sortir. Tu

2. Howard Becker fait vraisemblablement référence à certains travaux menés ou dirigés par Ernest Burgess, professeur de sociologie à l'Université de Chicago, travaux qui visaient à « rationaliser » la prise de décision en matière de libération conditionnelle (« *parole* ») au moyen d'échelles de prédiction du risque de récidive (Burgess E., "Is Prediction Feasible in Social Work? An inquiry Based upont a Sociological Study of Parole Records", *Social Forces*, 1928, 7, pp. 533-545 ; Bruce A.A., Burgess E.W., Harno A.M., "A Study of the Indeterminate Sentence and Parole in the State of Illinois", *Journal of the American institute of Criminal Law and Criminology*, 1928, 19-1 ; Laune F.F., *Predicting Criminality: Forecasting Behavior on Parole*, Northwestern University in the Social Sciences, 1, Evansoton, Northwestern University. Dans les sources secondaires, voir Harcourt B.E., *Against Prediction. Profiling, Policing, and Punishing in an Actuarial Age*, Chicago/London, The University of Chicago Press, 2006, pp. 47-76.

ne le croiras peut-être pas, mais 98 % de nos condamnés sont déments ». J'avais répondu : « Comment expliques-tu cela ? ». Et il m'avait répondu : « C'est simple, nous avons peur de leur donner de bons résultats aux tests… Que se passerait-il si nous disions qu'ils sont sains d'esprit, qu'ils sortaient, et qu'ils commettaient un horrible crime ? Nous serions vraiment en difficulté. Le plus sûr est donc de dire qu'ils sont fous, pour que personne ne les laisse sortir au prétexte que nous avons dit qu'ils étaient sains d'esprit. »

Donc, très tôt, j'avais été immunisé, j'avais appris à ne pas croire trop en la criminologie académique. J'avais été immunisé aussi en grandissant à Chicago. Je ne pense pas que la ville était réellement plus corrompue que d'autres villes américaines à l'époque – mais Chicago était corrompue et tout le monde le savait. Quand je travaillais comme musicien dans des bars, je voyais la police entrer dans le night-club, le club de striptease, et je voyais le propriétaire du club lui donner un billet de 100 $. Et je savais pourquoi il le donnait. Donc j'avais conscience – la conscience d'un citoyen ordinaire – que ce que faisait la police n'était pas ce qu'elle était supposée faire.

La chose toute entière était basée sur des fausses prémisses et des fausses données, parce qu'on savait aussi très bien que la police mentait toujours sur les chiffres. Il y a un épisode célèbre à ce propos à Chicago. Les primes d'assurance pour les entreprises – pour les vols et choses de ce genre – dépendent du nombre de crimes qui sont enregistrés : plus ils sont nombreux, plus le coût de l'assurance est élevé. Comme payer plus n'est pas du goût des entreprises, les pressions exercées sur la police pour qu'elle n'enregistre pas trop de crimes sont importantes. Cela a été jusqu'au point où la police tenait deux types de registres : le premier pour les compagnies d'assurance, et le second pour savoir ce qu'ils faisaient. La disparité entre les deux devint si grande qu'à la fin, les compagnies d'assurance dirent : « Là, c'est ridicule ». Il y a eu un grand nettoyage, on fit venir le président de l'École de criminologie de l'Université de Californie – un officier de police très fameux, également criminologue –, lequel dit ceci aux gens de Chicago : « Si nous commençons à tenir des registres honnêtes, on va avoir une vague de crimes, une grosse. Êtes-vous prêts à ça ? » Ils n'avaient pas le choix, donc c'est ce qui s'est passé…

L'un de mes livres favoris, parce qu'il a fait voler en éclats tout un pan de la pensée conventionnelle, est un livre de Jack D. Douglas intitulé *The Social Meanings of Suicide* (Princeton, Princeton University Press, 1967). Ce qu'il prenait pour cible était, en réalité, toute la tradition durkheimienne. Le suicide de Durkheim est le modèle auquel se réfèrent ceux qui se demandent comment faire de la recherche à partir de statistiques générales sur les populations. L'une des grandes découvertes de Durkheim était l'importance de la communauté pour que le taux de suicide reste bas. Il expliquait le taux peu élevé de suicides parmi les catholiques par le fait qu'ils formaient davantage une communauté que les protestants et les juifs. Douglas a examiné comment ces chiffres étaient construits et a découvert ce qui, sans doute, était évident pour tout le monde. Aux États-Unis – où il a mené son enquête – il existe une grande différence entre les juridictions où la cause de la mort est établie par le *coroner* du lieu, qui est un officier élu, et ceux où elle est déterminée par un médecin légiste, qui est un professionnel. Dans les districts catholiques, le *coroner*, élu, n'avait pas envie d'incommoder les familles en disant que quelqu'un s'était suicidé, ce qui signifiait qu'il ne pourrait pas être enterré dans le cimetière de l'église. Donc il ne le disait pas ! Quand des arrondissements de ce type passèrent du *coroner* élu au médecin professionnel, le taux de suicide augmenta... C'est un résultat très important : comme la branche la plus positiviste de la criminologie dépendait de ce type de chiffres, ce fut un argument puissant pendant de nombreuses années.

Edwin Sutherland a également fait beaucoup pour les démythifier. Dans *White Collar Crime* (New York, Holt, Rinehart & Winston 1949), il écrit : « Prenons A&P – Atlantic & Pacific Company, une grande chaîne d'épiceries, avec des magasins partout. Régulièrement, ils sont accusés de fausser les pesées. Aux clients, ils facturent une livre de viande – seize onces, mais vous n'en avez reçu que quatorze. C'est une infraction à la loi pénale, mais ça n'apparaît jamais dans les statistiques criminelles. Pourquoi pas ? En justice, ce n'est pas poursuivi comme une activité criminelle, c'est poursuivi au civil – parce qu'ils veulent que ça s'arrête, ils veulent obtenir une injonction, ils veulent obtenir des dédommagements pour toutes les factures faussées. Mais donc, comme ils en font des affaires civiles, cela n'est jamais enregistré comme délit, et n'apparaît jamais comme tel. » Et il ajoute : « Si ces activités étaient poursuivies au pénal, comme des délits, qu'adviendrait-il de la fameuse corrélation entre – par exemple – le fait de venir d'un famille désunie et d'avoir des parents divorcés, et celui de commettre des délits ? Les dirigeants d'A&P, de l'Atlantic & Pacific Company, ne viennent pas d'une famille désunie ! ». Qu'ont fait les criminologues professionnels de ce puissant argument ? Fondamentalement, ils l'ont l'ignoré : « Mieux vaut ne pas y penser. On ne peut rien y faire, la qualité des statistiques est assez bonne ainsi ».

Quand je suis entré en sociologie, ces deux divisions étaient bien connues. Une partie des gens faisait essentiellement de la sociologie et étudiaient ce type d'activités. L'autre partie travaillait essentiellement pour la police et le système pénal : ils établissaient des corrélations entre telle ou telle variable et la délinquance ou la criminalité. Ils calculaient quels condamnés allaient violer leur liberté conditionnelle. Les deux tendances étaient représentées dans les universités, mais dans les universités davantage orientées vers la recherche, c'était l'approche sociologique qui dominait. D'autres universités formaient plutôt des jeunes gens à devenir surveillants de prison, agents de probation, etc. Vous obteniez un diplôme en criminologie et vous pouviez trouver un travail. Il y avait une Société Américaine de Criminologie, mais je n'ai même jamais su qui en était membre ; certaines des personnes que je connaissais l'étaient, sûrement – mais les gens que je connaissais travaillaient tous en sociologie, et leur public était fait de sociologues. *Outsiders* les a mis au défi parce qu'ils voulaient encore connaître les causes du crime, mais qu'il y avait de fortes chances qu'ils les trouvent là où rien ne peut être fait : si la pauvreté est une cause de la criminalité, alors la criminalité existera toujours, parce qu'il existera toujours de pauvres gens.

Avant d'écrire *Outsiders*, j'avais écrit deux articles sur l'usage de marijuana ; j'y avais fait quelque chose que je savais provocateur, qui était de procéder à un changement de mots, très simple. Je n'avais pas parlé d'« addiction à la marijuana », je n'avais pas parlé d'« abus de marijuana », mais d'« usage de marijuana » [en anglais « *use* » au lieu de « *abuse* » NDLR]. Les gens qui comprennent les nuances ont réagi : « Oh, qu'est-ce que c'est que ça ? » J'avais ôté la connotation négative : vous utilisez de la marijuana comme vous utilisez du shampoing, c'est la même chose. Et c'est de cette façon que j'ai mené mon étude : la loi pénale n'y entre en scène qu'une seule fois, quand je dis qu'apprendre à utiliser de la drogue pour le plaisir consiste pour partie à apprendre comment éviter d'avoir des ennuis avec la police. Ce n'est pas difficile à apprendre, mais il faut l'apprendre, même si, pour les gens que j'ai interviewés, la police – la possibilité d'être arrêté – était insignifiante. Pour le savoir conventionnel, ces articles étaient un défi : les drogues étaient habituellement regardées comme une solution à des problèmes personnels, même par les médecins et les biologistes (vous êtes névrosé, vous êtes énervé, vous prenez des drogues pour vous calmer). L'idée que quelqu'un puisse devenir accro à l'héroïne pour éviter des problèmes est, en fait, ridicule : une fois que vous êtes accro, là, vous avez réellement des problèmes ! Et ce qui est certainement vrai, c'est que la plupart des gens (apparemment tous les gens) qui faisaient ce genre de travail n'avaient pas d'expérience personnelle ni avec les drogues, ni avec les personnes accros à la drogue, ni avec les usagers de drogues. Personnellement, j'avais l'expérience de la marijuana : j'en fumais moi-même et je savais que c'était une sorte de drogue inoffensive, bien plus inoffensive que l'alcool. D'un autre côté, j'avais travaillé avec un musicien qui était accro à l'héroïne, et je savais que ce n'était pas une partie de plaisir. Un exemple : je jouais dans un trio – moi, un saxophoniste et un batteur. Le batteur était un très bon batteur, mais c'était un junkie. Et régulièrement, 9 heures sonnaient, nous étions censés commencer à jouer et… « Où est-il ? » Il était debout, à un coin de rue, quelque part, à attendre quelqu'un qui allait venir avec de la drogue. C'est pour cela qu'il arrivait en retard.

Donc, je savais certaines choses à ce propos. Et tout ce discours – que les gens utilisent des drogues pour résoudre leurs problèmes – me semblait absurde. Mais en écrivant ces papiers, je n'avais pas prouvé que les gens n'essayaient pas de résoudre leurs problèmes avec des drogues. Je savais que ce n'était pas vrai, mais ma recherche ne le prouvait pas. Je n'avais pas mesuré leurs troubles de personnalité, et il est évident que je n'aurais pas pu résoudre la question de cette façon. Et quinze ans ou vingt ans plus tard, j'ai réalisé que ce n'était pas ce qui était en jeu. Ce qui était en jeu, c'est comment les gens apprennent à interpréter ce qu'ils éprouvent intérieurement, leurs expériences physiques et psychologiques. Comment savent-ils qu'ils planent ? Comment savent-ils qu'ils sont malades ? Ce n'est pas évident. Vous n'apprenez pas ce genre de choses quand vous êtes enfant, mais vous les apprenez. Tout le monde ne reconnaît pas les mêmes symptômes. Il y a toute une branche d'anthropologie médicale qui porte exclusivement sur cela ; puis, plus tard, la sociologie médicale. C'est donc à ce domaine de recherche que mon travail appartient, mais je ne le savais pas…

C&C : Quand vous dites qu'il y avait une branche plus sociologique et une branche plus criminologique, est-ce que finalement la criminologie est autre chose qu'une science liée au fonctionnement concret d'institutions de contrôle ? C'est-à-dire de gens qui feront la critique de la sociologie, en disant, « vous voulez expliquer, mais nous on veut arrêter la délinquance. C'est très bien ce que vous dites, mais il y a de la délinquance : comment est-ce qu'on fait ? »

H.B. : La réponse la plus simple, c'est de dire qu'ils n'ont jamais rien fait à propos du problème du crime. Et je pense que c'est généralement vrai pour tous les sociologues qui prétendent résoudre des problèmes sociaux. C'est assez facile de voir quel est le problème et ce qui le cause, mais ce n'est pas facile de changer ces choses. J'en ai fait personnellement l'expérience, à un niveau beaucoup plus spécifique, quand mes collègues et moi étudiions une école de médecine. Nous y avons passé trois ans. Nous ne faisions pas ce que les étudiants faisaient, mais nous étions avec eux pendant qu'ils soignaient les patients, travaillaient au bloc opératoire, etc. À la fin de notre recherche, presqu'aucun professeur n'était intéressé par ce que nous avions trouvé, mais huit ou dix membres de la faculté ont lu ce que nous avions écrit. Ils ont été déçus : nous n'avions pas de recommandations, nous ne disions pas ce qu'ils devraient faire. Je leur ai dit : « Je n'ai pas de recommandations, je ne suis pas professeur dans une école de médecine. Mais si vous me dites ce que vous voudriez changer, je peux peut-être vous donner quelques idées. » Ils me répondirent : « Eh bien, par exemple, lorsque nous faisons passer les examens, nous savons que les étudiants mémorisent des pages et des pages ; ils mémorisent toute cette matière, ils nous la restituent pendant l'examen, et puis ils l'oublient. Et c'est quelque chose que nous n'aimons pas. » Donc je leur ai dit : « Quel type d'examen donnez-vous ? » Ils m'ont répondu : « Le genre habituel, vous savez… Il y a une question, écrivez la réponse en une heure ». Je leur ai dit : « Supposons que vous donniez un autre genre d'examen. Chaque étudiant a deux patients à examiner, doit faire leur histoire médicale, prescrire le travail de laboratoire, faire un diagnostic, suggérer un plan de traitement, tout ça ; ensuite, vous examinez les mêmes patients et vous évaluez ce qu'il a fait ». Ils nous ont regardés : « Ce serait difficile ». Je leur ai dit : « Pourquoi ? Cela semble simple ». « Eh bien, cela va prendre beaucoup de temps ! Vous ne comprenez pas, nous sommes très occupés. Nous avons nos recherches, nous avons nos propres patients, nous avons notre travail administratif, nous n'avons pas de temps pour ça ». Je leur ai dit : « Eh bien, c'est la solution » (*rires*). Si vous en trouvez une qui soit meilleure, félicitations ! » Et c'est généralement le cas : c'est facile de voir comment une masse de problèmes peuvent être résolus, mais les solutions évidentes nuisent aux intérêts de quelqu'un. Vous avez vos propres intérêts professionnels. Dans une prison, par exemple, le directeur, les surveillants, toutes les organisations ont leurs privilèges, leurs coutumes, leurs traditions, et savent comment s'en arranger. Et vous qui passez par là, vous leur diriez « débarrassez-vous de tout cela » ? « Ce que vous recommandez n'est pas bon pour moi, donc je n'en veux pas ». À moins de parvenir à trouver le moyen de satisfaire tous les intérêts, c'est très difficile de changer. Si vous essayez de changer, cela devient juste une chose de plus avec laquelle ils doivent composer – eux, les gens qui sont le problème. Et ce que les gens qui mènent ces opérations ne comprennent jamais, c'est qu'ils font partie du problème parce qu'ils ont leurs propres intérêts à protéger. J'ai donc décidé que la sociologie était dépourvue de sens pratique. J'ai eu un jour une expérience magnifique au Canada. Le gouvernement canadien avait installé une Commission sur l'utilisation non médicale des drogues. Le président était un professeur de droit, un homme très distingué, le doyen de la Faculté de droit de McGill. Il nous avait conviés un jour, Ed Schur de New York, Terry Morris de Londres et moi pour discuter de ce problème. À la fin de la journée, il nous dit : « Tous les trois, vous continuez à me dire que la seule manière de se débarrasser du problème de la marijuana est de légaliser son utilisation ». Et nous de répondre : « Oui, c'est cela » (c'était intéressant, parce que Terry Morris était une personne beaucoup plus conservatrice que Schur ou moi ; or, il avait dit : « oui, pratiquement, c'est la seule façon d'y arriver »). Sur quoi, le président, endossant, en quelque sorte, le rôle de représentant du gouvernement de Sa Majesté, nous dit : « Messieurs, je vous ai exposé que le peuple canadien ne veut pas légaliser la marijuana, il veut en être débarrassé ». À quoi je répondis : « d'accord, je vais vous dire comment vous en débarrasser ». Ils venaient juste d'en découdre avec le Mouvement Québécois, dont une frange violente faisait exploser les boîtes aux lettres, etc. Ils avaient adopté quelques lois drastiques pour régler le problème, lois qu'ils avaient récemment suspendues. Je lui dis : « Reprenez ces lois, arrêtez les gens au hasard dans la rue, fouillez-les. Si vous trouvez de la drogue, abattez-les. Fouillez les maisons au hasard. Si vous trouvez de la drogue, brûlez-les ». Il dit : « Êtes-vous en train de me dire que rien d'autre ne marchera? » Je lui répondis : « Oui » et je pense qu'en réalité, c'est vrai (*rires*).

C&C : Le managérialisme est en train de devenir un courant dominant, y compris dans le champ pénal. Il repose sur le discours de Law & Economics, *développé à l'Université de Chicago par les économistes et les juristes qui, dans le sillage de Gary Becker, pensent le droit à partir de la microéconomie.* A priori, *on est loin de la criminologie : dans son introduction aux* Essays in the

*Economics of Crime and Punishment (New York, Columbia University Press, 1974), Gary Becker indique qu'il veut produire, à propos des comportements qui enfreignent la loi pénale, une théorie qui ne soit pas criminologique. La criminalité est conçue comme une activité qui permettrait à un individu de maximiser son utilité, mais qui génèrerait des externalités négatives pour la communauté. La pénalité a donc pour objectif de limiter ces externalités négatives par l'action sur trois variables – la probabilité d'arrestation, la probabilité de condamnation et la sévérité de la peine. L'interface entre le gouvernement et l'individu étant la fiction de l'*homo œconomicus*, le problème posé est un problème de décision. L'individu doit décider quel temps et quelles ressources il va allouer à des activités légales et illégales, compte tenu des opportunités et du risque pénal lié aux activités illégales. Le gouvernement doit décider quelles ressources policières, judiciaires et pénitentiaires allouer pour donner force à la loi ; mais ces ressources étant rares, il doit choisir quelle quantité d'infractions et d'infracteurs impunis il doit accepter.* Outsiders *a été une bombe par rapport à la criminologie positiviste. Mais, dans la mesure où les nouvelles politiques criminelles sont fondées sur le discours de* Law and Economics, *dans la mesure aussi où elles n'entendent plus agir sur les causes sociales du crime mais se limitent à agir sur trois variables pénales à partir de considérations managériales, la critique semble désormais devoir se déplacer. Comment pensez-vous que l'on puisse résister à ce type de discours ?*

H.B. : Je pense que c'est la même chose. Le piège, quand on s'occupe de managérialisme, c'est l'économie : ce sont les coûts et les bénéfices. Donc, le problème, c'est comment vous établissez les coûts et les bénéfices. Par exemple, quel est le coût de l'utilisation de la marijuana ? Quels sont les bénéfices ? Personne ne prend jamais en compte les bénéfices pour les consommateurs, leur plaisir. Personne ne traite réellement la question comme on le ferait en affaires. J'ai eu, il y a plusieurs années, un étudiant qui a fait une thèse exceptionnelle sur le *business* de l'héroïne à San Antonio au Texas. Il venait de San Antonio, il avait été à l'école là-bas, il connaissait tous les vendeurs de drogues parce qu'il avait été à l'école avec eux. Donc, il est retourné à San Antonio. Il a pris les têtes de chapitre d'un manuel de marketing, et il les a interviewés comme s'ils faisaient tourner une affaire ordinaire. « Combien payez-vous pour les matières brutes ? Combien par kilo d'héroïne ? » Question intéressante : l'emballage. La question qu'il a posée était vraiment une question merveilleuse : « Combien d'onces vous faites avec un kilo ? » Ce devrait être un nombre standard, mais habituellement ils « coupent » l'héroïne pour avoir plus d'onces à partir d'un seul kilo, en fonction de ce qu'ils y ajoutent. Il leur a aussi demandé : « Comment faites-vous votre publicité ? » Parce que si vous vendez quelque chose, les gens doivent savoir que vous le faites, et où ils peuvent vous trouver pour acheter. Comment vous y prenez-vous ? Et combien cela coûte-t-il ? Combien devez-vous payer à celles et ceux qui travaillent pour vous – quelles sont vos charges salariales ? Et combien de personnes employez-vous ? La découverte la plus intéressante était que les *dealers* qui engagent des membres de leur famille, comme les fils de leurs sœurs, et les associent à l'affaire, finissent ruinés parce qu'ils ont des dépenses qui excèdent ce qu'ils pourraient s'offrir et qu'ils perdent de l'argent. Les gens qui ont moins pitié de leur famille disent : « Non, je suis désolé, tes garçons ne sont pas bons, je ne les engage pas ». Et ils font bien. Donc, si vous devez traiter ces questions réellement en termes économiques et mettre un prix sur chaque chose, et ensuite avoir un bon argument pour tel prix, je suppose que cela mettrait un terme à bien des discussions.

Je pense que la chose principale, s'agissant du managérialisme, c'est leur utilisation de mesures dénuées de sens et de pertinence. Parce qu'ils mesurent tout ce qu'ils pensent pouvoir mesurer et ignorent le reste qu'ils traitent comme futile, pas important. De même, ils ignorent les défauts bien connus des données du type de celles sur lesquelles ils se basent. Il y a, vraiment, une littérature assez considérable sur les erreurs des données quantitatives. Vous connaissez mon livre favori sur ce sujet ? C'est un livre d'Oskar Morgenstern, *On Accuracy of Economic Observations* (Princeton, Princeton University Press, 1950). Morgenstern fut très important en économie à cause de la théorie des jeux – l'un des grands jalons, vous savez. Mais il travaillait aussi dans le champ du commerce extérieur, du commerce entre pays, et savait que beaucoup de nombres utilisés dans ce champ sont très imprécis. Il a pris une marchandise qui est soigneusement mesurée : l'or. Chaque pays publie des chiffres chaque année sur la quantité d'or qu'ils ont exportée à différents endroits et la quantité qu'ils ont importée. Par exemple, vous êtes en Allemagne, vous publiez des chiffres : « Nous avons exporté telle quantité en France ». Et la France publie des chiffres : « Nous avons importé telle quantité d'Allemagne ». Si vous comparez les deux nombres, ils devraient être identiques. Morgenstern a fait cette comparaison pour un grand nombre de paires de pays limitrophes, de sorte que le problème du temps de transport ne se posait pas. Quel est le rapport entre ces deux nombres, qui devraient être identiques ? De temps en temps, très rarement, c'était 1. Plus souvent, c'était 2, 3, 4, 10, 50 – et ce n'était pas des comparaisons entre le Zaïre et l'Islande ! Il en a conclu qu'à l'évidence, ce chiffre n'est pas fiable. Et puis il a trouvé d'autres erreurs grossières : ce merveilleux article qui avait découvert, dans les données du recensement américain, un grand nombre de veuves adolescentes dans une réserve indienne Navajo – des veuves de 13 ans, comment cela se pouvait-il ? Une erreur de codage : quelqu'un avait confondu la colonne du statut marital et la colonne de l'âge. Tout le monde sait qu'il y a des erreurs de codage, disait Morgenstern, et tous les textes publiés devraient examinés en détail pour repérer ce type d'erreurs. Le recensement n'est pas différent. Si vous travaillez avec des nombres à une telle échelle, vous avez un tas d'erreurs.

C&C : Si on développe cet argument, le danger est peut-être qu'ils disent que c'est une question d'efficacité. Qu'il suffit de produire de meilleures données.

H.B. : Oui, mais c'est un bon argument. Prouvez-moi que vos données sont bonnes ! La charge de la preuve est renversée, parce que nous voyons non seulement qu'il y a des problèmes, mais que ces problèmes sont endémiques. Morgenstern a fait ses calculs pour l'or pour un grand nombre de pays et un grand nombre d'années, et il y a toujours de sérieuses erreurs ; les statistiques policières sont toujours manipulées, etc. Bien sûr, ils répondront ce que vous dites. Quoi que vous disiez, ils répondront quelque chose. Mais à l'occasion, vous les attrapez, comme Sutherland les a attrapés quand il a montré que la décision de traiter des faits constitutifs d'infractions au pénal ou au civil était une source majeure d'erreurs dans les données. Une source majeure, non pas d'erreurs, mais de choix. C'est un choix des managers.

C&C : Revenons à la thèse de votre étudiant. Si l'on se met dans la peau d'un agent du système de justice pénale, et qu'on raisonne en termes de Law & Economics *on pourrait très bien dire : « Cette personne tire des bénéfices importants de son commerce. Il faut que donc affecter à cette activité un risque pénal égal ou supérieur aux bénéfices qu'elle peut en retirer. » En quoi ce type d'études donne-t-il des arguments suffisants pour contrer le managérialisme ?*

H.B. : Le managérialisme n'a pas fait son entrée dans le monde des affaires parce qu'il était logique ou qu'il était réceptif à un certain type d'argument logique. Le managérialisme, c'est une façon d'étudier à la mode… C'est le *manager* de telle société qui dit « Oh, on devrait le faire aussi » – toutes les décisions se prennent comme ça. Et puis, périodiquement, ce qui était rationnel change, la stratégie change, non pas parce que l'autre s'est avérée fausse, mais parce que c'est ce que fait telle autre personne. Mon père a travaillé dans la publicité toute sa vie durant. Il traitait avec ces gens et disait qu'ils étaient les plus illogiques de la terre, qu'aucun amoncellement de faits n'y changeait rien, jamais. Donc vous ne pouvez vraiment pas les changer, même si vous avez de bons arguments. Il y a un livre de Melville Dalton que j'aime beaucoup, *Men Who Manage* (New York, John Wiley, 1959). Dalton était un étudiant d'Everett Hughes, comme moi. Il a travaillé entre huit et dix ans au Personnel (aujourd'hui on dirait « Ressources humaines ») dans une série de très grandes firmes aux États-Unis, en rédigeant des notes de terrain tout au long. S'agissant du crime, il avait une merveilleuse théorie. Les employés volent toujours. C'est une partie des frais fixes, qui est habituellement évaluée à 5 % du chiffre d'affaires. Mais, disait-il, c'est une erreur de penser à cela en termes de « vols ». La manière la plus appropriée de penser le phénomène, c'est d'y voir un système de gratification informelle. Il donnait des exemples. Mon favori concerne le vice-président d'une grande entreprise, qui avait une maison de campagne et qui voulait y construire une volière pour des oiseaux. Il y avait des charpentiers qui travaillaient pour l'usine. Plusieurs d'entre eux sont venus chez lui, ont apporté du bois et des matériaux de l'usine – tout cela, payé par la société –, pour lui construire cette volière. C'était complètement illégal. Non seulement c'était illégal, mais c'était ridicule pour la société.

Pourquoi les employés l'ont-ils fait ? Parce que, dès lors, ils étaient autorisés à voler ce dont ils avaient besoin pour faire des réparations chez eux, pour les petits travaux qu'ils faisaient pour d'autres personnes, etc. Bien sûr, vous pourriez dire que c'est du vol, que tout le monde volait – mais ça n'explique rien. Ce qui explique la chose, c'est que le vice-président voulait sa volière, et qu'il a récompensé ceux qui la lui ont construite en les autorisant à voler. C'est un schéma très commun. Dalton avait beaucoup d'exemples, partout, dans toutes les sociétés où il avait travaillé. Finalement, le livre, au fond, traite de la politique intérieure des organisations, où les manières habituelles d'agir sont faites et défaites. Si vous voulez avoir un effet sur le vol, vous devez avoir un effet sur cette politique. Vous pourriez l'affecter de l'extérieur, c'est certain, si certains des managers de ces sociétés qui ont eu recours à ces procédés malhonnêtes étaient envoyés en prison pour dix ans : ce serait un message qu'ils reconnaîtraient.

Comment être débarrassé du managérialisme ? C'est comme cet homme au Canada qui me demandait comment être débarrassé de la marijuana. Vous les trouvez, vous les abattez... C'est très difficile de se débarrasser de ces choses parce que les causes – pas seulement les causes, mais les processus par lesquels elles ont été établies – existent depuis un bon moment maintenant. La manière dont je pense à tout cela, c'est que ces schémas managériaux sont une sorte d'utopie : « Si tous faisaient les choses exactement comme je dis qu'ils doivent les faire, alors, nous aurions tel résultat ». « Si » soulève une énorme question, parce que la réponse est sûrement qu'ils ne feront pas les choses comme cela, et alors quoi ? Comment voulez-vous interférer avec ça ? Aucun d'entre nous n'est en position d'interférer. Que pouvons-nous faire ? Écrire des livres ? Je pense qu'il y a un peu de mégalomanie chez nous, qui consiste à penser que nous pouvons avoir un effet important sur des tendances sociales majeures et sur les événements. Le sociologue qui a sans doute eu le plus grand effet aux États-Unis était Daniel Patrick Moynihan. C'était un sociologue qui avait toutes sortes d'idées sur l'éducation, la famille, les structures, la race, etc. Des idées folles, je pense, même si c'était quelqu'un de très intelligent. Il devint sénateur pour l'État de New York (1977-2001) et fut membre du cabinet de Richard Nixon (*Urban Affairs*). Il était mieux placé que qui que ce soit en sciences sociales (à l'exception des économistes) pour avoir un effet sur la politique. Qu'a-t-il accompli ? Rien... Les gens aiment beaucoup me dire que mon vieux collègue Erving Goffman est responsable de la libération des malades mentaux. Vous le savez : il a écrit *Asiles* et, d'une manière ou d'une autre, cela a permis que tous les malades mentaux soient libérés. Accessoirement, cela a produit un autre problème, celui dit des « sans domicile fixe », parce que les gens que l'on a laissés quitter l'hôpital n'ont plus d'endroit où dormir. Évidemment, Goffman n'est pas responsable de cela. Il ne s'agit pas non plus de dire que Goffman n'a pas joué un rôle dans cette libération ; mais il s'inscrit dans un lent mouvement de transformation de l'appréhension de ce type de problème. À côté des recherches académiques, il y a eu aussi des films, comme *Vol au-dessus d'un nid de coucous* (1975) ou *La fosse aux serpents* (1948). Il y a eu des psychiatres comme Thomas S. Szasz, qui a écrit un grand livre intitulé *The Myth of Mental Illness: Foundations of a Theory of Personal Conduct* (Sydney, Harper & Collins Publishers, 1974) dans lequel il disait que la « maladie mentale » n'est pas une maladie. Les gens ont des difficultés à vivre, des problèmes dans leur vie, oui ; mais ils n'ont pas une maladie, même si nous continuons à traiter leurs problèmes comme une maladie. Beaucoup de gens, dans le monde entier, pensaient cela. Dans le même temps, Ronald Reagan est devenu gouverneur de l'État de Californie et il a cherché les moyens de faire des économies, parce que ce sont des institutions très coûteuses. Il a pris le risque d'incommoder tout un tas de personnes importantes, parce que chaque hôpital psychiatrique était une source de revenus pour la communauté. Dans la ville de Napa, dans la Californie rurale, la plus grosse industrie, c'est l'hôpital psychiatrique. Beaucoup de gens y travaillaient, l'hôpital achetait des fournitures, de la nourriture, tout ce qui se produit là-bas. Il employait des gens pour faire la lessive. Tout ça a été fermé. Mais si vous fermez, vous créez un grave problème économique pour la ville. Reagan a pris ce risque.

C&C : De la même manière qu'il y a eu une transformation lente de la manière de penser le problème psychiatrique, il semble qu'il existe un déplacement dans la manière de penser le problème de la pénalité. Et le changement s'est accompagné d'une augmentation énorme de la population détenue. En psychiatrie, on a sorti les gens des asiles ; là, au contraire, on fait entrer les gens en prison.

H.B. : Le nombre de personnes en prison aux États-Unis a crû de manière aussi spectaculaire en grande partie à cause des lois qui exigent qu'à la troisième condamnation, on soit incarcéré pour une longue durée. Ça s'appelle « *three strikes* » – je me suis toujours demandé ce que les gens qui ne connaissent pas le baseball comprennent du « *three strikes* »... Les lois des « *three strikes* » ont été une sorte de mode que l'aile droite [des professionnels de la politique] a été capable d'exploiter. Le coût est énorme. Pour la peine de mort, même chose : des États essaient maintenant de s'en débarrasser tellement c'est cher. La constitution telle que les cours l'interprètent aujourd'hui exige que la personne condamnée à mort ait la meilleure défense possible ; et celle-ci coûte très cher. Et donc ces affaires se prolongent, encore et encore, de sorte qu'une personne peut être dans le couloir de la mort durant trente ans. Ce n'est pas une politique rationnelle, elle ne résout rien du tout. Mais elle génère du profit, et c'est la raison pour laquelle les petites villes se battent pour avoir une nouvelle prison construite à proximité. Je viens de lire un manuscrit, un livre qui peut-être sera publié, sur les processus politiques mis en œuvre pour obtenir qu'une prison soit construite dans votre ville, surtout dans les villes frappées par la délocalisation. « Les usines ont fermé, nous avons tous ces gens sans travail, tentons d'avoir une prison, c'est une bonne affaire ». C'est bon aussi pour les entreprises de construction : c'est un gros chantier pour quelqu'un qui travaille dans ce secteur et ça génère beaucoup d'emplois. La vraie cause de l'accroissement de la population des prisons est là. L'union des surveillants de prison – le syndicat – est désormais une force puissante dans la politique californienne. Ils disent : « Si nous réduisons les peines, mettons, d'un an – un an seulement, pas la vie –, nous aurons moins d'emplois, moins de surveillants et donc moins de membres ». Et comme les prisons sont parsemées partout sur le territoire, ils sont capables d'influencer les élections législatives dans de nombreuses circonscriptions. La cause de l'augmentation des taux de criminalité, c'est ça. La cause de la multiplication des prisons, c'est ça.

C&C : Durant les années 1960 et 1970, on est passé d'une analyse du crime en termes un peu étiologiques - le milieu social, les milieux populaires sont plus criminogènes que d'autres – à l'idée que les institutions ont un rôle. Aujourd'hui l'accent est plutôt mis sur la responsabilité individuelle. L'analyse criminologique dominante insiste sur la responsabilité de l'individu – son milieu social ne compte plus, sauf en termes de « facteur de risque » – et là on rejoint la question de la prédiction, la question de la dangerosité.

H.B. : Tout d'abord, juste de manière rhétorique, je dirais que c'est une idée intéressante. Appliquons-la à tous les criminels, à commencer par les cadres des entreprises, les cadres des banques, et voyons ce qu'ils font. Il y a pour le moment aux États-Unis trois ou quatre cadres auparavant très haut placés qui se trouvent en prison, et leurs peines, suivant les standards français, sont incroyables – dix ans, vingt ans, c'est sérieux. L'idée, bien sûr, est et a toujours été de faire un exemple et de vous montrer ce qui pourrait vous arriver si vous êtes pris. Mais la plupart des gens ne croient pas qu'ils vont être pris. Lorsque j'étais gosse, je fumais de la marijuana, tous mes amis du monde de la musique fumaient de la marijuana, un tas de gens fumaient de la marijuana. Nous étions tous, pour l'essentiel, de très gentils enfants, de bonne famille ; nous étions éduqués, nous étions à l'université. Pourquoi faisions-nous ça ? Nous étions sûrs de ne pas nous faire attraper. Pourquoi en étions-nous sûrs ? Parce que personne parmi nos connaissances n'avait jamais été attrapé. De temps à autre, il arrivait que quelqu'un soit pris. Nous avons toujours considéré que cette personne avait été trop loin. Vous ne pouvez pas passer devant le commissariat de police en fumant un joint et espérer que rien ne se passe : c'est juste idiot. Mais si vous ne faites pas ça, il n'y a aucun souci à se faire. Je dirais que sans doute, ce qui explique le mieux pourquoi les gens font tant de ces choses qui les conduisent à être arrêtés est un mauvais calcul de probabilités : « Cela ne m'arrivera jamais ». Les pratiques s'enracinent dans certaines communautés pour de bonnes raisons. Ce n'est pas sans raison que les communautés noires aux États-Unis sont les lieux où on vend de la drogue : elles ne peuvent pas se défendre contre cela. Une communauté blanche de classe moyenne ne l'autoriserait pas. Simplement, ils iraient tout de suite chez le maire, lui diraient qu'ils vont mener campagne contre lui la prochaine fois, qu'il aura un opposant sérieux, et qu'il a intérêt à se tenir prêt ou à les débarrasser de ces gens. La communauté noire ne peut pas se défendre contre ce type de *business*. Donc vous y avez un *business* local. Ils engagent des gosses du coin, c'est le meilleur *job* dans les alentours, vous pouvez vous faire plus d'argent en faisant ça, vous pouvez avoir un *job* à proximité, votre cousin peut décrocher le boulot pour vous, etc. Alors, vous avez parlé de responsabilité individuelle. Lorsque les gens parlent de ça, ils imaginent quelqu'un qui vit dans un vide, où toutes les possibilités sont ouvertes et disponibles, de sorte que c'est une juste le choix individuel de la personne de devenir un mauvais garçon. Mais en réalité, les gens ne choisissent pas d'être un mauvais garçon, ils le deviennent. Je ne pense pas que vous puissiez avoir une discussion rationnelle avec les gens qui développent ces arguments, parce que théoriquement, ils sont trop engagés. Un autre livre que j'aime beaucoup est celui de Donald R. Cressey, *Other People's Money: A Study in the Social Psychology of Embezzlement* (Glencoe, The Free Press, 1953), dans lequel il étudie comment une personne cesse de sentir une responsabilité morale. Imaginez que travaillez dans une banque et vous que avez une mauvaise habitude : vous allez aux courses, vous pariez sur des chevaux. Jusqu'à présent cela ne vous a pas gagné, mais vous êtes sûr qu'un jour ce sera le cas. Entre temps, vous avez besoin d'argent, et vous êtes là, dans cette banque, entouré d'argent. Vous savez comment le voler puisque votre travail implique, justement, des mouvements de fonds. Comment justifiez-vous d'en voler ? Tout le monde sait que les banques sont criminelles et vous le savez mieux que tout le monde puisque vous y travaillez. Vous savez ce qu'elles font. Et donc c'est acceptable pour vous de voler. « Je ne suis pas une mauvaise personne, je le rendrai ». Et là, l'auditeur arrive et vous demande : « Où est l'argent ? »

C&C : Vous connaissez certainement le livre de Stanley Cohen, Against Criminology *(New Brunswick, NJ: Transaction Books, 1988). En exergue, il a écrit cette phrase: « Il faut appartenir à une tradition, pour pouvoir la haïr comme il faut («* to hate it properly *»). Ce serait bien sûr ridicule de soutenir qu'il faut instituer la criminologie en France pour pouvoir la haïr correctement. Il reste qu'une anti-criminologie y est vraiment nécessaire. Une « anti-criminologie », c'est-à-dire un travail de démystification, de critique d'un discours criminologisant. Ceci semble d'autant plus important que le « criminalisme » est en quelque sorte la forme nouvelle que prend le racisme, et que le crime ou la criminalisation sont, politiquement, des façons particulièrement dangereuses de justifier l'exclusion. La criminalisation permet de dépolitiser toute une série de questions sociales. Vous avez dit que la sociologie n'est pas pratique. Mais diriez-vous qu'elle n'est pas polémique ? pas politique ? Vous avez écrit un jour un papier intitule « De quel côté sommes-nous ? » (« Whose Side Are We On »,* Social Problems, *vol 14, 1967, pp. 239-247) Seriez-vous d'accord avec Pierre Bourdieu, qui décrivait en plaisantant la sociologie comme un sport de combat ? Comment définiriez-vous ce pour quoi (ou ce contre quoi) vous vous battiez quand vous avez écrit* Outsiders *ou* Whose Side Are We On *?*

H.B. : Pour moi, ce n'est pas un sport de combat. La science, quand elle est bien faite, est et devrait être une entreprise coopérative. Je ne fais pas un fétiche de séparer mes vues politiques de mon travail sociologique, mais je ne pense pas qu'elles y aient une place importante. Il est probable que c'est dans le choix des sujets de recherche que leur influence est la plus importante, et dans mon insistance à prendre en compte toutes les personnes impliquées dans l'activité que j'étudie. Ceci implique pour une école, par exemple de considérer non seulement les élèves, mais aussi les professeurs, les administrateurs, les personnes qui assurent la maintenance des bâtiments, qui les nettoient et vident les poubelles. Si vous faites cela – c'est l'argument de « Whose Side Are We On ? » –, le plus souvent, vous finissez, pour le meilleur ou pour le pire, par être du côté des gens qui ont le moins de pouvoir. Pour la simple raison que les personnes qui en ont davantage ont souvent davantage de choses à cacher, dont elles peuvent être blâmées, dont elles peuvent être tenues pour responsables. Lorsque vous faites de la recherche comme je l'ai fait, vous trouvez presque toujours que les choses ne sont pas comme elles ont été décrites, ce qui signifie que vous défiez les descriptions qui protègent le pouvoir. Nul besoin pour cela d'être politiquement radical : il vous suffit d'être un chercheur honnête, qui fait un travail d'enquête minutieux. Cela vous engagera dans quelque conflit avec les gens au pouvoir, bien sûr ; mais je ne pense pas que ce soit mon travail, comme sociologue, de faire ça. Vous imaginez bien que je ne me soucie pas trop d'ébranler les puissants et d'une certaine façon, j'aime ça. C'est bon pour eux, ça leur maintient les pieds sur terre, ça les rend un peu plus responsables. Mais mener des luttes politiques, ce n'est pas de la sociologie. Non que je veuille édicter une règle qui dirait que les sociologues ne devraient pas s'engager en politique. Loin de là ! Simplement, je trouve que ce n'est pas gratifiant, parce qu'il me semble que si peu a été accompli. Je pense que des changements se produisent, et que nous autres, les chercheurs y jouons un rôle. Mais je crois aussi que celui-ci est limité, comparé à celui des intérêts politiques, économiques ou autres. Le plus grand effet que nous ayons est probablement d'aider à changer le climat politique, comme par exemple celui relatif au mariage entre personnes du même sexe, qui s'est modifié après des années et des années de discussion et d'argumentation. Nous pouvons certainement prendre part à cela, comme Goffman quand il a écrit *Asiles*. Écrire quelque chose qui donnerait à voir les schémas managériaux comme des utopies aiderait à modifier le climat (quel qu'il soit) sur cette question, mais je n'attendrais pas que cela se produise très rapidement. Cela prendra peut-être cinquante ans ou cent ans. Et très probablement, à ce moment-là, quelque chose d'autre l'aura déjà détruit. Ces modes ont une très courte espérance de vie.

Compter pour compter

Les manifestations pratiques de savoirs criminologiques dans les instances locales de sécurité [1]

Élodie LEMAIRE, Laurence PROTEAU

Élodie Lemaire est sociologue, post-doctorante à l'Institut des sciences sociales du politique de l'École normale supérieure de Cachan (ISP-ENS Cachan). Ses travaux portent sur les effets des réformes administratives sur l'institution policière, sur les procédures de construction des chiffres de la délinquance et sur les usages des technologies de surveillance dans le champ de la sécurité publique.

Laurence Proteau est sociologue, maître de conférences à l'Université de Picardie Jules-Vernes (Amiens) et chercheur au Centre européen de sociologie et de science politique (CESSP-CSE/EHESS/Paris). Ses travaux portent sur l'espace des positions et des dispositions dans l'institution policière et sur les manifestations ordinaires des habitus et du sens pratique policiers.

Les catégories de pensée et les méthodes de ce qui est présenté, par ses représentants les plus emblématiques, Alain Bauer, Xavier Raufer et Christophe Soullez comme une « nouvelle criminologie [2] », dont l'objectif serait de lutter contre les phénomènes criminels en les décelant précocement [3], connaissent une large diffusion, au moins dans l'espace politico-médiatique. Il serait désormais possible de prédire les risques (par des savoirs chiffrés et des cartographies notamment) et de les réduire par le déploiement de dispositifs humains, de prévention situationnelle [4] ou technologiques (comme la vidéosurveillance).

---

1. Nous remercions Laurent Bonelli et Blandine Leclercq pour leurs relectures attentives de ce texte et Tim Raynal pour sa contribution à l'enquête.

2. Mucchielli L., « Une "nouvelle criminologie" française. Pour quoi et pour qui ? », *Revue de sciences criminelles et de droit pénal comparé*, 4, 2008, pp. 795-803.

3. Bauer A., Raufer X., Roucaute Y., « Une vocation nouvelle pour la criminologie », *Sécurité globale*, automne 2008, p. 89.

4. La prévention situationnelle, importée des États-Unis, recouvre l'ensemble des politiques de sécurité qui prétendent réduire le passage à l'acte des délinquants potentiels, en modifiant l'environnement urbain et en déployant des dispositifs de surveillance. Sur ce sujet, voir notamment Bonnet F., « Contrôler des populations par l'espace ? », *Politix*, 97-1, 2012, pp. 25-46.

La pierre angulaire de cette vision du monde, qui se cherche une caution scientifique ou du moins rationnelle, est la production d'un « vrai » chiffre de la délinquance, dont les statistiques des services de police et de gendarmerie rendraient imparfaitement compte. Les chiffres n'ont pourtant en eux-mêmes aucun privilège d'objectivité, ils sont toujours le produit d'une construction [5]. Mais leur autorité (leur « magie sociale ») est mobilisée par ces experts pour asseoir leur légitimité tant dans le marché lucratif de la sécurité locale que dans le champ politique, médiatique et même administratif. De là leurs efforts pour conquérir des positions dans des institutions en situation de produire des données alternatives, comme l'observatoire national de la délinquance et des réponses pénales (ONDRP) et dans celles capables d'en assurer la diffusion à des acteurs de terrain, comme le Conservatoire national des arts et métiers (CNAM), qui compte depuis 2009 une chaire de criminologie, confiée à A. Bauer [6].

Les approches prônées par les tenants de cette criminologie s'invitent dans les instances locales de sécurité, comme les comités locaux de sécurité et de prévention de la délinquance [7] et les cellules de veille [8]. En réponse à l'injonction à la co-production de la sécurité, ces dispositifs dits « partenariaux » [9] ont été mis en place pour définir, suivre et évaluer les projets contractualisés, le plus souvent sous la forme d'un contrat local de sécurité. Leur développement s'est accompagné d'une intense activité d'État de promotion des outils valorisés par la « nouvelle criminologie », à laquelle ses partisans ont activement participé. Le contrat local de sécurité était par exemple subordonné à un « diagnostic de sécurité » reposant sur l'évaluation locale de la délinquance, et le *Guide pratique pour les contrats locaux de sécurité*, réalisé en 1998 par l'Institut des hautes études de la sécurité intérieure (IHESI), incitait à construire des outils statistiques et à créer des observatoires locaux.

De fait, en 2011, nous avons observé (*cf.* encadré 1) que les acteurs chargés de l'organisation et de l'animation des réunions avec les partenaires locaux – que nous appellerons des « coordonnateurs de la sécurité » [10] – s'investissent

5. À la suite des travaux majeurs d'Alain Desrosières, les instruments de quantification ne peuvent plus être considérés comme neutres socialement et politiquement. *Cf.* entre autres, Desrosières A., *La politique des grands nombres. Histoire de la raison statistique*, Paris, La Découverte, 1993 et Robert Ph., Aubusson de Carvalay B., Pottier M-L. et Tournier P., *Les comptes du crime. Les délinquances en France et leurs mesures*, Paris, L'Harmattan, 1994.
6. Voir l'introduction de Didier Bigo et Laurent Bonelli dans ce numéro.
7. Créés en 2002, les CLSPD sont présidés par les maires. Ils remplacent les conseils communaux de prévention de la délinquance (CCPD) mis en place en 1983.
8. Les cellules de veille sont des réunions organisées par les coordonnateurs de la sécurité auxquelles prennent part les « partenaires » des comités locaux de sécurité et de prévention de la délinquance. Elles peuvent être ouvertes à de multiples instances, se tenir en comité restreint, ou encore être organisées par secteur/quartier.
9. Voir Douillet A.-C., de Maillard J., « Le magistrat, le maire et la sécurité publique : action publique partenariale et dynamiques professionnelles », *Revue française de sociologie*, 49, 2008, pp. 793-818 et Gautron V.,« La coproduction locale de la sécurité en France : un partenariat interinstitutionnel déficient », *Champ pénal/Penal Field*, vol. VII, 2010 [en ligne].

dans la production de connaissances sur les lieux et les catégories de populations « à risque » en reproduisant localement les dispositifs promus à l'échelon national : observatoires locaux, données chiffrées, cartographies, élaboration de profils de populations. On pourrait penser que, conformément à la conception des partisans de la « nouvelle criminologie » comme science appliquée, les coordonnateurs de la sécurité répliquent les enseignements et les méthodes criminologiques pour évaluer et gérer le phénomène délinquant à l'échelon local. Cependant, ce postulat conclut trop vite au décalque parfait entre les recettes « prêtes-à-porter » conçues par ces experts et les pratiques mises en œuvre par les agents engagés dans les dispositifs locaux. Ceux-ci retraduisent dans une certaine mesure les catégories d'anticipation des risques de délinquance en fonction d'enjeux locaux et de la configuration dans laquelle ils exercent. En réalité, la réappropriation pratique de ces outils est motivée par d'autres raisons que leur prétendue efficacité. C'est ce que nous tâcherons d'éclairer ici, en prenant pour objet les logiques et les modalités selon lesquelles les coordonnateurs de la sécurité s'investissent dans la production de données chiffrées. Comment s'y prennent-ils pour construire leurs indicateurs ? Pourquoi cherchent-ils à se doter d'instruments de quantification ? Si des dispositifs sont bel et bien mis en place localement pour produire des chiffres, sont-ils réellement mobilisés dans l'action publique ?

Encadré 1 : Quelques éléments sur l'enquête

L'enquête sur l'espace de production des indicateurs de mesure de la délinquance a été menée dans quatre communes d'une même région de 2011 à 2013. Le matériel empirique est composé d'une quarantaine d'entretiens réalisés avec des partenaires des comités locaux de sécurité et de prévention de la délinquance et d'observations de leurs réunions. L'enquête a également cherché à comprendre la fabrique des indicateurs de mesure de la délinquance dans les principales instances productrices de données chiffrées (la police nationale, la police municipale, les établissements scolaires, les sociétés de transports en commun et les bailleurs sociaux).

Nous interrogerons les conditions sociales de diffusion et d'appropriation des outils quantitatifs dans les instances locales de la sécurité, puis nous analyserons les usages et les effets pratiques des chiffres, notamment sur les décisions et les dispositifs mis en œuvre à l'échelon local.

10. Nous reprenons ici la dénomination de Tanguy Le Goff : Le Goff T., « L'insécurité "saisie" par les maires. Un enjeu de politiques municipales », *Revue française de science politique*, 55-3, 2005, pp. 415-444.

La pensée « bricoleuse »

À la fin des années 1990, la mise en place de la nouvelle doctrine de police de proximité voulue par le gouvernement socialiste, inscrite dans l'exigence encore renouvelée de partenariat, redéfinit et élargit l'espace de surveillance. Cette doctrine impose les « bonnes pratiques » de production de la sécurité comme l'obligation de l'expertise (diagnostic), du partenariat (contrat, « culture » commune de la sécurité), de l'évaluation (indicateur, objectif assigné, résultat obtenu), de l'ancrage territorial de la politique de sécurité (« co-production » de la sécurité par des acteurs locaux, institutionnels, privés, élus). Dans les faits, la police de proximité a l'ambition d'étendre son champ de surveillance et d'intervention à quasiment tous les aspects de la vie publique et privée (conflit familial, de voisinage, d'école, de groupe, contrôle des véhicules, des lieux, des identités, des corps, recueil de renseignements...). Comme le dit sans détour le Centre d'études et de recherches sur les qualifications (Céreq) : « L'objectif visé est de rééquilibrer le dispositif d'ensemble par renforcement de son maillon faible, celui du contrôle social local, jugé insuffisamment développé face aux pressions de la demande et aux menaces de désagrégation de l'ordre social dominant [11] ». La place prépondérante prise par les questions d'insécurité dans les politiques publiques et la construction de la délinquance comme un problème social central de nos sociétés, depuis les années 1990, ont déjà été suffisamment analysées pour que l'on ait besoin de s'y attarder [12]. En revanche, il est intéressant d'insister sur les injonctions politiques au renforcement de la surveillance policière des territoires et des populations supposées « dangereuses » parce que c'est dans ce contexte que le partenariat prend son essor. Une circulaire validée lors du Conseil de sécurité du 9 mars 1998, relative à « la lutte contre les violences urbaines », éclaire le consensus politique concernant le « grand danger » que représenterait un nombre croissant de quartiers populaires classés en zones « sensibles ». La politique du ministre de l'Intérieur de l'époque, Jean-Pierre Chevènement, tient en plusieurs orientations que les préfets doivent inscrire dans le cadre général des Contrats locaux de sécurité (CLS) nouvellement créés [13]. L'une d'elles concerne le développement du partenariat dont un des objectifs est d'accroître le recueil et le croisement d'informations sur les populations pour anticiper les risques. Afin de constituer un « dossier technique » sur chaque quartier, il faut affiner le dispositif d'observation en associant police, gendar-

---

11. Le Céreq dépend du ministère de l'Éducation nationale, de l'enseignement supérieur et de la recherche et du ministère de l'Emploi, du travail et du dialogue social. Il fait un travail d'expertise publique par la réalisation d'études, l'évaluation de dispositifs et la formulation de propositions. La citation dans le texte est extraite de : *Bref*, 154, juin 1999.
12. Sainati G. et Bonelli L., *La machine à punir. Pratiques et discours sécuritaires*, Paris, L'Esprit frappeur, 2001 ; Mucchielli L., *Violences et insécurité. Fantasmes et réalités dans le débat français*, Paris, La Découverte, 2001 ; Bourgoin N., *La révolution sécuritaire (1976-2012)*, Nîmes, Champ social éditions, 2013.
13. Sur l'émergence du champ de l'insécurité dans lequel sont pris les CLS et autres dispositifs publics, on se reportera à Bonelli L., *La France a peur : Une histoire sociale de l'« insécurité »*, Paris, La Découverte, 2008.

merie et partenaires du quartier (« municipalités, administrations, associations, responsables de services publics, de centres commerciaux,... ») dans une cellule de veille qui doit actualiser cette masse de renseignements et « pressentir l'apparition de tensions ou de crises ».

En 2006, les contrats locaux de sécurité nouvelle génération (CLS NG) ont remplacé les contrats locaux de sécurité. Ils renforcent encore le ciblage des banlieues populaires et cherchent à favoriser le traitement des situations individuelles et familiales. Dans ce contexte, les coordonnateurs de la sécurité fondent le CLS NG sur un diagnostic local de sécurité (DLS) faisant état non seulement de l'évolution de la délinquance sur l'ensemble du territoire concerné mais également sur une approche statistique détaillée des quartiers. Les dispositifs d'expertise externe jouent un rôle important dans ces évaluations quantifiées [14]. Deux des communes enquêtées ont confié la réalisation du DLS à une expertise institutionnelle (l'Institut national des hautes études de la sécurité et de la justice – INHESJ – qui prend la suite en 2009 de l'IHESI et le Forum français sur la sécurité urbaine – FFSU [15]) et une troisième à une expertise commerciale (VERES Consultants), même si la distinction est plus que floue. Généralement standardisé, ce diagnostic se compose d'un état des lieux/bilan des moyens et des actions de prévention mises en œuvre, des statistiques, collectées essentiellement auprès de la police nationale, des faits de délinquance sur le territoire et, pour finir, d'une synthèse des préconisations élaborées à partir des informations chiffrées. Le suivi des CLS NG est assuré par les comités locaux de sécurité et de prévention de la délinquance (CLSPD), qui succèdent aux conseils communaux de prévention de la délinquance (CCPD) en 2002 et par des cellules de veille regroupant les partenaires des conseils locaux en comité plus restreint. Au cours des cellules de veille, les coordonnateurs tentent de collecter les données chiffrées auprès des divers partenaires, mais en réalité, bien qu'officiellement un grand nombre d'instances [16] y participe, seules les sociétés de transports, les bailleurs sociaux et les forces de l'ordre leur transmettent régulièrement les chiffres construits sur la base de leurs propres indicateurs. C'est aussi parce que cette activité de production statistique s'inscrit dans leur travail ordinaire qu'ils ont plus de facilité à être les bons élèves de ces dispositifs. À l'inverse, les travailleurs sociaux

14. Buffat J.-P, Le Goff T., « Quand les maires s'en remettent aux experts. Une analyse des liens entre les cabinets de conseils en sécurité et les maires », *Les cahiers de la sécurité intérieure*, 50, 2002, pp. 169-196 ; Bonelli L., « Quand les consultants se saisissent de la sécurité urbaine », *Savoir/Agir*, 9, 2009, pp. 17-28.
15. Ce forum de villes a été créé en 1992 comme émanation nationale du Forum européen sur la sécurité urbaine (FESU), lancé par Gilbert Bonnemaison. Regroupant des élus de tous bords, il dispense, contre rémunération, des conseils, des diagnostics, des formations et des diplômes ; réalise des études, des fiches pratiques et distribue des prix.
16. « Les forces de l'ordre (police municipale, police nationale, gendarmerie), les services de la justice (protection judiciaire de la jeunesse, parquet), les services des impôts, de l'inspection du travail, de l'éducation nationale, les organismes de transports, les bailleurs sociaux, l'observatoire local et national de la délinquance et leurs enquêtes de victimation et les régies de quartiers », In *Observation locale et politique de la ville : notes stratégiques et guide méthodologique*, édité par le DIV, septembre 2008. [mis en ligne sur le site ville.gouv.fr]

et les associations doivent engager un travail d'objectivation statistique spécifique pour nourrir ces réunions. Non seulement l'investissement n'est pas identique en raison de ce rapport différent à la logique de la mesure, mais s'ajoute à cette première différence le fait que les uns et les autres n'ont pas également intérêt à « l'échange ». Par exemple, les organismes de transport et les bailleurs sociaux tirent profit de l'engagement dans ces dispositifs partenariaux en créant des liens plus directs avec l'institution policière, suscitant ainsi une mobilisation plus forte des policiers en cas de besoin, telles que la prise en charge des plaintes des bailleurs sociaux et la sécurisation des bus.

> « Maintenant on participe aux réunions avec la police nationale, municipale, le conseil général, la gendarmerie et l'Éducation nationale. De la part de la police, il y a une plus forte réactivité qu'avant. Les rassemblements sur la voie publique par exemple, c'était un problème pour nous. Le conducteur était pris de panique, pour lui, s'il y a rassemblement c'est forcément synonyme de jets de projectiles ou d'agressions. Donc on faisait des déviations l'après-midi. Toutes ces déviations qu'on faisait un peu avant n'importe comment, elles n'existent pratiquement plus. Quand on a un problème de sécurisation des bus, on appelle la police et ils envoient une équipe » (Abdel M., 41 ans, responsable prévention-ambiance-sécurité et lutte contre la fraude, société de transport en commun).

Le fait que certaines instances membres des comités locaux n'assistent pas aux réunions ou y délèguent des agents subalternes qui n'ont ni le savoir social, ni les informations permettant de compter dans ces groupes, témoigne d'un engagement en demi-teinte et d'une croyance très limitée dans l'intérêt du dispositif. Ce *service minimum* de certains « partenaires » est une des difficultés à laquelle sont confrontés les coordonnateurs. Dans les propos d'un correspondant de jour (médiateur), rapportés ci-dessous, on devine l'opposition entre les « bons » élèves – dans lesquels il se place sans conteste – et les « mauvais » élèves qui, en ne prenant pas le dispositif au sérieux, discréditent ceux qui s'investissent parce qu'ils en attendent quelque chose. Dans cette configuration, l'Éducation nationale est accusée de ne pas jouer le jeu, en refusant soit de s'investir soit de partager des informations.

> « Tous ceux qui sont censés venir ne viennent pas aux cellules de veille. Les chefs d'établissements envoient souvent les CPE [conseillers principaux d'éducation] à leur place et quand ils viennent, ils ne donnent pas vraiment d'infos, ils viennent juste en chercher. Ils ne disent rien mais ils notent ce qu'on dit. Ça ne va que dans un sens. Ce qui fait qu'il n'y a pas vraiment d'échange, alors que c'est quand même le but » (Luc R., 36 ans, correspondant de jour - médiateur).

Ces absences – qui ne se répartissent pas au hasard – et ces stratégies de rétention d'informations, ne facilitent pas la tâche des coordonnateurs pour collecter et centraliser les données chiffrées. L'ambition du croisement des données se heurte également à la non fiabilité des outils « donnés clés en main » qui, conjuguée à la faible compétence technique des coordonnateurs en matière de traitement statistique, repousse la possibilité de tracer le crime en dressant une cartographie qui le relierait à d'autres données sociales. C'est là, à n'en pas douter, pour les coordonnateurs un outil de pouvoir, de leur pouvoir sur le groupe, pouvoir de fabriquer un fichier « nouveau », somme des fichiers singuliers des diverses instances représentées. Outil qui semble bien difficile à mobiliser et peu fiable.

> « Pertinent à terme, ce logiciel [CORTO] devrait l'être, efficace non. On a de gros soucis avec ce logiciel mais il y a deux facteurs. Un, c'est que comme beaucoup de logiciels ils sont donnés clefs en main sauf que quand tu le mets en place en pratique c'est compliqué. Deux, on n'a pas été capable de le suivre très clairement. Mais sinon à terme, oui pour moi je le jugerai pertinent parce qu'il va nous permettre de réunir les données des bailleurs, de la gendarmerie, la police nationale, la police municipale, donc ça nous permettra justement de croiser les différentes données et pas uniquement, on est bien d'accord, sur les chiffres de la délinquance. Donc ça va me permettre, moi, effectivement d'avoir une traçabilité beaucoup plus importante et de me rendre compte quels sont les points chauds sur les différents quartiers. Oui à terme, mais aujourd'hui non ! » (Jean G., 36 ans, agent contractuel, chargé de mission prévention-sécurité).

Deux observatoires de la délinquance et de la tranquillité publique étaient également censés permettre de collecter des chiffres. Là encore, les municipalités ont eu recours aux expertises publiques et privées. La création de l'un avait nécessité l'intervention d'un cabinet d'audit (Société Géo-Prévention) pour proposer des indicateurs que les partenaires des comités locaux avaient ensuite affinés collectivement lors d'une réunion, tandis que l'autre observatoire avait adopté la stratégie inverse : les coordonnateurs avaient construit des indicateurs lors d'une réunion en comité restreint (*cf.* encadré 2), avant de solliciter l'intervention du FFSU. Cependant, dans les deux cas les observatoires étaient en sommeil faute d'être alimentés régulièrement en données et de disposer de personnels qualifiés pour les traiter.

Encadré 2 : La fabrique d'un observatoire local

La mise en place d'un observatoire local dans l'une des communes enquêtées est à l'initiative du supérieur hiérarchique d'Anne B., chef de projet sécurité-prévention en charge du CLS, Gaël H. (38 ans, fils d'un ingénieur militaire et d'une greffière, marié à une assistante sociale). Il est titulaire d'un baccalauréat ES et d'une maîtrise de droit public. Lieutenant aux RG depuis 2002, il prend la tête de la direction « sécurité, prévention et gestion des risques urbains » (DSPRU) de la municipalité en 2008. Dans le cadre de la création de cet observatoire, un étudiant inscrit en Master 2 de science politique a réalisé un stage et rédigé un rapport qui repose sur la technique du *benchmarking* [17] concernant les villes françaises qui ont déjà mis en place un observatoire, sur un état des lieux des outils dont dispose la municipalité pour mesurer la délinquance (main-courante informatisée et tableaux statistiques de la police municipale et du centre de sécurité urbaine, compte-rendu des cellules de veille, fiches de signalement des médiateurs) et il a proposé des indicateurs (incendies – de véhicules, de poubelles, de biens publics ; jets de projectiles – sur les bus, les forces de l'ordre, autre ; dégradations – de mobiliers urbains, par tags et graffitis ; agressions sur la voie publique et rassemblements dans les halls d'immeuble). L'observation de la réunion dédiée à la sélection des indicateurs nécessiterait un long développement. On ne peut ici qu'esquisser des pistes qui mettent à l'épreuve certaines idées reçues.

La première suppose que les indicateurs sont co-produits, selon ce terme fort à la mode dans les dispositifs « partenariaux ». En réalité, dans ce cas, ceux qui discutent du choix des indicateurs sont exclusivement des agents de la municipalité. Les indicateurs sont donc élaborés en amont des réunions plénières et soumis à la validation ou non des « partenaires ». En effet, les indicateurs présentés au cours de cette réunion sont déjà utilisés par le directeur du service municipal en charge de la sécurité et de la prévention dans les cartographies de la délinquance dont il est l'auteur : « Il s'agit de retenir tous ceux qui sont déjà dans la cartographie de la délinquance : tags et graffitis, jets de projectile, incendies de poubelles, incendies de véhicules, les dégradations sur l'espace public ». Ces indicateurs préétablis soumis à la validation des participants présents « aux origines », inscrits de par leurs fonctions dans un univers de rationalités et de croyances communes, seront par la suite imposés plus largement : « Bon, on va déjà commencer par ça et le présenter aux partenaires qui vont certainement vouloir qu'on quantifie autre chose. Là, il faut qu'on résiste aussi en disant que nous ne sommes pas en capacité pour l'instant d'intégrer d'autres choses ».

Une seconde idée reçue tombe à l'observation de cette réunion : la prétendue exigence méthodologique sur laquelle est censée reposer la construction des indicateurs. En réalité, les participants bricolent une liste (floue et mouvante) d'indicateurs sans réflexion critique. Les indicateurs des autres observatoires recensés dans le rapport du stagiaire ne sont même pas mentionnés. Le directeur de la DSPRU évoque les résultats de ce rapport uniquement pour souligner le temps que requièrent la création et le suivi d'un observatoire : « D'après le *benchmarking* qu'a fait déjà un peu le stagiaire, c'est 1/3 de temps complet grosso modo pour faire vivre un observatoire de la délinquance, après la mise en route. ». Le choix des indicateurs est soumis à des considérations pratiques (qui va renseigner les indicateurs ?) et donc à l'impératif de simplicité pour permettre aux acteurs locaux de les renseigner plus aisément : « Moi, je pense qu'il faut commencer par des catégories générales et qu'une fois qu'on sera en période de croisière, on pourra l'enrichir d'autres rubriques. Après est-ce qu'on aura les moyens d'alimenter les différentes rubriques ? Parce que si on détaille comme pour les jets de projectile, forces de l'ordre ou bus et si on veut être complet, véhicules de service public et ensuite privé etc., si tu veux développer comme ça, tu vas vite arriver à 15, 20 trucs à remplir. Donc il faudra qu'on se mette d'accord là-dessus et peut-être dans un premier temps qu'on renonce à un niveau de détail parce que ça peut faire peur aux partenaires qui doivent nous alimenter et qui vont se dire, donc là faut que je classe où ce truc-là, je sais pas ! Donc voilà, il faut quelque chose de simple. Il faut bien savoir qu'après il faut l'alimenter et que plus il y a de sous-rubriques, plus c'est compliqué à faire vivre. ». Par ailleurs, il n'a aucune certitude quant aux modalités de centralisation et de traitement des données recueillies : « (...) je présume que ce sera le chef de service avec sans doute une assistance administrative, quelqu'un de la CAF (Caisse d'allocations familiales), si on arrive à former quelqu'un et avoir quelqu'un pour le faire vivre ».

Outre les considérations pratiques, les faits de « délinquance » mis en chiffre sont ceux qui entrent dans ce que le directeur juge être du domaine de compétence de la municipalité et non de la police nationale : « Il y a un certain nombre d'informations pertinentes pour la PN mais qui ne se passent pas

17. Deux ouvrages permettent de mieux comprendre cette notion et les enjeux économiques, politiques et sociaux dans lesquels elle s'inscrit et notamment ceux qui commandent son importation de l'économie de marché vers les administrations publiques : Bruno I. et Didier E., *Benchmarking. L'État sous pression statistique*, Paris, Zones, 2013 ; Bezès P., *Réinventer l'État. Les réformes de l'administration française (1962-2008)*, Paris, PUF, 2009.

sur la voie publique et donc qui ne nous intéressent pas (...). Ensuite dégradations du mobilier urbain, dans lequel on va intégrer les caméras, les bancs, les vitres etc. Mobilier urbain pour moi, ce sont des choses qui appartiennent à la collectivité ou des édifices publics. Si on est d'accord là-dessus, on peut déjà valider ça ». À la question : « Mais tu as aussi des vols simples, tu as des vols sans violence. Vols de billets ou vols de portable, ça peut être sans violence. On n'intègre pas les vols simples ? », formulée par la chef de la police municipale, le directeur répond : « Non, parce que c'est une soustraction, la personne ne s'en rend pas compte. Alors ça peut participer au sentiment d'insécurité, je suis d'accord avec toi, mais moi je ne les aurais pas retenus. D'abord, parce que je pense qu'on aura du mal à tout cartographier et est-ce que c'est le boulot de la ville, pour moi c'est plutôt le boulot de la PN (police nationale) ». Pour lui, la mise en chiffre de ces formes de délinquance permettra aux services de la municipalité d'agir là où la police nationale n'intervient pas et par voie de conséquence autorisera des opérations de communication politique des maires dans ce domaine : « Moi j'aurais bien aimé qu'on ait un truc spécifique sur les tags, parce que ça aurait pu conduire à une action rapide de l'unité anti-tags alors que si ce sont des dégradations, c'est pas le même service qui intervient. Pour moi, c'est intéressant de distinguer les tags, même si juridiquement ce sont des dégradations du mobilier urbain (...). Alors c'est pour ça qu'on s'interroge aussi s'il s'agit bien d'un observatoire de la délinquance, auquel cas, on ne doit faire apparaître que des actes de délinquance ou alors est-ce qu'on est sur un observatoire de la tranquillité qui nous permet d'intégrer des choses qui ne sont pas délictuelles. Par exemple, si on met en place un observatoire de la tranquillité publique, il n'y a pas forcément besoin de dépôt de plaintes et on peut surtout mettre des choses comme les rassemblements. Les rassemblements, c'est pas interdit donc on peut cartographier les rassemblements sans aucune difficulté. C'est intéressant aussi pour les médiateurs et pour la police municipale, ne serait-ce que pour aller faire de la médiation, de savoir où est-ce qu'on localise et à quels horaires on localise ces rassemblements. C'est évidemment pas un outil qui doit seulement servir à constater. Il faut apporter des mesures correctives en conséquence. L'idée c'est qu'on n'a pas des effectifs qui sont extensibles, donc en fonction des faits constatés sur le terrain, on adapte notre action à ce qu'on a constaté le mois précédent et pourquoi pas le jour précédent (...). La question est, est-ce que nous collectivité, on peut apporter des mesures correctives suite à ça. Je pense aux incendies de véhicules. On peut dire : on constate un grand nombre d'incendies de véhicules dans ce secteur, surveillons en particulier ce secteur-là. On peut avoir une action directe. Dégradation du mobilier urbain, on peut acheter du mobilier adapté. Les jets de projectile, on peut faire de la prévention situationnelle, renforcer la présence policière et la médiation de la police municipale et des médiateurs. Agressions sur la voie publique, pareil on peut renforcer la présence de la police municipale, des médiateurs et adapter la vidéo. Et rassemblement, là on voit tout de suite qu'en matière de médiateur et de police municipale, on aura une prise ».

L'absence de données ne serait pas le seul problème à résoudre pour alimenter ces observatoires, parce que même lorsque les diverses instances transmettent des chiffres qu'elles ont elles-mêmes produits, les situations hétérogènes qu'ils comptabilisent (incivilités, délinquance, tranquillité) et leurs modes de comptabilité font obstacle à la comparabilité des données. Pour le comprendre, nous proposons de restituer les conditions concrètes dans lesquelles s'effectue ce travail de production de données.

Les indicateurs recensés dans ces comités s'apparentent à un inventaire à la Prévert : « jets de crachat », « gêne volontaire par jet de lumière », « chahut », « altercations verbales », « mauvaises odeurs », « nuisances dues au comportement sur deux-roues motorisés », « absentéisme scolaire », « vols » « rassemblement d'individus qui provoque le sentiment d'insécurité », « occupation gênante », « souillures », « cambriolages ». Cette absence de taxinomie stable doit être rapportée non seulement à la forte segmentation du travail de production des données chiffrées, à l'éparpillement des intérêts des uns et des autres, mais également aux profils des agents impliqués dans la mesure, qui ne sont ni statisticiens professionnels, ni même formés à la statistique.

> Les bailleurs sociaux par exemple distribuent aux gardiens d'immeuble un carnet dans lequel figurent les principales infractions juridiques. Les gardiens renseignent les infractions qu'ils constatent dans des fiches informatisées. Ces fiches sont transmises à une unité en charge de la prévention et de la délinquance des bailleurs sociaux composée de deux secrétaires, de deux vidéo-opérateurs, d'un chargé de mission et d'un directeur . Ces « données » sont traitées par des secrétaires administratives qui reportent les informations dans un logiciel (logiciel business).
>
> Dans les sociétés de transport en commun, ce sont les agents du poste de commandement, en liaison directe avec les bus, qui reportent les différents incidents constatés au cours de la journée dans un logiciel Excel dénommé « main courante » par les acteurs. Ce logiciel se compose de plusieurs rubriques à renseigner : le type d'incidents et les commentaires associés, le service du conducteur, son nom, le numéro du bus et de la ligne. Ces données sont centralisées et transmises au responsable prévention-ambiance-sécurité.

Bien que les agents du premier maillon de la chaîne (les gardiens d'immeuble, les agents du poste de commandement des bus, les secrétaires, etc.) disposent d'indicateurs préétablis, la plupart cochent la rubrique divers pour rapporter les faits constatés ou portés à leurs connaissances.

> « Au cours de la journée, je prends des notes sur un papier pour ne pas oublier les incidents qui se produisent et dès que j'ai un peu de temps je rapporte les incidents dans la main courante. Je vais dans "type d'incidents" et je décris ce qu'il s'est passé. Bon, en définitive, on choisit souvent "divers", parce qu'on n'est pas toujours sûr de bien choisir le type d'incidents. » (Josiane A., 51 ans, chargée du commandement des bus).

Ces « données » sont agrégées dans des indicateurs, issus soit d'une statistique standardisée descendante (fichiers de la police nationale et de la gendarmerie) soit inventés par les agents en charge de leur centralisation. Ceux qui mettent en chiffre la « délinquance » ne retiennent et ne comptabilisent donc pas les mêmes comportements comme dignes de figurer dans leur catalogue. En témoigne cette déclinaison sectorielle des écarts à la norme : les sociétés de transport répertorient le nombre d'incidents dans et aux abords des bus, les bailleurs sociaux recensent les troubles locatifs et les établissements scolaires quantifient l'absentéisme.

Les diverses pratiques mises en œuvres dans les instances locales de sécurité pour collecter des chiffres et construire des indicateurs relèvent plus souvent d'un bricolage armé de quelques notions floues que d'un véritable travail de construction de données quantitatives. La réflexion méthodologique est faible, voire inexistante et les chiffres ainsi produits ne sont pas le fruit de techniques statistiques testées et maîtrisées. De plus, ces dispositifs sont souvent peu renseignés faute de temps et de savoirs suffisants pour organiser le recueil et réaliser le traitement des données. Les projets mis en œuvre utilisent le chiffre plus comme façade et comme système de justification que comme élément probant. Ainsi, la construction d'outils à prétention criminologique dans les instances locales de la sécurité n'est pas le gage d'une connaissance scientifique de la délinquance à l'échelon local. L'absence de conventions techniques consolidées [18] et la faible maîtrise des logiciels empêchent la comparabilité des données chiffrées. En réalité, le déploiement des dispositifs de comptage est motivé par d'autres raisons que la « volonté de savoir ».

Conditions de l'adhésion aux techniques « criminologiques » : positions floues et faible légitimité des coordonnateurs

Pour rendre raison de la montée en puissance – apparente au moins – des données chiffrées sur « le risque » dans ces dispositifs, il faut s'intéresser aux intérêts des coordonnateurs à construire – ou à utiliser – ces outils. Habitués au cours de leur scolarité et au fil de leurs activités professionnelles à mobiliser les techniques quantitatives – et plus prosaïquement à agréger des données différentes dans des catégories mal délimitées-, comme une forme légitime de pensée du monde social, les coordonnateurs ont également tout intérêt à s'en saisir pour asseoir leur légitimité auprès de leurs employeurs, de leurs « partenaires » et pour s'assurer et se rassurer eux-mêmes. La crédibilité de leur poste repose, en grande partie, sur leur capacité à produire l'illusion que le regroupement d'institutions différentes dans un même dispositif apporte de la valeur ajoutée aux techniques de gouvernement local de la sécurité. Cette croyance, pour fonctionner, a besoin de s'incarner dans une œuvre commune qui serait plus que la somme des savoirs séparés des diverses instances. Or, comme nous l'avons déjà indiqué, l'accumulation d'indicateurs venant de diverses sources ne nourrit pas un savoir statistique consolidé. En revanche, elle fournit une caution apparemment scientifique à ces dispositifs et aux postes qui y sont attachés. Dans les quatre municipalités enquêtées, les coordonnateurs [19] ont été exposés à ce type de techniques au cours de leur formation initiale et continue.

> Anne B, 55 ans, a mené de front des études d'économie et de sociologie à l'université et a obtenu une maîtrise (aujourd'hui M1) dans

---

18. Crawford A., « Les politiques de sécurité locale et de prévention de la délinquance en Angleterre et au pays de galles : nouvelles stratégies et nouveaux développements », *Déviance et Société*, 25, 2001, pp. 427-458.
19. Bailleau F. et Faget J. (ed.), *Les « experts » municipaux de la sécurité. Origine, place et rôle dans la production locale de sécurité*, CERVL/GRASS, Paris, IHESI, 2004.

ces deux disciplines. Elle occupe depuis 2008 un poste d'attaché territorial et de chef de projet prévention-sécurité (fille d'ouvrier).

Madou O., 32 ans, a suivi des études de science politique. Après son DESS (aujourd'hui M2 pro), il a obtenu un poste d'attaché territorial et de chargé de mission prévention-sécurité qu'il occupe depuis 2011 (fils d'ouvrier).

Jean G., 36 ans, est titulaire d'une maîtrise en droit public. Depuis 2005, il est agent contractuel, chargé de mission prévention-sécurité (fils d'un ouvrier et d'une infirmière).

Jacques S., 33 ans est lui aussi titulaire d'une maîtrise de droit. Il est agent contractuel, chef de projet prévention-sécurité depuis 2012 (fils d'un dessinateur industriel).

Jean G. et Jacques S. ont suivi de surcroît une formation spécialisée, l'un dans la sécurité publique et l'autre, en criminologie.

En Master 2, Jean G. décide « de partir dans une filière plus spécialisée en droit privé notamment sur les questions de sécurité » et intègre en 2001 « le master de l'École Nationale Supérieure de Police à Lyon pour devenir commissaire », avant d'être recruté comme chargé de mission prévention-sécurité.

Après l'obtention d'une maîtrise de droit pénal, Jacques S. tente « le concours d'École Nationale de la Magistrature pour devenir juge d'instruction » ; il échoue. L'année suivante, il obtient un Diplôme Universitaire de sciences criminelles puis décide de poursuivre dans cette direction : « [...] sauf que voilà une fois lancé dans la recherche de formation en France, je ne trouvais pas forcément ce qui pouvait correspondre et en échangeant avec différents enseignants, ils m'ont indiqué qu'il valait mieux se tourner vers les pays étrangers donc soit le Canada, la Suisse ou la Belgique [...] je suis parti en Belgique pour faire un DESS en criminologie option sécurité urbaine ». En 2011, après son DESS, il débute une « formation en médiation au Conservatoire National des Arts et Métiers » qu'il abandonne rapidement suite à son recrutement comme chef de projet prévention-sécurité.

Anne B. est la seule à avoir exercé d'autres activités avant de devenir chef de projet prévention-sécurité, mais dans un domaine très proche en lien avec la politique de la ville. Ses diplômes d'économie et de sociologie en poche, elle est d'abord recrutée comme chargée d'études par un bailleur social « pour réaliser des enquêtes sociologiques auprès des locataires ». En 1990, elle obtient un poste de chef de projet (Développement social des quartiers – DSQ) avant de passer le concours de la fonction publique territoriale en 1991. Elle exerce cette fonction pendant 15 ans, puis obtient en 2006 un poste de chargée de mission prévention-sécurité et intègre en 2008 la Direction « sécurité, prévention et gestion des risques urbains », fraîchement créée, en tant que chef de projet prévention-sécurité.

Ces coordonnateurs ont été confrontés aux outils quantitatifs au cours de leurs cursus scolaires et/ou de leurs expériences professionnelles antérieures. Censés élaborer et évaluer les stratégies de sécurité et de prévention, ils suivent pour cela des formations assurées par le FFSU et le Centre national de la fonction publique territoriale (CNFPT), qui non seulement valorisent cette appréhension comptable du monde social mais définissent également les « bonnes pratiques » en matière de production statistique. Le FFSU dispense par exemple une formation intitulée « Diagnostic et stratégie de sécurité et de prévention » censée aider les coordonnateurs à se doter « d'outils de diagnostic et d'évaluation » pour « définir une stratégie de sécurité et de prévention » [20].

Ces coordonnateurs ont également tout intérêt à se saisir de ces outils pour consolider la légitimité de leur poste. En effet, ce métier est relativement nouveau et largement dominé par rapport aux autres professions impliquées dans l'espace local de la sécurité [21]. On ne peut même pas dire d'eux, d'ailleurs, qu'ils forment une profession et c'est bien là un des éléments qui explique leur attachement à la mesure qui produit un « effet de science » et aux références criminologiques qui semblent encadrer des pratiques disparates et encore peu formalisées. Privés des moyens d'investir dans les savoir-faire professionnels et politiques des acteurs qui les entourent, comme les élus locaux ou la police nationale, dont l'autorité repose sur la légitimité de l'élection dans le premier cas et sur le savoir-faire sécuritaire institutionnalisé de longue date dans le second, les agents chargés de coordonner les dispositifs de sécurité s'approprient des savoirs et des outils à prétention criminologiques pour garantir leur expertise et tenter de s'imposer dans cet espace. En témoigne la manière dont Jacques S. présente la valeur ajoutée de son diplôme en criminologie qui, pour lui, fait la différence.

> « J'ai des diplômes dans la criminologie et la sécurité urbaine. Ce sont des formations importantes car je pense que la prévention-sécurité urbaine est un domaine assez spécifique. C'est-à-dire que

20. Voir le site de la FFSU : ffsu.org
21. Sur le malaise des coordonnateurs voir : « Contrats Locaux de Sécurité et Conseils Locaux de Sécurité et de Prévention de la Délinquance : bilans et perspectives », Enquête réalisée par la FMVM du 13 au 28 juin 2005 ; CNV, *Synthèse et analyse de la consultation des coordonnateurs de CLSPD/CISPD*, 2011.

les phénomènes de délinquance sont complexes et qu'une seule formation en politique de la ville ne peut pas t'aider à bien appréhender tout ce qui va permettre de les expliquer. Si tu n'as pas de connaissances de ces phénomènes, des comportements délinquants, des lieux de délinquance, tu ne peux pas accomplir tout ce travail qu'on mène avec les partenaires » (Jacques S., 33 ans, agent contractuel, chef de projet prévention-sécurité).

On voit aussi dans ces propos que la mobilisation d'une forme appliquée des techniques d'experts criminologiques se comprend dans un espace de concurrence entre agents susceptibles d'occuper ces positions. En effet, les formations dans le domaine de la politique de la ville ne seraient plus suffisantes, selon lui. L'attachement à cette forme de technologie criminologique peut donc être analysé comme un double coup de force : se débarrasser d'une partie des concurrents aux postes de coordonnateurs et briller à cette position en s'imposant comme savant aux yeux des autres professionnels. Le choix du type d'information abordée et d'indicateur retenu lors des cellules de veille en atteste. Lors des réunions animées par les coordonnateurs, ces derniers orientent les discussions sur les « faits de délinquance supposés ou craints » et valorisent l'apport des données chiffrées produites sur les formes de déviance (incivilités, absentéisme, nuisances, désordres) pour prétendre à une vision globale de l'insécurité locale. Pour prendre la mesure de ce tour de force, il faut restituer les oppositions structurantes de cet espace. Les professionnels qui participent aux cellules de veille ne partagent pas la même appréhension de l'insécurité. Ceux qui dominent le champ de la sécurité publique (police et gendarmerie) privilégient les catégories d'infractions officielles tandis que « les nouveaux entrants » (associations, travailleurs sociaux) tentent de mettre en avant des catégorisations concurrentes comme les incivilités, par exemple. Cette opposition, qui structure l'espace, se retrouve dans les pratiques et les visions du monde des divers « partenaires », ce qui montre bien les limites du discours qui vante le partenariat comme mode de gouvernement coopératif. Le tableau 1, ci-dessous, synthétise l'opposition entre un pôle sécuritaire (forces de l'ordre) et un pôle préventif, mais aussi quasi prédictif (travailleurs sociaux).

Tableau 1 : Structure de l'espace de pensée et de prise en charge de la « délinquance »

	Normes juridiques	Normes morales
Faits constatés	Dégradations	Mauvaises odeurs
Faits supposés ou craints	Occupation abusive de halls d'immeubles	Incivilités

La mise en évidence de ce système de classement permet de mieux cerner la configuration de l'espace de production des comités locaux en comprenant ce qui autorise les affinités et explique les alliances.

> C'est par exemple auprès de la police nationale que les bailleurs sociaux siègent dans les cellules de veille et cherchent à obtenir des renseignements. Ces deux groupes s'accordent sur l'intérêt d'aborder les faits de délinquance constatés, comme les dégradations, et d'échanger des informations sur les auteurs potentiels. En revanche, c'est avec les membres des associations ou les assistances sociales scolaires que les travailleurs sociaux en commissariat échangent des informations.

Cela permet également d'expliquer ce qui concentre les rivalités et durcit les conflits de territoire. En témoigne la manière dont Hervé E., 48 ans, brigadier-major de la police nationale, évoquait lors d'une cellule de veille les initiatives proposées par les associations et les centres sociaux : « La dernière fois l'association Voyage vient nous parler d'un programme de vacances d'été. C'est la meilleure ! Je crois que là il faudrait réorienter un peu la cellule sur les questions de sécurité. Ça tourne mal ». En conséquence, l'espace de pensée et de prise en charge de la délinquance se structure autour de ces deux pôles, de ces catégorisations concurrentielles, qui recoupent une division sociale du travail du contrôle social dans laquelle chacun tente de préserver son territoire, d'affirmer son expertise et construit sa population cible (les délinquants/les déviants).

S'il est trivial d'identifier ce schéma général d'appréhension, ce qui l'est moins en revanche, c'est d'observer la montée en puissance d'un pôle d'épidémiologie de la sécurité, porté en grande partie par les coordonnateurs qui agitent les « bonnes pratiques » en matière d'anticipation et de gestion des risques de délinquance pour asseoir leur position. Dans cette configuration, si les chiffres de la police ne sont pas contestés, ils ne suscitent pourtant pas l'intérêt pratique des coordonnateurs : « Les chiffres de la PN (police nationale), bon, ça nous sert pas à grand-chose finalement, ça donne juste une idée de ce qui se passe comme faits marquants. (…) Mais bon, c'est un peu comme un passage obligé dans les cellules de veille » (Julien N., 38 ans, correspondant de jour-médiateur). En revanche, les données relatives aux désordres locaux, par exemple, constituent un corps de connaissances prisé, comme l'affirme Anne B., chef de projet prévention-sécurité :

> « L'insécurité ce ne sont pas que les actes de délinquance qui sont relevés par les forces de polices, les délits... mais il y a aussi le sentiment d'insécurité, c'est beaucoup plus large. Il y a des gens qui ont un sentiment d'insécurité alors qu'il n'y a pas forcément que des

faits qui sont de l'ordre du délit pénal. […] C'est ce que je cherche à chiffrer, mais ce n'est pas évident ». (Anne B., 55 ans, attachée territoriale, chef de projet prévention- sécurité).

En témoignent les catégories comme les incivilités et l'absentéisme, retenues par les coordonnateurs dans les fiches qu'ils élaborent. Ces indicateurs de déviance sont construits moins selon des critères strictement policiers qu'en référence à des normes morales communes opérant le tri entre « bonne » et « mauvaise » jeunesse et qui représenterait un danger. Les coordonnateurs qui animent les réunions font la part belle à la prévention situationnelle et aux informations relatives aux « risques » de délinquance que détiennent les autres partenaires (les jeunes qui « vont mal tourner », les lieux qui « risquent » d'être dégradés, « les conditions pour voir apparaître des comportements délinquants »), qu'il faut traiter et réprimer avant qu'ils ne conduisent à des faits plus graves [22]. L'intérêt porté aux petits délits et aux « risques de délinquance » [23], au détriment de la délinquance complexe et de la « délinquance avérée », suggère l'intériorisation pratique du paradigme de la vitre cassée [24] dans l'espace des comités locaux, comme le confirme le représentant d'un bailleur social :

> « Quand on a démarré en 1998, pour les chefs d'établissements et les associations, c'était *Peace and Love*. C'étaient des petits qui faisaient des petites bêtises. Aujourd'hui ils ne sont plus du tout dans ce registre. J'ai vu des gens de l'Éducation nationale évoluer complètement. Le registre de la répression ne les effraie plus du tout. Le mot répression ne les effraie plus. Ils sont les premiers à appeler la police nationale quand ça tourne mal » (Henri L., 48 ans, représentant d'un bailleur social).

Les coordonnateurs tiennent le rôle principal dans la construction de cette « représentation commune », selon Jacques S. :

> « Notre rôle, c'est de créer ce qu'on appelle une représentation commune. Si on veut pouvoir travailler sur un sujet commun, sachant qu'on est tous d'horizons différents, qu'on a tous des missions différentes, qu'on a tous des contraintes différentes et des objectifs différents, il faut à un moment donné qu'on ait la même image, la même représentation de ce qu'on voit et de ce qu'on fait » (Jacques S., 33 ans, agent contractuel, chef de projet prévention-sécurité).

---

22. Bonelli L., Sainati G., *La machine à punir…*, *op. cit.*, p. 31.
23. Bailleau F., « Prévention de la délinquance ou gestion du risque ? Un changement de paradigme », *Les Cahiers Dynamiques*, 51, 2011, pp. 6-15.
24. Wilson J. Q. et Kelling G. L., « Les vitres cassées », in Brodeur J.-P., Monjardet D. (ed.), *Cahiers de la Sécurité Intérieure*, hors-série, 2003, pp. 233-255.

Le coordonnateur ne serait pas seulement un animateur, mais chercherait à homogénéiser, avec plus ou moins de succès, l'espace des points de vue ; du moins proposerait-il une vision acceptable par les différents partenaires. Les catégories criminologiques d'anticipation des risques de délinquance sont ainsi pour lui un moyen de dépasser les expertises singulières en proposant une vision, au-delà du phénomène délinquant, de l'insécurité locale, prétendument plus complète.

Ainsi les chiffres sur les désordres locaux, bricolés à partir des données transmises par les diverses institutions, permettent aux coordonnateurs d'avoir une raison d'exister dans cet espace, en complétant voire en opposant à la connaissance de la délinquance, monopolisée par les institutions régaliennes, celle plus large des phénomènes susceptibles d'entretenir le sentiment d'insécurité, mais également de satisfaire les attentes des maires, qui utilisent les chiffres dans leurs opérations de communication. Le succès des chiffres doit donc être rapporté aux stratégies de légitimation des coordonnateurs et aux opérations de communication politique que ces outils autorisent. On voit là comment se fabrique un coup symbolique dans un espace dit « partenarial » : ceux qui sont en réalité dépourvus de la garantie qu'offre une profession reconnue vont puiser dans des « savoirs » à la marge de la science, mais qui ont le vent en poupe politiquement, pour affirmer leur expertise et ainsi légitimer leurs postes et leurs manières de voir.

L'individualisation du traitement local de la délinquance et de la déviance

Paradoxalement, l'investissement des coordonnateurs dans la production de données chiffrées n'implique pas qu'il en soit fait usage systématiquement, loin s'en faut, dans la gestion locale de la sécurité. En effet, les actions engagées ne reposent pas sur des chiffres, mais sur des informations qualitatives et nominatives : lieux, horaires et parfois nom et caractéristiques de l'auteur de l'acte. En conséquence, si les techniques criminologiques qui produisent des indicateurs quantitatifs sont mises en œuvre comme catégories de pensée, elles ne sont pas pour autant utilisées comme catégorie d'action. Alors à quoi servent-elles ? Elles permettent indirectement de légitimer le resserrement du contrôle social à l'échelle locale par la mise en commun d'informations nominatives sur des individus jugés à « risque ». Ces informations qualitatives intéressent particulièrement les coordonnateurs. On le voit bien dans la manière dont Anne B., chef de projet, choisit les « partenaires » des comités locaux : « Je pense que pour les prochaines réunions, il faudrait associer la PJJ. Ce sont eux qui ont la liste des sortants de prison et comme la police ne les donne plus… Il faudrait convier quelqu'un qui suit de près les gamins pour qu'il puisse donner les bonnes informations, qu'il échange des informations nominatives. C'est bien de savoir qui va sortir, si c'est quelqu'un qui a fait des feux de poubelles par exemple. Ça nous permettra d'anticiper » (Anne B., 55 ans, attachée territoriale, chef de projet prévention-sécurité). En témoigne également le souci d'obtenir des données qualitatives, que ce soit dans les fiches distribuées par les chargés de missions ou dans les logiciels (géo-prévention) des observatoires locaux. En effet, les partenaires qui doivent renseigner les fiches élaborées par les coordonnateurs sont censés indiquer le nombre de faits, par exemple « dix feux de poubelle », mais ils sont également incités à ajouter la date, le lieu, et donner des éléments de contexte dans la colonne « synthèse des faits » prévue à cet effet. Les observatoires locaux sont également dotés de logiciels composés de rubriques permettent de recenser non seulement le nombre de faits commis, mais également le lieu précis (numéro de voirie), l'heure et les informations relatives à l'auteur de l'acte.

Lors des réunions, le chiffre est donc relégué à l'arrière-plan au profit des informations qualitatives – et le plus souvent nominatives – qui lui sont associées : « Le but dans les cellules de veille c'est d'arriver à échanger, sans tabous, sur des situations concrètes par exemple… donc ça nécessite d'avoir créé une relation de confiance […], on cite des noms, donc il y a vraiment de la confiance entre nous » (Jean G., 36 ans, agent contractuel, chargé de mission prévention-sécurité). Cette stratégie révèle l'une des vertus supposée de la statistique : celle de « parler un langage commun » et de fournir une base consensuelle de discussion à partir de laquelle les « vrais problèmes » peuvent être abordés « sans tabous ». De fait, après l'exposition des chiffres des forces de l'ordre, les coordonnateurs procèdent, selon leurs propres termes, au rappel des faits marquants et des points sensibles identifiés le mois précédent. Pour cela, ils utilisent un document distribué à tous qui répertorie les lieux qui posent problème et les informations délivrées par les « partenaires » concernés.

> Quartier Nord galerie commerciale. Éléments du bailleur social : pas de remontée d'information concernant la galerie marchande, par contre des regroupements conséquents devant le magasin de chaussure constatés. Police municipale : actions menées par la PN et les CRS qui ont dû faire usage de gaz lacrymogène le 16 mars lors de l'interpellation d'un individu porteur de produits stupéfiants. Présence journalière pendant 15 jours.
>
> Quartier Est – acte de vandalisme, feu de poubelles, troubles de voisinage – rue Bil/5, rue Cagne. Police municipale ouest : il semblerait que les agissements du jeune X [25] ont repris. Concernant ces faits, aucun appel, ni acte de dégradation enregistré ou constaté. Des passages sont assurés – RAS. La présence de ce jeune amène une inquiétude pour le voisinage qui craint de revivre les problèmes [actes de

25. Si les informations sont nominatives dans les réunions, aucun nom de famille n'apparaît cependant dans les comptes rendus des cellules de veille.

vandalisme] qui ont eu lieu de juillet à décembre 2012. La PM reste vigilante et à l'écoute (Extrait du document répertoriant les faits marquants et les points sensibles, Cellule de Veille Ouest, 16 mai 2013).

Ils orientent ensuite les discussions vers les nouveaux faits que les « partenaires » souhaitent aborder et qu'ils exposent tour à tour. Les coordonnateurs procèdent à une description précise, et le plus souvent personnalisée, des « situations de délinquance ». Ils prennent ce qu'ils appellent la « température du terrain » et identifient des lieux sensibles ou les points chauds, mais également des familles « à problème » : « On a rencontré un problème de bagarre avec [tel jeune à tel endroit] » ; « On a rencontré un problème de dégradation avec [telle famille dans tel immeuble] ». Cette logique du traitement d'espèces, de cas singuliers, contourne la mise en équivalence statistique et la « moyennisation » des écarts à la norme et plus exactement aux normes. Sont mises sur le même plan des infractions comme les feux de poubelles, les cambriolages, les violences intrafamiliales et des incivilités ou des nuisances.

Les décisions relatives par exemple au choix des territoires éligibles pour constituer le ressort géographique du CLS reposent moins sur les statistiques de la délinquance recensées dans le diagnostic local de sécurité que sur les informations qualitatives transmises par les « partenaires » locaux lors des cellules de veille. En témoigne cet extrait d'un contrat local de sécurité nouvelle génération daté de 2007 : « Six secteurs sont particulièrement touchés par les problématiques de délinquance et peuvent être à ce titre éligible au titre du CLS : le quartier [Saint Luc] qui, en terme statistique, n'est pas le principal secteur touché mais nécessite une attention particulière du fait des problématiques remontées lors des réunions de la cellule de veille ». C'est également sur la base de ces informations que des actions sont décidées. Le plus souvent, elles se réduisent à la mise en place de patrouilles de police sur ces points, à la saisie des médiateurs pour obtenir davantage d'informations, à l'intervention de spécialistes de l'aménagement du territoire ou d'architectes et, enfin, à l'engagement de certains partenaires, la plupart du temps la police nationale, à se renseigner sur telle et telle personne qui pose problème. Pour se sentir à sa place dans ces réunions et lors des échanges avec les partenaires, il faut disposer d'informations qui rencontrent l'intérêt des autres participants et ainsi pouvoir revendiquer d'en obtenir d'autres en retour. C'est donc plus la détention d'informations que la production de chiffres qui fonctionne comme un capital [26] et une ressource distinctive : observer les relations entre les partenaires, c'est observer des rapports inégaux de production et de captation de renseignements.

26. Bourdieu P., *Raisons pratiques. Sur la théorie de l'action*, Paris, Seuil, 1994.

Les effets pratiques de ces dispositifs partenariaux méritent attention car cette extension du contrôle social affecte la vie quotidienne de certains groupes sociaux. Les dispositifs partenariaux concourent moins à une vision totale de la population qu'à une vision hautement sélective [27]. Autrement dit, les groupes sociaux ne font pas l'objet d'un même contrôle et cette inégale invention de catégories de populations à risque enregistre et renforce encore les inégalités sociales préexistantes. Cet effet peut-être très concret, par exemple lorsque cette désignation réduit les chances d'accéder à certaines ressources (un logement, une école...). Roger R., responsable prévention-sécurité d'un bailleur social, ne laisse planer aucun doute sur la performativité de ces classements : « On peut discuter de la manière dont on peut faciliter le relogement de certains ou à l'inverse, de prévenir d'autres bailleurs en leur expliquant qu'on expulse telle famille et qu'il ne faut pas la prendre parce que c'est la garantie que quinze jours après son immeuble sera mis à feu et à sang » ; « Le maire peut dire [aux familles qu'il a convoquées sur la base des informations nominatives échangées lors des cellules de veille],"dites-moi, là mon CCAS [centre communal d'action sociale], il vous aide tous les mois à payer votre chauffage et votre électricité, etc. Vous foutez le bordel dans votre immeuble et les enfants posent problème à l'école. Bon, écoutez, je ne vais pas pouvoir continuer une aide qui manifestement ne sert à rien" » (Roger R., 37 ans, responsable prévention-sécurité, bailleur social).

Le fait que les établissements scolaires, les bailleurs sociaux, entre autres, partagent et détiennent des informations, autrefois monopolisées par les forces de l'ordre, participe à nourrir la dimension cumulative des « handicaps » sociaux. Ainsi, ces dispositifs partenariaux recomposent les formes d'encadrement des classes populaires [28] et reproduisent des inégalités sociales, en habillant leurs pratiques des atours scientifiques des catégories et des méthodes d'une criminologie que nous appelons épidémiologique.

***

Notre propos peut être résumé simplement dans un mouvement en trois temps. Tout d'abord, l'espace de production de discours et de pratiques – qui est aussi un espace de positions – dominant au moins politico-médiatiquement aujourd'hui se rattache à un courant (faible en nombre et en contenu) qui tend à s'approprier le label « criminologie » pour faire reconnaître son expertise dans le champ des technologies de pouvoir d'État. Si ce courant s'impose malgré sa faiblesse scientifique et numérique, c'est qu'il s'inscrit dans un espace plus vaste de technologies du pouvoir qui toutes, quel que soit leur domaine d'application, mobilisent les mêmes schèmes de pensée du monde social et les mêmes outils. Structurellement, ces schèmes de pensée visent à « contenir

---

27. Lyon D., *Surveillance Society: Monitoring Everyday Life*, Buckingham, Open University Press, 2001.
28. *Actes de la recherche en sciences sociales*, 136-137, 2001.

l'avenir », voire à le prédire et, dans tous les cas, à le façonner. Comment se réalise cette ambition ? Par la construction d'indicateurs qui mesurent le risque d'être délinquant, d'être mère « précocement », d'être maltraitant ou maltraité, d'être alcoolique ou diabétique, d'être en échec scolaire, d'être au chômage, d'être suicidaire, etc. Les technologies politiques de gestion du crime (ou des indisciplines) ne sont pas différentes d'autres technologies qui concernent d'autres domaines ; bien au contraire, elles existent et prennent forme et force dans un mode de gouvernement [29] et dans la fin d'un modèle social [30].

Dans un second temps, ces « grands points de vue », en raison de leur médiatisation et de leur capacité à diffuser leurs recettes dans des instances publiques (ONDRP, INHESJ, CNAM, etc.) ou para publiques (FFSU), sont en position dominante pour proposer leurs mallettes pédagogiques clés en main ou pour former les futurs agents de terrain qui organisent la gestion de la sécurité. Mais dans ce cheminement, il y a des ajustements obligés entre la doctrine du « risque » et les usages qui en sont faits ; les pratiques sont moins conformes et homogènes que le laissent penser les plaquettes publicitaires des CLS. Si des dispositifs de comptage sont bel et bien mis en place localement, cela ne veut pas dire qu'ils influencent les actions mises en œuvre.

Néanmoins, même s'il y a du jeu et si les discours et méthodes venant du haut semblent plus fragiles une fois mis en pratique, il n'en reste pas moins qu'ils pénètrent ces instances partenariales, justement parce que les coordonnateurs – composés de professionnels divers –sont le plus souvent, en manque de légitimité. Ils ne sont spécialistes de rien, n'ont pas de métier propre à faire valoir. C'est certainement ce qui les dispose – avec la formation pour certains - à se saisir des rares outils disponibles, aussi indigents soient-ils. La nouveauté de leur position, le flou de leur poste, l'hétérogénéité de leurs formations et de leurs trajectoires, les poussent à rechercher un cadre unificateur sur lequel s'appuyer pour se structurer en tant que « profession » reconnue et également pour s'imposer dans les assemblées qu'ils doivent coordonner. S'ils ne veulent pas être de simples secrétaires ou des organisateurs de séminaires, ils n'ont d'autres choix que d'investir dans un domaine qui semble leur conférer une forme de capital propre. C'est parce qu'ils sont dominés qu'ils ne résistent pas ou peu à l'imposition d'une boîte à outil et d'un lexique commun ; qu'ils assimilent ou mobilisent sans distance critique les préceptes généraux qui hantent les « Guides pratiques » et autres bibles de l'intervention en situation partenariale. Et les élèves les plus appliqués de la doctrine sont généralement ceux qui ne peuvent se prévaloir d'une autorité locale propre, généralement constituée dans des positions professionnelles antérieures.

29. Bezès P., *Réinventer l'État...*, *op. cit.*
30. Castel R., *Les métamorphoses de la question sociale. Une chronique du salariat*, Paris, Fayard, 1995.

En revanche, et c'est le troisième temps de notre raisonnement, quoique les coordonnateurs retiennent des méthodes, des outils, de l'idéologie sous-jacente, quel que soit leur degré d'application (dans les deux sens du terme), le système de classement des populations et de perception du monde social qui sous-tend cette technologie du pouvoir, lui, est pérenne parce qu'il est désormais répandu bien au-delà des dispositifs qui nous retiennent ici. Ce système industrialise la construction de catégories « à risque » et légitime l'anticipation comme mode de lutte contre tous les « maux ». Au niveau local, ces catégories prennent corps dans des individus singuliers, le danger porte un nom de groupe, mais aussi un nom de famille ; l'anticipation, c'est l'information, laquelle localement, quand l'État est au guichet, désigne autant un habitant qu'un habitat.

Ce qui pêche dans l'imposition de cette nouvelle catégorie de l'action publique, ce n'est pas une mauvaise articulation supposée entre une doctrine « criminologique » qui serait efficace et juste et son application floutée par des exécutants simplement mal formés. C'est bien les présupposés constitutifs de la doctrine qui sont à remettre en cause complètement. La vision du monde cachée derrière l'apparente et rassurante neutralité du chiffre a une force de persuasion et se diffuse largement malgré la nullité de ses registres de preuve, parce qu'elle se coule dans une forme de pensée en termes de risque qui, comme l'a montré Castel, fait l'économie de la dangerosité avérée pour proposer une gestion/contrôle des populations qui présenteraient des « risques » de dangerosité [31]. La différence est décisive parce qu'elle change non seulement l'appréhension et la définition des populations, mais aussi les modes de gouvernement de ces catégories prétendument à risque. Des indicateurs de risques sont construits, des experts cultivent la catégorie qui les fait naître, des « destins » peuvent même être régulés avant d'advenir. La structure qui sous-tend les catégories de l'entendement de cette « nouvelle » criminologie comme technologie préventive de gouvernement du risque la dépasse largement et c'est bien pour cela qu'elle se diffuse aussi facilement : elle s'inscrit dans un espace de pensée d'État légitimant des formes de gouvernement qui organisent la répression avant le passage à l'acte par l'élaboration d'indicateurs de risque. Ce qui, bien évidemment, suppose la surveillance et le dépistage dans le domaine de la délinquance, mais également dans celui de la santé, de la protection sociale, de l'éducation, etc. Ainsi s'impose progressivement, depuis le milieu des années 1970 et plus encore depuis une vingtaine d'années, une *épidémiologie gestionnaire* comme catégorie de l'action publique [32] et plus largement comme catégorie de pensée du monde social.

31. Castel R., « De la dangerosité au risque », *Actes de la recherche en sciences sociales*, 47-48, juin 1983, p. 122.
32. Mucchielli L., « Vers une criminologie d'État en France ? Institutions, acteurs et doctrines d'une nouvelle science policière », *Politix*, 89-1, 2010, pp. 195-214.

« Deux attitudes face au monde » La criminologie à l'épreuve des illégalismes financiers [1]

Anthony AMICELLE

Anthony Amicelle est professeur adjoint au sein de l'École de criminologie de l'Université de Montréal, rattaché au Centre international de criminologie comparée (CICC) et au Centre d'études et de recherches internationales (CÉRIUM).

> « Du côté francophone, c'est *Surveiller et punir* qui a donc fait charnière. Michel Foucault était ici à l'époque, à Montréal, où il avait quelques amis. Il avait la paix pour écrire ce livre. Nous nous sommes rencontrés, nous sommes sortis deux ou trois fois, une fois avec ma femme, je pense, et une fois seuls, manger ici dans le quartier, bavardant. Et comme je suis un bavard incorrigible, je parlais un peu plus que lui. Je commentais ce qu'il écrivait et je faisais un tour d'horizon de la discipline. Après la deuxième ou troisième sortie, très gentiment, il a dit : "Écoutez, j'éprouve beaucoup de plaisir à vous écouter, à échanger avec vous, mais si vous permettez, on en restera là. Je suis ici pour terminer un livre. Mon temps est extrêmement limité et, surtout, je veux prouver une thèse". Il m'a dit ça littéralement. "Et à vous écouter je ne terminerai jamais parce qu'il y a ceci, il y a cela, il y a autre chose ; moi, je n'ai pas le temps de courir tous ces lièvres, je n'ai pas le temps de vérifier tout cela". Et je n'oublierai jamais ses derniers mots : "Je veux rester dans un état d'ignorance créatrice. Et avec vous dans les environs, je vois que ce n'est pas possible". Je ne l'ai plus revu. Vous voyez, cela vous montre un peu les deux approches, les deux perspectives, deux attitudes face au monde. [...] Après il y a eu le schisme, le tremblement de terre des "nouvelles" criminologies inspirées par Michel Foucault [2] ».

---

1. L'auteur tient à remercier les évaluateurs de la revue *Cultures & Conflits* ainsi que Frédéric Ocqueteau et Jean Bérard pour leurs précieux commentaires sur une version antérieure du présent article.

2. Fournier M., *Entretiens avec Denis Szabo. Fondation et fondements de la criminologie*, Montréal, Liber, 1998, pp. 107-109.

Nouvel arrivant à l'École de criminologie de l'Université de Montréal, la curiosité a été grande pour moi de mieux connaître la réception de certaines œuvres, telles que celle de Michel Foucault, au sein de mon département et, par extension, au sein de ma « discipline d'adoption ». À cet égard, la lecture des mémoires de Denis Szabo, fondateur de l'École, a constitué une entrée stimulante pour appréhender l'un des rôles attribués aux travaux de Foucault. Ce dernier y est dépeint sous les traits d'un théoricien qui aurait rompu l'unité de la communion criminologique en contribuant notamment « à retirer le "tapis empirique" sous la discipline [3] ».

Si *Surveiller et punir* [4] a pu provoquer une forme de rupture dans les manières de faire de la criminologie, l'usage dans cet ouvrage du terme « illégalismes » en est certainement une des clés de compréhension sur le plan conceptuel. Introduit en 1971 puis mobilisé lors du cours au Collège de France de 1972-1973 [5] avant d'être repris dans le livre « charnière » de 1975, ce concept visait à dépasser la terminologie au fondement de la criminologie, à commencer par les notions d'infraction et de délinquance, pour précisément rompre avec deux préjugés encore tenaces. D'un côté, Foucault remettait en cause « la fausse neutralité des catégories juridiques qui présentent "l'ordre" et "le désordre" comme des faits historiques stables et universels, comme des faits objectifs dépourvus de tout jugement de valeur [6] ». De l'autre, il critiquait « la fausse neutralité des catégories criminologiques qui attribuent à des déterminants individuels internes l'origine des actes de transgression sociale. Le placage de concepts médicaux interprétatifs a masqué au XIXe siècle les fondements politiques et sociaux des pratiques transgressives et de leur répression [7] ».

La réflexion en termes d'illégalismes rompait aussi avec une vision exclusivement parasitaire de la criminalité qui viendrait menacer de l'extérieur une vie économique et politique délestée pour l'occasion de ses contradictions internes. Toujours vivace, cette vision est portée par le titulaire de la seule chaire de criminologie tant controversée en France, Alain Bauer : « Il existe une face noire de la mondialisation (aussi ancienne que la mondialisation elle-même) qui menace l'économie et la finance mondiales. Côté obscur d'un phénomène licite, elle a été accélérée et accentuée par l'effondrement de l'ordre bipolaire du monde depuis 1989-91 et par le désordre consécutif. Clairement criminelle ou terroriste, elle se diffuse avec une telle vivacité par les interstices du système qu'elle perturbe désormais son fonctionnement même [8] ». Contre

3. *Ibid.*, p. 109.
4. Foucault M., *Surveiller et punir. Naissance de la prison*, Paris, Gallimard, 1975.
5. Foucault M., *La société punitive. Cours au Collège de France, 1972-1973*, Paris, Seuil/Gallimard, 2013.
6. Lascoumes P., « L'illégalisme, outil d'analyse », *Sociétés & Représentations*, 3, 1996, p. 79.
7. *Ibid.*, p. 80.
8. Bauer A., « L'invention de la criminalité globale », *Cahiers de la sécurité intérieure*, 25, 2013, p. 85.

cette perspective réduisant systématiquement la « dimension économique et financière » de la criminalité à l'envers de l'ordre social, l'approche par les illégalismes invite à resituer ces arrangements pratiques avec la loi au sein du fonctionnement des différents pans de la la société. Loin d'être confinés à une position d'extériorité et à un « Milieu » parasitaire, les illégalismes économiques et financiers doivent aussi et surtout être appréhendés comme une composante historique du monde des affaires ; c'est-à-dire moins comme un élément dysfonctionnel que comme un mécanisme inhérent au fonctionnement de l'ordre existant.

Plus généralement chez Foucault, la notion d'illégalismes traduit l'ambition, ou plutôt la nécessité, d'analyser les rapports entre la diversité des pratiques de jeu (contournement, détournement ou violation explicite) avec les normes en place et la variété des réponses apportées à ces comportements socialement et/ou juridiquement définis comme transgressifs [9]. Dit autrement, il s'agit de « penser relationellement la position sociale des auteurs [d'illégalismes], les modalités pratiques de leurs actes et les diverses formes de réactions qu'ils suscitent de la part des instances de régulation [10] ». La rupture est ici consommée avec les études entièrement focalisées sur le passage à l'acte transgressif, susceptibles de masquer cette économie des pratiques et faire perdre de vue les activités institutionnelles de (dis)qualification des comportements posés comme délinquants. Cette « conception relationnelle du monde social [11] » invite également à se démarquer des approches portant uniquement sur le domaine pénal et presque exclusivement sur les personnes condamnées à des peines d'emprisonnement. En tenant compte du répertoire d'actions disponibles pour chaque type d'illégalismes, l'attention est tournée vers les dynamiques sociales, institutionnelles et conjoncturelles permettant de comprendre les différences de traitement constatées en matière de déviance et de criminalité. Il s'agit *in fine* de dessiner les contours d'une économie générale des illégalismes propre à une société donnée marquée par des rapports de domination spécifiques.

L'objectif du présent article est de questionner à nouveaux frais la valeur heuristique du concept d'illégalismes pour analyser les conduites économiques et financières indisciplinées et leur contrôle. Pour ce faire, nous commencerons par replacer ce concept clé dans son espace de formulation au sein des écrits de Michel Foucault. Dans les sections suivantes, nous nous attacherons aux modalités de réappropriation de cet appareillage conceptuel sur les problématiques de transgressions économiques et financières. Loin d'avoir retiré le tapis empirique sous le pied des chercheurs, « l'une des périodes les

9. Foucault M., *Surveiller et punir*, *op. cit.* ; Lascoumes P., « L'illégalisme, outil d'analyse », *op. cit.*
10. Spire A., « Pour une approche sociologique de la délinquance en col blanc », *Champ pénal/Penal field* [En ligne], vol. 10, 2013, p. 12.
11. Lacombe D., « Les liaisons dangereuses : Foucault et la criminologie », *Criminologie*, 26-1, 1993, pp. 51-72.

plus militantes de Foucault [12] » a accouché de propositions théoriques ayant fourni un cadre d'analyse à des enquêtes de terrain rigoureuses. En insistant plus longuement sur le travail réalisé par Pierre Lascoumes depuis la fin des années 1970 et sur les contributions récentes d'Alexis Spire, il s'agira d'expliciter les façons dont ce programme de recherche foucaldien a pu et peut encore être réinvesti et enrichi au gré de nouveaux intérêts de connaissance et surtout de nouvelles configurations sociales. À ce titre, le but n'est pas de faire une longue litanie de projets individuels mais de montrer comment leur articulation permet de dégager un sens historique aux transformations ayant façonné la gestion des illégalismes depuis le XIXe siècle. Les instruments de régulation, destinés à produire de l'égalité de traitement en généralisant la mise en visibilité des illégalismes économiques et financiers, se sont succédés au rythme irrégulier des priorités politiques et des contextes de crise. Pourtant, il en ressort concrètement un processus de conversion-adaptation des modalités de différenciation entre illégalismes, (re)produisant de l'inégalité selon des enjeux de personne et de situation. Abordé dans la dernière partie du texte, l'avènement de la lutte anti-blanchiment comme nouveau socle de traitement de tous les capitaux associés à des activités illégales en est un des exemples les plus récents.

Michel Foucault et le concept d'illégalismes

L'économie des illégalismes

À la lecture de *Surveiller et punir* ainsi que des écrits ou interventions précédant et suivant de près cet ouvrage, l'expression d'économie des illégalismes est d'abord mobilisée pour rendre compte de la situation normative en France sous l'Ancien Régime. Foucault y dépeint une société aux prises avec une multitude d'illégalismes, dont une partie jouit d'espaces de tolérance. Chaque segment de la population y pratique un ensemble d'illégalismes et bénéficie de marges d'impunité variables. Parmi ces « marges d'illégalismes tolérés [13] », les représentants de la noblesse, du clergé et les grands propriétaires sont avant tout associés aux « illégalismes des privilégiés » dans la mesure où ils échappent « par statut, par tolérance, par exception, à la loi [14] ». Le contournement ou le détournement de règles douanières et commerciales constitue ensuite l'exemple type des « illégalismes bourgeois » souvent impuni. Les membres des couches populaires ont, quant à eux, dû conquérir leurs propres espaces de tolérance « par la force ou l'obstination » afin de survivre au quotidien [15]. Les mille et un « illégalismes populaires », tels que « la contrebande, le pâturage abusif, le ramassage de bois sur les terres du roi, quoique menacés de

12. Harcourt B., « Situation du cours », in M. Foucault, *La société punitive*, *op. cit.*, Paris, Seuil/Gallimard, 2013, pp. 272-314.
13. Foucault M., *Surveiller et punir*, *op. cit.*, p. 98.
14. *Ibid.*, p. 146.
15. *Ibid.*, p. 98.

peines terribles, ne donnaient en réalité pratiquement jamais lieu à des poursuites [16] ». Certaines marges d'impunité sont octroyées volontairement par « consentement muet » quand d'autres reflètent davantage une négligence, un manque de vigilance ou « tout simplement l'impossibilité effective d'imposer la loi et de réprimer les infracteurs [17] ».

Plus important encore, le non-respect – toléré de fait – d'une série de lois et coutumes est décrit comme étant un élément fondamental de l'exercice du pouvoir sous l'Ancien Régime. Loin de toute univocité et de toute systématicité, l'économie des illégalismes est empreinte d'une application toute relative des normes royales et féodales. « Par exemple, la fraude fiscale la plus traditionnelle, mais également la contrebande la plus manifeste faisaient partie de la vie économique du royaume. Bref, il y avait entre la légalité et l'illégalité une perpétuelle transaction qui était l'une des conditions de fonctionnement du pouvoir à cette époque-là [18] ». Les illégalismes apparaissent moins sous le signe d'une pathologie sociale ou d'un dysfonctionnement perturbateur que comme un trait spécifique et indispensable de la vie économique et politique de la société. Ces pratiques sont inhérentes au maintien des équilibres et de l'ordre existant au sein du régime en étant ancrées au cœur des activités routinières de la population [19]. La situation normative de l'Ancien Régime est marquée par cette coexistence complexe d'une multitude d'illégalismes plus ou moins installée et autorisée. Les membres des différentes strates sociales sont d'ailleurs prompts à défendre les largesses et négligences dont ils bénéficient. De manière ponctuelle, les actes de résistance plus ou moins visibles et plus ou moins violents à l'encontre de la levée de certaines taxes ont même pu fédérer des catégories très hétérogènes contre des droits féodaux communément vécus et dénoncés comme abusifs [20]. De la même façon, le contournement des règlements commerciaux passe régulièrement par un arrangement préalable entre marchands et artisans [21]. Une partie des refus fiscaux, des ententes commerciales et des pratiques de contrebande était aussi utile à la survie des plus pauvres qu'au développement économique de la bourgeoisie.

Dans cette configuration sociale particulière, ces deux grands segments de population que sont les couches populaires et la bourgeoisie se trouvent en situation d'interdépendance, parfois en tant qu'adversaires, souvent en tant qu'alliés de circonstance. D'un côté, les illégalismes populaires n'entrent pas nécessairement en confrontation directe avec les intérêts des commerçants issus de la bourgeoisie, puisqu'ils visent surtout à déjouer les droits féodaux.

16. Foucault M., « La prison vue par un philosophe français », in M. Foucault, *Dits et écrits I. 1954-1975*, Paris, Gallimard, 2001, p. 1596.
17. Foucault M., *Surveiller et punir*, *op. cit.*, p. 98.
18. Foucault M., « Des supplices aux cellules », in M. Foucault, *Dits et écrits I. 1954-1975*, Paris, Gallimard, 2001, p. 1584.
19. Fischer N., Spire A., « L'État face aux illégalismes », *Politix*, 87-3, 2009, pp. 7-20.
20. Foucault M., *Surveiller et punir*, *op. cit.*
21. Gros F., « Foucault et la société punitive », *Pouvoirs*, 13, 2010, pp. 5-14.

De l'autre, l'attitude de la bourgeoisie à l'égard de ces « illégalismes d'en bas » fluctue en fonction des intérêts en jeu. « [La bourgeoisie] soutient ces luttes anti-légales dans la mesure où elles la servent, elle les lâche quand celles-là tombent dans la criminalité de droit commun ou quand elles prennent la forme de luttes politiques. Elle accepte la contrebande, refuse le brigandage ; elle accepte le refus de l'impôt, mais refuse le pillage des diligences [22] ».

Michel Foucault dégage ici les traits d'une économie des illégalismes structurée autour d'une espèce de *modus vivendi* entre illégalismes bourgeois et illégalismes populaires. Cet état de relatif ajustement vole en éclat à mesure que l'Ancien Régime prend fin et que prend véritablement forme le capitalisme du XIXe siècle.

La gestion différentielle des illégalismes

À l'heure de l'essor du capitalisme industriel et du nouveau statut accordé à la propriété privée, les illégalismes populaires entrent en crise. Ils deviennent insupportables à la bourgeoisie lorsqu'elle accède à des positions économiques et politiques de premier plan. Foucault décrit par le menu cette recomposition de l'économie des illégalismes.

En zone rurale, « le resserrement des liens de propriété, ou plutôt le nouveau statut de la propriété terrienne et sa nouvelle exploitation, transforme en délits beaucoup d'illégalismes installés [23] ». La fin de l'Ancien Régime est marquée par l'abolition des droits féodaux, la disparition graduelle des terres communales et le morcellement de la propriété terrienne dont une partie significative est transferée vers la bourgeoisie. Avec la hausse des revenus fonciers, les nouveaux propriétaires multiplient les investissements tout en s'orientant vers une agriculture plus intensive. Débarrassés des charges féodales, ils bénéficient d'un droit de propriété désormais individualisé et absolu. Souhaitant maximiser l'usage de leurs terres et optimiser les revenus issus des produits agricoles, ils ne tolèrent plus les pratiques coutumières autrefois concédées à la paysannerie et ce, d'autant plus en période de pression démographique accrue. Ignorés par Foucault, les écrits de Karl Marx sur le « vol de bois » décrivent déjà la fin de ces concessions faites aux pauvres au moment où la relativité de la propriété féodale cède le pas à une conception absolutiste de la propriété privée [24]. Avec ce statut juridique de la propriété, le contournement des précédents édits et règlements est tranformé en atteintes aux biens. Ce type d'irrégularités étant parfois vital pour les couches les plus défavorisées de la société, sa remise en cause engendre « une série de réactions en chaîne, de plus en plus

22. Foucault M., *La société punitive*, *op. cit.*, p. 147.
23. Foucault M., « La société punitive », in M. Foucault, *Dits et écrits I. 1954-1975*, Paris, Gallimard, 2001, p. 1335.
24. Voir l'édition critique de ces écrits : Lascoumes P., Zander H., *Marx : du « vol de bois » à la critique du droit*, Paris, Presses universitaires de France, 1984.

illégales ou si on veut de plus en plus criminelles : bris de clôture, vol ou massacre de bétail, incendies, violences, assassinats [25] ». Il n'en demeure pas moins que les espaces de tolérance disparaissent pour les illégalismes populaires qui, avec la transformation de l'économie rurale, changent massivement de registre en passant « d'un illégalisme de fraude à un illégalisme de vol et de déprédation [26] ».

Cette transformation est également liée au rapport entretenu avec la propriété industrielle et commerciale dans les espaces plus urbanisés. Désormais adossée au processus d'industrialisation et aux méthodes de production capitalistes, toute la fortune accumulée par la bourgeoisie (machines coûteuses, énormes stocks de matières premières et de produits finis) a été mise en contact permanent avec les forces productives (le prolétariat) [27]. Beaucoup de travailleurs sont passés du statut d'artisan à celui de salarié ou de journalier dans les grandes manufactures et dans les ports. De ce fait, ils n'ont généralement plus la propriété des outils et des matériaux avec lesquels ils travaillent et ont encore moins de prise sur les objets qu'ils produisent. Dépossédés des moyens de production, ils perdent toute opportunité et capacité de jouer avec les marges de la légalité via des illégalismes de fraudes dans la mesure où ils cessent d'être directement confrontés aux règles commerciales. Dans cette perspective, cibler le capital bourgeois dans sa matérialité devient pour eux la dernière forme d'illégalismes véritablement possible par le biais de rapines dans les usines et sur les docks. « Ainsi, par la force des choses, par l'installation du socle de l'économie capitaliste, ces couches populaires, se déplaçant de l'artisanat au salariat, sont en même temps obligées de se déplacer de la fraude au vol [28] ». Tandis que les profits dépendent de plus en plus du « corps à corps de l'ouvrier et de la marchandise [29] », la bourgeoisie craint l'augmentation du nombre de vols et d'attaques dans des proportions comparables à la taille inédite des nouveaux lieux de travail. Le développement de l'économie industrielle et l'évolution des modes de production sont doublés d'une intolérance systématique à l'égard des petits vols et autres pratiques transgressives telles que le ramassage des chutes de ferrail ou de fibres textiles.

Cette peur de la bourgeoisie n'est d'ailleurs pas uniquement focalisée sur les conditions de protection de la richesse matérielle entreposée dans les manufactures et les entrepôts. Le danger est aussi, et peut-être surtout, associé à la dissipation de la force de travail de l'ouvrier par l'ouvrier lui-même. En effet, l'attention portée aux conduites indisciplinées vise à circonscrire autant que possible les manifestations de l'immoralité ouvrière telles que l'alcoolisme, la paresse ou l'inexactitude, susceptibles d'entamer la productivité et

25. Foucault M., *Surveiller et punir*, *op. cit.*, p. 101.
26. Gros F., « Foucault et la société punitive », *op. cit.*, p. 10-11.
27. *Ibid.*
28. Foucault M., *La société punitive*, *op. cit.*, p. 151.
29. Gros F., « Foucault et la société punitive », *op. cit.*, p. 14.

donc les profits escomptés [30]. Des préoccupations plus directement politiques sont également à l'œuvre afin d'éviter tout soulèvement populaire susceptible d'entraîner un nouvel élan révolutionnaire pouvant déstabiliser les équilibres économiques et sociopolitiques en place.

Sur le plan juridique, cette disparition des marges d'impunités dont bénéficiaient auparavant les couches populaires se concrétise par une pénalisation massive de leurs transgressions, rabattues du côté des « illégalismes de biens » à l'instar du « vol, comme illégalisme de celui qui produit à partir d'une matérialité qui ne lui appartient pas [31] ». Débarrassés des prédations féodales grâce à la Révolution française, les membres de la bourgeoisie se sont attelés à résorber les déprédations des couches populaires passées d'alliées de circonstance à adversaires désignés. « Et je crois que ce qui s'est passé, c'est que lorsque la bourgeoisie a pris le pouvoir politique et lorsqu'elle a pu adapter les structures d'exercice du pouvoir à ses intérêts économiques, l'illégalisme populaire qu'elle avait toléré et qui, en quelque sorte, avait trouvé dans l'Ancien Régime une espèce d'espace d'existence possible est devenu pour elle intolérable ; et il a fallu absolument la museler. Et je crois que le système pénal, et surtout le système général de surveillance qui a été mis au point à la fin du XVIIIe siècle, au début du XIXe siècle, dans tous les pays d'Europe, c'est la sanction de ce fait nouveau : que le vieil illégalisme populaire qui était, dans certaines de ses formes, toléré sous l'Ancien Régime est devenu littéralement impossible : il a fallu effectivement mettre en surveillance généralisée toutes les couches populaires [32] ». Plus qu'une simple crise des illégalismes populaires entérinée dans le droit pénal, Foucault donne surtout à voir la façon dont les contours de l'économie générale des illégalismes sont redessinés, aussi bien du côté des illégalismes que de leur gestion.

D'une part, la répartition sociale des illégalismes est désormais structurée autour d'une ligne de démarcation entre « illégalismes de biens » et « illégalismes de droits ». Comme nous l'avons noté, les groupes sociaux dominés se retrouvent déportés et cantonnés dans la première catégorie. À côté de ce type générique de conduites indisciplinées généralement associées aux non-possédants, les membres de la bourgeoisie se réservent un accès privilégié à l'autre catégorie, celle de la « fraude, comme illégalisme de celui pour qui la richesse est liée à la loi. Non pas qu'elle soit soumise à la loi mais elle donne accès à la possibilité de faire et défaire, d'imposer et de contourner la loi [33] ». Loin d'être réduits à la violation explicite de la loi, ils peuvent s'efforcer d'user du droit et de tourner la loi pour jouer activement avec les frontières démarquant le comportement conforme du comportement déviant. Dans cette optique et de manière plus récente, Doreen McBarnet a par exemple montré comment les

30. Foucault M., *La société punitive*, *op. cit.*
31. *Ibid.*, p. 152.
32. Foucault M., « Des supplices aux cellules », *op. cit.*, p. 1304.
33. Foucault M., *La société punitive*, *op. cit.*, p. 152.

élites économiques négociaient constamment avec ces frontières pour essayer d'éviter l'impôt et rester du côté de la légalité fiscale [34].

D'autre part, la redistribution sociale des tâches transgressives est couplée à une réforme du système pénal, de l'appareil judiciaire et plus largement à une recomposition du droit positif au tournant du XVIIIe et du XIXe siècle. Cette transformation des dispositifs juridiques contribue fortement à distinguer les modes de réaction sociale selon les types d'illégalismes concernés. Aux illégalismes de biens répondent l'attention continue de la police, les tribunaux ordinaires et la prison alors que les illégalismes de droits relèvent majoritairement d'une gestion discrète, complexe et dilatoire, dépendant de « juridictions spéciales avec transactions, accommodements, amendes atténuées, etc. [35] ». Les auteurs d'illégalismes de biens sont soumis à des dispositifs de contrôle et à des rituels de vérité se situant en dehors de leurs milieux d'appartenance et d'activités puisqu'ils relèvent du registre pénal. En revanche, les auteurs d'illégalismes de droits sont essentiellement jugés dans le cadre de rituels internes à leurs milieux professionnels tels que les tribunaux de commerce.

Cette recombinaison associée à une variété d'instruments et de voies de règlement juridiques entérine une triple différenciation révélatrice des rapports de pouvoir et de domination alors à l'œuvre. Elle recouvre une opposition de classe (illégalismes de biens/classes populaires *vs* illégalismes de droits/classe dirigeante) ainsi qu'une différence de qualification (catégorie pénale nette *vs* « catégorisation pluriforme et non-exclusivement pénale [36] ») et de traitement (procès/prison/publicisation *vs* juridictions spéciales/transactions/discrétion) [37]. Selon Jean-Claude Monod, c'est en cela que la « différenciation des illégalismes renvoie ainsi nettement à la domination de la classe qui a fait la loi » [...] « L'inégalité devant la justice ne tient pas seulement à des facteurs externes qu'évoquera également Foucault (le "prix" d'un avocat, la différence de traitement d'un individu par la police selon son statut, etc.), mais du système même des lois [38] ».

À cet égard, le choix de la réforme du droit et des dispositifs juridiques comme point d'entrée analytique vaut surtout comme indicateur des changements dans les modalités de pouvoir propres à un contexte socio-historique donné. Cette dimension juridique du pouvoir illustre un mode de domination sociale qui ne passe pas par une volonté de faire appliquer une loi uniforme mais par une gestion différenciée des comportements transgressifs [39]. Plutôt

34. McBarnet D., "Whiter than White Collar Crime: Tax, Fraud Insurance and the Management of Stigma", *The British Journal of Sociology*, 42-3, 1991, pp. 323-344.
35. Foucault M., *Surveiller et punir*, *op.cit.*, p. 104.
36. Lascoumes P., *Les affaires ou l'art de l'ombre : les délinquances économiques et financières et leur contrôle*, Paris, Centurion, 1986, p. 8.
37. Foucault M., *Surveiller et punir*, *op. cit.*
38. Monod J-C., *Foucault, la police des conduites*, Paris, Michalon, 1997, pp. 79-80.
39. Gros F., *Michel Foucault*, Paris, Presses universitaires de France, 2007.

que de renvoyer à un appareil de répression et de suppression de tous les illégalismes, le système judiciaire contribue finalement à les organiser et à les maintenir dans un état d'équilibre économiquement utile et politiquement fécond [40]. Il vise à « établir entre eux une sorte de hiérarchie, de manière à en tolérer certains, à en punir d'autres, à en punir certains d'une manière, à punir les autres d'une autre manière [41] ». Fondamentalement et c'est là une de ses principales utilités, « la notion des illégalismes, c'est donc l'idée que la loi [est destinée] à gérer les marges de la légalité, qu'elle est un instrument de gestion [42] ». La domination ne se résume pas à la présence ou l'absence de contrôle et de sanction selon la position sociale des acteurs indisciplinés mais elle s'observe, de manière plus subtile, dans la distribution sociale des types d'illégalismes, dans l'existence d'espaces de jeux entre la norme écrite et la norme pratiquée et finalement dans la différence de réaction sociale. Ces éléments de réflexion sur ce moment de transformation historique et sur les formes de domination sociale ont depuis été repris pour alimenter des travaux empiriques questionnant l'économie des illégalismes et ce, par le biais d'objets de recherche marginaux en criminologie tels que la « criminalité d'affaires ».

Le concept d'illégalismes pour étudier la criminalité d'affaires

La tension stratégique entre illégalismes et délinquance

Pierre Lascoumes a inscrit une partie de ses travaux dans le prolongement du programme de recherche foucaldien consacré à la gestion différentielle des illégalismes. Il s'est intéressé aux réactions sociales suscitées par les pratiques de manipulation des règles du jeu économique et politique [43]. Pour ce faire, il a très tôt privilégié, avec d'autres chercheurs ancrés en criminologie, le syntagme de « criminalité d'affaires » permettant d'insister sur l'activité d'entreprises et sur les responsabilités collectives et ce, au détriment d'autres concepts de référence, que ce soit la notion de criminalité économique – jugée trop large – ou celle de criminalité en col blanc, minée par des débats définitionnels ayant en partie dilué sa valeur heuristique et sa force critique [44]. « La criminalité d'affaires telle que nous la concevons s'exerce au sein d'une activité commerciale, dans le but de détourner des circuits financiers et commerciaux ou d'échapper à des obligations légales. Elle porte sur des sommes importantes et repose le plus souvent sur une organisation impliquant d'autres agents (entreprises, banques, administration, organes politiques…) [45] ».

---

40. Chantraine G., Salle G., « Pourquoi un dossier sur la "délinquance en col blanc" ? », *Champ pénal/Penal field* [En ligne], vol. 10, 2013.
41. Brodeur J-P., « "Alternatives" à la prison : diffusion ou décroissance du contrôle social : une entrevue avec Michel Foucault », *Criminologie*, 26-1, 1993, p. 23.
42. Harcourt B., « Situation du cours », *op. cit.*, p. 292.
43. Lascoumes P., *Les affaires ou l'art de l'ombre*, *op. cit.* ; *Élites irrégulières : Essai sur la délinquance d'affaires*, Paris, Gallimard, 1997 ; *Corruptions*, Paris, Presses de Sciences Po, 1999 ; *Une démocratie corruptible*, Paris, Seuil, 2011.
44. Kellens G., Lascoumes P., « Moralisme, juridisme et sacrilège : la criminalité d'affaires »,

Il a aussi et surtout délaissé l'opposition juridique entre légalité et illégalité. Calquer l'analyse sociologique et criminologique sur cette opposition juridique binaire aurait eu pour effet de passer sous silence les nombreux efforts consentis par les élites économiques et financières afin de déborder, déplacer voire remettre en cause les frontières mêmes de la légalité. « À côté de la légalité abstraite et verticale que l'on invoque toujours, s'immisce à tous niveaux une légalité horizontale, celle qui résulte des ajustements négociés par les acteurs pour faire coïncider leurs enjeux avec les règles [46] ». Cet élément, pourtant au cœur de la vie des affaires, est souvent renvoyé dans l'ordre de l'impensé, sans véritable réflexion sur le jeu incessant avec les règles et les négociations entre les autorités du contrôle social et les entités visées à un moment donné. Or, la tension illégalismes-délinquance permet d'intégrer la part d'incertitude et de non-automaticité inhérente à l'application de la loi.

Alors que « le droit ne s'impose jamais de sa propre initiative aux faits sociaux [47] », il convient de « concentrer la recherche non seulement sur la délinquance mais aussi sur le phénomène plus subtil d'évasion légale, non seulement sur le fiscal mais aussi de manière générale. Nous devons explorer la façon dont les élites économiques utilisent activement les moyens institutionnels, idéologiques et légaux pour jouir d'une immunité vis-à-vis du contrôle juridique [48] ». Ce parti pris épistémologique permet de couvrir un continuum allant des agissements condamnés aux usages « audacieux » et « créatifs » du droit en passant par les « tripotages astucieux » jusqu'aux comportements « théoriquement pénalisables mais pratiquement préservés par les difficultés de découverte de ces pratiques et par la faible part d'initiative des agences de contrôle [49] ». Cette démarche appelle à dépasser les apories des approches criminologiques tournées exclusivement vers l'étude des passages à l'acte délictueux, repérés et traités au niveau judiciaire, qui ne peuvent prétendre apporter une vue d'ensemble sur les illégalismes d'affaires. C'est aussi une façon d'évacuer l'idée que seuls les comportements incriminés par le droit pénal constituent des objets de recherche dignes d'intérêt criminologique [50].

Déviance et société, 1-1, 1977, pp. 119-133. Pour un passage en revue des études et des débats académiques marquants sur la notion de criminalité en col blanc, voir Spire A., « Pour une approche sociologique de la délinquance en col blanc », *op. cit.*

45. Armand M. F., Lascoumes P., « Malaise et occultation: perceptions et pratiques du contrôle social de la délinquance d'affaires », *Déviance et société*, 1-2, 1977, p. 149. De manière complémentaire et plus inclusive, Pierre Lascoumes et Carla Nagels ont récemment introduit l'expression de « déviance et délinquance des élites dirigeantes » pour désigner « des transactions de normes spécifiques liées à l'exercice d'une fonction de responsabilité privée ou publique et commises à titre individuel ou collectif par une instance dirigeante », in Lascoumes P., Nagels C., *Sociologie des élites délinquantes. De la criminalité en col blanc à la corruption politique*, Paris, Armand Colin, 2014, p. 15.
46. Lascoumes P., *Élites irrégulières : Essai sur la délinquance d'affaires*, *op. cit.*, p. 16.
47. *Ibid.*, p. 10.
48. McBarnet D., "Whiter than White Collar Crime: Tax, Fraud Insurance and the Management of Stigma", *op. cit.*, p. 342.
49. Lascoumes P., *Élites irrégulières : Essai sur la délinquance d'affaires*, *op. cit.*, p. 239.
50. Tappan P., "Who is the criminal?", *American Sociological Review*, 12, 1947, pp. 96-102.

En cela, la démarche de Lascoumes est proche de celle formalisée au cours des années 1940 par Edwin Sutherland dans ses écrits incontournables sur la criminalité en col blanc [51]. Celui-ci a notamment analysé la responsabilité des entreprises comme auteurs collectifs de trangressions et il a d'abord montré que des grandes firmes plusieurs fois pénalisées échappaient à l'image négative de la récidive en parvenant à neutraliser les effets du stigmate pénal. Ensuite, il est surtout allé au-delà des condamnations pénales dûment prononcées dans le monde des affaires pour s'intéresser aux processus orientant la qualification, le traitement et *in fine* le règlement des dossiers. Il a ainsi décrit une réaction sociale souvent éloignée de l'usage des instruments de régulation pénale au profit d'un recours massif aux procédures civiles, administratives ou professionnelles.

L'attention portée aux mécanismes de sélection des filières de traitement de ces dossiers lui a permis de saisir comment des actes pouvant relever de la justice pénale étaient finalement poursuivis devant d'autres juridictions et donc évacués des statisques sur la délinquance [52]. À partir de ce constat empiriquement fondé d'une mise à l'écart de la solution pénale, plusieurs chercheurs, dont Lascoumes, ont partagé l'ambition de Sutherland de ne pas s'en tenir à une simple posture de dénonciation. Peu fructueuse théoriquement, cette posture faisait surtout courir le risque de conclure, par syllogisme, à une « équité perverse » devant le pénal [53], c'est-à-dire à une légitimation pour tous de pratiques répressives dont les effets disciplinaires étaient par ailleurs dénoncés. Inspirés par Foucault, nombreux étaient ceux à être davantage enclins à briser le bâton de la justice qu'à le tordre pour le retourner contre les fractions dominantes de la société comme ont pu le proposer des représentants de mouvements sociaux radicaux et des criminologues néo-marxistes [54]. Paradoxalement, la réflexion sur cette tendance à l'impunité pénale pour la criminalité d'affaires a mené au dépassement du pénalocentrisme en replaçant le pénal au sein d'un vaste ensemble de systèmes normatifs (civil, administratif, commercial, etc.) composant le droit positif. Comprendre comment un conflit particulier a été orienté vers une voie de règlement formelle autre que le droit pénal, quand bien même celui-ci était un code de lecture possible, passe par l'analyse des rapports complexes entre ces systèmes normatifs. Une telle analyse ouvre elle-même sur une problématique plus large que celle de l'impunité pénale, à savoir « l'organisation et le fonctionnement de la gestion différentielle des illégalismes dans une société [55] ».

---

51. Sutherland E., "Is white collar criminality a crime?", *American Sociological Review*, 10, 1945, pp. 132-139 ; *White collar crime*, Westport, Greenwood Press, 1949 ; *White collar crime: the uncut version*, New Haven, Yale University Press, 1983.
52. Voir sur ce point l'entretien réalisé avec Howard Becker dans ce numéro.
53. Acosta F., « À propos des illégalismes privilégiés. Réflexions conceptuelles et mise en contexte », *Criminologie*, 21-1, 1988, pp. 7-34.
54. Sur ce point, voir : Bérard J., « Tordre ou briser le bâton de la justice ? », *Champ pénal/Penal field* [En ligne], vol. 10, 2013 ; Nagels, C., « Les patrons en prison ? Une analyse des positions de criminologues néo-marxistes en matière de prise en charge de la délinquance des élites », in

Insistant sur l'importance des travaux de Pierre Lascoumes dans l'émergence de cette nouvelle problématique à partir des débats sur l'impunité pénale, Fernando Acosta représente la gestion des illégalismes « sous la forme d'un réseau d'interactions entre divers systèmes normatifs relativement autonomes [56] ». À cette fin, il introduit une distinction entre « illégalismes typiques » et « illégalismes privilégiés ». Alors que le mode de règlement des premiers appartient à un seul et unique système normatif (civil ou pénal ou administratif, etc.), la traduction juridique des seconds n'est pas d'emblée évidente dans la mesure où ils ont la particularité de pouvoir être appréhendés par plusieurs de ces systèmes normatifs. Dans cette perspective, les illégalismes populaires sont généralement confinés aux illégalismes typiques d'un système de régulation conduisant à une résolution « simpliste et expéditive [57] ». De leur côté, les illégalismes d'affaires correspondent fortement (« mais non exclusivement ») aux illégalismes privilégiés disposant d'un large éventail de modes de résolution, véritable condition de possibilité d'une gestion différenciée. « Parler de règlement différentiel, c'est au contraire mettre l'accent sur une pluralité des formes de règlement possibles et sur une pluralité des modes d'application. Pourquoi à tel moment tel conflit débouche-t-il sur telle forme de règlement et non sur telle autre est peut-être la question, apparemment simple, à laquelle nous essayons de répondre [58] ». L'enjeu porte ainsi sur la sélection du registre et de la qualification juridiques dont l'application effective dépend d'une série d'éléments dynamiques tels que la nature des rapports de force engagés entre auteurs suspectés d'illégalismes d'affaires et opérateurs du contrôle social. Ces rapports de force orientent aussi les solutions retenues pour régler un conflit, avec une place de choix réservée aux pratiques transactionnelles [59], à l'image des amendes de plusieurs milliards de dollars payées aux États-Unis par des banques internationales pour éviter ou mettre fin à des poursuites judiciaires.

C'est précisément cet ensemble, marqué par une différenciation au sein même du droit et par des relations de pouvoirs portant sur le choix des modalités de traitement, que Lascoumes a nommé « système différentiel de régulation des illégalismes et infractions d'affaires [60] ». La dimension juridique du pouvoir ne s'impose pas d'en « haut » mais se manifeste dans les interactions visant à qualifier des situations de conflit. « En matière juridique, être en situa-

---

A. Jaspart, S. Smeets, V, Strimelle et F. Vanhamme (eds.), *« Justice! » Des mondes et des visions*, Éditions online Erudit, Coll. Livres et Actes, 2014, pp. 106-120.

55. Acosta F., « À propos des illégalismes privilégiés. Réflexions conceptuelles et mise en contexte », *op. cit.*, p. 11.
56. *Ibid.*, p. 12.
57. *Ibid.*
58. Lascoumes P., *Les affaires ou l'art de l'ombre*, *op. cit.*, p. 64.
59. Serverin E., Lascoumes, P. et T. Lambert, *Transactions et pratiques transactionnelles*, Paris, Economica, 1987.
60. Lascoumes P., *Les affaires ou l'art de l'ombre*, *op. cit.*, p. 84.

tion de pouvoir, c'est avoir et garder la maîtrise des règles applicables dans les processus où l'on se trouve impliqué. Inversement, être en situation de dominé, c'est de se voir imposer une identité d'action, demeurer sans prise sur le déroulement des interactions [61] ». Cette possibilité pour les illégalismes d'affaires d'être arrimés à différents systèmes normatifs a souvent pour effet concret de faire obstacle à l'application des modalités les plus contraignantes, à savoir le choix des poursuites pénales, que ce soit au début du dossier ou au fil de son cheminement [62].

À cet égard, il n'y a semble-t-il qu'un pas à franchir pour établir un lien, serait-il implicite, entre les conclusions énoncées par Sutherland, puis celles proposées par Foucault une vingtaine d'années plus tard. Lascoumes donne d'ailleurs une lecture pour le moins foucaldienne de l'ouvrage clé du sociologue/criminologue américain portant « sur le traitement différentiel de la délinquance d'affaires par rapport aux délinquances dites "ordinaires". Le "WCC" [*White Collar Crime*] bénéficie, montre-t-il [Sutherland], de modes de règlement privilégiés par rapport à la délinquance des classes populaires [63] ». Sutherland s'évertuait à montrer que ces « privilèges » accordés à la criminalité en col blanc, sous la forme d'une réaction sociale généralement plus faible et plus discrète que pour la criminalité « ordinaire », n'était aucunement corrélé au degré de gravité des atteintes et dommages causés. Il dénonçait plutôt ce que d'aucuns ont qualifié de « cercle vicieux qui s'installe entre faible sanction et faible perception de gravité, permettant d'échapper au stéréotype du criminel [64] ». Articulant cette double filiation intellectuelle Sutherland-Foucault, c'est au travers de la tension entre illégalismes et délinquance que Lascoumes travaille et reformule la question de l'écart existant entre la multiplicité des comportements transgressifs caractérisant la vie des affaires et la rareté des condamnations judiciaires en la matière. « À certains moments de leur carrière (pour traverser une situation de crise financière ou un dur conflit du travail), ou bien dans le cadre de certains pans de leurs activités (conclusions de marchés étrangers, maîtrise de concurrents menaçants), des entreprises, y compris parmi les plus prospères et les plus cotées, peuvent développer des activités transgressant des normes légales. Mais ce n'est pas pour autant que l'on peut automatiquement parler de "délinquance d'affaires". En effet, le droit est un système de codage mobilisable pour nommer

---

61. Lascoumes P., « Foucault et les sciences humaines, un rapport de biais : l'exemple de la sociologie du droit », *Criminologie*, 26-1, 1993, p. 50.
62. Lascoumes P., Moreau-Capdevielle G., « Des finesses de citadins à la délinquance des sociétés commerciales : place de la justice pénale dans le contrôle de la délinquance des affaires », *Revue de science criminelle et de droit pénal comparé*, 4, 1984, pp. 707-722 ; Acosta F., « De l'événement à l'infraction : le processus de mise en forme pénale », *Déviance et société*, 11-1, 1987, pp. 1-40.
63. Lascoumes P., « Le traitement social de la délinquance économique et financière : cataplasme ou antibiotique? », *Les cahiers de la sécurité*, 36, 1999, p. 188.
64. Kellens G., Lascoumes P., « Moralisme, juridisme et sacrilège: la criminalité d'affaires », *op. cit.*, p. 130 ; Chapman D., *Sociology and the stereotype of the criminal*, Londres, Tavistock, 1968.

les situations de conflits de valeurs et d'intérêts et pour les mettre en forme en vue d'un règlement. On parlera de figure de *délinquance* lorsqu'une qualification pénale parvient à être appliquée avec succès à la situation. On parlera d'*illégalisme* quand la pratique concernée résiste ou échappe à l'application du code juridique, soit parce que cette pratique est restée sans visibilité sociale, soit parce qu'aucun acteur social (victime ou agence de contrôle) n'a su ou pu appliquer ce code en raison de la résistance de l'auteur [65] ».

Malgré bon nombre d'intuitions et de réflexions convergentes, un point de désaccord distingue toute de même la réflexion initiée par Sutherland de celle développée par Lascoumes pour comprendre les comportements transgressifs et leur régulation dans le monde des affaires. « Le radicalisme de Sutherland présente cependant certaines limites. Les infractions liées à la vie des affaires sont pour lui un dysfonctionnement social, un signe de désorganisation qui se répandrait faute de régulation adaptée [66] ». Un optimisme latent se dégagerait ainsi de l'analyse de Sutherland avec une croyance en la capacité régulatrice du droit sans bouleverser outre mesure l'ordre économique et financier en place. Or, les illégalismes d'affaires étant une composante à part entière de cet ordre particulier, multiplier de façon plus ou moins spectaculaire le nombre de règlements, augmenter les moyens de contrôle et durcir les sanctions sans pour autant modifier la situation générale est accueillie avec un certain scepticisme par Lascoumes. Cette vision est particulièrement frappante dans l'ouvrage sur *le Capitalisme clandestin*, co-écrit avec Thierry Godefroy, au sous-titre évocateur : *l'illusoire régulation des places offshore* [67]. À rebours du sens commun réduisant ces places à l'état de parasites périphériques au système financier, ils montrent comment les pratiques associées à ces « moutons noirs » de l'économie capitaliste sont désormais au cœur même du fonctionnement contemporain du commerce et de la finance internationales [68]. À ce titre, leur rôle essentiel dans la circulation actuelle des flux de capitaux transnationaux rend la réalité de leur régulation illusoire sans questionner le système de pratiques financières d'une manière structurelle.

In fine, Lascoumes défend et précise l'hypothèse de tranformation historique proposée par Michel Foucault. « Il n'y a pas eu, comme on le croit souvent, hyper-contrôle d'un côté, occultation totale de l'autre. La situation est plus complexe. S'il y a bien eu tentative générale de mise en visibilité de tous les illégalismes au XIXe siècle, celle-ci s'est faite de façon différentielle et selon des modes hétérogènes. Une différence majeure sépare la mise en visibilité des uns et des autres. Son siège est à rechercher dans la forme des instruments de

65. Lascoumes P., *Élites irrégulières : Essai sur la délinquance d'affaires*, *op. cit.*, p. 232-233.
66. Lascoumes P., « Le traitement social de la délinquance économique et financière : cataplasme ou antibiotique? », *op. cit.*, p. 189-190.
67. Godefroy T., Lascoumes P., *Le capitalisme clandestin : l'illusoire régulation des places* offshore, Paris, Éditions la Découverte, 2004.
68. Voir aussi : Chavagneux C., Murphy R. et R. Palan, *Tax Havens: How Globalization Really Works*, London, Cornell University Press, 2010.

régulation utilisés [69] ». Rapportée à la criminalité d'affaires, « l'euphémisation des conflits marquant la vie des affaires s'opère donc par un jeu différentiel de règles et de procédures de règlement qui préservent, pour l'essentiel, les intérêts de la bourgeoisie et de la petite bourgeoisie d'affaires. Si ces dernières ont toujours à craindre les réverbères, elles peuvent le plus souvent être satisfaites des lucioles et lumignons qui régulent la plupart de leurs différends. L'essentiel demeure dans l'ombre [70] ». Ces citations datent de près de trente ans et leur auteur n'a pas manqué d'insister sur l'évolution des modalités de perception de cette forme de criminalité au sein de l'opinion publique et des institutions judiciaires avec un déplacement sensible de la lumière des réverbères [71]. Les transformations ayant marqué le corps de la magistrature, ses relations avec d'autres acteurs sociaux (journalistes, etc.) et l'action des juges ont aussi contribué à la prise en charge judiciaire des illégalismes d'affaires au sortir des années 1980 et au cours des années 1990 [72]. Soutenu par des scandales à répétition, ce pic d'attention a toutefois été suivi d'une période de réduction continue des moyens octroyés aux dispositifs de contrôle spécifiques [73] ; à l'exception notable des juridictions interrégionales spécialisées (JIRS) créées en 2004 dont le domaine d'intervention couvre certes les « infractions économiques et financières » mais aussi la « criminalité organisée ». Cette tendance générale a été couplée au mouvement de fond vers la dépénalisation du droit des affaires [74]. Si ce moment d'atonie est en partie brisé à la faveur du retour cyclique des scandales dans un contexte de crise, il convient d'étudier l'opérationnalisation des réformes adoptées – comme la création en 2013-2014 d'un nouveau parquet national financier dédié à la lutte contre la délinquance financière et la fraude fiscale ainsi que d'un nouvel Office central de lutte contre la corruption et les infractions financières et fiscales – avant de questionner l'actualité des citations ci-dessus.

Un fait peut tout de même être confirmé. Les illégalismes de droits ont cessé d'être monopolisés par les groupes sociaux dominants, en raison des transformations relatives à l'interventionnisme étatique dans les pays occidentaux depuis la fin des années 1980 [75].

69. Lascoumes P., *Les affaires ou l'art de l'ombre*, *op. cit*, p. 8-9.
70. *Ibid.*, p. 255.
71. Lascoumes P., *Élites irrégulières : Essai sur la délinquance d'affaires*, *op. cit.*
72. Roussel V., *Affaires de juges. Les magistrats dans les scandales politiques en France*, Paris, Éditions La Découverte, 2002.
73. Godefroy T., « La délinquance économique et financière serait-elle en voie de disparition? », *Après-demain*, 16, 2010, pp. 31-34.
74. *Ibid.* ; Snider L., "The Sociology of Corporate Crime: An Obituary", *Theoretical Criminology*, 4-2, 2000, pp. 169-206.
75. Fischer N., Spire, A., « L'État face aux illégalismes », *op. cit.*

Une problématique foucaldienne revisitée

La sphère judiciaire au sein de l'univers bureaucratique

Depuis plusieurs années maintenant, quelques sociologues et politistes ont revisité le programme de travail associé au concept d'illégalismes à lumière de problématiques de recherche renouvelées. « Notre intention ici est de revenir sur la notion de "gestion différentielle des illégalismes" en la considérant non pas comme le privilège d'une classe sur les autres mais comme un mode de domination assuré par des agents de l'État, en particulier lorsque ceux-ci sont confrontés à des pratiques illicites qui ne visent pas les biens ou les personnes mais la transgression de lois ou de règlements. Au cours des années 1980, l'émergence d'un discours international sur les Droits de l'Homme a conduit à une reconfiguration des modalités de contrôle des États démocratiques sur les populations. Dans le contexte du tournant de la rigueur opéré aux États-Unis puis dans la plupart des pays européens, le thème de l'État de droit est opportunément venu se substituer aux objectifs d'un développement de l'État social en perte de légitimité. Des acteurs non gouvernementaux, au premier rang desquels on trouve les immigrants et les réfugiés, ont ainsi pu devenir des sujets de droit international. Parallèlement, l'intensification de la mobilité des biens comme des personnes a fortement contribué à déborder la capacité régulatrice des États-nations qui ont alors dû redéployer leurs dispositifs d'intervention, en se concentrant davantage sur la pénalisation de l'immigration irrégulière et plus généralement sur le contrôle de l'ensemble des populations pauvres. Dans la période contemporaine, les "illégalismes de droit" ne sont donc plus l'apanage des dominants : ils concernent plus généralement toutes les catégories d'individus aux prises avec l'État (étrangers en situation irrégulière, détenus, contribuables ou bénéficiaires de prestations sociales). La question de la régulation de ces illégalismes ne se conçoit plus seulement par opposition aux "illégalismes de biens", mais se pose à l'intérieur d'un espace où toutes les catégories sociales de la société sont susceptibles d'être représentées [76] ».

Ces auteurs ont contribué à amplifier un changement de perspective analytique dans l'étude empirique de la gestion des illégalismes. Au travers de l'objet de recherche « criminalité d'affaires », Pierre Lascoumes avait surtout cherché, du moins initialement, à mettre à jour « des systèmes de pouvoir idéologique et répressif sur lesquels repose la justice criminelle [77] ». Sans nier l'importance de l'institution judiciaire et de ses acteurs, Fischer et Spire ont invité à déplacer le regard sociologique « de la sphère judiciaire vers l'univers bureaucratique » en resituant l'analyse sur le travail quotidien d'agents de

76. *Ibid.*, p. 11.
77. Armand M. F., Lascoumes P., « Malaise et occultation: perceptions et pratiques du contrôle social de la délinquance d'affaires », *op. cit.*, p. 166.

l'État (autres que les magistrats) en prise directe avec des auteurs d'illégalismes. À partir de leurs travaux sur les conditions sociales d'application du droit par les fonctionnaires de terrain, la gestion des illégalismes est toujours appréhendée comme une activité relationnelle, au travers des rapports de force entre ces acteurs du contrôle social et leur « public » spécifique. Ces relations de pouvoir sont étudiées dans une grande variété de situations, qu'il s'agisse des agents de l'administration fiscale aux prises avec les stratégies d'évitement fiscal des contribuables, des gardes-frontières traitant des populations en mouvement, des douaniers gérant des flux de marchandises tout en traquant les tentatives de fraude, de contrebande et de contrefaçon ou encore des fonctionnaires municipaux faisant face aux usages du squat comme autant d'arrangements entre les règles de propriété et les droits au logement [78].

Si ces travaux montrent bien que les illégalismes de droits ne sont plus restreints à un groupe social spécifique, leurs auteurs n'en concluent pas pour autant à la disparition d'une gestion différentielle selon les enjeux de situation et de personne, loin s'en faut. Les écrits d'Alexis Spire sur l'application quotidienne du droit fiscal en France en sont une démonstration éclairante.

La gestion différentielle entre illégalismes fiscaux

Avec 15 % de ménages imposés sur le revenu jusqu'aux années 1950, les contrôles fiscaux ont d'abord pesé sur les résidents les plus aisés dans la période contemporaine. Depuis lors, la situation a radicalement changé [79]. D'un côté, la part des ménages soumis à l'impôt direct a fluctué au gré des orientations politiques pour aujourd'hui demeurer autour des 50 %. De l'autre, les réformes ayant affermi le développement de l'État providence ont paradoxalement mis la bureaucratie fiscale en contact avec l'ensemble de la population, y compris les usagers non-imposés, via la redistribution des prestations sociales. Celles-ci étant allouées sous condition de ressources, elles sont attribuées en fonction du certificat d'imposition ou de non-imposition delivré par cette administration. Au cours des quinze dernières années, les agents des finances publiques ont donc continué à collecter les taxes d'État

78. Aguilera T., « Gouverner les illégalismes. Les politiques urbaines face aux squats à Paris », *Gouvernement et action publique*, 3-3, 2012, pp. 101-124 ; Chantraine G., Salle G., « Le droit emprisonné ? Sociologie des usages sociaux du droit en prison », *Politix*, 87-3, 2009, pp. 93-107 ; Chauvin S., « En attendant les papiers. L'affiliation bridée des migrants irréguliers aux États-Unis ? », *Politix*, 87-3, pp. 47-69 ; Favarel-Garrigues G., *La police des mœurs économiques : de l'URSS à la Russie (1965-1995)*, Paris, CNRS Éditions, 2007 ; Fischer N., « Une frontière "négociée". L'assistance juridique associative aux étrangers placés en rétention administrative », *Politix*, 87-3, 2009, pp. 71-92 ; Heyman J., « Risque et confiance dans le contrôle des frontières américaines », *Politix*, 87-3, pp. 21-46 ; Moreau de Bellaing C., « Violences illégitimes et publicité de l'action policière », *Politix*, 87-3, 2009, pp. 119-141 ; Spire A., *Faibles et puissants face à l'impôt*, Paris, Éditions Raisons d'agir, 2012 ; « La domestication de l'impôt par les classes dominantes », *Actes de la recherche en sciences sociales*, 190, 2011, pp. 58-71 ; « Échapper à l'impôt ? La gestion différentielle des illégalismes fiscaux », *Politix*, 87-3, 2009, pp. 143-165.
79. Spire A., *Faibles et puissants face à l'impôt*, *op. cit.*

tout en participant à cette redistribution des prestations sociales, notamment en direction des ménages non-imposables [80]. Ainsi, l'administration fiscale s'est retrouvée à occuper une position centrale au sein du dispositif de contrôle des bénéficiaires de telles prestations.

Toutes les catégories sociales sont dès lors confrontées, à des degrés divers, aux règles de la bureaucratie fiscale. À ce titre, une écrasante majorité, si ce n'est la totalité des ménages, se trouve *de facto* en situation de pratiquer des formes d'illégalismes de droits touchant à la fiscalité. En principe, toutes les transgressions fiscales sont contrôlées, traitées et sanctionnées de manière égalitaire. En pratique, Spire souligne l'absence d'uniformité dans les conditions sociales d'application du droit fiscal et dévoile par là-même un mode de (re)production d'inégalités devant l'impôt. Pour rendre compte de cette gestion différentielle des illégalismes fiscaux au sein des centres d'impôts, il a mené des entretiens auprès d'agents du fisc et observé leurs interactions avec des usagers venant plaider leur cause. Loin d'un prétendu complot ourdi au plus haut niveau de l'État et partagé secrètement par ses agents, Spire ambitionne plutôt de résoudre l'énigme suivante : « comment une institution composée d'agents soucieux d'œuvrer pour l'intérêt général et le bien commun peut-elle (re)produire autant d'inégalités ? [81] ». En effet, les face-à-face orchestrés entre ces agents et « leur » public laissent entrevoir des réactions différenciées selon les catégories d'impôts et de contribuables concernées avec des inégalités pour partie liées aux modalités de contrôle et aux injonctions hiérarchiques en vigueur.

Premièrement, l'informatisation du contrôle fiscal dans les années 1990 a contribué à accentuer les différences de traitement entre illégalismes fiscaux. Ce processus a accru les capacités de vérification des déclarations de ressources – relatives à certains types de prélèvements et de revenus – pouvant être recoupées avec des données d'ores et déjà communiquées par des employeurs ou des caisses de paiement (celles des pensions de retraites ou des *minima* sociaux, par exemple). Dans ces cas, les agents de l'administration fiscale, assis derrière leur ordinateur, sont en mesure de comparer les revenus déclarés avec les montants officiellement versés par les organismes-payeurs [82]. En revanche, ces ressources informatiques sont bien moins efficaces pour contrôler les revenus des non-salariés tels que les entreprises, les professions libérales et les travailleurs indépendants disposant d'une capacité accrue de dissimulation. Repérer les transgressions fiscales parmi les contribuables les plus aisés est également une tâche ardue puisque les déclarations des ménages assujettis à l'impôt de solidarité sur la fortune ne peuvent être recoupées avec d'autres données. Dans cette situation d'auto-déclaration, l'agent de contrôle est largement tributaire des informations transmises par le contribuable. Alors

---

80. *Ibid.*
81. *Ibid.*, p. 9.
82. *Ibid.*

que l'absence de correspondance entre revenu déclaré et revenu imposable est relativement aisée à détecter dans certains cas et pour certains contribuables, les transgressions propres à d'autres prélèvements offrent bien plus de résistances au repérage social, et davantage d'opportunités pour jouer avec les marges du droit et abuser du système fiscal.

L'émergence du débat politique sur la « fraude sociale » à partir du milieu des années 1990 a eu pour effet d'étendre cette surveillance informatisée aux groupes sociaux non-imposables. La multiplication des échanges d'informations entre les services fiscaux et l'assurance-maladie, Pôle emploi ou encore les caisses d'allocations familiales est venue renforcer les efforts déployés à l'encontre des fraudes aux prestations sociales. Par exemple, le croisement des bases de données permet de comparer les informations dont dispose l'administration fiscale avec les données reçues au sein des antennes de Pôle emploi. Si, dans sa déclaration trimestrielle obligatoire, un allocataire du revenu de solidarité active (RSA) certifie avoir été sans ressources lors des trois derniers mois alors qu'il a bien été remuneré sous forme de salaires durant la période écoulée, l'agent du Pôle emploi sera armé pour repérer la fraude. En revanche, les ménages redevables de l'ISF ne font pas l'objet d'un tel suivi puisque les demandes d'interconnexion d'autres fichiers potentiellement pertinents (du cadastre, des assujettis à la taxe d'habitation, etc.) sont restées lettre morte [83].

Deuxièmement, les directives internes adressées aux agents de l'administration fiscale les ont fortement orientés vers des logiques de négociation et de régularisation plutôt que vers des procédures contentieuses dont la durée et les chances de succès demeurent aléatoires [84]. Ici, l'expression de « gestion différentielle » est particulièrement pertinente dans la mesure où les agents de l'État sont incités à varier leur répertoire d'actions avec une priorité donnée aux instances de conciliation au nom d'un pragmatisme prenant le pas sur le légalisme [85]. La place accordée à ces espaces de négociation et au discernement des agents bénéficie très souvent aux contribuables disposant des ressources suffisantes pour faire appel aux services de conseillers spécialisés afin de gérer au mieux l'interaction avec un représentant de l'administration fiscale. Les membres des classes moyennes et populaires ne disposent pas des capitaux permettant d'accéder à ce savoir-expert pour se familiariser avec les subtilités du droit fiscal et ses 4 000 articles. Ils dépendent davantage des cellules d'informations du fisc que des avocats fiscalistes pour obtenir de l'aide dans ce domaine. Et si les fonctionnaires peuvent bien évidemment répondre aux demandes des ménages modestes, ils restent quand même, en dernière instance, juges et parties dans l'évaluation des requêtes formulées par ces contribuables. Spire montre comment les inégalités de ressources placent les usagers contribuables dans des positions différentes pour rester du côté de la légalité

83. *Ibid.*
84. Spire A., « Échapper à l'impôt ? La gestion différentielle des illégalismes fiscaux », *op. cit.*
85. *Ibid.*

et trouver l'équilibre entre « dissimulation tolérée » et « maquillage frauduleux » [86].

Les variations dans les modes de contrôle, la technicité de la matière fiscale, la place accordée aux procédures de négociation, les évolutions législatives, les injonctions hiérarchiques et la façon dont elles sont mobilisées par les « *street level bureaucrats* » sont autant d'éléments traduisant et reproduisant les inégalités statutaires entre les citoyens. « L'approche sociologique des inégalités devant l'impôt incite donc à distinguer les illégalismes populaires qui consistent à transgresser explicitement la loi en s'exposant au contrôle de l'administration et les illégalismes plus répandus chez les dominants, qui consistent à utiliser les failles du droit en affichant "sa bonne foi" [87] ». Ainsi décrite, la gestion des illégalimes fiscaux apparaît sous les traits d'« un régime complexe de dispositifs dérogatoires et de traitement différentiels » qui remet en cause le principe d'égalité de traitement entre usagers devant une administration publique [88]. « Tout comme dans le cas de l'école, la force de ce mécanisme [de (re)production d'inégalités sociales] est de parvenir à se développer en grande partie à l'insu des agents qui le mettent en œuvre [89] ».

Une autre dynamique est à l'œuvre dans les usages des instruments de régulation « anti-blanchiment » avec la gestion d'une multitude d'illégalismes de biens et de droits, y compris fiscaux, couverts par le dispositif de lutte contre l'argent sale. En effet, l'inclusion récente de la fraude fiscale au sein de ce dispositif signifie qu'un même instrument de régulation est officiellement mobilisable pour cibler toutes les formes de flux financiers illicites, quels que soient les enjeux de personne et de situation. Malgré cette indifférenciation inscrite dans la loi, les conditions sociales d'interprétation et d'appropriation de cet instrument tendent à maintenir une gestion différentielle des illégalismes fiscaux.

Illégalismes de biens, illégalismes de droits et argent sale

Un instrument de régulation contre toutes les formes de délinquance financière?

Hier limitées aux produits des trafics de stupéfiants, les normes de référence contre le blanchiment d'argent et les prérogatives allouées aux cellules nationales de renseignement financier sont aujourd'hui présentées comme le cadre privilégié pour surveiller et punir toutes les formes de « délinquance financière [90] ». En France, la prise en compte de la fraude fiscale au sein de ce

86. Spire A., *Faibles et puissants face à l'impôt*, *op. cit.*
87. *Ibid.*, p. 12.
88. Spire A., « Échapper à l'impôt ? La gestion différentielle des illégalismes fiscaux », *op. cit.*
89. Spire A., *Faibles et puissants face à l'impôt*, *op. cit.*, p. 13.
90. Mobilisée sous l'égide la Commission européenne, la notion criminologique de délinquance financière y recouvre les enjeux de blanchiment de capitaux et de financement du terrorisme :

dispositif illustre parfaitement cette narration officielle portée par le directeur de la cellule de renseignement financier, Tracfin. « Le dispositif, qui a conduit, sous l'égide du Gafi [Groupe d'action financière], à la création des cellules de renseignement financier, a toujours su montrer son efficacité et sa flexibilité : initialement conçu pour la seule lutte contre le financement du trafic de drogue, il a progressivement été élargi au combat contre toutes les formes de flux financiers illicites, ainsi que contre le financement du terrorisme. La crise économique et financière qui sévit depuis plusieurs années amène à une réflexion nouvelle sur le nécessaire renforcement des instruments de régulation dans le domaine financier et il est probable que cette réflexion conduira à conférer un rôle renforcé à ces structures originales dont la fonction de surveillance des flux financiers s'est imposée comme un corollaire indispensable à leur libéralisation [91] ».

Blanchiment de tous crimes ou délits ; travail dissimulé ; travail illégal ; abus de confiance ; abus de biens sociaux ; escroquerie ; escroquerie en bande organisée ; exercice illégal de la profession de banquier ; abus de faiblesse ; infractions fiscales (fraude, déclaration absente ou fausse, organisation frauduleuse d'insolvabilité) ; recel ; détournement de fonds ; faux et usage de faux ; proxénétisme ; banqueroute ; vol ; infraction à la législation des stupéfiants ; corruption ; infractions douanières ; contrefaçon ; corruption d'agent public étranger ; trafic d'influence ; vol en bande organisée ; financement du terrorisme ; association de malfaiteur ; exploitation illicite de cercle de jeux ; concussion ; perception ou exonération indue de sommes par une personne exerçant une fonction publique. Sous ses airs d'inventaire à la Prévert, cette liste recense l'ensemble des infractions sur lesquelles ont récemment enquêté les agents de Tracfin en raison de soupçons de blanchiment de capitaux ou de financement du terrorisme [92]. Elle balaie un large spectre de conduites, avec des illégalismes de biens tels que le vol et des illégalismes de droits tels que la fraude fiscale. En sus du financement d'actes terroristes et des agissements visant à déguiser l'origine de capitaux issus d'activités criminelles, la lutte contre l'argent sale tend donc à recouvrir la dissimulation de l'existence ou de la nature de revenus généralement obtenus légalement mais illégalement soustraits aux règles d'imposition. « On considère qu'une infraction de blanchiment de capitaux (article 1er, point 2) est commise lorsque le blanchiment porte sur les produits d'une "activité criminelle" sous-jacente. [...] Les nouvelles normes du Gafi considèrent les "infractions fiscales pénales" (liées aux impôts directs et indirects) comme des infractions sous-jacentes [93] ». Avec cette entrée dans le périmètre de l'anti-blanchiment, la fraude fiscale est deve-

---

http://ec.europa.eu/internal_market/company/financial-crime/index_en.htm

91. Tracfin, *Rapport annuel 2011*, Paris, 2012, p. 3.
92. *Ibid.*
93. Commission européenne, *Rapport de la Commission européenne au Parlement européen et au Conseil concernant concernant l'application de la directive 2005/60/CE du Parlement européen et du Conseil relative à la prévention de l'utilisation du système financier aux fins du blanchiment de capitaux et du financement du terrorisme*, Bruxelles, 2012, p. 4.

nue synonyme d'argent sale. En considérant que l'objectif du blanchiment, en tant qu'opération incriminée, est précisément de faire ressortir de l'argent « propre » du circuit, c'est effectivement partir du principe qu'au départ, l'argent est bel et bien entaché, qu'il est sale.

« L'Union européenne est à la pointe des efforts déployés au niveau international pour combattre le blanchiment des produits du crime. Les flux d'argent sale peuvent fragiliser la stabilité du secteur financier et ternir sa réputation, tandis que le terrorisme ébranle les fondements mêmes de notre société [94] ». Mobilisée dans les textes européens et internationaux en la matière, l'expression stigmatisante d'argent sale et ce qu'elle recouvre officiellement n'ont rien d'évident, d'objectif ni de figé. Le contenant comme le contenu renvoient à un processus continu de construction et de redéfinition de certaines frontières sociales par les parties intéressées [95]. Du « terrorisme » à la « fraude fiscale », le dégradé d'illégalismes couvert par la notion d'argent sale et donc par le dispositif de surveillance et de renseignement financier est aujourd'hui d'une ampleur sans précédent. Si le directeur de Tracfin peut désormais arguer que sa cellule est au cœur d'un « combat contre toutes les formes de flux financiers illicites », c'est au regard de ce champ d'application inédit. Discutée au sein de l'Union européenne avec le projet de 4e directive anti-blanchiment élaboré en 2012-13 mais déjà actée en France depuis fin 2009, la prise en compte de la fraude fiscale s'ajoute à toute une gamme de pratiques illégales d'acquisition et/ou de rétention de capitaux. Aussi bien l'origine que la destination des fonds peuvent servir à qualifier leur « saleté » et permettre d'engager des poursuites pénales à la suite de leur repérage.

Cette inclusion des questions fiscales entre plus largement en résonnance avec la crise financière internationale ayant engendré dès 2008, 2009 de nombreuses discussions, dans les *fora* internationaux type G7/8, Gafi et G20, autour de la stabilité du système financier. Au regard de la situation économique, les appels à renforcer la régulation se sont multipliés, notamment à l'approche des réunions du G20 qui s'est alors imposé, médiatiquement si ce n'est diplomatiquement, comme « l'instance principale de concertation économique internationale [96] ». Dans ce cadre, le « Conseil européen de prin-

---

94. Commission européenne, *Communiqué de presse. Lutte contre le blanchiment de capitaux: des règles renforcées pour contrer les nouvelles menaces*, Bruxelles, 2013, p. 1.
95. Peebles G., "Filth and lucre: the dirty money complex as a taxation regime", *Anthropological Quarterly*, 85-4, 2012, pp. 1229-1256.
96. Etabli en 1999 après le sommet de Cologne du G7 et en réponse à la crise asiatique de 1997, le G20 vise officiellement à regrouper les « grandes économies avancées » et les « économies émergentes » afin d'évoquer les questions relatives à la stabilité financière internationale. Il se compose des pays membres du G7, de l'Union européenne (via la présidence du Conseil et la Banque centrale européenne), de l'Afrique du Sud, de l'Arabie Saoudite, de l'Argentine, de l'Australie, du Brésil, de la Chine, de la Corée du Sud, de l'Inde, de l'Indonésie, du Mexique, de la Russie et de la Turquie. Cf. Sgard, J., « Le G20 et la régulation financière », in Postel-Vinay K. (ed.), *Le G20, quoi, qui, comment ?*, Dossier du CERI, 2010. Disponible sur : http://www.ceri-sciencespo.com/cerifr/kiosque.php

temps » 2009 (19-20 mars) avait justement été l'occasion, pour les chefs d'État et de gouvernement de l'UE, d'adopter une position commune en vue du sommet du G20 prévu à Londres dix jours plus tard. Dans ce contexte de crise, ils avaient invité à « combattre avec détermination la fraude fiscale, la criminalité financière, le blanchiment d'argent et le financement du terrorisme [...] ainsi que toute menace à la stabilité financière et à l'intégrité du marché [97] ».

D'un dispositif ciblant initialement une catégorie d'infracteurs relativement circonscrite (trafiquants de drogue et blanchisseurs des produits de ce type de trafic), l'anti-blanchiment est maintenant promu pour identifier et sanctionner toutes les personnes physiques ou morales, des « plus faibles aux plus puissantes », associées à des flux financiers illicites. À la faveur de ce décloisonnement de la lutte contre l'argent sale, nous aurions affaire à un instrument de régulation pouvant être mobilisé de manière indifférenciée pour gérer les illégalismes d'organisations à vocation criminelle, d'entreprises, d'hommes politiques et *in fine* de n'importe quel citoyen. La qualification de la fraude fiscale en infraction sous-jacente de blanchiment mettrait *de facto* un terme à toute forme de tolérance à l'égard de certaines transgressions commises par des acteurs économiques ou politiques bien plus légitimes socialement que des « barons de la drogue », des « trafiquants d'êtres humains » ou des « terroristes ». C'est justement cette assertion que nous prenons ici au sérieux en revenant brièvement sur sa traduction concrète, concernant les illégalismes fiscaux, avant de nous attarder sur deux cas spécifiques.

La gestion différentielle des illégalismes fiscaux

En France, l'inclusion des questions fiscales au sein du dispositif anti-blanchiment ne s'est pas faite sans heurts. Effective depuis 2009, cette inclusion découle d'une directive européenne de 2005 dont la transposition nationale a ouvert un jeu d'interactions et d'intenses tractations [98]. Les représentants des institutions bancaires ont fustigé la direction donnée à la lutte contre l'argent sale avec l'entrée de la fraude fiscale dans ce domaine. « En France, contrairement à la plupart des autres pays européens, cela s'appliquera à tous les délits économiques et financiers et notamment à toute la fraude fiscale, à moins que la législation nationale ne soit adaptée. Sans distinction entre la criminalité organisée et une forme d'incivisme fiscal, cette disposition risque d'entraîner une paralysie de Tracfin, du fait du nombre considérable de déclarations de soupçons qui devraient affluer. Cela risque en outre d'aboutir à une mise en fiches de milliers de personnes. La FBF [Fédération bancaire fran-

97. House of Lords, European Union Committee, *19th Report of Session 2008-09: Money laundering and the financing of terrorism. Volume I : Report*, London, 2009, pp. 44-45.
98. Cette section résume à grands traits des éléments développés dans Amicelle A., « Gestion différentielle des illégalismes économiques et financiers », *Champ pénal/Penal Field* [En ligne], vol. 10, 2013.

çaise] demande aux pouvoirs publics une solution pragmatique afin que les banques puissent continuer à lutter efficacement contre le blanchiment, dans un cadre juridique clarifié [99] ». Présenté comme une forme d'incivisme via cet exercice d'euphémisation à peine voilé, l'ensemble « fraude fiscale » renvoie ici à « des erreurs, pas des fautes [100] ».

Les positions exprimées par les représentants du ministère des Finances, en charge du dossier, consistaient aussi à rappeler que ce n'était pas la finalité de Tracfin d'être accaparé par les questions fiscales. Des « plans de secours » ont été échafaudés et la discussion a battu son plein lors des consultations menées sur le projet de transposition de la directive européenne. L'approche consistant à faire éclater la définition existante de la fraude fiscale a été sérieusement envisagée [101]. Il s'agissait de distinguer par exemple une « fraude fiscale aggravée » d'une « fraude fiscale simple », de façon à ce que la deuxième échappe à la régulation anti-blanchiment et aux signalements à Tracfin auxquels sont astreints les acteurs bancaires en cas de soupçon d'argent sale.

La transposition n'a pas été dans le sens d'un éclatement du délit de fraude fiscale mais contrairement aux autres infractions sous-jacentes de blanchiment, le soupçon ne suffit pas dans ce cas pour transmettre une déclaration d'opération suspecte à Tracfin. Concrètement, en plus de savoir, de soupçonner ou d'avoir de bonnes raisons de soupçonner que des capitaux seraient associés à une infraction fiscale, il faut que celle-ci corresponde à un des seize critères constitutifs de la présence d'un blanchiment de fraude fiscale ; une liste de critères établie par un décret spécifique du Premier ministre François Fillon. L'introduction de ces critères a été justifiée à l'aune de la complexité de la fraude fiscale afin d'aider les acteurs de première ligne à aiguiller leur vigilance à l'aide d'indicateurs. Cependant, elle a aussi pour effet de limiter les signalements pour fraude fiscale aux seules opérations répondant à au moins un des critères définis, ce qui revient mécaniquement à exclure du champ déclaratif celles pour lesquelles aucune correspondance formelle n'est relevée avec un de ces indicateurs.

In fine, la façon dont cette transposition de la directive européenne est réalisée abonde dans le sens d'une différenciation entre deux types d'illégalismes fiscaux selon une échelle de gravité aux contours imprécis. Porteuse d'ambiguïté et d'incertitude, la liste des seize critères a fait l'objet d'un travail d'interprétation, auquel se sont prêtées les parties prenantes à la mise en œuvre, aussi bien les représentants de Tracfin que ceux des institutions financières et des autres secteurs concernés. Il fallait clarifier la limite floue entre, d'un côté, les illégalismes fiscaux à signaler à la cellule de renseignement finan-

99. FBF, *Rapport annuel*, Paris, 2007, p. 39.
100. Lascoumes P., « *Des erreurs, pas des fautes* », Paris, Cesdip, 1986.
101. Favarel-Garrigues G., Godefroy T. et P. Lascoumes, *Les sentinelles de l'argent sale : les banques aux prises avec l'anti-blanchiment*, Paris, La Découverte, 2009.

cier, et de l'autre, ceux hors de portée du dispositif anti-blanchiment. Cette opération d'interprétation s'est cristallisée autour de l'invention-importation de la notion de « fraude fiscale grave et organisée » pour donner sens au décret ministériel. N'apparaissant ni dans ce décret, ni dans d'autres documents officiels et n'ayant aucune valeur juridique en France, cette notion s'est pourtant imposée comme un repère partagé pour qualifier les situations fiscales rencontrées afin de justifier de la nécessité ou non de les dénoncer. Cette référence est retenue par les acteurs bancaires et les fonctionnaires de Tracfin répétant à l'envi que « concernant la problématique actuelle sur la notion de la fraude fiscale que rencontrent les professionnels, Tracfin insiste sur la notion de fraude fiscale "grave et organisée" [102] ». Ainsi, l'ensemble de la fraude fiscale est théoriquement couvert par la régulation anti-blanchiment mais une partie en est concrètement préservée par le caractère sélectif du contrôle établi, des dénonciations transmises en fonction des réglementations officielles et de la manière dont elles sont interprétées.

En consacrant par la pratique une nouvelle différenciation, Tracfin et ses informateurs officialisent le fait que la fraude fiscale « ordinaire » échappe à l'application de la directive anti-blanchiment. Au-delà des routines organisationnelles et des représentations conduisant à associer anti-blanchiment et répression de la « criminalité organisée », cette marge d'illégalismes tolérés reflète aussi la situation de Tracfin aux prises avec des impératifs pragmatiques prenant le pas sur les impératifs légaux. L'inquiétude de voir ce service submergé par un afflux de déclarations impossible à traiter a joué à plein, tout comme la volonté de ne pas entamer la relation de confiance tissée avec les milieux financiers.

Au regard de ce nouveau dégradé des illégalismes fiscaux, reste cependant à savoir où s'arrête précisément la fraude fiscale « ordinaire » et où commence la fraude fiscale « grave et organisée », pour essayer de comprendre le sort désormais réservé à la criminalité en col blanc. C'est dans ce cadre que les premières mises en examen pour blanchiment de fraude fiscale ont été prononcées ces derniers mois, dont certaines visant bien des personnalités économiques et politiques. Sans tomber dans une surinterprétation du peu de cas à notre disposition, il s'agit simplement de formuler quelques remarques exploratoires à partir de deux affaires judiciaires en cours de traitement et présentées comme le symbole de ce nouveau recours à l'anti-blanchiment contre les illégalismes fiscaux des « col-blancs », soit les dossiers Cahuzac et Lamblin.

102. Propos de Jean-Pierre Gautier (Tracfin) lors de sa communication intitulée « Le nouveau contexte d'obligations déclaratives pour les organismes financiers » à la « 9e conférence internationale : Lutte anti-blanchiment, lutte contre la criminalité financière », 24-25 juin 2010.

Le scandale Cahuzac

Le 2 avril 2013, 15 jours après avoir quitté ses fonctions ministérielles à la suite de l'ouverture d'une information judiciaire contre X pour blanchiment et fraude fiscale par le parquet de Paris, Jérôme Cahuzac reconnaît avoir détenu un compte bancaire à l'étranger, non-déclaré au fisc français [103]. Selon le principal intéressé secondé de son avocat, ce compte, domicilié en Suisse pendant plus de vingt ans avant d'être transféré en 2009 à Singapour, a été abondé à hauteur de 600 000 euros. Ce montant est alors associé à son activité professionnelle de chirurgien esthétique et à ses services ponctuels de consultant auprès de compagnies pharmaceutiques au début des années 1990. À cet égard, les faits qui lui sont reprochés correspondent assez bien à l'expression de criminalité en col blanc définie par Sutherland, soit des actes commis par des individus de statut social élevé en rapport avec leurs activités économiques et professionnelles. Au regard de son métier principal et de la fonction de conseiller en cabinet ministériel qu'il a occupé au ministère de la Santé entre 1988 et 1991, ses honoraires de consultant lui valent d'être poursuivi pour « blanchiment de perception par un membre d'une profession médicale d'avantages procurés par une entreprise dont les services ou les produits sont pris en charge par la sécurité sociale [104] ». Toujours en date du 2 avril, l'ancien ministre du Budget est aussi mis en examen pour blanchiment de fraude fiscale.

Ses confessions agrémentées de poursuites judiciaires ponctuent près de quatre mois de dénégations et de réactions publiques contradictoires au sujet de l'existence même du compte bancaire suisse. En effet, le premier article de presse à ce propos est publié le 4 décembre 2012 par le journaliste Fabrice Arfi dans les colonnes du quotidien en ligne Mediapart [105]. Si cette révélation suscite immédiatement une réaction collective, elle initie moins un « scandale » qu'une « affaire Cahuzac » dans la mesure où les sources d'indignation sont loin d'être unanimement partagées [106]. L'espace médiatique est grossièrement divisé en deux camps audibles, l'un accusant Cahuzac, l'autre accusant ses accusateurs en critiquant le manque d'éléments tangibles fournis pour étayer les allégations portées à l'encontre du ministre du Budget [107]. Parmi ses sources, en complément d'un enregistrement sonore transmis par un tiers, le journaliste de Mediapart s'appuie notamment sur un mémoire rédigé en 2008 par un agent du fisc, aujourd'hui à la retraite, ayant alors consulté sans autorisation le dossier fiscal de Jérôme Cahuzac. Cet élément ajoute à la controverse et au durcissement des positions avec des acteurs saluant le travail obstiné d'un

103. Laurent S., « Si vous n'avez rien suivi de l'affaire Cahuzac », *Le Monde*, avril 2013.
104. Piel S., « Jérôme Cahuzac encourt cinq ans de prison », *Le Monde*, avril 2013.
105. Arfi F., « Le compte en Suisse du ministre du budget », *Mediapart*, décembre 2012.
106. Pour plus de précisions sur les usages sociologiques des notions d'affaire et de scandale, voir Boltanski L., Claverie E., Offenstadt N. et S. Van Damme (eds.), *Affaires, scandales et grandes causes : De Socrate à Pinochet*, Paris, Stock, 2007.
107. Cazi E., Chemin A., « Et Mediapart passa des critiques aux louanges », *Le Monde*, mars 2013.

agent de terrain entravé par sa direction quand d'autres dénoncent une intervention abusive d'un fonctionnaire de l'État motivée par des rancœurs personnelles [108]. Structuré autour d'une série d'arguments normatifs opposés, un antagonisme plus ou moins radical s'installe ainsi pendant plusieurs mois entre journalistes, professionnels de la politique et citoyens, l'homme d'État endossant à tour de rôle les traits du coupable et de la victime.

Finalement, l'accumulation d'indices concordants, ayant mené à des aveux largement relayés, redéfinit sensiblement les contours d'une affaire désormais re-transformée en scandale avec un retournement unanime contre l'« ancien inspecteur en chef des impôts ». Si une sociologie de cette controverse et de ses effets reste à mener, le rappel de ces quelques éléments de contexte suffit à souligner un fait saillant pour notre analyse : la réaction sociale contre ce cas présumé de blanchiment de fraude fiscale n'a pas été initiée par les professionnels de la surveillance et du renseignement financier impliqués dans la mobilisation nationale, européenne et internationale contre l'argent sale. Les instruments de régulation anti-blanchiment ont certes été utilisés pour poursuivre en justice l'ancien membre du gouvernement mais ils n'ont aucunement servi, dans ce cas précis, à détecter les fonds et les opérations en cause. « Ce sont, une fois encore, des révélations privées relayées par les médias qui ont fait office de gendarme [109] ». C'est également le cas pour les récentes accusations de blanchiment et de fraude fiscale portées dans plusieurs pays européens contre HSBC Private Bank – une personne morale cette fois-ci – sur la base des fichiers internes dévoilés en 2008 par un ancien informaticien de la banque, Hervé Falciani.

Ce premier exemple « Cahuzac » gagne à être confronté à une autre procédure judiciaire ayant également connu un certain retentissement médiatique, à un degré bien moindre cependant, laquelle découle cette fois-ci directement d'investigations policières comprenant un volet anti-blanchiment.

Plus propre que l'argent sale ?

En octobre 2012, Florence Lamblin, alors ajointe au maire du 13e arrondissement de Paris, est mise en examen pour blanchiment en bande organisée et association de malfaiteurs. Elle figure parmi les 17 individus interpellés en France dans le cadre d'une enquête criminelle ayant établi un lien original entre la plus ancienne infraction sous-jacente de blanchiment d'argent, le trafic de drogue, et la plus récente, la fraude fiscale [110]. Huit mois plus tôt, des

108. Jarrassé J., De Charrette L., « Entre Cahuzac et l'agent du fisc, un vieux conflit », *Le Figaro*, décembre 2012 ; Mathiot C., « L'étonnante histoire de "Columbo" et Cahuzac », *Libération*, décembre 2012.

109. Lascoumes P., « Contre l'argent illicite, non aux lois de panique », *Mediapart*, 2013, p. 1.

110. AFP, « Blanchiment d'argent de la drogue : une élue parisienne EELV parmi les 17 interpellés », AFP, octobre 2012 ; AFP, « Blanchiment: un système parfaitement rodé, des "cols blancs" peu scrupuleux », AFP, octobre 2012.

agents de l'Office central pour la répression du trafic illicite de stupéfiants (OCRTIS) ont effectué des filatures et mis sur écoute plusieurs personnes actives dans l'importation et la revente de cannabis entre le Maroc et la capitale française. Ils ont ensuite lancé une opération conjointe avec leurs homologues de l'Office central pour la répression de la grande délinquance financière (OCRGDF) afin d'enquêter sur les pratiques de blanchiment des capitaux issus de ce trafic [111]. Ils découvrent alors l'existence d'un système de compensation impliquant aussi bien les trafiquants sous surveillance que des « cols blancs » selon l'expression maintes fois reprises dans les médias pour faire référence à l'élue municipale et à d'autres personnes mises en cause [112].

Selon les sources policières et judiciaires relayées par voie de presse, les trafiquants suivis s'ingéniaient à recycler les produits de leur activité lucrative afin d'en dissimuler l'origine illégale pour éviter la détection et la confiscation de ces fonds. Pour ce faire, la majeure partie de l'argent liquide circulait par le biais d'intermédiaires et *in fine* d'un collecteur de fonds, basé à Paris, alimentant un système de compensation établi entre la France et la Suisse pour empêcher de retracer certaines opérations financières [113]. Hormis ce collecteur de fonds, le système aurait principalement fonctionné à l'aide de deux financiers genevois, l'un officiant comme administrateur délégué d'une société de gestion de fortune (GPF S.A.) et l'autre étant employé chez HSBC Private Bank qui rabattait les clients en mal d'évasion fiscale et avec qui GPF S.A., tout du moins son directeur, disposait de comptes bancaires, dont un à Londres [114]. Dans le cadre de ses fonctions, cet administrateur délégué avait notamment affaire à des citoyens français titulaires de comptes non-déclarés. Désireux de rapatrier leurs avoirs sans attirer l'attention des autorités, l'administration fiscale ou Tracfin, ceux-ci souhaitaient y parvenir sans recourir à des virements électroniques potentiellement suspects ou au transport risqué de valises de billets entre Genève et Paris [115]. Ils récupéraient alors leurs capitaux à l'aide du mécanisme par lequel aurait également convergé l'argent issu du trafic de cannabis via un principe de vases communicants [116].

Détentrice de 350 000 euros sur un compte en Suisse qu'elle souhaite récupérer sans être imposée, Florence Lamblin est mise en contact avec le gérant de GPF S.A. afin de pouvoir disposer de ses fonds en toute discrétion. Le partenaire de ce dernier (le « collecteur de fonds ») remet alors le montant corres-

111. *Ibid.*
112. À titre d'exemple: « L'élue n'est pas le seul "col blanc" du dossier à avoir bénéficié de remises d'argent en espèces. Un marchand d'art, un avocat de l'avenue Montaigne, des dirigeants d'entreprise, un dentiste... ». Mallevoüe F., « Blanchiment d'argent : ce qu'on reproche à l'élue », *Le Figaro*, octobre 2012.
113. Baudet P., « Blanchiment: par où passe l'argent de la drogue », *Ouest France*, octobre 2012 ; Bordenave Y., « Sept notables, trois frères et l'argent de la drogue », *Le Monde*, octobre 2012.
114. Mansour F., « La chute brutale de deux financiers genevois », *Le Temps*, octobre 2012 ; Favre A., « Blanchiment : la place financière surprise et préoccupée », *Le Temps*, octobre 2012.
115. *Ibid.*
116. Mansour F., « Des blanchisseurs au sort presque scellé », *Le Temps*, janvier 2013.

pondant à cette nouvelle cliente et ce, sans aucun mouvement transfrontalier ni lien apparent avec le compte bancaire helvétique [117]. Autrement dit, Florence Lamblin a concrètement obtenu la somme demandée sous forme d'espèces préalablement collectées à Paris. Plus précisément, et c'est l'objet des poursuites engagées à son égard, elle est accusée d'avoir perçu via cette opération de l'argent directement issu du trafic de cannabis sous investigation et d'avoir ainsi contribué au blanchiment de ces capitaux [118]. En effet, son compte non-déclaré a ensuite été débité d'une valeur équivalente via une série de montages financiers maîtrisés par le directeur de GPF S.A., à la faveur du compte londonien chez HSBC, afin d'être reversé en bout de chaîne aux véritables propriétaires des billets de banque livrés à l'élue municipale [119]. Les gestionnaires du système de compensation ont facturé leurs services d'intermédiation en prélevant une commission sur les opérations réalisées [120].

Le dossier judiciaire porte ainsi sur un système de pratiques faisant converger deux démarches frauduleuses, « d'une part évacuer le cash des trafiquants et d'autre part permettre à des délinquants financiers de prendre possession de sommes qu'ils ont escamotées [121] ». Ces deux démarches, dont celle motivée par des considérations strictement fiscales, ont été mises à jour par une équipe d'enquêteurs spécialisés sur les flux financiers illicites. Contrairement au scandale Cahuzac, la mise en examen de Florence Lamblin et d'autres « cols blancs » parisiens résulte bien d'une investigation ayant mobilisé en amont les instruments de régulation anti-blanchiment. Néanmoins, la détection des illégalismes fiscaux n'est que le résultat collatéral d'une enquête ciblant d'abord un trafic de stupéfiants. Alors qu'il fonctionnait depuis plusieurs années au bénéfice d'évadés fiscaux, le système de compensation a finalement été repéré et ciblé parce qu'il contribuait à blanchir de l'« argent de la drogue » [122].

« Cette affaire, d'une ampleur particulière, n'aurait sans doute jamais vu le jour sans les filatures opérées par les policiers français spécialisés dans la répression des stupéfiants. L'observation des « go fast », puis des revendeurs et des collecteurs de fonds, a conduit les enquêteurs sur la piste du compte londonien. Une commission rogatoire plus tard, le lien était fait avec la société financière de la cité de Calvin [123] ». La découverte d'un système organisé de blanchiment de fraude fiscale au profit d'acteurs économiques et politiques

117. *Ibid.* ; Mallevoüe F., « Blanchiment d'argent : ce qu'on reproche à l'élue », *op. cit.*

118. Bordenave Y., « Florence Lamblin n'as pas "pensé que c'était de l'argent sale" », *Le Monde*, octobre 2012.

119. *Ibid.* ; Frammery C., « Une affaire de blanchiment très française et très suisse », *Le Temps*, octobre 2012 ; Mansour F., « Des blanchisseurs au sort presque scellé », *Le Temps*, janvier 2013.

120. Bordenave Y., « Florence Lamblin n'as pas "pensé que c'était de l'argent sale" », *op. cit.*

121. Bordenave Y., « Sept notables, trois frères et l'argent de la drogue », *Le Monde*, octobre 2012.

122. Bordenave Y., « Blanchiment : le chaînon manquant entre financiers et trafiquants arrêté », *Le Monde*, janvier 2013.

123. Mansour F., « La chute brutale de deux financiers genevois », *Le Temps*, octobre 2012.

légitimes est une conséquence inattendue de l'opération policière mise sur pied pour filer des vendeurs de cannabis et suivre leur argent à la trace. Selon un porte-parole des services d'enquête, « le rôle du collecteur central a intrigué parce qu'il livrait des billets dans des sacs plastique ou des valises à roulettes, entre 100 000 et 400 000 euros à des gens qui n'étaient pas dans le radar des stups. [...] Il a fallu des centaines d'heures de surveillance et d'écoutes téléphoniques pour comprendre ce "cirque" et mettre au jour ce mécanisme d'ingénierie financière sophistiquée. [...] Les clients ne voulaient certainement pas savoir d'où venait l'argent qu'ils obtenaient sur un claquement de doigts et qu'on leur remettait avec un luxe de précautions. Les sommes étaient remises en liquide dans un café ou un hôtel parisien et l'échange durait à peine 10 minutes, il n'y avait pas de comptage [124] ». Les moyens de surveillance et de renseignement financier ont été alloués pour lutter contre un trafic de stupéfiants et non pour viser des transgressions associées à des « cols blancs » [125].

À la suite des poursuites engagées, la défense de l'ancienne élue municipale a d'ailleurs consisté à minimiser les illégalismes fiscaux en dramatisant ceux liés au trafic de cannabis. Son avocat a constamment rappelé que sa cliente n'avait pas la moindre idée de l'origine des fonds distribués en liquide et que, victime malchanceuse, elle avait peut-être pu devenir la complice involontaire d'une opération criminelle. « À l'invitation de sa banque, ma cliente a souhaité rapatrier 350 000 euros provenant d'un héritage familial placé sur un compte en Suisse depuis 1920, indique Me Jérôme Boursican. Elle s'est faite conseiller par une personne de confiance qui l'a mise en contact avec une relation susceptible de traiter ce genre de transaction. Elle s'est faite avoir, pensant que les fonds récupérés étaient les siens et non pas de l'argent issu du trafic de drogue. Avait-elle conscience des activités de blanchiment de cette personne ? A l'évidence, non [126] ». Il use d'une stratégie d'euphémisation visant à réintroduire une distinction entre ce qui relève de la « légèreté [127] » et ce qui s'apparente à une véritable faute [128].

Afin d'échapper au stigmate social et aux qualifications pénales, cet avocat tente donc de réinstaurer la frontière normative historiquement négociée, mais désormais abolie, entre fraude fiscale et argent sale. Contrairement aux straté-

---

124. Frammery C., « Une affaire de blanchiment très française et très suisse », *op. cit.*

125. Ce point s'applique aussi à la « Plate-forme d'identification des avoirs criminels » (PIAC) mise en place en 2005 et à l'« Agence de gestion et de recouvrement des avoirs saisis et confisqués » (AGRASC) créée en 2010. La directrice générale de l'AGRASC a tout de même indiqué le lancement d'une première analyse centrée sur la fraude fiscale. Cf. AGRASC, *Rapport annuel*, Paris, 2014.

126. « Blanchiment : l'embarrassante fortune de l'élue écologiste parisienne », *Le Parisien*, octobre 2012.

127. « Florence Lamblin, élue écologiste de Paris mise en examen, a démissionné », *Le Monde*, octobre 2012.

128. Sur ces stratégies d'euphémisation employées pour diluer la portée des faits et des responsabilités, voir Lascoumes P., « Élites délinquantes et résistance au stigmate », *Champ pénal/Penal field* [En ligne], vol 10, 2013.

gies d'évitement légal finement analysées par Doreen McBarnet, il ne peut jouer avec les frontières du légal et de l'illégal pour s'assurer que sa cliente échappe à l'impôt tout en restant du bon côté de la légalité. Sa cliente a d'ores et déjà admis qu'elle était bien titulaire d'un compte non-déclaré et qu'elle avait sciemment essayé de récupérer son argent par des voies détournées [129]. Délaissant les frontières de la légalité, la ligne de défense est alors articulée autour de la tension entre illégalismes et délinquance, ou plus précisément, dans le cas présent, entre argent propre et argent sale afin de stopper les poursuites pénales au profit d'un autre type de règlement du conflit. « Considérer le choix du mode de règlement comme un enjeu, c'est resituer les formes juridiques apparentes dans le champ des rapports de pouvoirs marquant toute interaction conflictuelle (entre particuliers, particulier-instance publique ou assimiliée) [130] ». Tout l'enjeu revient à éviter la forme d'intervention pénale puisque les illégalismes fiscaux font partie de ces « illégalismes privilégiés » décrits par Acosta, susceptibles de connaître différentes modalités de résolution relatives à plusieurs systèmes normatifs (sanctions pénales, régularisation administrative, amendes, etc.). L'acte reproché à Florence Lamblin ne pouvant apparaître « plus blanc que la criminalité en col blanc » (*whiter than white collar crime* [131]), son avocat a cherché à ce que son argent apparaisse plus propre que de l'argent sale. En voie de banalisation, cette rhétorique fait désormais florès sur les bancs de l'Assemblée nationale, auprès des députés signalés à la justice pour fausse déclaration de patrimoine et dissimulation d'avoirs détenus à l'étranger [132]. Il est à noter que ces signalements ont été faits par la nouvelle « Haute autorité pour la transparence de la vie publique », précisément chargée de contrôler les élus du Palais Bourbon. Doit-on y voir l'exception qui confirme la règle ou l'expression des premiers grondements d'une bataille sans précédent et sur plusieurs fronts contre la « déviance et délinquance des élites dirigeantes » ?

Conclusion

« Dans tout régime, les différents groupes sociaux, les différentes classes, les différentes castes ont chacun leur illégalisme [133] ». Rappelant ici l'absence d'un lien de causalité exclusif entre pauvreté et comportement transgressif, Michel Foucault s'est attaché à saisir les façons dont les illégalismes sont pratiqués et traités selon les catégories et les situations sociales. Au travers de l'attention portée à la recomposition de l'économie générale des illégalismes au sortir du XVIIIe siècle, il a articulé l'analyse d'un processus de transformation

129. Bordenave Y., « Florence Lamblin n'as pas "pensé que c'était de l'argent sale" », *op. cit.*
130. Lascoumes P., *Les affaires ou l'art de l'ombre*, *op. cit.*, p. 204.
131. McBarnet D., "Whiter than White Collar Crime: Tax, Fraud Insurance and the Management of Stigma", *op. cit.*
132. Cazi E., « Trois parlementaires UMP rattrapés par la justice sur leur patrimoine », *Le Monde*, novembre 2014.
133. Foucault M., « À propos de l'enfermement pénitentiaire », in M. Foucault, *Dits et écrits I. 1954-1975*, Paris, Gallimard, 2001, p. 1303.

historique avec une réflexion sur l'exercice du pouvoir et les rapports de domination. Depuis, plusieurs auteurs ont prolongé ce programme de recherche en prenant comme point d'entrée empirique des composantes plus ou moins variées du vaste ensemble représenté par les illégalismes économiques et financiers. Rendant compte des multiples changements opérés depuis les travaux de Foucault, ils ont malgré tout montré le maintien du sens donné à la gestion des illégalismes via des modes sans cesse renouvelés de différenciation aux effets inégalitaires ; avec des déplacements, des recoupements et des superpositions entre différents couples de différenciation (illégalismes de biens/illégalismes de droits ; illégalismes privilégiés/illégalismes typiques ; illégalismes populaires/illégalismes des classes dominantes ; illégalismes graves et organisés/ illégalismes ordinaires ; argent propre/argent sale).

Parmi ces chercheurs, Pierre Lascoumes a ouvert la voie en scrutant la tension stratégique entre illégalismes et délinquance à la lumière du monde des affaires. Il a rappelé comment la « criminalité d'affaires » s'est très tôt différenciée de la « criminalité ordinaire » par les modes de réaction sociale qu'elle a suscités, en insistant notamment sur son véritable privilège, à savoir la pluralité des formes juridiques susceptibles de lui être appliquée. De son côté, Alexis Spire a relevé avec d'autres que le recours aux illégalismes de droits s'est – dans une certaine mesure – diffusé à l'ensemble du corps social, quand bien même des différences significatives subsistent dans les manières d'y accéder et de procéder. Il a surtout dévoilé l'inégalité de traitement inhérente aux rapports de force engagés entre l'administration fiscale et ses administrés selon les catégories et les situations sociales. En restituant les mécanismes pratiques qui favorisent ces inégalités, il explicite ainsi le rapport à l'impôt dans la reproduction de l'ordre social. À côté de cette gestion différentielle entre illégalismes fiscaux, l'analyse du dispositif anti-blanchiment a montré la persistance d'une gestion différentielle des illégalismes fiscaux.

S'il ne résume pas à lui seul la multiplicité des instruments de régulation en place, ce dispositif se présente comme le cadre incontournable pour surveiller les détenteurs de capitaux illicites et leurs complices. À cet égard, la lutte contre le blanchiment est désormais corrélée à un dégradé d'illégalismes lucratifs comprenant des atteintes aux biens et à la propriété, mais aussi des fraudes et des « finesses de citadins » en passant par des actes de corruption et des trafics en tout genre. En tant qu'illégalismes résultant d'autres illégalismes (de biens et de droits) générant de l'argent sale, les pratiques de blanchiment (et leur contrôle) constituent une entrée majeure pour questionner l'économie actuelle des illégalismes. Mobilisant des technologies de surveillance, impliquant des agents de différents organismes étatiques mais aussi des *street level bureaucrats* d'une dizaine de secteurs économiques, et comportant une dimension transnationale, la régulation anti-blanchiment est devenue l'instrument de gestion de l'argent illicite dans toutes ses manifestations. Comment les acteurs de ce dispositif différencient, catégorisent, hiérarchisent et gèrent-t-il quotidiennement les flux financiers mis à l'index ? Alors que le droit pénal est le code de lecture retenu pour punir les actes de blanchiment, quelles sont les rhétoriques de défense employées et les modes de résolution privilégiés selon le type d'illégalismes et selon les personnes morales et/ou physiques concernées ? Dans quelle mesure cette lutte contre l'argent sale participe-t-elle au changement ou à la protection de l'ordre économique et financier existant ? Autant de questions qui aiguillent notre enquête de terrain en cours, au sein d'un département universitaire où Michel Foucault a aussi été convoqué pour défendre l'idée que la criminologie pouvait être « autre chose qu'une science de corps de garde, où l'on rit gras et on cogne dur quand on rencontre des mots de plus de trois syllabes [134] ».

134. Brodeur J-P., « Éditorial », *Criminologie*, 26-1, 1993, p. 10.

« Une histoire de la manière dont les choses font problème »

Entretien de Michel Foucault avec André Berten (7 mai 1981)

« Michel Foucault a été invité par l'Université catholique de Louvain, la Faculté de droit et l'École de criminologie à donner une série de cours-conférences qu'il a intitulée "Mal faire, dire vrai" sur la fonction de l'aveu en justice. Pour vous présenter à nos auditeurs, je souhaiterais vous poser un certain nombre de questions. Bien sûr, vous êtes très connu, vous donnez cours au Collège de France, vous avez publié une série d'ouvrages – depuis *L'histoire de la folie*, *Naissance de la clinique*, *Les mots et les choses*, *L'ordre du discours*, *L'archéologie du savoir*, *Surveiller et punir* –, et vous êtes en train d'écrire une *Histoire de la sexualité*. Ces ouvrages sont pour la plupart connus, certains plus que d'autres ; certains ont suscité des débats passionnés. Mais il me semblerait intéressant que vous puissiez nous dire comment vous avez cheminé à travers une série de problématiques, une série de questions – pourquoi vous vous êtes intéressé à l'histoire de la psychiatrie, à l'histoire de la médecine, à la prison et maintenant à l'histoire de la sexualité, pourquoi aujourd'hui vous vous intéressez à l'histoire du droit. Quel a été, au fond, votre itinéraire ? Quel a été le fil conducteur de votre réflexion, s'il est possible de répondre à une telle question ?

Michel Foucault (M.F.) — C'est une question difficile que vous me posez. D'abord, parce que le fil conducteur, on ne peut guère le dégager qu'une fois qu'on a été conduit au terme dernier, c'est-à-dire au moment où on va cesser d'écrire. Et puis au fond, vous savez, je ne me considère absolument ni comme un écrivain, ni comme un prophète. Je travaille, c'est vrai, en grande partie, souvent, au gré de circonstances, de sollicitations extérieures, de conjonctures diverses, et je n'ai pas du tout l'intention de faire la loi. Et il me semble que s'il y a dans ce que je fais une certaine cohérence, elle est peut-être plus liée à une situation qui nous appartient à tous, aux uns et aux autres, dans laquelle nous sommes tous pris, plus qu'à une intuition fondamentale ou à une pensée systématique. C'est vrai, si vous voulez, il me semble, que la philosophie moderne, peut-être depuis le jour où Kant a posé la question « *Was ist Aufklärung ?* », c'est- à-dire : « Qu'est-ce que c'est que notre actualité ?

Qu'est-ce qui se passe autour de nous ? Qu'est-ce que c'est que notre présent ? », il me semble que la philosophie a acquis là une dimension, ou que s'est ouverte pour elle une certaine tâche qu'elle avait ignorée ou qui n'existait pas pour elle auparavant, qui est de dire qui nous sommes, de dire qu'est-ce que c'est que notre présent, qu'est-ce que c'est que ça, aujourd'hui. C'est évidemment une question qui n'aurait pas eu de sens pour Descartes. C'est une question qui commence à avoir du sens pour Kant quand il se demande ce que c'est que l'*Aufklärung*. C'est une question qui est, en un sens, la question de Hegel : « Qu'est-ce que c'est que le maintenant ? ». Et c'est la question, aussi, de Nietzsche. Je pense que la philosophie, parmi les différentes fonctions qu'elle peut et qu'elle doit avoir, a aussi celle-là, de s'interroger sur ce que nous sommes dans notre présent et dans notre actualité. Je dirais que c'est en un sens autour de cela que je pose la question – et, dans cette mesure, je suis nietzschéen ou hégélien ou kantien par ce côté-là.

Alors, comment est-ce que j'en suis venu à poser ce genre-là de questions ? Pour faire deux mots d'histoire de notre vie intellectuelle aux uns et aux autres dans l'Europe occidentale après la guerre, on pourrait dire ceci. D'une part, on disposait, vers les années 1950, d'une perspective, d'un mode d'analyse très profondément inspiré par la phénoménologie qui était en un sens, à ce moment-là, une philosophie, je dirais, dominante. Dominante, je ne mets aucune péjoration dans ce mot-là : on ne peut pas dire qu'il y avait une dictature ou un despotisme de ce mode-là de pensée – mais, dans l'Europe occidentale, en particulier en France, la phénoménologie était un peu un style général d'analyse. C'était un style d'analyse qui revendiquait comme l'une de ses tâches fondamentales l'analyse du concret. Et il est très certain que de ce point de vue-là, on pouvait rester un petit peu insatisfait, dans la mesure où le concret auquel se référait la phénoménologie était – comment dire ? – un petit peu académique et universitaire. Vous aviez des objets privilégiés de la description phénoménologique qui étaient des expériences vécues : la perception d'un arbre à travers la fenêtre du bureau... Enfin, je suis un peu sévère, mais le champ d'objets que la phénoménologie parcourait était un peu prédéterminé par une tradition philosophique et universitaire qu'il valait peut-être la peine d'ouvrir un petit peu. Deuxièmement, autre forme de pensée dominante, importante, c'était évidemment le marxisme – qui, lui, se référait à tout un domaine d'analyse historique sur lequel, en un sens, il faisait l'impasse. Autant la lecture des textes de Marx, l'analyse des concepts de Marx, était une tâche importante, autant les contenus historiques, le savoir historique auquel ces concepts devaient se rapporter, pour lesquels ils devaient être opératoires, ces domaines historiques étaient un petit peu laissés pour compte. En tout cas, une histoire marxiste concrète n'était pas, en France du moins, très développée. Puis, il y avait un troisième courant qui était, en France, très spécialement développé et qui était l'histoire des sciences, avec des gens comme Bachelard, Canguilhem, Cavaillès avant-guerre. Le problème était de savoir s'il y a une historicité de la raison et si l'on peut faire l'histoire de la vérité.

Si vous voulez, je dirais que je me suis situé un peu au croisement de ces différents courants et de ces différents problèmes. En me posant, par rapport à la phénoménologie, la question suivante : plutôt que de faire la description un peu intériorisée de l'expérience vécue, est-ce qu'il ne faut pas, est-ce qu'on ne peut pas faire l'analyse d'un certain nombre d'expériences collectives et sociales ? La conscience de celui qui est fou est importante à décrire, comme l'avaient montré les travaux de Binswanger et de Kuhn. Mais après tout, est-ce qu'il n'y a pas une structuration culturelle et sociale de l'expérience de la folie, et est-ce que cela ne doit pas être analysé ? Ce qui m'amenait à recouper un problème historique : (...) [1] si l'on veut décrire l'articulation sociale et collective d'une expérience comme celle de la folie, quel est le champ social, quel est l'ensemble des institutions et pratiques qu'il faut historiquement analyser et pour lesquelles les analyses marxistes sont un petit peu comme des habits de confection mal ajustés à ces développements ? Et troisièmement, à travers ça – à travers l'analyse d'expériences historiques, collectives, sociales, liées à des contextes historiques précis –, comment est-ce qu'on peut faire l'histoire d'un savoir, l'histoire de l'émergence d'une connaissance, et comment des objets nouveaux peuvent arriver dans le domaine de la connaissance, peuvent se présenter comme objets à connaître ?

Alors, si vous voulez, concrètement, cela donne ceci. Est-ce qu'il y a ou non une expérience de la folie caractéristique d'une société ou d'un type de société comme les nôtres ? Comment cette expérience de la folie a pu se constituer, comment est-ce qu'elle a pu émerger ? Et, à travers cette expérience de la folie, comment est-ce que la folie a pu se constituer comme objet de savoir pour une médecine qui se présentait comme médecine mentale ? Ce qui donne, en gros : à travers quelles transformations historiques, quelles modifications institutionnelles, s'est constituée une expérience de la folie dans laquelle il y a à la fois le pôle subjectif de l'expérience de la folie et ce pôle objectif de la maladie mentale ?

Voilà un petit peu, sinon l'itinéraire, du moins le point de départ. Et pour en revenir un petit peu à la question que vous me posiez (« Pourquoi avoir pris ces objets-là ? »), je dirais qu'il me semblait... Et alors, c'était peut-être là le quatrième courant, le quatrième point de référence de mon cheminement ou de mon piétinement – ça a été, si vous voulez, des textes plus littéraires, moins intégrés dans la tradition philosophique (je pense à des écrivains comme Blanchot, comme Artaud, comme Bataille, qui ont été pour des gens de ma génération, je crois, très importants) –, qui était, au fond, la question des expériences limites. Ces formes d'expérience qui au lieu d'être considérées comme centrales et d'être valorisées positivement dans une société, sont considérées comme les expériences limites, les expériences frontières à partir de quoi est remis en question cela même qui est considéré d'ordinaire comme acceptable.

1. La phrase enregistrée commence par « est-ce que l'on peut ».

Alors, en un sens, faire de l'histoire de la folie une interrogation sur notre système de raison...

André Berten (A.B.) – Comme une expérience... La folie comme une expérience limite...

M.F. – C'est ça. Par exemple, quel est le rapport entre la pensée médicale – le savoir de la maladie et de la vie – qu'est-ce que c'est par rapport à l'expérience de la mort ? Et comment est-ce que le problème de la mort a été intégré dans ce savoir, ou comment ce savoir a été indexé à ce moment, ce point absolu de la mort ? Même chose pour le crime par rapport à la loi : au lieu d'interroger la loi elle-même, et qu'est-ce qui peut fonder la loi, prendre le crime comme le point de rupture par rapport au système, et prendre ce point de vue-là pour interroger : « Qu'est-ce que c'est donc que la loi ? » Prendre la prison comme ce qui doit nous éclairer sur ce que c'est que le système pénal plutôt que de prendre le système pénal, de l'interroger de l'intérieur, de savoir comment il s'est fondé, comment il se fonde et se justifie, pour en déduire ensuite ce qu'a été la prison.

*A.B. – Vous avez présenté la philosophie dans son actualité – au fond, depuis Kant – comme posant une question qui est une question, je pense, qui nous concerne tous, et qui permet au fond à l'homme de s'interroger sur sa situation dans l'histoire, dans le monde, dans la société. Il me semble qu'à travers tout ce que vous avez écrit depuis l'*Histoire de la folie *jusqu'à l'*Histoire de la sexualité, *il y a une perception de cette réalité... Ou, du moins, il y a la perception d'un élément de cette réalité qui semble vous intéresser particulièrement et qui concerne tout ce qu'on pourrait appeler les techniques d'enfermement, de surveillance, de contrôle – bref, la manière dont l'individu dans notre société a été progressivement contrôlé. Est-ce que vous pensez qu'effectivement, il s'agit là d'un élément qui, déjà depuis un certain temps, depuis peut-être l'époque classique dans notre histoire, est très déterminant pour comprendre notre modernité ?*

M.F. – Oui, c'est vrai. Si vous voulez, ce n'est pas un problème que je m'étais posé au départ. C'est petit à petit, en étudiant un certain nombre de choses – comme justement la psychiatrie, la médecine, le système pénal – que tous ces mécanismes, d'enfermement, d'exclusion, de surveillance, de contrôle individuel, m'ont paru très intéressants et très importants. Je dirais que j'ai peut-être posé ces questions-là d'une façon un peu sauvage à un moment donné, au moment où je me suis aperçu qu'elles étaient importantes. Je crois qu'il faut bien délimiter de quoi il s'agit et quel est le genre de problème que l'on peut poser à propos de tout cela. Il me semble que dans la plupart des analyses, soit des analyses de type proprement philosophique, soit dans des analyses plus politiques sinon des analyses marxistes, la question du pouvoir avait été relativement marginalisée...

A.B — Simplifiée...

M.F. — Ou en tout cas, simplifiée. Ou bien il s'agissait de savoir quels étaient les fondements juridiques pouvant légitimer un pouvoir politique, ou bien il s'agissait de définir le pouvoir dans une fonction de simple conservation ou reconduction de rapports de production. Alors, il s'agissait de la question philosophique du fondement ou de l'analyse historique de la superstructure. Ceci me paraissait insuffisant, m'a paru insuffisant pour un certain nombre de raisons. D'abord parce que, je crois – et un certain nombre de choses dans des domaines un peu concrets que j'ai essayé d'analyser le montrent –, les rapports de pouvoir sont beaucoup plus profondément implantés qu'au simple niveau des superstructures. Deuxièmement, la question du fondement du pouvoir est importante, mais – je m'excuse – le pouvoir ne fonctionne pas à partir de son fondement. Il y a des pouvoirs non fondés qui fonctionnent très bien et des pouvoirs qui ont cherché à se fonder, qui se sont effectivement fondés et qui, finalement, n'ont pas fonctionné. Donc, si vous voulez, mon problème a été de me dire : « Mais ne peut-on pas étudier la manière dont, effectivement, fonctionne le pouvoir ? »

Quand je dis « le pouvoir », il ne s'agit absolument pas de repérer une instance ou une espèce de puissance qui serait là, occulte ou visible – peu importe –, et qui diffuserait son rayonnement nocif à travers le corps social ou qui étendrait d'une façon fatale son réseau. Il ne s'agit pas pour le pouvoir, ou pour quelque chose qui serait « le pouvoir », de jeter un grand filet de plus en plus serré qui étranglerait et la société, et les individus. Ce n'est absolument pas de cela qu'il s'agit. Le pouvoir, c'est des relations. Le pouvoir, ce n'est pas une chose. C'est une relation entre deux individus, et une relation qui est telle, que l'un peut conduire la conduite d'un autre ou déterminer la conduite d'un autre – la déterminer volontairement en fonction d'un certain nombre d'objectifs qui sont les siens. Autrement dit, quand on regarde ce qu'est le pouvoir, c'est l'exercice de quelque chose qu'on peut appeler le gouvernement, au sens très large. on peut gouverner une société, on peut gouverner un groupe, on peut gouverner une communauté, on peut gouverner une famille, on peut gouverner quelqu'un. Et quand je dis gouverner quelqu'un, c'est simplement au sens où l'on peut déterminer sa conduite en fonction de stratégies en utilisant un certain nombre de tactiques. Donc, si vous voulez, c'est la gouvernementalité au sens large, entendue comme ensemble des relations de pouvoir et techniques qui permettent à ces relations de pouvoir de s'exercer, c'est cela que j'ai essayé d'étudier. Comment est-ce qu'on a gouverné les fous, comment est-ce que le problème du gouvernement des malades – et encore une fois, je mets le mot « gouvernement » entre guillemets, en lui donnant à la fois un sens large et riche... Comment est-ce qu'on a gouverné les malades, qu'est-ce qu'on en a fait, quel statut on leur a donné, où est-ce qu'on les a placés, dans quel système de traitement, de surveillance aussi, de bienveillance, de philanthropie, dans quel champ économique les soins à apporter aux malades...

C'est tout cela, je crois, qu'il faut essayer de voir.

Alors, c'est certain que cette gouvernementalité n'a pas cessé, d'un certain point de vue, de devenir plus stricte au cours des âges. Le pouvoir, dans un système politique comme ceux qu'on a connus au Moyen-Âge, le pouvoir entendu au sens de gouvernement des uns par les autres, était finalement assez lâche : le problème était de faire le prélèvement fiscal qui était nécessaire, qui était utile ou qu'on voulait... Ce que les gens faisaient dans leur conduite quotidienne n'était pas très important pour l'exercice du pouvoir politique (c'était important, sans doute, dans le pastorat ecclésiastique). Pour le pouvoir politique, il est venu un moment où ça a été très important – et où par exemple maintenant, pour prendre un exemple très simple, le type de consommation des gens devient quelque chose qui est important économiquement, qui est important aussi politiquement. Et c'est vrai que le nombre d'objets qui deviennent objets d'une gouvernementalité réfléchie à l'intérieur de cadres politiques – même libéraux –, ce nombre d'objets a considérablement augmenté. Mais je ne pense pas non plus qu'il faille considérer que cette gouvernementalité prenne forcément la forme de l'enfermement, de la surveillance et du contrôle. Par toute une série d'interventions, subtiles souvent, on arrive en effet à conduire la conduite des gens ou à se conduire de telle manière que la conduite des autres ne puisse pas avoir les effets nocifs qu'on redoute. C'est tout ce champ de la gouvernementalité que j'ai voulu étudier.

A.B — Pour étudier cet objet ou ces différents objets, vous avez utilisé une méthode historique. Mais ce qui apparaît à tous aujourd'hui – et d'ailleurs, ce qui fait en grande partie la nouveauté de vos analyses, non pas tant du point de vue du contenu, mais du point de vue de la méthode –, c'est que vous avez opéré une sorte de déplacement dans la méthode historique. Ce n'est plus une histoire de la science, ce n'est plus une épistémologie, ce n'est plus une histoire des idéologies, ce n'est même pas une histoire des institutions. On a l'impression que c'est tout cela en même temps, mais que pour penser par exemple le travail de la psychiatrie, ou ce que font aujourd'hui les criminologues (puisque ce sont les criminologues qui vous ont appelé ici), ou pour penser des institutions comme la prison ou les asiles, vous avez dû transformer profondément la manière dont on concevait l'histoire. Est-ce que, par exemple, l'opposition entre savoir et science qui apparaît dans votre œuvre, principalement dans un certain nombre d'écrits plus méthodologiques, est- ce qu'elle vous semble très importante du point de vue de ce genre d'histoire que vous nous proposez ?

M.F. — Je crois, en effet, que le type d'histoire que je fais porte un certain nombre de marques ou de handicaps, comme vous voudrez. D'abord, la chose que je voudrais dire, c'est que, encore une fois, la question dont je pars est « Qu'est-ce que nous sommes, et qu'est-ce que nous sommes *aujourd'hui* ? Qu'est-ce que c'est que cet instant qui est le nôtre ? » Donc, si vous voulez, c'est une histoire qui part bien de cette actualité. Deuxième chose, c'est qu'en essayant de poser des problèmes concrets, je pars forcément, et ce qui me paraît intéressant, c'est de prendre, de choisir comme domaines des points qui semblent particulièrement fragiles ou sensibles dans l'actualité. C'est-à-dire que je ne concevrais guère une histoire, si vous voulez, qui soit proprement spéculative et dont le champ ne soit pas déterminé par quelque chose qui se passe actuellement. Tout l'intérêt, c'est non pas bien sûr de suivre ce qui se passe et de suivre, comme on dit, la mode – par exemple, une fois qu'on a écrit dix bouquins, très bons d'ailleurs, sur la mort, on ne va pas en écrire un onzième sous prétexte que c'est la question actuelle. Il s'agit de... Le jeu, c'est d'essayer de détecter, parmi les choses dont on n'a pas encore parlé, quelles sont celles qui actuellement présentent, montrent, donnent quelques indices plus ou moins diffus de fragilité dans notre système de pensée, dans notre mode de réflexion, dans notre pratique.

Il y avait, si vous voulez, vers les années 1955 quand je travaillais dans des hôpitaux psychiatriques, il y avait une espèce de crise latente, quelque chose dont on sentait bien que ça s'écaille, et on n'en avait pas encore beaucoup parlé. Mais, pourtant, ça se vivait assez intensément – la meilleure preuve que ça se vivait, c'est qu'à côté, en Angleterre, sans qu'on ait eu jamais aucun rapport les uns avec les autres, des gens comme Laing et Cooper, eux aussi, se battaient avec le même problème. Donc, c'est une histoire qui se réfère toujours à une actualité. Même chose pour le problème de la médecine. C'est vrai que la question du pouvoir médical – ou en tout cas du champ institutionnel à l'intérieur duquel le savoir médical fonctionne – était une question qui commençait à se poser, qui était même assez largement posée vers les années 1960, et qui n'est entrée dans le domaine public qu'après 1968. C'est donc une histoire de l'actualité en train de se dessiner.

A.B. — Oui, mais par rapport à cette actualité, au fond, la manière dont vous élaborez l'histoire me semble originale. Elle me semble... au fond, elle est réglée par l'objet même que vous analysez. C'est en raison de ces problèmes que vous percevez comme étant fragiles ou comme étant des problèmes-clef dans notre société que vous êtes amené à en refaire l'histoire pour les éclairer, mais à en refaire l'histoire d'une manière spécifique...

M.F. — Alors, au niveau des objectifs que je pose en faisant cette histoire, souvent les gens ont lu ce que j'ai fait comme des sortes d'analyses à la fois compliquées, un peu obsessives, et qui mènent à ce résultat que finalement – mon Dieu, comme nous sommes emprisonnés dans le système qui est le nôtre, combien sont nombreux les lacets qui nous enserrent, et combien il est difficile de dénouer les nœuds que l'histoire a noués autour de nous ! Alors qu'en réalité, je fais tout le contraire ! Car, lorsque j'ai essayé d'étudier quelque chose comme la folie ou la prison... Prenons, si vous voulez, l'exemple de la prison. Quand on discutait, il y a encore quelques années – disons, au début des années 1970 – avec les gens sur la réforme du système pénal, une chose me paraissait très frappante. C'est que, par exemple, bien sûr on posait la question théorique du droit de punir. Bien sûr, d'un autre côté, on posait le problème de savoir comment on peut aménager le régime pénitentiaire. Mais cette espèce d'évidence, si vous voulez, que la privation de liberté est au fond la forme la plus simple, la plus logique, la plus raisonnable, la plus équitable de punir quelqu'un parce qu'il avait commis une infraction, cela n'était pas tellement interrogé. Or, ce que j'ai voulu faire, c'est de montrer combien finalement cette adéquation, pour nous si claire et simple, de la peine avec la privation de liberté était en réalité quelque chose de récent. C'est une invention, une invention technique, dont les origines bien sûr sont lointaines, mais qui a vraiment été intégrée à l'intérieur du système pénal et qui a fait partie de la rationalité pénale à partir de la fin du XVIIIe siècle. Et j'ai essayé d'interroger les raisons pour lesquelles la prison était ainsi devenue une sorte d'évidence dans notre système pénal.

Il s'agit donc de rendre les choses plus fragiles par cette analyse historique – ou plutôt, de montrer à la fois pourquoi et comment les choses ont pu se constituer ainsi, mais montrer en même temps qu'elles se sont constituées à travers une histoire précise. Il faut donc montrer et la logique des choses – ou, si vous voulez, la logique des stratégies à l'intérieur desquelles les choses se sont produites –, et montrer que ce ne sont pourtant que des stratégies et que, du coup, en changeant un certain nombre de choses, en changeant de stratégie, en prenant les choses autrement, du coup, ce qui nous paraissait évident ne l'est pas. Notre rapport à la folie, c'est un rapport qui est historiquement constitué. Et du moment qu'il est historiquement constitué, il peut être politiquement détruit – je dis « politiquement » en donnant au mot « politique » un sens très large. En tout cas, il y a des possibilités d'action, puisque c'est à travers un certain nombre d'actions, de réactions, à travers un certain nombre de luttes, de conflits pour répondre à un certain nombre de problèmes qu'on a choisi ces solutions-là. J'ai voulu réintégrer beaucoup des évidences de notre pratique dans l'historicité même de ces pratiques. Et du coup, les déchoir de leur statut d'évidence pour leur redonner la mobilité qu'elles ont eue et qu'elles doivent toujours avoir dans le champ de nos pratiques.

A.B. — Dans vos conférences actuelles, vous utilisez le terme « véridiction », qui se réfère à un « dire la vérité » et qui touche à un problème de vérité. Dans la méthode et dans ce que vous venez de dire concernant à la fois votre intérêt pour l'actualité et la manière dont vous envisagez l'histoire et la constitution même de cette actualité, en quelque sorte vous remettez en question ce qu'on pourrait penser être les fondements de telle ou telle pratique. Vous nous avez dit à propos du pouvoir, [que] le pouvoir ne fonctionne pas à partir de son fondement, mais [qu']il y a effectivement toujours des justifications ou des réflexions philosophiques qui visent à fonder le pouvoir. Votre méthode historique, qui est une méthode qui fait une sorte d'archéologie ou de généalogie – peut-être selon les objets ou selon le développement même de votre pensée –, vise à montrer que finalement, il n'y a pas de fondement des pratiques de pouvoir. Est-ce que vous seriez d'accord pour dire, d'un point de vue philosophique et dans l'ensemble de votre développement, que ce que vous visez, c'est aussi à déconstruire toute entreprise qui viserait à donner un fondement au pouvoir ?

M.F. — Mais je crois que l'activité de donner un fondement au pouvoir, l'activité qui consiste à s'interroger sur ce qui fonde le pouvoir que j'exerce ou ce qui peut fonder le pouvoir qui s'exerce sur moi, je crois que cette question est importante. Elle est essentielle. Je dirais que c'est la question qui est fondamentale. Mais le fondement que l'on donne en réponse à cette question fait partie d'un champ historique à l'intérieur duquel elle a une place tout à fait relative. C'est-à-dire qu'on ne trouve pas de fondement, mais il est très important que, dans une culture comme la nôtre – la question est de savoir si on peut le trouver ailleurs ou pas, dans d'autres cultures, cela, je n'en sais rien… Mais il est très important que pour nous, depuis non seulement des siècles, mais des millénaires, un certain nombre de choses, comme en particulier l'exercice du pouvoir politique, s'interroge lui-même ou se voie interrogé par des gens qui posent la question : « Mais qu'est-ce qui vous fonde ? Qu'est-ce qui vous légitime ? ». Il y a là un travail critique…

A.B. — Ce que vous trouvez important, c'est justement le travail critique de cette question qui sans cesse revient, et qui interroge la vérité…

M.F. — C'est ça : qui sans cesse revient. Il y a deux millénaires qu'on s'interroge sur le fondement du pouvoir politique – quand je dis deux millénaires, c'est deux millénaires et demi ; on s'interroge sur le pouvoir politique, et c'est cette interrogation qui est fondamentale.

A.B. – Et au fond, le type d'histoire que vous avez faite, c'est bien une analyse, vous avez dit des stratégies, mais aussi une analyse de la manière dont un certain nombre de pratiques ont recherché leur propre fondement.

M.F. — Absolument. Absolument. Je dirais que c'est l'histoire des – je vais employer encore un mot barbare, mais les mots ne sont barbares que lorsqu'ils ne disent pas bien clairement ce qu'ils veulent dire, si bien que beaucoup de mots familiers sont barbares, parce qu'ils disent beaucoup de choses à la fois ou qu'ils ne disent rien, et qu'en revanche, certains mots techniques bizarrement construits ne sont pas barbares s'ils disent à peu près clairement ce qu'ils veulent dire… Je dirais que je fais l'histoire des problématisations, c'est-à-dire l'histoire de la manière dont les choses font problème. Comment et pourquoi et sur quel mode particulier la folie a-t-elle fait problème dans le monde moderne ? Et pourquoi est-ce que c'est devenu un problème important ? Problème tellement important qu'un certain nombre de choses, par exemple comme la psychanalyse – qui, Dieu sait, a diffusé à travers toute notre culture – est tout de même partie d'un problème qui était un problème absolument intérieur au rapport que l'on pouvait avoir avec la folie. C'est l'histoire de ces problèmes. sur quel mode nouveau la maladie – qui, évidemment, a toujours fait problème, mais il y a eu un mode nouveau de problématisation de la maladie, me semble-t-il, à partir du XVIIIe et du XIXe siècle…

Alors ce n'est, en effet, ni l'histoire des théories, ni l'histoire des idéologies, ni même l'histoire des mentalités qui m'intéresse. C'est l'histoire des problèmes, c'est si vous voulez la généalogie des problèmes qui m'intéresse : pourquoi un problème, et pourquoi tel type de problème, pourquoi tel mode de problématisation apparaît à un certain moment à propos d'un domaine. Par exemple, à propos de la sexualité, j'ai mis très longtemps à commencer à apercevoir comment on pouvait répondre à cela : quel a été le nouveau problème ? Voyez-vous, à propos de la sexualité, ce n'est pas tellement de savoir et de répéter indéfiniment la question : « Voyons, est-ce que c'est le christianisme, ou est-ce que c'est la bourgeoisie, ou est-ce que c'est l'industrialisation, qui a amené la répression de la sexualité ? » La répression de la sexualité n'est intéressante que dans la mesure où, d'une part, elle fait souffrir un certain nombre de gens, encore aujourd'hui ; elle est intéressante d'autre part parce qu'elle a toujours pris des formes diverses, mais ayant toujours existé. Ce qui me paraît quelque chose d'important à faire apparaître, c'est comment et pourquoi ce rapport à la sexualité ou ce rapport à nos comportements sexuels ont fait problème, et sous quelles formes ils ont fait problème. Car ils ont toujours fait problème, mais il est certain qu'ils n'ont pas fait problème de la même façon chez les Grecs du IVe siècle avant Jésus- Christ, chez les chrétiens du IIIe-IVe siècle, au XVIe-XVIIe siècle, maintenant… C'est cette histoire des problématisations. Alors, comment, dans les pratiques humaines, il y a un moment où en quelque sorte les évidences se brouillent, les lumières s'éteignent, le soir se fait, et où les gens commencent à s'apercevoir qu'ils agissent à l'aveugle et que, par conséquent, il faut une nouvelle lumière. Il faut une nouvelle lumière, il faut un nouvel éclairage, et il faut de nouvelles règles de comportement. Et alors, voilà qu'un nouvel objet apparaît, un objet qui apparaît comme problème. Voilà.

A.B — Je voudrais vous poser une dernière question. Vous avez été invité par la Faculté de droit et vous semblez vous intéresser particulièrement maintenant au droit et au phénomène juridique. Est-ce que vous pourriez expliquer brièvement d'où vient cet intérêt pour le droit, et ce que vous espérez en retirer ?

M.F. — Écoutez, je crois que je me suis toujours un peu intéressé au droit. Comme un laïc : je ne suis pas un spécialiste du droit, je ne suis pas un juriste. Mais aussi bien à propos de la folie qu'à propos du crime ou de la prison, j'ai rencontré le problème du droit, le problème de la loi. Et la question que j'ai toujours posée, c'était de savoir comment les technologies de gouvernement, comment ces rapports de pouvoir entendus au sens où nous l'avons dit tout à l'heure, comment tout cela pouvait prendre forme à l'intérieur d'une société qui prétend fonctionner au droit et qui, pour une part au moins, fonctionne au droit. Alors ce sont les liens, les rapports de cause à conséquence, les conflits aussi, les oppositions, les irréductibilités entre ce fonctionnement du droit et cette technologie du pouvoir, c'est ça que je voudrais étudier. Et il me semble qu'interroger les institutions juridiques, interroger le discours et la pratique du droit à partir de ces technologies de pouvoir peut présenter un certain intérêt – non pas du tout au sens que cela bouleverserait entièrement et l'histoire et la théorie du droit, mais il me semble que cela peut jeter une certaine lumière sur certains aspects assez importants de la pratique et de la théorie judiciaires. Ainsi, interroger le système pénal moderne à partir de la pratique punitive, de la pratique corrective, à partir de toutes ces technologies par lesquelles on a voulu modeler, modifier, et caetera, l'individu criminel, il me semble que ça permet sans doute de faire apparaître un certain nombre de choses. Donc, si vous voulez, je croise sans cesse le droit sans le prendre comme objet particulier. Et si Dieu me prête vie, après la folie, la maladie, le crime, la sexualité, la dernière chose que je voudrais étudier, eh bien, ce serait le problème de la guerre et de l'institution de la guerre dans ce qu'on pourrait appeler la dimension militaire de la société. Et là encore, j'aurai à croiser le problème du droit, aussi bien sous la forme du droit des gens, du droit international *et caetera*, qu'aussi le problème de la justice militaire et de ce qui fait qu'une nation peut demander à quelqu'un de mourir pour elle.

A.B. — Eh bien, nous espérons tous que Dieu vous prêtera vie pour pouvoir continuer à lire vos histoires, ces histoires multiples qui nous ont tant enrichis. Je vous remercie.

M.F. — Je ne lui souhaite pas.

Le possible : alors et maintenant
Comment penser avec et sans Foucault autour du droit pénal et du droit public

Colin GORDON [1]

Colin Gordon est un spécialiste de Michel Foucault et a très largement contribué à la diffusion des travaux de celui-ci dans le monde anglophone, en tant que traducteur, éditeur et commentateur. Il a publié dans Critique, Esprit, Le magazine littéraire *et* Aut Aut. *Il est le coéditeur du recueil* The Foucault Effect. Studies in Governmentality, *paru aux Presses universitaires de Chicago en 1991.*

L'histoire du présent, telle qu'elle a été inventée et pratiquée par Michel Foucault, est un défi à ce qui est, et à ce que nous sommes. Elle présente de nous-mêmes une image que nous ne pouvons ni renier, ni assumer. *Surveiller et punir* a réussi, à propos de l'ordre judiciaire et de la justice criminelle dans nos sociétés, à nous donner à voir justement ce qui se pratiquait, au nom de la punition. L'ouvrage a contribué à questionner l'acceptabilité des pratiques punitives contemporaines.

Relayant une leçon de Nietzsche, Foucault a démontré que nos raisons de punir sont historiquement variables et fugaces ; il a fait en sorte que la punition redevienne pour nous une question, en tous les sens, critique. En ouvrant une brèche dans un régime de légitimité et de rationalité, le texte de Foucault a dégagé des possibilités de questionnement et de changement : changement dans l'ordre des choses et changement de ce que nous sommes.

Mais, qu'est devenu ce possible d'alors ? On peut dire que, d'une certaine manière, le diagnostic généalogique a été « mis à l'épreuve » (en empruntant ici la notion forgée par Foucault plus tard) de la réalité politique. Seulement, quels en sont les résultats ?

---

1. Mes vifs remerciements à l'équipe de rédaction (Amandine Scherrer, Didier Bigo), ainsi qu'à Fabienne Brion, Graham Burchell, Philippe Chevallier et Yvon Lochard.

« Ce qui était possible alors… »

Il y aurait sans doute une histoire à faire de ce possible d'alors, avec tous ses aléas, son *kairos*, ses occasions. Foucault parle en Mai 1981 d'un sentiment des individus, engagés dans des luttes, mais non dans la politique institutionnelle, qui arrivaient néanmoins à se reconnaître dans la victoire de la gauche. Il considère alors qu'il ne faut pas mépriser ce sentiment qui fait ce qu'il appelle « la victoire d'une possibilité [2] ».

Dans cette histoire du possible, il faudrait, d'une part, analyser ce que fut, et ce que devint ce possible-là : les volontés de changement qu'il mobilisa, les résistances qu'il affronta, ses impacts et ses acquis. D'autre part, il faudrait nous demander ce qu'il en est de notre possible à nous aujourd'hui, et ce que nous pouvons éventuellement apprendre à propos de notre propre présent, en utilisant les méthodes et les outils de Foucault, et en les révisant ou en les adaptant, le cas échéant.

Le possible, maintenant ?

Nous vivons certainement un autre présent, même si, à bien des égards, il y a entre notre actualité et celles de 1975 et 1981 des similitudes encore (sinon trop) reconnaissables. Mais les différences et les nouveautés ne manquent pas – légitimations modifiées, formes prises par les états d'exception, problématisations et dysfonctions différenciées. Nous aurons à les prendre en compte.

Pour aborder ces deux tâches, on propose ici quelques bribes de réflexion, quelques propositions, et quelques conclusions très partielles que je résume ici rapidement par avance.

L'épreuve du réel pour un texte, si tant est qu'il ait pu avoir un quelconque effet dans le réel, consiste bien en partie dans l'épreuve par l'opinion. Dès lors, pour comprendre les enjeux de cette épreuve, il faut regarder plus loin que ce seul livre célèbre, pour prendre en compte notamment l'ensemble des positions de Foucault à l'égard du droit et du juridique en général. Nous pouvons, en outre, étendre nos lectures grâce aux ajouts majeurs tirés des éditions posthumes, aujourd'hui encore inachevées. Mais, notons que malgré l'importance de *Surveiller et Punir* dans sa vie et son œuvre, il nous faut admettre que le droit, même s'il se retrouve un peu partout dans ses écrits, n'est pas le thème majeur du travail de Foucault, et que Foucault ne s'est jamais donné pour tâche de proposer une pensée unifiée du droit. Il est pourtant pertinent de s'interroger sur les constantes, les continuités qui se trouvent dans sa pensée à ce sujet, et d'examiner les déplacements ou éventuellement les ruptures qui la parcourent.

2. On peut d'ailleurs estimer que, par ses travaux et ses interventions, Foucault a contribué, au moins très modestement, à cette « victoire ».

Cette pensée multiple s'est voulue, au moins parfois, polémique. Là où elle a touché à quelques points névralgiques dans son actualité, elle a aussitôt suscité des contre-lectures, parfois largement acceptées. Dès lors, quelle est la vérité de ces contre-vérités sur le rapport de Foucault au droit ? Et si l'on se tourne vers notre actualité, connaît-on vraiment si bien le contenu pertinent de son travail, ou du travail qu'il a rendu possible, sur ces thèmes, ainsi que le contenu effectif de sa fameuse boîte à outils ? Rien n'est moins sûr.

À partir de ce constat, il est possible d'émettre deux propositions méthodologiques. Premièrement, il est important de retrouver les suites, souvent oubliées, de la continuation du travail de *Surveiller et Punir*, par Foucault lui-même et par ses co-chercheurs (travaux rendus injustement trop méconnus par les effets et les aléas de diaspora du groupe). Deuxièmement, il est nécessaire aussi de retrouver la part qui revient aux enjeux du droit et des domaines de juridiction dans les travaux de Foucault, qui n'ont été pour une large part que très récemment disponibles, et qui relèvent de la période de son « trip gréco-latin » entre 1980 et 1984, ainsi que du contenu éventuel, trop souvent décrit comme impénétrable, de l'agenda qui aurait dû prolonger son travail.

Il est à cet égard frappant de remarquer que l'édition posthume des cours du Collège de France, en rénovant radicalement la connaissance et compréhension de son travail, a d'ailleurs valu à Foucault, sous la plume de plusieurs commentateurs, d'être considéré comme un penseur prémonitoire ou prescient, en ce qui concerne notamment ses analyses sur le néolibéralisme, le biopolitique et/ou le sécuritaire. Mais, est-ce bien le cas et qu'en est-il de cet apport soi-disant « prescient » en ce qui concerne le domaine de la pénalité ? Quels outils de sa boîte méthodologique sont encore utilisables pour les besoins d'une autre actualité ? En sus de réponses brèves à ces questions, je ferai, en conclusion, quelques propositions concernant le possible maintenant.

Foucault et le droit en général

Constantes et négations

La question des décalages, théoriques et pratiques, entre le droit et l'ordre, entre la loi et le gouvernement, transparaît clairement dans l'œuvre de Foucault depuis *Histoire de la Folie*. Entre 1971 et sa mort, en passant par le GIP (Groupe information prison), l'avortement, les débats sur la peine de mort, les discussions avec le Syndicat de la Magistrature, les QHS (Quartiers de haute sécurité), le droit d'asile et le droit de la défense, la ligne de préoccupations avec des enjeux pratiques et théoriques dans ce domaine juridico-pénal, en particulier avec la question des droits et des peines applicables, est continue et serrée. L'apport philosophique de Foucault au cours de ces années passe notamment par de petits textes, dits d'intervention ponctuelle, qui ont néanmoins dans sa réflexion une densité et une portée à la fois surprenantes et inhabituelles. Son action donnera lieu d'ailleurs à des initiatives et des collaborations dont la persistance peut se tracer, au-delà de sa mort, jusqu'à nos jours.

Cette action a ses constantes, elle a aussi ses déplacements, et elle ne manque jamais d'un élément de tension dans son rapport à l'actualité. Afin d'éclairer ces tensions, il nous faut d'abord rappeler rapidement les divers moments et les manières dont Foucault a envisagé le décalage entre son propre champ d'analyse et l'ordre du juridique, avant de voir les relations entre le modèle juridico-discursif, les formes de gouvernementalité et les modes de véridiction.

Contre le « juridico-discursif » : dans *La Volonté de Savoir*, Foucault met dos à dos, pour les refuser toutes les deux, l'« hypothèse répressive » sur la sexualité et la conception du pouvoir conçu selon un modèle juridique, à savoir le modèle d'un énoncé impératif qui interdit ce qui sera ensuite réprimé et puni. Notre analyse politique, qui est encore « jeune » et qui n'a pas encore su couper la tête du roi, est dès lors invitée à dépasser ce modèle régalien et légaliste du pouvoir. Cela implique de comprendre :

• que le droit peut être inutile ou illusoire. Foucault dit (au moins de temps en temps) que l'acquisition ou l'élargissement des droits, considérés comme cible de luttes politiques ou de résistances au pouvoir, peuvent être un leurre.

• qu'entre droit et pouvoir, les rapports sont hétérogènes. Foucault indique (notamment dans *Surveiller et punir*, mais en se corrigeant partiellement ensuite dans *Sécurité, Territoire, Population*) que l'ordre des libertés formelles dans la société industrielle est une apparence trompeuse, servant à dissimuler la réalité de pouvoirs disciplinaires et normatifs qui, eux, ne relèvent pas d'un ordre juridique ; ordre qu'ils ont plutôt tendance à dénaturer et parasiter.

• que la gouvernementalité peut s'opposer à la légitimation. Dans un cours de 1978, Foucault introduit pour définir l'objet de son analyse historique la notion de gouvernementalité, c'est à dire la rationalité de l'action gouvernementale, conçue dans sa différence et sa distinction vis-à-vis du principe et des fondements de la légitimité et de l'institution juridique de la souveraineté : ce qui ne veut pourtant pas dire que la question de la souveraineté légitime n'ait pas son histoire à elle, en interférence constante avec celle de la gouvernementalité.

• qu'il y a des « coups d'État permanents ». En reprenant, sans doute avec un grain de malice, le titre d'un livre de François Mitterrand, Foucault décrit comme « coup d'État permanent » le mode d'action caractéristique, au début de la modernité, du premier avatar de la gouvernementalité qu'est la raison d'État, agissant dans le cadre de l'État de police et du cadre économique des politiques mercantilistes. Ce gouvernement agit, selon Foucault, plutôt par des règlements que par des lois ; il agit impérieusement, directement, ponctuellement, imprévisiblement, selon les nécessités tactiques des cas et des circonstances.

Le débat entre Michel Foucault et Noam Chomsky, dans une émission de télévision hollandaise en novembre 1971, débat qui vient d'être réédité par son modérateur Fons Elders, avec l'ajout en ligne d'un entretien inédit, nous permet d'y ajouter d'autres éléments [3]. Comme ce texte n'est pas paru en France du vivant de Foucault (il n'est même pas certain qu'il ait approuvé sa parution en anglais) et que ce dernier y prend quelques positions qu'il ne paraît pas avoir ensuite maintenues, il faut être prudent. Mais le cœur de ce débat est intéressant car il tient au désaccord entre Foucault et Chomsky sur le fait que, pour Foucault, les enjeux des luttes contre l'oppression et la domination ne sont pas utilement exprimés à travers les revendications des droits de l'homme, des droits humains. Les raisons de ce refus de la part de Foucault sont tout autant antijuridiques qu'antihumanistes. Foucault objecte ici que le langage des droits fait partie d'un système d'ordre bourgeois, où la justice se trouve faussement présentée comme une instance neutre et impartiale d'instruction et de règlement des torts. Selon lui, le système judiciaire bourgeois constitue au contraire une partie de l'ordre bourgeois de classe, il travaille au service de cet ordre, il est donc à écarter en même temps que cet ordre ; les luttes populaires ne devraient donc pas, pour leur part, formuler ou poursuivre leurs demandes en reprenant des notions ou des instruments d'un ordre qu'il s'agit pour elles de renverser.

Trois mois plus tard, Foucault participe à un autre débat, cette fois non-télévisé, avec deux *leaders* alors clandestins du parti maoïste interdit, la Gauche prolétarienne, Benny Levi et André Glucksmann ; l'enjeu du débat étant cette fois la « justice populaire ». Le transcrit a été publié dans la revue *Les Temps modernes* en juin 1972, en indiquant que la discussion entre les participants avait commencé « lors du projet, en juin 1971, d'un Tribunal populaire pour juger la police ».

Foucault exprime alors ses objections au modèle du tribunal populaire que la Gauche prolétarienne souhaitait tenir, en reprenant des arguments en cohérence avec ceux de sa discussion avec Chomsky. Foucault soutient ici, en citant l'exemple des massacres de Septembre pendant la Révolution française, que la formalisation de la justice populaire par le moyen des tribunaux révolutionnaires peut avoir comme effet une amplification considérable de l'échelle et de la violence des actes spontanés de violence populaire, qui frapperont des

3. Foucault M., *Freedom and Knowledge*, Elders F., Claris Elders L. (eds.), Special Productions BV, Amsterdam, 2014.

ennemis ou des oppresseurs, mais en même temps, immanquablement, bien d'autres victimes. Certes, Foucault ne met pas ici en question la légitimité de la colère du peuple, au moins dans ce contexte de guerre révolutionnaire, mais si celle-ci est donc censée être juste, et n'est ni à redouter ni à brider, le danger, selon Foucault, consiste plutôt dans sa manipulation ou sa perversion par des éléments tiers prétendument neutres (dans ce cas, les chefs de sections parisiens ou les cadres révolutionnaires).

Dans les textes dont nous disposons actuellement, Foucault ne se réfère plus par la suite à cette discussion, sauf en une occasion. Dans un entretien tenu en 1981 à Louvain-la-Neuve à l'occasion de son cours *Mal faire, dire vrai : fonctions de l'aveu en justice*, ses interlocuteurs se réfèrent en effet à son débat avec les maoïstes et lui demandent son avis sur les tribunaux révolutionnaires qui se tiennent alors en Iran sous le régime de Khomeini.

Foucault y répond alors, en rappelant ce débat de 1971 :

> « J'ai alors fait une critique de cette notion de tribunal populaire. Dans ces mouvements émotionnels intenses qui demandent une intervention forte de la part des gens, il n'y a pas besoin de justice, il y a besoin de vengeance : ces gens veulent se battre ; ce contre quoi ils en ont, ce sont leurs ennemis. Il y a un fond de guerre sociale qui est encore très présent lorsque tout spontanément, les gens veulent lyncher quelqu'un qui, parfois, n'a commis qu'un vol. Il est perçu comme l'ennemi social et on veut l'abattre comme tel.
>
> Les gens qui veulent fonder un tribunal populaire sur quelque chose qui est en réalité une guerre se trompent doublement. Ou bien en effet ils ne font pas ce que veulent les gens et ils ne font pas la guerre, ou ils font ce que veulent les gens et ils ne font pas la justice. Je dirai les choses d'une manière encore plus crue. Vous savez parfaitement que si on fait des jurys tout à fait populaires, la peine de mort sera appliquée à tout le monde, même aux voleurs de canards. Donc, il y a ce fond de guerre sociale : celui qui vole fait la guerre ; celui qui est volé se bat contre celui qui vole. Il ne faut pas oublier cela. Alors, il faut avoir le courage de dire que la justice est faite pour empêcher cela, et non pour traduire cela. Le tribunal populaire traduit cela. Khomeini, c'est exactement cela. Cette discussion a été de nouveau mal comprise. Les gens y ont aperçu une apologie de cette justice qui n'aurait même pas la forme d'un tribunal populaire, et qui serait l'égorgement. Non, non… »

Entre 1971-72 et 1981, il est clair, en suivant ces deux textes, que la pensée de Foucault sur la justice (et/ou sur la lutte de classe) a évolué, au moins dans certains aspects. Foucault a cessé de voir dans les luttes – plutôt que dans le droit – le seul principe des analyses généalogiques. Ceci est à remarquer pendant le cours de 1976, « Il faut défendre la société », sans que tout le monde ne s'en soit aperçu. Pour autant, Foucault ne devient pas durkheimien et ne souscrit pas à l'usage de la juridification comme mécanisme de résolution de tout affrontement ou de friction. Il conseille même plutôt de s'opposer à cette tendance qu'il voit dans le programme des socialistes avant 1981. Son avis négatif sur les tribunaux populaires reste constant mais, bien qu'il ne trouve pas l'occasion en 1981 de le dire, les mobiles du soupçon semblent s'être modifiés. Il n'est plus certain que l'œil du paysan voie toujours juste, ni que l'instance judiciaire soit en toute circonstances un pur truquage.

Or, on peut tracer un déplacement quelque peu analogue, à travers cette même période, entre les deux traitements d'un texte identique dans les cours tenus respectivement au Collège de France en 1971 et en 1980. Il s'agit du *Œdipe Roi* de Sophocle. On a assez récemment appris que Foucault, lorsqu'il s'embarque dans son « trip gréco-latin » dans ses cours au Collège de France en 1980 avec de nouvelles problématiques et un nouvel agenda de recherche, commence justement par la relecture de ce texte qu'il avait d'abord commenté en 1970-1971, lors de son premier cours au Collège de France, puis dans ses conférences brésiliennes.

Dans le cours de 1970-71 sur les origines de la politique, de l'économie monétaire et du droit public, on retrouve la référence à la Grèce archaïque, prise dans une matrice généalogique de la guerre civile, des nouvelles inégalités, et de la lutte des classes. Foucault se situe ici dans les pas de la philologie marxiste de Pierre Vernant et d'autres, en mettant à l'épreuve des savoirs historiques, comme l'a expliqué Daniel Defert, des thèses généalogiques de Nietzsche. Une nouvelle justice, axée sur la notion de mesure, pacifie certes la guerre sociale, mais elle entérine les inégalités. La lecture de l'*Œdipe* met l'emphase ici sur le discrédit et la déchéance du pouvoir-savoir malin et rusé du tyran *Œdipe*, marquant le début symbolique d'une longue inconscience dans notre culture politique du fonctionnement des pouvoirs-savoirs.

Neuf ans plus tard, dans le cours de 1980 (et à nouveau dans *Mal faire, dire vrai*), l'analyse est reprise, tandis que les accents sont modifiés, déplacés, et parfois inversés. Le commentaire sur l'*Œdipe* fait plutôt valoir l'apparition d'un postulat positif, donné ici également par Foucault comme un trait fondateur du droit public de la culture occidentale, à savoir que l'exercice légitime de souveraineté doit être lié (selon des modalités qui sont historiquement très variées) à une « manifestation de la vérité », en sorte que par exemple le dire-vrai d'un esclave puisse par un procédé juridique (en l'occurrence la menace de supplice) entraîner la chute d'un roi.

Ces deux déplacements d'analyse parallèles à travers les années 1970 dans les conceptions de Foucault concernant, respectivement, le statut de la justice et celui de la vérité, sont sans doute tous les deux à la fois partiels et complexes, mais paraissent composer ensemble une progression cohérente. Il est donc intéressant de poursuivre en voyant en quoi cette inflexion se traduit dans la discussion sur les enjeux actuels du droit.

En 1976, comme nous venons de le voir, Foucault écrit que l'analyse politique est à réinventer, afin de se déprendre en premier lieu du modèle « juridico-discursif » de l'exercice du pouvoir, modèle qui est calqué sur l'essor et la forme historique effective des monarchies occidentales, dotées d'une autorité centralisée et munies d'un monopole de la force militaire, monarchies dont par ailleurs le droit se trouve armé et imposé par un pouvoir de vie et de mort. Foucault écrit alors, dans une phrase célèbre, que le recours persistant à ce modèle dans notre pensée politique, alors que les relations de pouvoir se sont entre-temps profondément remaniées, fait que nous « n'avons pas encore coupé la tête du roi ».

Or, en 1981, par une décision dont Foucault a été considéré parmi les partisans, le nouveau gouvernement de gauche supprime la peine de mort en France. En saluant cet événement, Foucault remarque que le dénivellement entre gouvernement et gouvernés s'est trouvé, de par ce fait, « réduit d'une tête » ; manière de dire que cette reforme pénale a un sens plus vaste que le droit pénal et s'inscrit dans de ce que Foucault appelle le « droit public », c'est-à-dire, pour lui, la relation entre gouvernants et gouvernés et la nature et les fondements de l'autorité gouvernementale. Éliminer l'archaïsme de la guillotine a donc une signification extrêmement importante en termes de philosophie politique et de pratique dans la mesure où, selon Foucault, cette mesure implique la possibilité, précisément, d'une mise en cause des rapports de pouvoir qu'il considérait en 1976 occultée par l'ancien paradigme du « juridico-discursif ».

La « victoire du possible » en 1981, selon Foucault, relève ainsi de deux éléments conjugués : un déplacement et une ouverture réelle dans les termes de l'« analyse politique », ainsi que des expériences et engagements de nouveaux acteurs qui, dans un *kairos* du possible, reconnaissent l'occasion et l'opportunité d'avancer des luttes entamées jusqu'alors en dehors de la scène politique. L'adoption de mesures, comme la suppression de la peine de mort, allant à l'encontre du sentiment de la majorité, mais commandant, dans cette échéance, le respect des gouvernés, fait dès lors partie de ce que Foucault appellera ici une « logique de gauche ».

Il serait sans doute intéressant de tenter d'approfondir, de retrouver, reconstruire et redire plus clairement en quoi, selon Foucault, cette « logique de gauche» devait consister. Les éléments qui suivent n'en donnent que quelques prolégomènes.

La Justice est servie

Si l'on revient un peu en arrière, on voit que Foucault a publié en 1979 le commentaire pointu d'une émission de télévision, apparemment filmée dans un restaurant parisien, où le Garde des Sceaux Alain Peyrefitte discutait de ses soucis judiciaires avec des invités du public [4]. Foucault commence par remarquer que le gouvernement (néo)libéral du jour, par de pareilles initiatives publicitaires, semble chercher à promouvoir auprès du public une conception du système judiciaire comme service public, le judiciaire étant alors censé fonctionner à distance de la responsabilité politique exécutive (comme Foucault l'indique, dans la discussion télévisée, il semble que le public ne paraisse pas trop croire, ni trop vouloir croire à cette soi-disant séparation) ; alors que l'État, pour sa part, garderait entre ses mains ce symbole visible et permanent de son autorité qu'est la peine de mort. Foucault estime que les invités du public paraissent contents des deux parties de cette offre (le service public judiciaire et la guillotine), mais lui-même s'interroge pour savoir si ces deux éléments sont vraiment cohérents. En effet, est-ce que les citoyens voudront recourir à un service public qui a, parmi ses fonctions, celle de leur couper la tête ?

Foucault indique ici le premier de ce qui me semble être ses deux arguments majeurs contre la peine de mort (l'autre étant l'inadmissibilité de l'amalgame de pouvoir/savoir juridique qui accouple le pouvoir mortel de punir avec l'expertise ubuesque du criminologue) : à savoir que la peine de mort, symbole exorbitant d'un sur-pouvoir prédémocratique et régalien, est maintenue dans toute sa rigueur uniquement pour des bénéfices liés à une politique démagogique.

C'est pourquoi, deux ans plus tard, avec l'abolition de la peine de mort et le cérémonial habilement orchestré par Mitterrand qui en fait l'accomplissement historique de l'œuvre démocratique inachevée de la Libération, Foucault évoque à propos de cette conjoncture particulière le triomphe d'une « logique de gauche ». Selon lui, la suppression de la peine de mort sera acceptable par l'opinion publique dans ce contexte d'exception et d'accomplissement historique, si elle est comprise comme une réforme quasi-constitutionnelle relevant d'un exorcisme démocratique des traces de Vichy restées dans la culture politique et sociale des IVe et Ve Républiques (permettant par ailleurs de rallier la France, par ceci, aux acquis de la modernité de ses pays partenaires et voisins). On voit alors comment la refonte très partielle du droit pénal peut valoir comme symbole d'une reconsidération de tout le droit public.

4. Foucault M., « Manières de justice », *Le Nouvel Observateur,* 743, 5-11 février 1979. Repris in *Dits et Écrits III*, Paris, Gallimard, 1994, pp. 755-759.

Pourtant, comme Foucault devait aussi sans doute le pressentir, de tels moments de possibilité et d'opportunité historiques sont rares. En l'absence d'occasion pour de semblables créations stato-dramaturgiques, l'état de normalité politique risque d'offrir peu d'occasions pour une telle logique de gauche et on pourrait même tendre, comme on l'a en effet vu plus tard en France et ailleurs, vers une logique plus en phase avec les traits d'une culture populaire de pénalité de style américain, où des régimes sévères de sécurité et pénalité reposent tout autant sur une volonté de la majorité où la peine de mort est bien, pour certains, un service public apprécié, plutôt qu'une démarche étatique ou autoritaire. On reviendra sur cette question en conclusion.

Foucault et le droit en général : plaies et accusations

Surveiller et Punir, le livre le plus polémique de Foucault, a été aussi – comme par hasard ! – la cible la plus fréquente d'objections polémiques – assez souvent provenant d'auteurs classés à gauche. Aussi allons-nous essayer de restituer un peu mieux le champ des positions antagonistes où s'aventure ce travail, en étudiant les blessures et les provocations que l'ouvrage de Foucault est censé avoir commises en ces diverses matières, avant de revenir sur la question de l'exercice du pouvoir et de sa relation au droit.

Dans *Surveiller et Punir*, et dans les discussions préalables à ce livre, Foucault avait amorcé une critique de l'analyse de classe de la gauche marxiste, qui selon lui avait échoué à cerner et à résister à la tactique de classe bourgeoise au XIXe siècle, passant par la scission entre la plèbe prolétarisée et la plèbe non-prolétarisée par le moyen des systèmes policier et carcéral et leur gestion du milieu criminel. Une gauche qui, par ailleurs, utilisait sans aucune réticence les techniques disciplinaires (et autres) de l'ordre bourgeois pour ses propres besoins de formation d'une force d'avant-garde révolutionnaire, pour la correction de ses erreurs et pour l'élimination de ses concurrents et de ses adversaires, avec les conséquences que l'on arrivait à connaître et reconnaître de mieux en mieux, pour ce qui en était de l'URSS et de la Chine, autour de ces années 1970.

Or, en même temps, le libre sujet de droit, citoyen de la modernité occidentale, démocratique et humaniste, se trouvait, dans ce livre de Foucault, rudement traité de « sujet docile » des pouvoirs-savoirs de normalisation, pouvoirs instrumentalisés et rationalisés par des sciences humaines dont la criminologie fonctionnait comme l'exemple même de la bêtise.

Parmi l'audience plutôt rétive de ces leçons, on pourrait distinguer d'une part les orphelins du socialisme alors « réellement existant », qui se mettaient à cette période à devenir des défenseurs des Lumières ; et d'autre part (mais avec beaucoup de recoupements), les nouveaux prédicateurs et jurisconsultes d'un *Grundordnung* démocratique, solidement établi sur le fondement des éléments des sciences humaines. Il y eut à cette période une vague d'*aggiornamento* du marxisme « occidental » qui s'efforçait, à la suite d'Althusser ou de Gramsci (parfois avec l'ajout d'une sociologie du droit durkheimienne et de la doctrine du sujet et de sa loi selon Lacan), de produire un modèle sagement démocratisé du socialisme, habilité à se battre sur le champ des luttes idéologiques, en se présentant comme savant et fiable pour gérer les changements sociaux par les instruments de la légalité tout en assurant le maintien du lien social fondé sur la règle de droit. Durant un certain temps, on traita donc Foucault de gauchiste régressif qui, dans ses analyses, désapprenait le langage du droit, au moment même où des théoriciens néomarxistes de pointe s'étaient mis à le (ré)apprendre.

En même temps, *Surveiller et Punir*, manifeste s'il en fut des luttes antidisciplinaires, muni de récits de luttes populaires oubliées du XIXe siècle contre les prisons, et qui va inspirer à cette époque une vague de jeunes chercheurs de talent réunis dans la revue néofoucaldienne *Révoltes logiques*, s'est trouvé être lu par une bonne partie de la gauche anglo-américaine comme un pur hymne (pessimiste et/ou nihiliste) au pouvoir et à l'impensabilité d'y résister.

Pendant à peu près vingt-cinq ans, une orthodoxie quasi-obligatoire pour un universitaire américain gauchisant obligera alors à dire qu'il manque à Foucault une conception de la résistance, et qu'il échoue à répondre au grand problème de notre temps, à savoir celui de l'« *agency* », néologisme américain de ces années intraduisible (je le crois fortement) en français et qui veut dire « capacité d'agir » (et plus particulièrement, capacité d'agir à gauche). *Grosso modo*, tout s'est passé comme si les orphelins de la révolution introuvable avaient alors choisi de voir (avec ressentiment) en Foucault le reflet et l'écriture de leur propre sentiment d'impuissance.

Les accusations contre Foucault continuent avec l'édition, parue à l'étranger mais pas en France, de la leçon de 1978 sur la gouvernementalité, leçon dans laquelle une distinction est faite entre la rationalité gouvernementale et les fondations de la souveraineté, puis dans les années 1990 avec une diffusion plus large d'une information en anglais sur les cours de 1978-79 relatifs à la gouvernementalité et ses commentaires critiques à propos de la pertinence des théories de l'État. La remarque de Foucault sur « la tête du roi » est reçue comme un défi dans les années 1980 par la grande majorité de ses critiques à gauche, qu'ils soient post-althussériens, post-trotskistes et/ou habermassiens.

On dépeint alors Foucault en nihiliste nietzschéen (*Jungkonservative*, au dire d'Habermas lui-même) ravalant toute théorie politique (y compris la théorie de la souveraineté politique et sa légitimation, la théorie du droit et des droits et la théorie de l'État) au rang de fiction édifiante, et considérant la loi, le droit et les institutions juridiques comme des réalités de second ordre par rapport aux formes réelles de l'exercice du pouvoir dans les sociétés modernes, tout ceci sans proposer d'alternative en termes de légitimation des luttes de résistance ou d'un ordre meilleur.

Dans les cercles universitaires anglophones préoccupés de la sociologie « critique » du droit et d'une éventuelle politique démocrate et socialiste du droit, deux auteurs ont lancé en 1994 ce qu'ils appelèrent « la thèse de l'expulsion » (*expulsion thesis*), selon laquelle Foucault aurait « expulsé » le droit de l'analyse historique et politique de la modernité [5]. Un peu comme Jean Baudrillard qui, avec une dextérité de polémiste, avait traité les remarques de Foucault sur le pouvoir comme constituant elles-mêmes un système de despotisme intellectuel, l'historien du Grand Renfermement serait celui qui aurait banni les juristes de sa république [6]. Résultat, sous cette pluie de fins de non-recevoir et d'interdictions en règles, les contenus de *Surveiller et Punir* concernant précisément le droit et le système de justice criminelle et pénale vont finalement avoir tendance à être passés sous silence durant des années.

Foucault et le droit en général : confusions, positivités

Que dire de tous ces reproches ? Notons d'abord que dans l'évaluation des positions de Foucault concernant le droit, il faut distinguer entre méthode et matière. En refusant de concevoir l'exercice du pouvoir à partir du modèle de la loi et du droit, on n'élimine pas pour autant le juridique de l'histoire, de la matérialité des relations sociales, ni des pratiques et relations de pouvoir et de gouvernement. Mais, pendant un long moment, on a néanmoins reproché à Foucault de cantonner l'analyse du pouvoir aux micropouvoirs disciplinaires, de faire l'économie du fait étatique, d'être aveugle à la centralisation étatique des pouvoirs et aux enjeux de résistance au niveau stratégique.

Foucault a alors établi, en répondant à ce premier reproche, que l'histoire de la gouvernementalité fournissait aussi une analyse du fait étatique, établissant une continuité d'analyse entre les échelles micro et macro et ce, sans avoir à postuler une essence ou une puissance causale intrinsèque à l'État lui-même. En retour, on lui a objecté que l'histoire de la gouvernementalité excluait toujours la dimension de la souveraineté et des fondements de sa légitimité – en particulier les enjeux des révolutions et de l'ordre démocratique.

Pourtant, à bien regarder les choses, Foucault propose au contraire que l'histoire des gouvernementalités soit enchevêtrée avec l'histoire des souverainetés : dans le passé récent, par exemple, il indique dans *Naissance de la biopo-*

5. Hunt A., Wickham G., *Foucault and Law: Towards a Sociology of Law as Governance*, Londres, Pluto Press, 1994.
6. Baudrillard J., *Oublier Foucault*, Paris, Éditions Galilée, 1977.

litique comment la gouvernementalité du marché a pu fonctionner en Allemagne comme un moteur de recréation d'une légitimité étatique à partir de la réduction de celle-ci à zéro en 1945.

D'une façon plus générale, il serait sans doute utile de répertorier les nombreux écrits où la recherche de Foucault nous propose, quoique de façon éparpillée, un certain nombre d'analyses où il est accordé au droit justement son plein statut de réalité historique et de matière à analyser en termes de positivité.

Positivité historique et généalogique du droit

Sur le plan historique, on trouve à plusieurs reprises dans les analyses de Foucault des épisodes où le droit fonctionne comme lieu ou source d'invention et de mutation des modalités de savoir/pouvoir ou de gouvernement. Dans le cours brésilien de 1973 sur « La vérité et les formes juridiques», la technique d'enquête, l'invention des pratiques de droit ecclésiastiques et civiles médiévales, servent comme foyer de tout un ensemble de savoirs empiriques en Occident. Tout en se moquant du prestige trop pérenne d'un modèle de pouvoir juridico-régalien, Foucault reconnaît parfaitement que la captation centrale des pouvoirs judiciaire, fiscal et guerrier est l'opération fondatrice des puissances étatiques occidentales. Pareillement, dans ses cours sur la gouvernementalité, l'action et le processus légal apparaissent comme des caractéristiques électives du libéralisme, comme l'art de la limitation du pouvoir gouvernemental. Pourtant Foucault estime ici plus efficace, au niveau des pratiques, la formule « anglaise » et « radicale », voire utilitaire, de limitation du gouvernement par la représentation des intérêts, que ses équivalents « français» et « révolutionnaires » qui, selon lui, limitent le despotisme par l'exigence de faire valoir des droits.

De même, dans le portrait fait par Foucault de la version allemande du néolibéralisme comme ordolibéralisme, un interventionnisme juridique indéfini fait partie de la caractéristique essentielle d'un style de gouvernement actif, consacré à sauvegarder un espace de jeu non-naturel de libre concurrence. Ainsi, en voulant faire valoir le caractère spécifique de la gouvernementalité comme type d'objet historique, Foucault ne renie pas le contrepoint historique continu entre le registre des arts de gouvernement (avec leur économie, leur efficacité, leur principe de rationalité acceptable) et celui du problème récurrent des fondements légitimes de la souveraineté, ce second terme faisant référence, comme le fait remarquer Foucault dans sa première leçon du cours de 1980, leçon qui précède justement la lecture d'*Œdipe* que nous avons citée ci-dessus, à des procédés qui ont des fonctions non-utilitaires de manifestation de vérité.

Il est aussi significatif que, à partir de 1976, une thématique du « droit public » apparaît d'une manière non-systématisée, mais significative, dans les différents cours au Collège de France. Le thème est souvent abordé en lien avec des évocations au théâtre (d'Athènes, de Shakespeare, de Racine et Corneille, de l'Allemagne baroque) comme scènes de leçons sur le droit public, ou bien sur les coups d'État, dénominations sans doute plus ou moins alternatives du même enjeu. Il est enfin utile de remarquer que Foucault, malgré quelques réticences (évoquées ci-dessus) n'a pas eu tendance en général à renier en théorie ou en pratique la pertinence des droits. En 1971, moment de la discussion avec Chomsky, il suffit pour s'en convaincre de consulter les demandes faites par le GIP au sujet des droits (d'ailleurs très élémentaires) des prisonniers de droit commun. Pierre Vidal-Naquet, invité par Foucault à participer au lancement du GIP, a été un officier et un militant de la Ligue des Droits de l'Homme. À propos de l'affaire de l'extradition en Allemagne de l'avocat Klaus Croissant, Foucault remarque que l'on n'est pas tenu de croire naïvement à la générosité des États qui ont décerné autrefois et par raison d'État quelques protections à des exilés politiques pour se résoudre à demander aujourd'hui de la part de ces États le respect strict de ces mêmes garanties. Il n'y a pas à négliger l'usage stratégique d'un recours juridique, du fait de sa généalogie douteuse.

Dans « Le citron et le lait », texte d'hommage à Philippe Boucher, journaliste spécialisé dans les affaires judiciaires, Foucault insiste sur la non-réductibilité mutuelle des principes de l'ordre et de la loi, alors que, et même précisément parce que, dans les pratiques de pouvoir il y a justement fortement tendance à les amalgamer [7]. À diverses reprises, Foucault évoque le surgissement des demandes de nouvelles formes de droit et lui-même propose comme objet de travail collectif l'élaboration de nouvelles conceptions du droit, comme des droits anti-disciplinaires ou bien des droits des gouvernés.

Les séquelles de *Surveiller et Punir* : les mutations du droit et de l'histoire de la gouvernementalité

En ce qui concerne spécifiquement le droit pénal, il faut se rappeler que la recherche dans le domaine pénal de Foucault et de certains des chercheurs qui étaient autour de lui ne s'arrête pas avec la parution de *Surveiller et Punir*. Les traces de ce travail (collectif) de recherche se trouvent pour la plupart hors des livres et des cours que Foucault donne publiquement en France, mais il n'en existe pas moins. Le texte capital, prolongeant des indications déjà données à la fin du cours de 1976 au sujet des écoles de criminologie belges et italiennes de « défense sociale », est sans doute le cours lu et publié au Canada en 1978,

7. Foucault M., « Le citron et le lait ». Repris in *Dits et Écrits III*, Paris, Gallimard, 1994, p. 695..

« L'évolution de la notion d'"individu dangereux" dans la psychiatrie légale du XIXe siècle ». Foucault explique ici que le parasitage du droit pénal par des savoirs-expertises disciplinaires ou normatifs n'a pu avoir lieu qu'à partir d'une refonte fondamentale de l'ontologie du droit lui-même. Cette perspective a été poursuivie dans les travaux de ses collaborateurs comme François Ewald, Pasquale Pasquino, Giovanna Procacci, Catherine Mevel-Donzelot, Daniel Defert, Robert Castel et Jacques Donzelot.

Cette refonte du droit tient notamment à l'avènement d'une nouvelle conception du droit social et à l'invention d'une conception de la *responsabilité sans faute*, ayant des applications à la fois dans le droit civil (accidents du travail, assurances) et dans le droit criminel (réorientation de la justice pénale de la sanction des actes vers l'identification et le traitement préventif de l'individu dangereux). Cet avènement annonce une société à la fois libérale, assurantielle et sécuritaire, une société qui vit dangereusement en même temps qu'elle gère ses risques. Cet ordre, qui à la fois produit et consomme des libertés, s'est montré par la suite tout à fait capable de détendre les disciplines, d'assouplir ou de démultiplier les normes, mais en même temps cet ordre a rendu possible une dérive, un engrenage sécuritaire et démagogique.

Ces recherches sur les mutations du droit social, du droit du travail et du droit des assurances faisant partie intégrante d'une histoire de la gouvernementalité des États-Providence, font ainsi apparaître un réseau de savoirs, de techniques et de problématiques (solidarité, risque, sécurité) qui sont tout à fait pertinentes pour une histoire du présent en 1979, mais aussi et encore pour le nôtre en 2014, car il est peu probable que l'on puisse faire le diagnostic des formes du néolibéralisme d'aujourd'hui sans être capable de faire la généalogie des États de providence d'hier et (pour une partie encore non négligeable) d'aujourd'hui. Ces analyses, qui ont été dispersées depuis 1984 (sinon avant) du fait de la diaspora des individus et des aléas de carrière, seraient certainement utiles pour une histoire du présent si elles étaient rassemblées et analysées.

Foucault en 1980-84 : droit et pénalité dans le « trip gréco-latin »

Les cours de Foucault de 1978-79 sur la gouvernementalité dépeignent les capacités d'innovation des néolibéralismes de son temps, indiquant la nécessité pour le socialisme de s'inventer sa propre rationalité de gouvernement, et on regardera ci-dessous si ses analyses peuvent servir à étudier la suite de ces histoires. Auparavant, il faut rappeler que Foucault lui-même n'a pas poursuivi après 1979 ses analyses des gouvernementalités modernes et actuelles, et s'est mis à faire un peu autre chose. Pourquoi ? Quelle est donc l'idée qui préside à l'organisation du cycle de cours de 1980 à 1984 (Louvain 1981 et Berkeley 1983 inclus), un ensemble de recherches dont on voit bien maintenant que les enjeux dépassent largement la portée des deux volumes parus en

1984 : un cycle dont Foucault indique en 1984 qu'il touche à sa fin, sans avoir le temps ni de le conclure ni de donner une vue d'ensemble de ses objectifs et de ses résultats. Ces recherches sont donc inachevées et pour une large partie n'ont été disponibles que très récemment. Elles n'ont guère (ou peu) fait un apport direct aux enjeux juridico-pénaux de leur époque. Pouvons-nous néanmoins y trouver un apport pour nos enjeux de maintenant ? On va tenter ici rapidement de démontrer que oui.

Pour identifier le cœur thématique de ces recherches des années 1980, on peut utilement commencer avec le texte de Dumézil que Foucault met en exergue dans sa seconde leçon de Louvain en 1981 : « aussi haut que l'on remonte dans le comportement de notre espèce, la parole vraie est une force à laquelle peu de forces peuvent résister ». À travers ces cours, c'est l'enquête sur les transactions et tractations avec la vérité (jeux, actes, régimes et pratiques de vérité, avec, dans chaque cas, les fonctions et les rôles correspondants du locuteur du dire-vrai) qui paraît être le fil rouge. Quatre notions-clés, imbriquées, développent alors cette thématique : alêthurgie (manifestation de la vérité, y compris notamment la notion d'une vie véritable ou véridique), véridiction (modalités du dire-vrai), aveu (énonciation hasardeuse de vérité sur soi), *parrêsia* (franc-parler ou courage de la vérité, pour les bénéfices de l'autre ou de la cité). La période dite « dernière » du travail de Foucault est souvent commentée en termes de ses soucis éthiques : elle pourrait aussi bien être surnommée sa période « aléthique », la période des problématiques de vérité.

Dès 1979, Foucault considère que l'axe des rapports entre « véridiction » et « juridiction » se trouve au cœur de sa problématique ; et par juridiction, on peut considérer qu'il entend aussi bien le politique (ou le dire politique) que le droit (ou le dire juridique). Entre 1980 et 1984, on le voit s'intéresser également à la fonction du dire-vrai dans l'espace public culturel contemporain comme le montre son entretien avec Edmond Maire.

De même, il s'occupe de la lutte entre franc-parler et démagogie dans la démocratie comme le signale son affrontement avec les socialistes à propos de la Pologne, mais aussi la discussion avec R. Bono sur les apories et les choix qu'il faudrait « avoir le courage » d'étudier concernant la sécurité sociale et les coûts de la médecine [8].

Dans le cadre de ces analyses, le rapport à soi et le gouvernement de soi, avec ses pratiques et techniques, apparaît comme la matrice de liberté et le foyer de résistance à la gouvernementalité [9]. Dans le premier cours de 1983, dont une partie a été éditée à part dans un texte célèbre, Foucault commente la

8. Foucault M., « "Un système fini face à une demande infinie" (entretien avec R. Bono) », in *Sécurité sociale : l'enjeu*, Paris, Syros, 1983, pp. 39-63. Repris in *Dits et Écrits IV*, Paris, Gallimard, 1994, pp. 367-383.

conception de la question des Lumières chez Kant comme une problématisation parrhésiastique de l'actualité, et s'inscrit lui-même dans cette conception et filiation de la tradition kantienne.

Rappelons que la question d'une politique de la vérité surgit dans la réflexion de Foucault bien avant 1980, et qu'elle est apparue bien souvent en rapport avec des affaires judiciaires. Il en est ainsi par exemple du texte de 1976, « Une mort inacceptable », où il nous interpelle : « et si la tâche politique de maintenant n'était pas de produire de la vérité, de l'objecter partout où c'est possible, d'en faire un point de résistance irréductible ? [10] »

Fabienne Brion et Bernard Harcourt ont fait justement valoir que *Mal faire, dire vrai* – le cours sur les formes de véridiction et de juridiction prononcé par Foucault à Louvain en 1980-81 – s'inscrit lui-même dans le droit fil de ses interventions et de ses engagements antérieurs, en particulier au sein du GIP, le Groupe d'information sur les prisons. C'est dans ce cours de Louvain en 1981, que les enjeux de la pénalité se trouvent insérés dans ce cadre des thèmes « aléthiques ».

En effet, dans *Mal faire, dire vrai*, à la fin d'une histoire traversant trois millénaires de l'aveu dans ses diverses manifestations, judiciaires et/ou pénitentiaires, apparaît, au temps des Lumières (donc à peu près en contemporanéité avec le personnage du révolutionnaire [11] et de l'homme double des sciences humaines qu'il a évoqué dans *Les mots et les choses*), la nécessité, pour une justice éclairée, d'un criminel qui avoue et qui participe comme sujet au processus de son jugement et de sa peine. Mais ce bon sujet criminel a tendance de nos jours à faire de plus en plus défaut, ce qui, dans l'optique de Foucault, risque d'entraîner une crise de la raison de punir.

À propos de ceci, on peut se rappeler ce que Foucault avait proposé dans un exposé devant des philosophes français en 1978, où il définit la critique comme une volonté de n'être pas gouverné (ou de ne pas l'être ainsi, ou autant) ; et que dans une intervention au Canada, à la même époque, il avait évoqué à l'occasion d'une conférence sur les droits des prisonniers l'idée d'une « volonté de ne pas être puni ».

On aurait aimé lui demander le rapport qu'il voyait entre ces deux volontés, tant la seconde semble de nos jours avoir fait moins d'avancées que la première. L'« âme moderne », le sujet de gouvernement formé à subir et accepter

9. Foucault M., Cours du 17 février 1982, in *L'Herméneutique du sujet : Cours au Collège de France (1981-1982)*, p. 241, 2001.
10. Foucault M., « Une mort inacceptable », préface à Cuau B., *L'Affaire Mirval ou Comment le récit abolit le crime*, Paris, Les Presses d'aujourd'hui, 1976, pp. VII-XI. Repris in *Dits et Écrits III*, Paris, Gallimard, 1994, pp. 7-9.
11. Foucault M., Cours du 7 mars 1984, in *Le courage de la vérité. Le gouvernement de soi et des autres II. Cours au Collège de France (1984)*, 2008, pp. 169-172.

les formes de pouvoir-savoir caractéristiques des sociétés de normalisation dont parle ironiquement, et parfois un peu cruellement, *Surveiller et punir*, semble bien correspondre au sujet capable d'admettre et de subir les punitions pénales qui relèvent de cet ordre. Foucault semble nous indiquer que ce visage tracé dans le sable du temps serait en train de s'effacer.

Sur la base des textes actuellement disponibles, il ne semble donc pas qu'il y ait une philosophie foucaldienne du droit (bien que des élèves de Foucault aient tout à fait le droit d'en construire une, selon leurs idées). Suggérons toutefois que le lien entre véridiction et juridiction est un enjeu majeur et profond dans la pensée de Foucault. Le droit se trouve de fait impliqué de façon récurrente dans toutes les histoires que raconte Foucault sur les jeux indéfinis de vérité où se trouvent impliqués des puissances, des savoirs et des libertés.

Néolibéralisme et pénalité : la prescience de Foucault ?

Parmi les moyens de penser les déplacements des enjeux et des conjonctures entre 1975 et 2014, nous disposons des éditions posthumes des cours de Foucault qui ne cessent de retenir l'attention de nouveaux lecteurs. La parution en 2005 des cours de Foucault sur le libéralisme et le néolibéralisme lui a d'ailleurs valu à titre posthume des hommages quant à sa capacité de prescience et de prémonition. Mais, peut-être Foucault était-il tout simplement plus attentif, un peu plus averti et un peu moins en retard que ses contemporains vis-à-vis de son actualité : et les plus attardés en cette matière, n'ayant pas pris le temps de s'attarder sur l'histoire, ont maintenant tendance à croire que le néolibéralisme serait une invention des années 1975-80.

S'agissant spécifiquement des évolutions pénales des deux décennies depuis la mort de Foucault, on peut se demander ce qui peut être compris à la lumière de ses idées, ou alors relever des raisons pourquoi il faut aller chercher ailleurs, ou bien encore se mettre soi-même en quête d'une explication.

On a pu remarquer que l'ascendant gouvernemental du néolibéralisme aux États-Unis n'a aucunement amoindri la punitivité de cette société : on y a bien vu le contraire. Paradoxe, contradiction, ou logique interne des doctrines du libre marché ? Il est frappant qu'en 1979, Foucault, dans son survol des idées néolibérales de l'école de Chicago, se soit attardé précisément à étudier les conceptions économiques de Gary Becker sur les crimes et les punitions. Il fait remarquer que selon Becker, les sociétés ont intérêt à tolérer un certain nombre d'illégalismes : un certain nombre, c'est-à-dire un nombre supérieur à zéro. La *tolérance zéro*, avec sa surenchère récente de rigueur préventive, ne serait donc pas une idée néolibérale.

Faut-il alors supputer, pour retrouver la logique de ces pratiques, d'autres principes de gouvernementalité libérale que Foucault aurait omis en 1979 de dégager ? Par exemple, une dépendance originaire, depuis les débuts de la physiocratie, entre la naturalité, la liberté économique et un activisme exacerbé du droit pénal en faveur de la propriété ? Il est difficile de voir les preuves d'une telle nécessité, en tout cas elles ne paraissent évidentes ni dans le texte de Foucault, ni (à ma connaissance) ailleurs. Si on essaie par exemple de comprendre le rétablissement de la peine de mort aux États-Unis depuis la fin des années 1970 – pour autant que je sache, non discuté par Foucault avant sa mort –, on peut trouver que le livre récent de David Garland (autrefois lecteur attentif de Foucault) en propose une analyse pertinente, bien que dans les apparences éloignée de Foucault, en termes non pas d'une logique d'économie libérale, mais d'une culture politique démocratique et républicaine fortement décentralisée (un fort soupçon anti-étatique ayant été évoqué, en fait, par Foucault comme trait pérenne du « libéralisme » politique américain), où des mécanismes démagogiques locaux sont susceptibles de mobiliser un appui populaire pour une justice sévère sur des bases socio-historiques en partie esclavagistes [12].

D'autres lecteurs ont, suivant la ligne d'analyse de Robert Castel [13] (qui, comme Jacques Donzelot, est un bon connaisseur des innovations gouvernementales aux États-Unis), repris à Foucault ses analyses des « dispositifs de sécurité » comme outillages de la gouvernementalité occidentale depuis l'ère de l'État de police, y trouvant des moyens pertinents pour rendre intelligible une gamme de pratiques préventives orientées vers des populations-cibles censées être soit « à risque », soit porteuses de risques.

Les études de Foucault sur le néolibéralisme de son temps (et avant) restent donc une importante ressource pour la réflexion sur nos temps présents. Elles ne sont pas pour autant une clef suffisante pour tout comprendre. Malgré les tendances actuelles qu'on trouve chez certains auteurs, le néolibéralisme n'est pas un principe d'explication universel, pas plus que la biopolitique, ou le sécuritaire. Rappelons d'ailleurs que dans les analyses de Foucault il n'y a pas une seule, mais plusieurs variantes de néolibéralisme – allemand, français, américain. Et que la *globalisation* (mot, qui paraît-il, n'était même pas encore passé dans la langue courante du vivant de Foucault) n'a pas encore aboli ces différences, pas plus que bien d'autres.

12. Garland D., *Peculiar Institution: America's Death Penalty in an Age of Abolition*, Harvard University Press, 2010.
13. Castel R., *La Gestion des risques. De l'anti-psychiatrie à l'après-psychanalyse*, Paris, Éditions de Minuit, 1981 ; et Castel F., Castel R., Lovell A., *La société psychiatrique avancée. Le modèle américain*, Paris, Grasset, 1979.

Penser l'actualité, avec et sans Foucault : propositions

Foucault lui-même a dit – en l'occurrence à propos de l'Iran – qu'il ne savait pas prédire le passé, ni faire l'histoire de l'avenir. Sa prescience n'allait pas, par exemple, jusqu'à prédire l'ascension de la *tolérance zéro*. Ses textes ne sont donc certainement pas un moyen de divination des temps futurs.

En revanche, la devise kantienne de *sapere aude*, « Aie le courage de te servir de ton propre entendement », doit nous inviter à penser nous-mêmes le nouveau, soit avec des moyens conceptuels à notre disposition qui conviennent à la tâche, soit s'il le faut, en s'en inventant d'autres. C'est pourquoi, au mieux, peut-être, pour qui le veut, essayer de penser notre actualité se fait à la fois avec et sans Foucault ; sans manquer d'utiliser les outils qui servent entre nos mains, ne calquons pas pour autant l'intelligence d'un réel nouveau sur d'anciennes recettes. À ce propos, et pour terminer, voici quelques modestes propositions pour des lignes de recherche futures.

Néolibéralismes et illégalismes

La publication récente du cours de 1973 sur *La société punitive* attire notre attention sur une thématique majeure de *Surveiller et Punir*, assez largement oubliée (ce livre étant bien plus souvent dénoncé que lu) : les « illégalismes ». L'Ancien Régime offrait aux États et classes sociales des occasions diverses de détourner, de court-circuiter ou de truquer les lois à leur profit : contre ou en-dessous des lois, il y a eu les illégalismes divers et respectifs de la noblesse, de la bourgeoisie, de l'artisan et du menu peuple. Le lecteur marxiste, se plaignant du manque chez Foucault d'un principe ou d'une force de résistance au pouvoir étatique, semble avoir oublié ou fait l'impasse sur toutes ces résistances sournoises à l'ordre juridique, et leur réaménagement systématique, avec le plein avènement de la société de marché, au profit d'une classe : thème majeur du livre de Foucault, qu'on retrouve, exposé en détail déjà en 1973, dans *La société punitive*.

Il serait dès lors intéressant de relire dans cette optique, avec Foucault mais aussi en se souvenant des aléas récents du marché, les réflexions de Gary Becker sur l'économie des crimes et des châtiments. Admettons un moment avec Becker qu'il y a un taux minimal d'illégalismes (taux supérieur à zéro) au-dessus duquel la suppression des infractions ne serait plus rentable. Ce taux est-il le même pour des manipulations boursières, des infractions de stationnement de voitures, des graffiti ou des petits vols ? Si ce n'est pas le cas, quelles sont donc les différences entre ces taux ?

Par ailleurs, comment actualiser, après le *krach* de 2008, le contraste très marqué que Foucault repérait entre les politiques de réglementation et d'encadrement juridique de la concurrence prônées respectivement par les néolibéralismes allemand et américain (politique de réglementation active en faveur de la concurrence dans un premier temps, chez les Allemands ; politique de déréglementation, à partir des années 1970-80, chez les Américains, suivis par les Britanniques) ? Pour mettre à jour l'analyse ponctuelle, sinon précoce, que Foucault fit alors du néolibéralisme, il serait sans doute pertinent de s'inspirer de ses analyses antérieures sur les illégalismes capitalistes et leur symbiose avec la règle du droit.

Aveu et *parrhésia* des intellectuels spécifiques

Nous avons vu que le « dernier » Foucault s'intéressait à la pratique de la *parrhésia*, du courage de la vérité, au présent autant qu'au passé. Cet intérêt et les obligations éventuelles qui pouvaient s'ensuivre pouvaient correspondre à des conduites de dénonciation qui ne sont pas forcément inédites, et pas forcément étrangères à une éthique préalablement existante de l'« intellectuel public ». Il y a eu le cas du docteur Édith Rose, la psychiatre de la prison de Toul, auteure d'une lettre publique au Président de la République, Georges Pompidou, où elle dénonçait une série de violences sur des détenus. Foucault joua alors un rôle de relais et d'amplificateur de cette critique personnalisée. Madame Rose paya de sa carrière, semble-t-il, le prix de son dire-vrai. Une décennie plus tard, Foucault remarque dans un cours sur les éthiques gréco-romaines que le rapport de soi à soi gît au fond dans la capacité de résistance à la gouvernementalité ; il se peut qu'il y ait, dans cette réflexion, un hommage à ceux pour qui le rapport à soi passe par la problématisation de l'« intolérable » dans ce qu'on fait soi-même – un hommage qui souligne l'importance de ce type de résistance.

Foucault et Badinter : jeu des conduites, cadre du droit ?

À l'encontre de quelques idées reçues, Foucault retire en 1983 de ses lectures de Platon le principe que les philosophes n'ont pas à donner des lois à leur cité. Sa lecture de la lettre de Platon sur ses voyages à Syracuse et sur les conditions de possibilité d'une *parrhésia* politique en diverses circonstances pouvait être alimentée par quelques expériences contemporaines et personnelles, et s'y référer tacitement ; il est douteux, par exemple, que si Foucault évoque, dans le cours de 1983, l'œuvre de Jan Patocka – philosophe tchèque et militant de la Charte 77, décédé en 1978 après un interrogatoire policier –, ce soit uniquement en raison de sa réflexion érudite sur Platon.

En 2008, à l'occasion d'un colloque public sur Foucault, Robert Badinter, alors sénateur et président du conseil constitutionnel, a tenu un discours qui dénonçait avec la plus grande véhémence la législation sécuritaire et pénale du gouvernement français contemporain. Le philosophe et le juriste ont été des alliés, trente années auparavant, pour dénoncer publiquement, chacun avec ses propres raisonnements, la peine de mort. Foucault a salué l'acte de Badinter, qui supprima cette peine en 1981. Après 1981, il paraît que Foucault (lui qui avait refusé deux fois, pour des raisons de « coupe-tête », de déjeuner avec des présidents de la République) a ensuite consenti à agir quelques fois comme conseiller privé de Badinter, dans ses fonctions de ministre de justice. On sait que Foucault et Badinter travaillaient ensemble, au moment de la mort de Foucault, à un projet de création d'un centre de recherche en philosophie et droit. Badinter a écrit en 1986, dans le volume d'hommages à Foucault publié par la CFDT :

> « Au cours de nos dernières conversations, Michel Foucault soulignait la nécessité de mieux appréhender dans une société laïque et pluri-culturelle l'importance de la règle de droit et de sa fonction architecturale, transcendant le normatif pour devenir, de l'édifice social, l'arc-boutant : celui que des forces opposées soutiennent et qui assure l'équilibre de l'ensemble. »

Foucault pensait-il alors effectivement cela ? Peut-être. L'idée d'un régime de droit qui aurait pour vocation de protéger une société de différences, un pluralisme de conduites, peut paraître un peu en retrait par rapport à l'évocation, à la fin de *Surveiller et punir* d'un « grondement de la bataille » autour de la justice pénale. Aujourd'hui, cette même idée peut paraître un peu moins banale ou évidente et, dans cette mesure, encore digne de notre écoute, comme le sont les considérations qui ont pu la fonder aux yeux du philosophe. Précisons qu'il s'agissait ici des idées de Monsieur et non de Madame Badinter. Il était encore possible alors, paraît-il, d'imaginer une république à croyances plurielles.

Conclusion : le possible alors et maintenant

Essayons de reprendre nos questions de départ pour conclure brièvement.

Douter

Sur la question de : que faire avec la pénalité – que faire, sinon la prison, Foucault avouait ne pas avoir de recette, mais il prônait la persistance du doute, de la persévérance dans l'inquiétude sur le bien-fondé de ce que nous persistons à faire, faute de mieux ou faute d'idées sur le mieux, à condition que cette inquiétude ne cesse pas d'être le mobile d'un travail. Pour ce qui est du devenir du possible d'alors, en matière de pénalité, il semble que, en France, grâce à quelques doutes ou un peu de mauvaise conscience (où le travail et l'intervention de Foucault ont joué un peu comme nous l'avons évoqué), pour un temps au moins, il y ait eu des réticences devant l'option de l'acharnement carcéral, au moins en comparaison avec ce qui s'est passé ailleurs. La politique d'asile de l'État français a pu aussi, pendant un certain temps, donner l'air d'avoir compris les propos de Foucault dans sa lettre adressée aux *leaders* de la gauche. Mais ensuite, on a l'air d'être parti à la dérive, depuis que sont intervenues des forces nouvelles ou renforcées allant dans l'autre sens, pendant que les tendances préalables en faveur du doute faisaient plutôt semblant de s'endormir.

Pour ce qui est du possible maintenant : il faut nous demander, d'abord, si ce possible serait le possible d'un réel. Quelqu'un, qui n'était pas Foucault, a dit avant-hier que les droits de l'homme ne sont pas une politique. Foucault, pour sa part, avait admis que les droits humains étaient et sont un enjeu politique, pour peu qu'on les considère comme synonymes des droits des gouvernés. Quelque part dans notre actualité, on a tiré un peu d'espoir quand on a vu une menace de la part de l'instance judiciaire américaine de fermer une prison en Californie, en raison des critères qui ont sanctionné le traitement des détenus à Abu Ghraib. Les droits de ces gouvernés qui se trouvaient être des prisonniers, seraient alors fondés, pour leur bien, sur les droits des victimes de torture soumises à une puissance militaire, dans une époque de guerres dites humanitaires. Une certaine idée du possible maintenant ne serait-elle pas alors la possibilité de ne pas avoir à espérer, de ne pas avoir à vouloir que cela ?

Le possible en 1981, dans l'idée de Foucault, était qu'avec un rehaussement du droit public, un redressement du statut des gouvernés, il s'ensuivrait un réaménagement et un élargissement des notions sur les modalités de réflexion et d'intervention des gouvernés dans le champ de la gouvernementalité. Si les circonstances se sont modifiées, la pertinence de cette idée n'est pas pour autant dépassée.

Dans un célèbre petit texte sur les *boat people* et la nécessité d'une solidarité des gouvernés, texte qu'on a pu lire comme la charte philosophique des ONG de notre temps, Foucault affirme pour son compte que les gouvernés ont le droit de s'occuper et d'intervenir dans des questions dites humanitaires qui auparavant étaient censées relever du monopole des gouvernements, à travers le droit international des États [14]. La solidarité des gouvernés corrigerait l'incurie et la paresse calculée des politiques et des gouvernements, du moins, ajouterait-on maintenant à la lumière des expériences ultérieures, tant que les ONG ne se trouvent pas impliquées, et éventuellement compromises, comme acteurs dans les jeux entre les pouvoirs. Y aurait-il une logique de symétrie (et cohérence ?) de cette notion de débordement activiste du côté des gouvernés avec le principe anti-démagogique par lequel Foucault saluait la suppression,

14. Foucault, on se rappelle, avait parmi ses rares prévisions anticipé pour nos jours une grande ère de migrations et d'exodes, dont les implications pour nos pratiques carcérales et sécuritaires ne cessent d'exiger une vigilance inquiète. Foucault M., « Face aux gouvernements, les droits de l'homme », *Libération*, 967, 30 juin-1er juillet 1984, p. 22. Repris in *Dits et Ecrits IV*, Paris, Gallimard, 1994, pp. 707-708.

vraisemblablement contraire à la volonté majoritaire, de la peine de mort ? Beaucoup de notre avenir politique pourrait dépendre du fait de savoir si cette logique peut valoir et se prolonger.

Indocilité et inquiétude

Être rétif vis-à-vis d'un gouvernement, se tenir « debout » et en « face ». Patience et impatience. Discuter, même conseiller, là où cela se peut, là où il y a capacité d'écouter. Objecter une vérité, demander des explications, là où il le faut : voilà deux modalités de *parrhésia*, dans l'espace privé et public, commentés dans les derniers cours de Foucault sur les cas de Socrate, Platon et de bien d'autres. Ne pas flatter le prince, ne pas flatter l'ami. Ne pas flatter démagogiquement le peuple, ne pas se satisfaire de ce jeu rhétorique qui est de convaincre l'autre de ce que l'autre pense déjà. Ceci est une éthique qui dépasse de loin le seul domaine d'application des enjeux juridiques, mais qui convient passablement à ce domaine. C'est ainsi que se termine un de ses textes de 1981 :

> « Il est un danger que peut-être on n'évoquera pas : celui d'une société qui ne s'inquiéterait pas en permanence de son code et de ses lois, de ses institutions pénales et de ses pratiques punitives [...]. Il est bon, pour des raisons éthiques et politiques, que la puissance qui exerce le droit de punir s'inquiète toujours de cet étrange pouvoir et ne se sente jamais trop sûre d'elle-même. [15] »

15. Foucault M., « "Punir est la chose la plus difficile qui soit" (entretien avec A. Spire) », *Témoignage chrétien*, 1942, 28 septembre 1981, p. 30. Repris in *Dits et Écrits IV*, Paris, Gallimard, 1994, pp. 208-210.

Cellules avec vue sur la démocratie

Fabienne BRION

Fabienne Brion est professeur à l'Université catholique de Louvain. Elle étudie les discours, processus et mécanismes qui contribuent, dans les sociétés démocratiques, à convertir des discriminations illégitimes en distinctions légitimes, avec une attention particulière pour les formes mouvantes de la racisation et de la criminalisation. Elle a coédité avec Bernard Harcourt Mal faire, dire vrai. Fonction de l'aveu en justice, *cours prononcé par Michel Foucault en 1981 à Louvain (PUL/UCP, 2012).*

> « La découverte de la population est, en même temps que la découverte de l'individu et du corps dressable, l'autre grand noyau technologique autour duquel les procédés politiques de l'Occident se sont transformés. On a inventé à ce moment-là ce que j'appellerai, par opposition à l'anatomo-politique que j'ai mentionnée à l'instant, la bio-politique. [...] C'est à ce moment-là qu'est apparu le problème de savoir comment [...] nous pouvons régler le flux de la population, [...] régler également le taux de croissance d'une population, les migrations. Et, à partir de là, toute une série de techniques d'observation, parmi lesquelles la statistique, évidemment, mais aussi les grands organismes administratifs, économiques et politiques [...] chargés de cette régulation de la population. Il y a eu deux grandes révolutions dans la technologie du pouvoir : la découverte de la discipline et la découverte de la régulation, le perfectionnement d'une anatomo-politique et le perfectionnement d'une biopolitique [...] [1]. »

C'est un texte en fragments, alternant gros plans et plans larges, inspections empiriques et explorations théoriques ; un carnet d'esquisses, hésitant entre *food for thought* et *work in progress*. Il y est question de lutte contre la surpopulation carcérale, de grand renfermement des étrangers, de transfèrement des détenus et de déchéances de la nationalité ; il y est aussi question de Marx, Rusche, Althusser et Foucault. Chaque fragment peut se lire seul : le

1. Foucault M., « Les mailles du pouvoir », *Dits et écrits, IV*, n° 297, Paris, Gallimard, 1994, pp. 193-194 [*Barbarie*, 4, 1981, pp. 23-27].

lecteur pressé peut – quitte à y revenir – faire l'impasse sur ce qui lui apparaît de prime abord comme une inutile digression philosophique. De l'inspection empirique, des questions émergent que l'exploration théorique tente d'affuter ; certaines intuitions sont élaborées, tandis que d'autres restent en chantier.

En 1972, Deleuze disait à Foucault qu'ils étaient peut-être « en train de vivre d'une nouvelle manière les rapports théorie-pratique ». Le modèle hypothético-déductif et le modèle inductif les conçoivent « sous forme d'un processus de totalisation » : le premier donne la pratique comme une « application » ou une « conséquence » de la théorie ; le second, comme son sol ou sa cause. Or, ajoutait-il, ces rapports sont « beaucoup plus partiels et fragmentaires » : impossible de théoriser sans rencontrer des murs, que seule la pratique peut percer ; impossible sans théorie de repérer une application dans les pratiques d'un autre domaine, plus ou moins éloigné. « La pratique, concluait le philosophe, est un ensemble de relais d'un point théorique à un autre, et la théorie un relais d'une pratique à une autre [2]. »

Le texte qui suit était initialement destiné à une revue juridique belge, la *Revue de droit pénal et de criminologie*. Mon objectif premier était de tenter d'y penser théoriquement, avec Foucault, l'échec de la lutte contre la surpopulation carcérale. L'exercice modifie notre façon de voir la criminalité, la nationalité, la citoyenneté et leurs relations, et met en évidence les limites et les dangers de la problématisation démographique de la surpopulation. Mais il donne aussi à voir le mouvement de l'œuvre du philosophe sous un jour différent, suggérant d'autres façons de penser la succession, dans ses écrits, d'un moment « disciplinaire », d'un moment « biopolitique » et d'un moment « démocratique », ainsi que les relations entre les catégories d'individu, de sujet, de population et de société. Les deux séries de bougés permettent d'éclairer certains enjeux, théoriques et pratiques, du dialogue – ou du combat [3] – de Foucault avec Marx ; et d'entrevoir la signification, toujours actuelle, du diagnostic posé par le philosophe dans un texte sous-titré « vers une critique de la raison politique » : « En réussissant à combiner […] le jeu de la cité et du citoyen et le jeu du berger et du troupeau […] dans ce que nous appelons les États modernes, nos sociétés se sont révélées véritablement démoniaques [4]. »

---

2. Foucault M., « Les intellectuels et le pouvoir » (entretien avec G. Deleuze, 4 mars 1972), *L'Arc*, 49, 1972, rééd. in Foucault M., *Dits et écrits, II*, n° 106, Paris, Gallimard, 1994, p. 307.
3. Balibar E., « Foucault et Marx. L'enjeu du nominalisme », in *La crainte des masses. Politique et philosophie avant et après Marx*, Paris, Galilée, 1997, p. 282.
4. Foucault M., « "*Omnes et singulatim*" : vers une critique de la raison politique », in *Dits et écrits, IV*, n° 291, Paris, Gallimard, 1994, p. 147 ["'*Omnes et singulatim*': Towards a Criticism of Political Reason", in McMurrin S. (ed.), *The Tanner Lectures on Human Values, II*, Salt Lake City, University of Utah Press, 1981, pp. 223-254].

Fragment 1. Un nouveau « grand renfermement » ?

Belgique, 1993. Le 12 janvier, la loi contenant un programme d'urgence pour une société plus solidaire [5] abroge les dispositions légales organisant la répression du vagabondage et de la mendicité [6]. Cinq mois plus tard, le 6 mai, la loi modifiant la loi du 15 décembre 1980 sur l'accès au territoire, le séjour, l'établissement et l'éloignement des étrangers [7] institue des « centres fermés » administrés par le ministère de l'Intérieur. Au centre 127 situé dans la zone de transit de l'aéroport de Bruxelles National – le premier centre fermé de Belgique (soixante places), opérationnel depuis 1988, soit trois ans avant de recevoir une base légale [8] –, sont adjoints le centre 127bis, construit en 1993 et mis en service en 1994 (cent vingt places), et le centre INAD (pour « *inadmissible passenger* »), mis en service en 1995 (trente places) [9]. S'y ajoutent le centre pour illégaux de Merxplas (CIM), colonie pour vagabonds convertie en centre fermé en 1994 (cent quarante-six places) ; le centre pour illégaux de Bruges (CIB), prison pour femmes convertie en centre fermé en 1995 (cent douze places) ; et le centre pour illégaux de Vottem (CIV), mis en service en 1999 (cent soixante places). Dans les établissements pénitentiaires, le nombre de places allouées aux étrangers détenus administrativement à la disposition de l'Office des étrangers est successivement limité à cent quatre-vingt (après la mise en service du CIM), cent cinquante (après celle du CIB) et cent (après celle du CIV). La part des étrangers sans moyens d'existence (SMEX) dans les flux des entrants étrangers en prison diminue, passant de 53 % en 1992 à 11 % cinq ans plus tard.

Ce réaménagement du dispositif d'enfermement a été justifié en 1992 par l'inflation carcérale [10] à laquelle est confrontée l'administration pénitentiaire – une inflation sans précédent au XXe siècle, du moins si l'on excepte l'immédiat après-guerre. Dès 1990, la lutte contre la surpopulation carcérale générée par l'inflation se déploie sur deux fronts.

« Territoire » : après Bruges (632 places), inaugurée en 1991, Andenne (396 places), inaugurée en 1997, Ittre (405 places), inaugurée en 2003, Hasselt

5. *Moniteur belge*, 4 février 1993.
6. Les dispositions abrogées sont la loi du 27 novembre 1891 pour la répression du vagabondage et de la mendicité, loi modifiée en 1912, 1948, 1967, 1971 et 1980, ainsi que les articles 342 à 347 du Code pénal.
7. *Moniteur belge*, 21 mai 1993.
8. *Cf.* les développements précédant la *Proposition de loi limitant strictement la détention de certaines catégories d'étrangers et demandeurs d'asile* introduite par Mmes Marie-José Laloy et Marie Nagy, Sénat de Belgique, *Document législatif n° 2-568/1*, Session de novembre 2000, 9 novembre 2000 (http://www.senate.be/www/?MIval=/publications/viewPub&COLL=S&LEG=2&NR=58&PUID=33575838&LANG=fr, consulté le 13 mars 2014).
9. Un nouveau centre fermé, le « Caricole », destiné à remplacer le centre 127 et le centre INAD, est entré en service en avril 2012.
10. Par « inflation carcérale », il faut entendre l'augmentation, non pas du nombre de détenus, mais du taux de détention, c'est-à-dire du nombre de détenus pour 100 000 habitants. *Cf.* Tournier P., *Dictionnaire de démographie pénale*, Paris, L'Harmattan, 2010, p. 80.

(450 places), inaugurée en 2005, le gouvernement programme dans son « *masterplan* pour une infrastructure pénitentiaire dans des conditions humaines [11] » la construction de sept nouvelles prisons ; sur les sites existants, il prévoit que la capacité soit étendue et que la capacité perdue soit restaurée. La prison de Marche-en-Famenne (312 places) est mise en service en 2013. En 2016, plus de 2 500 places devraient être mises à disposition de la direction générale des établissements pénitentiaires ; en attendant, 650 places ont été louées dans une prison néerlandaise, *a priori* jusqu'à la fin de l'année 2013 [12].

« Population » : ce qu'il est désormais convenu d'appeler le « stock carcéral », s'analysant comme le produit du nombre d'entrées multiplié par la durée moyenne de détention, chacun de ces facteurs a fait l'objet d'une série d'interventions. Cela s'est traduit par la création d'« alternatives de première catégorie [13] », pour réduire le flux des entrées (outre l'abrogation des dispositions sur l'enfermement des vagabonds et la mise en service de centres fermés réservés aux étrangers ou aux mineurs [14], diverses mesures ou sanctions ont été introduites dans le système pénal comme la médiation pénale, la liberté sous conditions, la peine de travail) et d'« alternatives de deuxième catégorie [15] », pour éroder la durée moyenne de détention (ainsi la libération provisoire permet-elle dorénavant aux directions des prisons de libérer les détenus condamnés à des peines inférieures à trois ans dès la date d'admissibilité à la libération conditionnelle, pour autant qu'il ne s'agisse ni d'étrangers dépourvus de titre de séjour ni de personnes condamnées pour des infractions à caractère sexuel [16]).

---

11. *Masterplan 2008-2012-2016 pour une « infrastructure pénitentiaire dans des conditions humaines »*, communiqué de presse du 23 mars 2011 (http://justice.belgium.be/fr/nouvelles/communiques_de_presse/news_pers_2011-03-23_1.jsp, consulté le 18 mars 2013).
12. *Rapport au Gouvernement de la Belgique relatif à la visite effectuée en Belgique par le Comité européen pour la prévention de la torture et des peines ou traitements inhumains ou dégradants (CPT) du 23 au 27 avril 2012*, Conseil de l'Europe, CPT/Inf (2012) 36, p. 28 (http://www.cpt.coe.int/documents/bel/2012-36-inf-fra.pdf, consulté le 8 janvier 2014). La ministre de la Justice a récemment annoncé que le gouvernement évaluerait l'opportunité de poursuivre cette politique au-delà de 2013 ; en dépit des difficultés importantes auxquelles sont confrontés les détenus et leur famille en raison de l'éloignement, elle entend examiner « de manière approfondie en termes d'opportunités et de faisabilité (notamment sur le plan budgétaire) » les propositions visant à élargir l'expérience. *Cf.* la question écrite n° 5-9010 posée par Bart Anciaux (sp.a) à la ministre de la Justice le 13 mai 2013 (http://www.senate.be/www/?MIval=/index_senate&LANG=fr, consulté le 4 décembe 2013).
13. Tournier P., « Démographie carcérale », *Dictionnaire de criminologie en ligne* (http://www.criminologie.com/print/283, consulté le 9 mai 2013).
14. Aux établissements pénitentiaires se sont ajoutés non seulement les centres fermés destinés aux étrangers tenus à disposition par l'Office des étrangers, mais aussi trois centres fermés pour mineurs ayant commis un fait qualifié infraction inaugurés en 2001, 2010 et 2011.
15. Tournier P., « Démographie carcérale », *art. cit.*
16. *Rapport au Gouvernement de la Belgique relatif à la visite effectuée en Belgique par le Comité européen pour la prévention de la torture et des peines ou traitements inhumains ou dégradants (CPT) du 23 au 27 avril 2012*, Conseil de l'Europe, CPT/Inf (2012) 36, pp. 28-29. L'approche démographique du surpeuplement des prisons n'est pas propre à la Belgique ; les mesures énumérées à l'annexe à la *Recommandation n° R (99) 22 du Conseil de l'Europe sur le surpeuplement des prisons et l'inflation carcérale* adoptée par le Comité des ministres le 30 septembre 1999 sont appliquées dans de nombreux pays du Conseil de l'Europe.

Vingt ans de lutte ont mis en évidence l'inefficacité des stratégies adoptées. La Cour des comptes a calculé que, « même en cas de stabilisation rapide de la population pénitentiaire », il manquera neuf cent places une fois le « *masterplan* » mis en œuvre. Les mesures prises pour résoudre le problème du surpeuplement des prisons ayant un « impact budgétaire important », elle a cherché à « identifier pourquoi [elles] ont été avancées comme solution, comment elles sont mises en œuvre et si elles sont parvenues à réduire la population carcérale ». Elle note que l'extension de la capacité a été décidée sans tenir compte de l'effet d'aspiration qui pourrait en découler et observe que, « parmi toutes les mesures examinées, seule la libération anticipée a eu un impact substantiel sur la surpopulation [17] » ; elle remarque qu'à peine introduites dans le système pénal, les alternatives cessent d'avoir pour « objectif premier [18] » la réduction de la surpopulation carcérale. Quant au Comité européen pour la prévention de la torture (CPT), il observe que « malgré les efforts entrepris par les autorités belges [...], la situation n'a pas cessé de s'aggraver, le nombre de personnes incarcérées croissant de 300 à 400 personnes par an [19] ». Le taux moyen de surpopulation atteint alors 24 % ; dans certains établissements, le surpeuplement est tel qu'il assimile la détention à un traitement inhumain et dégradant [20]. Difficile dans ces conditions de ne pas se souvenir de Foucault qui, refusant de faire l'impasse sur quelque cent cinquante ans de critiques monotones et d'inutiles réformes, se demandait en 1975 à quoi sert l'échec de la prison [21] ; difficile également de ne pas se demander aujourd'hui à quoi sert l'échec de la lutte contre la surpopulation. De quel problème lutte et échec construisent-ils la solution ? Quels en sont les effets et les fonctions ?

Les effets, pour commencer. Le premier est la *transformation du système et du régime des peines*. Nous l'avons vu : sur le front du « territoire », le souci de « ramener [...] les établissements pénitentiaires à un niveau qui, en termes de capacité, d'organisation et d'aménagement, satisfera aux exigences d'un pays démocratique [22] » s'est traduit par la diversification des lieux d'enferme-

17. Cour des comptes, *Mesures de lutte contre la surpopulation carcérale*, p. 11 (https://www.ccrek.be/Docs/2012_05_Prisons_Conclusions.pdf, consulté le 20 mars 2013).
18. *Ibid.*, p. 13. Certaines alternatives semblent contribuer à aggraver la surpopulation. Selon Philippe Mary, « [...] le nombre de condamnés libérés conditionnellement qui ne passent pas préalablement par la surveillance électronique est en érosion constante depuis 2007, passant de 75,6 % à cette époque à 46,8 % en 2010. Autrement dit, en 2010, les tribunaux de l'application des peines ont fait précéder la libération conditionnelle par un placement sous surveillance électronique dans plus de la moitié des cas. Or, de telles pratiques ont pour effet de retarder la libération contionnelle et, partant, de contribuer à l'allongement des peines et donc, à la surpopulation » (Mary P., « La surpopulation pénitentiaire », *Cahier hebdomadaire du CRISP*, 2012, 2137, p. 28).
19. *Rapport au Gouvernement de la Belgique relatif à la visite effectuée en Belgique par le Comité européen pour la prévention de la torture et des peines ou traitements inhumains ou dégradants (CPT) du 23 au 27 avril 2012*, p. 28 (http://www.cpt.coe.int/documents/bel/2012-36-inf-fra.pdf, consulté le 8 janvier 2014).
20. *Idem*, pp. 12 et 19.
21. Foucault M., *Surveiller et punir. Naissance de la prison*, Paris, Gallimard, 1975, p. 276.
22. Communiqué de presse du ministre de la Justice et des réformes institutionnelles et vice-Premier ministre, mars 2008 (http://www.detention-alternatives.be/spip.php?article138, consulté le 8 janvier 2014).

ment et l'extension de la capacité carcérale ; sur le front de la « population », il a conduit à l'apparition de nouvelles méthodes pénales. Au point de jonction des deux fronts, la surveillance électronique redouble l'extension du territoire carcéral par la carcéralisation de l'espace domestique : alternative de troisième catégorie [23], justifiée non sans ironie par l'impression de laxisme que donneraient les autres alternatives. Selon la ministre de la Justice, une « exécution effective et rapide des peines et principalement des courtes peines de prison constitue une nécessité afin de rendre sa crédibilité au système pénal » ; vu « le contexte actuel de surpopulation carcérale », la surveillance électronique est « un outil qu'il convient de privilégier » – elle doit « sauf exception [...] devenir la norme en matière d'exécution des peines [24] ».

La transformation du système et du régime des peines est corrélée à la *transformation des usages de la prison*. Si la surpopulation s'explique par l'inflation carcérale, l'inflation s'explique par l'allongement des durées moyennes de détention. Effet d'une sévérité accrue ? Suivant une recherche portant sur les peines prononcées entre 1994 et 1998, non [25] ; mathématiquement, effet (paradoxal) des alternatives à la prison. Vagabonds, étrangers détenus en vue de leur éloignement, mineurs, détenus condamnés à des peines d'emprisonnement subsidiaires ou à des peines inférieures à trois ans : les catégories les plus volatiles de la population détenue sont de moins en moins représentées dans des établissements pénitentiaires ; dans leur cas, les flux d'entrées ont été supprimés, détournés [26] ou limités. Sous l'effet de la pression médiatique et de la pression démographique, le flux des sorties a par ailleurs été réparti entre divers circuits d'accélération ou de décélération. Pour les condamnés à des peines inférieures à trois ans, susceptibles de bénéficier d'une libération provisoire, le laps de temps compris entre la date d'admissibilité à la libération anticipée et la date de sortie tend à diminuer ; pour les condamnés à des peines plus lourdes, dont l'éventuelle libération anticipée doit prendre la forme d'une libération conditionnelle, il tend à s'allonger [27]. Résultat de ces interventions sur les flux : dans les maisons de peine, le pourcentage des condamnés à des

23. Pierre Tournier appelle « alternatives de troisième catégorie » les mesures qui réduisent le temps passé *intra muros* sans réduire le temps passé sous écrou (Tournier P., « Démographie carcérale », *art. cit.*).
24. Circulaire ministérielle ET/SE-1 du 12 mars 2013 définissant la « réglementation de la surveillance électronique en tant que modalité d'exécution de la peine d'emprisonnement lorsque l'ensemble des peines en exécution n'excède pas trois ans d'emprisonnement ».
25. Deltenre S., « De l'impact du prononcé des peines privatives de liberté sur l'évolution de la population pénitentiaire belge enre 1994 et 1998 », *Revue de droit pénal et de criminologie*, 2, 2003, p. 193.
26. S'agissant des étrangers et des mineurs, il est remarquable qu'à peine ces flux détournés vers des centres fermés, les durées de détention aient été prolongées par la loi : la diversification des formes d'enfermement semble avoir été la condition de possibilité de l'allongement.
27. Il semble que la surveillance électronique retarde la libération conditionnelle : « [le] dépassement moyen de la date d'admissibilité à la LC [...] est considérablement plus long pour les détenus qui, au moment de leur libération, purgent leur peine sous le régime [...] de la surveillance électronique [...] que pour ceux qui purgent leur peine sous le régime "ordinaire" (classique) » – 505 jours dans le premier cas, 371 dans le second. (Maes E., Tange C., « La libération conditionnelle sous le régime des tribunaux de l'application des peines. Bilan et enjeux

peines correctionnelles excédant trois ans ne cesse d'augmenter. La circulaire du 12 mars 2013 parachève cette évolution : si l'ensemble des peines en exécution n'excède pas trois ans, la ministre de la Justice demande qu'elles soient purgées à domicile sous surveillance électronique.

La transformation des usages de la prison va de pair avec la *transformation de sa population*. Depuis 1974, première année où des chiffres ventilés en fonction de la nationalité sont disponibles, le nombre moyen de détenus étrangers n'a cessé d'augmenter : 1 042 en 1974, 1 212 en 1980 (+170), 1 989 en 1990 (+777), 2 951 en 2000 (+962), 4 499 en 2010 (+1 548). Cette augmentation se double d'une augmentation de la proportion d'étrangers dans la population incarcérée : 18 % en 1974, 22 % en 1980, 35 % en 1990, 39 % en 2000, 44 % en 2010. En 2012, il y avait en moyenne dans les prisons belges 11 330 détenus, dont 5 025 étrangers. Entre 1974 et 2012, le nombre de détenus a été multiplié par 1,8, le nombre de détenus nationaux par 1,2 et le nombre de détenus étrangers par 4,8. Tout se passe comme si l'inflation carcérale concernait avant tout les étrangers : toutes nationalités confondues, le taux de détention, calculé en rapportant le nombre de détenus au nombre d'habitants, est passé de 62 à 102 détenus pour 100 000 habitants ; pour les nationaux, il est passé de 58 à 64 détenus pour 100 000 habitants ; et pour les étrangers, de 134 à 440 détenus pour 100 000 habitants. Les ressortissants des derniers États avec lesquels la Belgique a conclu des conventions bilatérales d'immigration à des fins économiques et démographiques – le Maroc et la Turquie en 1964, la Tunisie en 1969, l'Algérie et la Yougoslavie en 1970 – sont particulièrement concernés [28]. Les Marocains représentent moins de 1 % de la population du royaume ; mais en 2012, le nombre moyen de détenus marocains s'élevait à 1 190, représentant 10 % de la population des prisons. Le taux de détention, calculé en rapportant le nombre de détenus marocains au nombre d'habitants marocains enregistrés, était égal à 1 416 détenus pour 100 000 habitants, soit vingt-deux fois celui des nationaux.

émergeant d'une première année de fonctionnement (2007) », *Revue de droit pénal et de criminologie*, 11, 2011, p. 947).

28. Dans le même sens, voir De Ridder S., Beyens K., “Incarceraterd by numbers? Wat leren de cijfers ons over ‘vreemdelingen’ in de gevangenis?”, *Panopticon*, 33-4, 2012, p. 312. Selon ces auteurs, « la catégorie des Maghrébins et des Turcs est la plus surreprésentée parmi les détenus non belges : entre 1993 et 2009, leur nombre est passé de 1 254 à 1 957 (+56,1 %). Durant la période 2003-2009, ils représentent entre 39,9 % et 43,6 % de la population détenue non belge » (nous traduisons). Si, dans le débat public, il n'est qu'occasionnellement question des Algériens et des Tunisiens, peu nombreux en Belgique, ce sont bien les ressortissants de l'ensemble des États avec lesquels les dernières conventions d'immigration ont été signées (en ce compris les ressortissants des pays qui formaient l'ex-Yougoslavie) qui sont surreprésentés en prison. Certains d'entre eux sont des nouveaux migrants ; d'autres sont des descendants d'immigrés, ayant à s'inscrire dans une société qui voit en eux une « postérité inopportune », « qui ne sert plus ni à la reproduction de la force de travail, ni à la démographie du pays, ni comme “chair à canon” » (sur le concept de « postérité inopportune », forgé par Abdelmalek Sayad en 1992, voir Palidda S., « La criminalisation des migrants », *Actes de la recherche en sciences sociales*, 129, septembre 1999, p. 46).

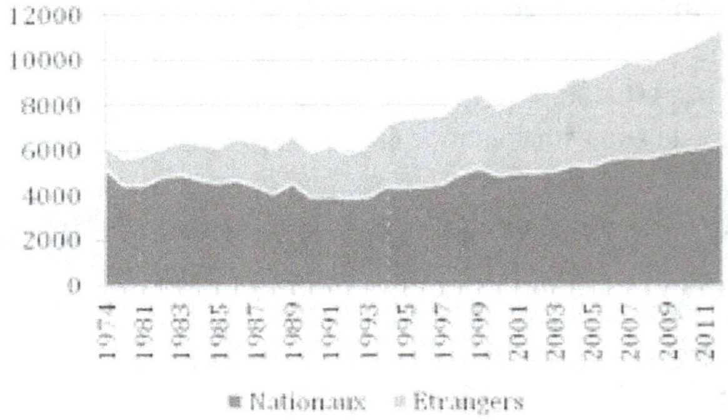

Figure 1 : Établissements pénitentiaires, 1974-2012 ("stock")

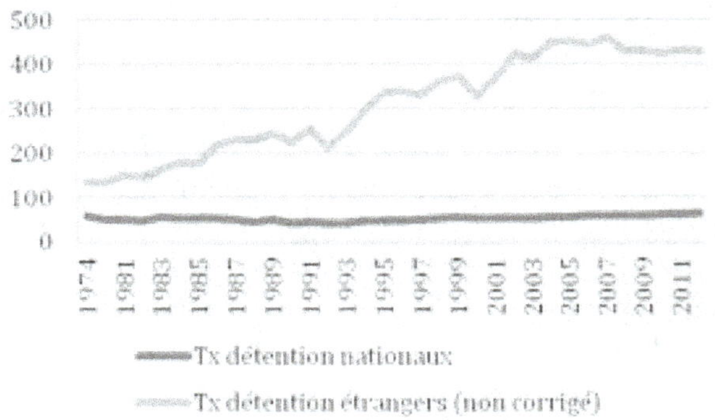

Figure 2 : Taux de détention (établissements pénitentiaires), 1974-2012

On objectera à raison que ces chiffres sont discutables. D'une part, il est possible que certaines modalités du comptage creusent l'écart entre le nombre et la proportion d'étrangers dans la population du pays et dans celle des prisons : les binationaux sont considérés comme des nationaux dans la première et suivant Steven De Ridder, ils seraient peut-être considérés comme des étrangers dans la seconde [29]. D'autre part, il ressort des réponses données par le gouvernement aux sénateurs Karl Vanlouwe (*Nieuw-Vlaamse Alliantie*, N-VA) et Bart Laeremans (*Vlaams Belang*, VB) que plus de 60 % des étrangers détenus dans les établissements pénitentiaires sont en séjour illégal [30]. Ces

29. De Ridder S., "Criminological Research on Non-national Prisoners without a Legal Residence Permit. The Quest for the Holy Grail of Data", in Beyens K., Christiaens J., Claes B., De Ridder S., Tournel H., Tubex H. (eds.), *The Pains of Doing Criminological Research*, Bruxelles, VUB Press, 2013, p. 78.
30. Le nombre de détenus étrangers sans titre de séjour s'élevait, le 12 janvier 2010, à 2 097 individus, dont 757 prévenus et 1 284 condamnés ; le 19 janvier 2011, à 2 679 individus, dont 938

détenus ne font pas – ou plus [31] – partie des habitants recensés ; or le calcul des taux exige, par définition, de déduire du numérateur (les détenus) les individus non pris en compte au dénominateur (les habitants) [32]. Une fois cette correction effectuée, le taux de détention des étrangers est de 143 détenus pour 100 000 habitants (soit 2,3 fois celui des nationaux) ; quant au nombre de Marocains détenus, il s'établit à 627 détenus pour 100 000 habitants (soit dix fois celui des nationaux) [33]. Enfin, l'augmentation du taux de détention des étrangers résulte en l'occurrence de l'augmentation du nombre de détenus étrangers au numérateur, mais aussi de la diminution du nombre d'étrangers au dénominateur [34] : les conditions d'attribution et d'acquisition de la nationalité belge ont été modifiées à six reprises entre 1984 et 2012 ; or, les cinq premières réformes, qui les ont élargies, ont affecté très différemment l'ensemble des détenus et celui des habitants, l'illégalité du séjour et les antécédents judiciaires faisant ou pouvant faire obstacle à l'acquisition. Remarque incidente : entre 1974 et 2012, la croissance du taux de détention des nationaux est quasiment nulle, *malgré l'accroissement du nombre et du pourcentage de Belges d'origine étrangère dans la population nationale* [35] : l'inflation carcérale pré-

---

prévenus et 1 389 condamnés ; le 20 juillet 2011, à 3 215 individus, dont 1 021 prévenus et 2 053 condamnés ; le 2 mars 2012, à 3 323 individus, dont 1 034 prévenus et 2 143 condamnés ; et le 29 mars 2013, à 3 477 individus, dont 1 436 prévenus et 2 041 condamnés (source : SPF Intérieur, Office des étrangers et SPF Justice, calculs Office des étrangers). En première approximation, les détenus étrangers dépourvus de titre de séjour représentaient 47 % des étrangers détenus en 2010, 62 % en 2011, et 66 % en 2012 (la réponse donnée par la secrétaire d'État à l'asile et à la migration, à l'intégration sociale et à la lutte contre la pauvreté livre des chiffres à des dates déterminées, et non des chiffres moyens par année. Question écrite n° 5-5172 du sénateur Karl Vanlouwe (N-VA), 12 janvier 2012, http://www.senate.be/www/?MIval=/Vragen/SVPrint&LEG=5&NR=5172&LANG=fr, consultée le 15 janvier 2014). Le 29 mars 2013, elle s'élevait à 67,4 % (Source : SPF Intérieur, Officc des étrangers ; SPF Justice, DGEPI, SIDIS/Greffe ; nos calculs). Entre 2010 et 1013, il est donc exact, comme le note Bart Laeremans, que la part des détenus en séjour légal tend à baisser, et celle des détenus étrangers en séjour illégal à augmenter (Question écrite n° 5-9894 du sénateur Laeremans (VB), 25 septembre 2013, http://www.senate.be/www/?MIval=/Vragen/SchriftelijkeVraag&LEG=5&NR=9894&LANG=fr, consulté le 14 janvier 2014).

31. Sur les 3 125 étrangers dépourvus de titre de séjour détenus dans les établissements pénitentiaires le 20 juillet 2011, un tiers a fait partie de la population des habitants enregistrés. Onze pour cent ont été inscrits au registre d'attente, 8 % au registre des étrangers et 14 % – quelque 440 personnes – « dans un autre registre [le registre de la population dans la plupart des cas] » (Question écrite n° 5-5172 posée par le sénateur Karl Vanlouwe (N-VA), http://www.senate.be/www/?MIval=/Vragen/SVPrint&LEG=5&NR=5172&LANG=fr, consultée le 15 janvier 2014).
32. Tournier P., Robert Ph., *Étrangers et délinquances*, Paris, L'Harmattan, 1991, p. 29.
33. Des 3 125 étrangers dépourvus de titre de séjour détenus dans les établissements pénitentiaires le 20 juillet 2011, 644 (20 %) déclaraient être marocains, 582 (18 %) algériens, 78 (2,4%) turcs, et 73 (2,3 %) tunisiens (Question écrite n° 5-5172 posée par le sénateur Karl Vanlouwe (N-VA), consultée le 15 janvier 2014, http://www.senate.be/www/?MIval=/Vragen/SVPrint&LEG=5&NR=5172&LANG=fr).
34. Une illustration : le nombre de détenus marocains est passé de 740 en 1991 (population en fin d'année) à 1 132 en 2010 (population journalière moyenne). Dans le même temps, le nombre d'habitants belges d'origine marocaine passait de 151 265 à 279 694, et le nombre d'habitants marocains de 142 098 à 81 943. L'augmentation du taux de détention des Marocains s'explique et par l'augmentation du nombre de détenus marocains, au numérateur, *et* par la diminution du nombre d'habitants d'origine marocaine recensés comme Marocains, au dénominateur.

sente cette particularité – à expliquer – de ne pas être affaire d'origine nationale (ou de culture, ou de religion), mais affaire de nationalité, à strictement parler : dans la population des migrants et de leurs descendants, elle concerne principalement sinon exclusivement les individus qui ne sont ni des nationaux ni des binationaux.

Autre objection : si la surpopulation carcérale résulte de l'inflation carcérale et l'inflation carcérale de l'augmentation du nombre de détenus étrangers, alors cette augmentation est la cause, et non l'effet, de la lutte contre le surpeuplement des prisons. C'est à moitié vrai. Le nombre de détenus étrangers a commencé à augmenter avant l'introduction de la plupart des peines alternatives dans le système pénal ; mais cette introduction a accéléré le mouvement de substitution des « étrangers » aux nationaux en prison. Pensée d'un point de vue démographique, la lutte contre la surpopulation carcérale se réduit à une question de sélection et de classification – il faut déterminer qui entre, qui sort, qui reste. L'idée était d'imposer « des sanctions plus sévères pour certaines catégories de crimes considérés comme "graves" » et de proposer des « alternatives à la privation de liberté pour les infractions considérées comme moins graves » [36] : politique de bifurcation [37]. La réalité est différente : « dualisation » de la réaction pénale [38]. Si, comme Foucault l'a écrit, la prison « produit la délinquance [39] » – si elle « isole et souligne une forme d'illégalisme qui semble résumer symboliquement toutes les autres, mais qui permet de laisser dans l'ombre celles que l'on veut ou qu'on doit tolérer [40] » –, les alternatives à la prison font système avec elle pour produire la « criminalité des immigrés » ; elles fonctionnent comme autant de *check points* où étrangers et binationaux, nouveaux migrants et descendants d'immigrés sont arrêtés. Ce qui est en jeu n'est pas la gravité des faits qui leur sont reprochés : le pourcentage de condamnés à des peines criminelles est moins élevé parmi les détenus étrangers [41]. Le jeu normal des évaluations judiciaires convertit en différences pénales les inégalités sociales et les différences statutaires.

---

35. Entre 1991 et 2010, le nombre des personnes nées étrangères et devenues belges a presque triplé, passant de 285 000 à 835 426 ; suivant une estimation récente, elles étaient plus de 886 700 au 1er janvier 2012, représentant 9 % de la population nationale et 8 % de la population totale. La proportion de personnes devenues belges est comprise entre 10 % et 40 % s'agissant des personnes originaires d'un des pays de l'Union européenne ; elle dépasse 50 % pour la plupart des pays tiers et atteint plus de 70 % pour les personnes d'origine turque (73 %), marocaine (71 %) et tunisienne (71 %) (sur ce point, *cf.* Vause S., Eggerickx T., Dal L., *Migrations et populations issues de l'immigration en Belgique*, LLN/Bruxelles, UCL/Demo/Centre pour l'égalité des chances et la lutte contre le racisme, 2013, pp. 135-139 (http://www.diversite.be/sites/default/files/documents/publication/rapport_statistique_et_demographique.pdf, consulté le 25 avril 2014).
36. Tubex H., Snacken S., « L'évolution des longues peines de prison : sélectivité et dualisation », in Faugeron C., Chauvenet A., Combessie P. (eds.), *Approches de la prison*, Bruxelles, De Boeck/Montréal, Presses de l'Université de Montréal/Ottawa, Presses de l'Université d'Ottawa, 1996, p. 223.
37. Bottoms, A., "Reflection on the Renaissance of Dangerousness", *The Howard Journal of Penology and Crime Prevention*, 16-2, 1977, pp. 70-95.
38. Tubex H., Snacken S., *op. cit.*, p. 221.

Les mécanismes de conversion, nombreux, sont cumulatifs. Les étrangers qui n'ont pas le droit de circuler librement sur le territoire des États de l'Union et qui ne sont pas ou plus autorisés à séjourner en Belgique – les « illégaux » – n'ont accès à aucune alternative, quelle que soit l'infraction pour laquelle ils sont poursuivis ou condamnés. L'accès à la médiation pénale – première alternative de première catégorie – est restreint par l'absence d'« occupation » (formation professionnelle, exercice régulier d'une activité professionnelle régulière) et barré par l'absence d'aveu [42]. L'accès à la liberté sous conditions – deuxième alternative de première catégorie – est compromis par l'absence ou l'insuffisance des « garanties de représentation » (avoir « quelque chose à perdre » – domicile, activité professionnelle régulière assurant régulièrement des « moyens d'existence » – est une circonstance de nature à rassurer le magistrat chargé d'évaluer le risque de soustraction à la justice et le risque de récidive, à tout le moins en matière d'infractions à la législation relative aux stupéfiants ou de délinquance acquisitive) [43]. L'accès à la suspension du prononcé, au sursis total à l'exécution des peines d'emprisonnement [44] et aux peines alternatives – troisième, quatrième et cinquième alternatives de première catégorie – est barré par la détention préventive. L'accès à la libération conditionnelle – alternative de deuxième catégorie – est retardé par la procédure en vue d'un éventuel éloignement du territoire [45], compliqué par la divi-

39. M. Foucault, *Surveiller et punir*, *op. cit.*, p. 282.
40. *Ibid.*, p. 281.
41. De Ridder S., Beyens K., "Incarceraterd by numbers? Wat leren de cijfers ons over 'vreemdelingen' in de gevangenis?", *Panopticon*, 33-4, 2012 ; Brion F., « La surreprésentation des étrangers en prison : quelques enseignements d'une brève étude de démographie carcérale », in Brion F., Rea A., Schaut C. et Tixhon A. (eds.), *Mon délit ? Mon origine. Criminalité et criminalisation de l'immigration*, Bruxelles, De Boeck Université, 2001, p. 255.
42. Adam C., Toro F., « La sous-utilisation de la médiation pénale : chiffres et processus », *Revue de droit pénal et de criminologie*, 79-9/10, 1999, p. 966-1004 ; Toro F., « Sanctions alternatives et délinquants étrangers : légalité et légitimation d'une incompatibilité discriminante », in Brion F., Rea A., Schaut C. et Tixhon A. (eds.), *op. cit.*, pp. 201-224. Quels que soient leur origine et les « codes culturels » qu'on leur suppose, il semble que les « gens sans aveu » avouent peu, peut-être parce que l'aveu a pour condition l'individualisation de la responsabilité, condition non réalisée quand des justiciables sont abordés comme membres de groupes réputés dangereux.
43. Brion F., Spiessens G., Verheyen L. (eds. Tulkens F., Hutsebaut F., van Outrive L.), *L'inégalité pénale. Immigration, criminalité et système d'administration de la justice pénale*, Bruxelles, SPPS, 1994 ; Snacken S., Raes A., Deltenre S., Vanneste C., Verhaeghe P., *Kwalitatief onderzoek naar de toepassing van de voorlopige hechtenis en de vrijheid onder woorwaarden*, Bruxelles, VUB/INCC, 1999.
44. *Cf.* Deltenre S., « De l'impact du prononcé des peines privatives de liberté sur l'évolution de la population pénitentiaire belge enre 1994 et 1998 », *Revue de droit pénal et de criminologie*, 2, 2003, p. 188 : les proportions des peines prononcées avec sursis total, avec sursis partiel et sans sursis varient selon que les condamnés sont belges ou étrangers. En 1998, les proportions étaient les suivantes : sursis total 44,6 % *vs* 26,2 % ; sursis partiel 15,2 % *vs* 21,5 % ; sans sursis 40,2 % *vs* 52,4 %. *Cf.* aussi De Pauw W., *Migranten in de balans*, Bruxelles, VUBPress, 2000, et De Pauw W., *Justitie onder invloed : Belgen en vreemdelingen voor de correctionele rechtbank in Brussel. 28 jaren straftoemeting in drugszaken*, Bruxelles, VUBPress, 2009.
45. Brion F., Spiessens G., Verheyen L. (eds. Tulkens F., Hutsebaut F., van Outrive L.), *op. cit.* ; Reyaert P., *Étrangers condamnés : un enfermement à double tour ?*, communication à la journée d'études « Être étranger : un crime ? », organisée à Louvain-la-Neuve le 21 mars 1997 ; Dupire V., Minet J.-F. (eds. Houchon G., Brion F.) « Les processus de réinsertion sociale des

sion légale du travail procédural [46], et barré par l'absence de « plan de reclassement convaincant ». L'accès aux alternatives de troisième catégorie est limité par le refus des détenus étrangers d'y consentir, tantôt par opposition à la carcéralisation de l'espace domestique que la surveillance électronique implique, tantôt par résistance au quadrillage des mouvements et du temps réglé par l'objectif d'une inscription sur le marché du travail formel, qui paraît utopique.

La lutte contre la surpopulation est en somme, en une spirale folle, tour à tour conséquence et instrument d'un nouveau « grand renfermement [47] », le grand renfermement des étrangers ; machine à mailler menu la population et machine à superposer les personnages du délinquant et de l'immigré. Hors les

condamnés libérés conditionnellement », rapport de recherche établi à la demande du ministre de la Justice, 1998. De 1990 à 1997, la partie de la peine exécutée en détention par les détenus condamnés à des peines supérieures à trois ans a diminué s'agissant des nationaux, et augmenté s'agissant des étrangers ; par contre, la partie de la peine exécutée en détention par les détenus condamnés à des peines intérieures à trois ans a diminué, quelle que soit la nationalité. En cause : la modalité de la libération anticipée, conditionnelle pour les premiers, provisoire pour les seconds ; et le poids du personnel de la prison d'attache – qui, d'une part, a du détenu une connaissance personnelle (et non une connaissance « sur dossier »), et d'autre part, doit gérer au quotidien les effets de la surpopulation –, limité dans le cadre des libérations conditionnelles et déterminant dans celui des libérations provisoires. Il semble par ailleurs que la durée de la procédure de décision d'éloignement des détenus étrangers autorisés à séjourner ou établis soit comprise entre dix-huit et vingt-quatre mois ; or, d'une part, elle n'est pas entamée avant que la condamnation soit devenue définitive, et d'autre part, la procédure de libération conditionnelle ne l'est pas avant qu'elle ne soit arrivée à son terme. Il s'ensuit qu'un détenu étranger condamné à une peine correctionnelle comprise entre trois ans et cinq ans est rarement libéré conditionnellement : le plus souvent, la totalité de la peine a été purgée *intra muros* avant que les deux procédures soient arrivées à leur terme (Brion F., « La surreprésentation des étrangers en prison : quelques enseignements d'une brève étude de démographie carcérale », *art. cit.*, p. 238). Les transformations de la procédure de libération conditionnelle n'ont pas modifié la situation (*cf. infra*) ; l'introduction de la surveillance électronique a sans doute accentué la différenciation.

46. Sur ce point, voir Mulier C., Giacometti M., « Le durcissement du régime de la libération conditonnelle : une réforme opportune ? », *Annales de droit de Louvain*, 2013, en particulier pp. 209-211. La loi du 17 mars 2013 a supprimé l'automaticité de l'examen des demandes de libération conditionnelle. Auparavant, c'était au directeur de la prison d'attache qu'il incombait d'introduire la procédure de libération conditionnelle, par le biais d'un avis rendu au plus tôt quatre mois et au plus tard deux mois avant que le condamné atteigne la date d'admissibilité à la libération conditionnelle. Désormais, le directeur doit informer le condamné de la possibilité d'introduire lui-même une demande six mois avant la date d'admissibilité ; et c'est le condamné qui doit initier la procédure en déposant une demande écrite au greffe de la prison. La réforme est justifiée par une volonté de « responsabilisation » et d'« activation » des détenus, analogue à la volonté de « responsabilisation » et d'« activation » des demandeurs d'emploi, et conforme aux impératifs de subjectivation propres à la formule néolibérale de gouvernement (*cf.* Brion F., « Éthique et politique dans les sociétés libérales avancée », *La Pensée et les Hommes*, 48-57, 2005, pp. 115-134). Ainsi que le notent Caroline Mulier et Mona Giacometti : « Certains détenus plus isolés ou fragiles (illettrés, ne parlant pas la langue, n'ayant plus de famille, d'amis, de liens professionnels, de lieu de résidence, d'avocat...) ne disposeront pas des ressources suffisantes ou ne trouveront pas l'énergie nécessaire pour introduire la procédure, et deviendront ainsi les « oubliés du système » (*op. cit.*, p. 211). Apparemment « neutre », la volonté de « responsabilisation » et d'« activation » risque de fonctionner comme un mécanisme de sélection sociale et nationale des détenus libérés, ou comme un mécanisme d'hétéro-exclusion déguisé en mécanisme d'auto-exclusion, déguisement – ou forme – typique de la rationalité néolibérale.

47. Foucault M., *Histoire de la folie à l'âge classique*, Paris, Gallimard, pp. 56-91.

murs, les prisons sont devenues le point de comparaison à partir duquel il est possible de regarder comme des faveurs désirables des mesures de surveillance qui seraient insupportables si elles n'étaient pas des alternatives à la détention – voire même de demander et de se réjouir, au nom de l'humanisme, de leur extension. Dans les murs, la proportion des détenus étrangers semble valoir invitation à considérer qu'il suffirait de procéder à leur éloignement pour résoudre le problème du surpeuplement. En septembre 2013, le *leader* de la NV-A déclarait qu'à la place de la ministre de la Justice, il aurait déjà « essayé depuis longtemps de construire une prison belge au Maroc », ajoutant : « Il y a près de 1 200 Marocains derrière les barreaux dans notre pays. De quoi remplir une prison complète... [48] » Provocation ? Peut-être. Mais selon la presse, la ministre de la Justice elle-même avait « fait examiner la faisabilité » du projet, avant de conclure qu'il était « irréaliste et inapplicable » [49]. Du reste, l'idée de lutter contre la surpopulation en délocalisant l'exécution des peines de prison n'a peut-être pas été abandonnée : pour la réaliser, d'autres voies semblent se dessiner.

La Convention du Conseil de l'Europe sur le transfèrement des personnes condamnées signée le 21 mars 1983 encourage les États signataires à autoriser les personnes condamnées dans tel État, appelé « État de condamnation », à purger leur peine dans les prisons de l'État dont elles ont la nationalité, appelé « État d'exécution ». Le protocole additionnel signé le 18 décembre 1997 dispose en outre en son article 3 que « Sur demande de l'État de condamnation, l'État d'exécution peut, sous réserve de l'application des dispositions de cet article, donner son accord au transfèrement d'une personne condamnée sans le consentement de cette dernière lorsque la condamnation prononcée à l'encontre de celle-ci, ou une décision administrative prise à la suite de cette condamnation, comportent une mesure d'expulsion ou de reconduite à la frontière ou toute autre mesure en vertu de laquelle cette personne, une fois mise en liberté, ne sera plus admise à séjourner sur le territoire de l'État de condamnation. » De même, la Belgique et le Maroc ont signé, le 7 juillet 1997, une convention bilatérale sur l'assistance aux personnes détenues et le transfèrement des personnes condamnées, convention aux termes de laquelle un Marocain condamné en Belgique peut purger sa peine au Maroc, et un Belge condamné au Maroc purger sa peine en Belgique [50]. La Convention ne permettant que le transfèrement volontaire, un protocole additionnel a été signé

48. Enregistrement audiovisuel de l'entretien (http://www.hln.be/hln/nl/4833/Gevangenissen/article/detail/1710469/2013/09/24/De-Wever-Bouw-Belgische-gevangenis-in-Marokko.dhtml, consulté le 8 janvier 2014). Selon Bart De Wever, il s'agirait d'une opération gagnant-gagnant, la construction d'une prison au Maroc pouvant y contribuer à la création d'emplois.

49. « Prison au Maroc : "Irréaliste et inapplicable", selon Turtelboom », *La libre*, 26 septembre 2013 (http://www.lalibre.be/actu/belgique/prison-au-maroc-irrealiste-et-inapplicable-selon-turtelboom-5243ed4535703eef3a076712, consulté le 25 novembre 2013).

50. *Loi du 17 mars 1999 portant assentiment à la Convention entre le Royaume de Belgique et le Royaume du Maroc sur l'assistance aux personnes détenues et le transfèrement des personnes condamnées*, signée à Bruxelles le 7 juillet 1997, *Moniteur belge*, 6 juillet 1999.

en 2007 ; il insère un article 5bis §1 aux termes duquel la personne condamnée « sera, dans les meilleurs délais, transférée sans son consentement vers l'État d'exécution » si elle fait également l'objet d'une mesure en vertu de laquelle, « une fois mise en liberté, [elle] ne sera plus admise à séjourner sur le territoire de l'État de condamnation [51] ».

Le transfèrement volontaire des personnes condamnées était conçu comme un moyen de favoriser leur réinsertion – ou, à tout le moins, de limiter leur désinsertion familiale et sociale [52] ; le transfèrement forcé est désormais pensé comme un moyen de lutter contre la surpopulation carcérale [53]. Au

51. *Loi portant assentiment au Protocole additionnel, signé à Rabat le 19 mars 2007, à la Convention entre le Royaume de Belgique et le Royaume du Maroc sur l'assistance aux personnes détenues et le transfèrement des personnes condamnées, signée à Bruxelles le 7 juillet 1997*, *Moniteur belge*, 21 avril 2011 (http://www.ejustice.just.fgov.be/cgi/article_body.pl?language=fr&caller=summary&pub_date=11-04-21&numac=2009015034).

52. Entre 2005 et 2010, 212 détenus ont introduit une demande en vue de subir leur peine dans leur pays d'origine ou de résidence sur la base de la *Convention européenne sur le transfèrement des personnes condamnées du 21 mars 1983* (Chambre des Représentants de Belgique, *Questions et réponses écrites (Gouvernement chargé des affaires courantes), QRVA 53-008*, 2e session de la 53e législature, 2010-2011, p. 56,(http://www.lachambre.be/QRVA/pdf/53/53K0008, consulté le 5 février 2014).

53. Voir la question écrite n° 4-7177 posée par le sénateur Alain Destexhe (MR) le 12 mars 2010, (http://www.senate.be/www/?MIval=/Vragen/SchriftelijkeVraag&LEG=4&NR=7177&LANG=fr, consulté le 25 novembre 2013) : « Le 7 juillet 1997 le Royaume du Maroc et le Royaume de Belgique ont conclu une *Convention sur l'assistance aux personnes détenues et le transfèrement des personnes condamnées* [...]. Ce Traité permettait le transfèrement volontaire de ressortissants des deux États parties condamnés dans l'un des deux États parties à purger sa peine dans son pays d'origine [...]. Cette Convention ne permettant que le transfèrement volontaire, nos deux pays ont conclu, le 19 mars 2007, un Protocole additionnel permettant, moyennant toute une série de conditions [...], un transfèrement sans consentement. Ce protocole a été ratifié par notre pays [...]. *À l'heure où notre pays souffre d'une surpopulation carcérale, la question de l'efficacité de tels instruments conventionnels ne peut manquer de se poser.* Je vous serais dès lors reconnaissant de bien vouloir répondre aux questions suivantes : [...] » (nous soulignons). Dans le même sens, voir la question n° 4 du député Renaat Landuyt (sp-a) au ministre de la Justice le 29 juillet 2010 : « *La surpopulation dans nos prisons reste dramatiquement élevée, tout comme la proportion de détenus étrangers au sein de la population carcérale belge. Il a été préconisé et promis à plusieurs reprises d'intensifier les efforts pour que les prisonniers étrangers purgent leur peine dans leur pays d'origine.* Il est déjà possible de transférer les prisonniers étrangers vers leur pays d'origine. [...]. Il est également possible de transférer des détenus contre leur gré mais un protocole spécial est nécessaire a cet effet. La Belgique a signé un tel protocole mais il n'a toujours pas été ratifié par le Maroc. [...] » (Chambre des Représentants de Belgique, *Questions et réponses écrites (Gouvernement chargé des affaires courantes), QRVA 53-008*, 2e session de la 53e législature, 2010-2011, p. 55 (http://www.lachambre.be/QRVA/pdf/53/53K0008, consulté le 5 février 2014). Dans le même sens encore, la question n° 209 du député Laurent Louis (PP) au ministre de la Justice le 25 novembre 2010 : « [...] Le 7 juillet 1997 le Royaume du Maroc et le Royaume de Belgique ont conclu une convention sur l'assistance aux personnes détenues et le transfèrement des personnes condamnées. [...] Cependant, comme cette convention ne vise que le transfèrement volontaire, nos deux pays ont conclu, le 19 mars 2007, un protocole additionnel permettant, moyennant toute une série de conditions [...], un transfèrement sans consentement. [...] *À l'heure ou notre pays souffre d'une surpopulation carcérale qui nous pousse même à devoir louer à prix d'or une prison aux Pays-Bas* faute de solutions réelles et actuelles sur notre territoire, la question de l'efficacité de tels instruments conventionnels revêt une importance significative. 1. a) Le protocole additionnel du 19 mars 2007 est-il déjà entré en vigueur ? [...] 2. a) De tels accords existent-ils également avec d'autres pays ou d'autres sont-ils en voie d'être conclus ? [...] » (nous soulignons) (Chambre des Représentants de Belgique,

niveau international, le « but » du gouvernement est « de continuer à [le] promouvoir autant que possible », soit en « persuad[ant] un maximum de pays de ratifier le Protocole additionnel », soit en proposant « un instrument bilatéral [...] aux pays qui ne veulent pas adhérer à l'instrument précité [54] ». Au niveau national, c'est la mise en œuvre des dispositions relatives au transfèrement contre leur gré des détenus étrangers qui est visée. Le Protocole additionnel à la Convention européenne est entré en vigueur en 2005 : entre 2005 et 2010, trente détenus étrangers condamnés en Belgique ont été transférés sans y avoir consenti ; la mesure a été envisagée pour trois cent vingt détenus [55]. Le protocole additionnel à la Convention belgo-marocaine a été ratifié par la Belgique en 2009 et par le Maroc en 2011 : en septembre 2011, la Belgique a transmis au Maroc les dossiers de cent quatre-vingt-dix détenus remplissant les conditions d'un transfèrement forcé ; de mai 2012 à décembre 2013, quinze d'entre eux ont été transférés [56]. Lutte contre la surpopulation oblige, la ministre de la Justice et son administration communiquent sur ces mesures en termes criminologiques (« criminalité [57] », « réinsertion sociale [58] »), mais aussi en termes démographiques et économiques (durée cumulée des peines, coût journalier, avantage financier pour la Belgique) : vocabulaire de gestionnaire [59].

Questions et réponses écrites (Gouvernement chargé des affaires courantes), QRVA 53-032, 2e session de la 53e législature, 2010-2011, p. 28 (http://www.lachambre.be/QRVA/pdf/53/53K0032.pdf, consulté le 5 février 2014).

54. Réponse donnée par le ministre de la Justice le 25 novembre 2010 à la question posée par le député Renaat Landuyt le 29 juillet 2010, Chambre des Représentants de Belgique, *Questions et réponses écrites (Gouvernement chargé des affaires courantes), QRVA 53-008*, 2e session de la 53e législature, 2010-2011, p. 58 (http://www.lachambre.be/QRVA/pdf/53/53K0008, consulté le 5 février 2014). Outre la convention belgo-marocaine, des conventions bilatérales sur le transfèrement sans le consentement de la personne condamnée ont été conclues avec la République du Congo, l'Albanie, et le Kosovo (*idem*). Voir aussi la question écrite n° 5-133 posée par la sénatrice Martine Taelman (Open Vld) au ministre de la Justice le 10 septembre 2010 à propos de la ratification des conventions sur le transfèrement sans consentement conclues avec le Maroc, la République du Congo et l'Albanie, sur leurs conditions et sur leur mise en œuvre (Sénat de Belgique, Session extraordinaire de 2010, http://www.senate.be/www/?MIval=/Vragen/SVPrintNLFR&LEG=5&NR=133&LANG=fr, consulté le 25 novembre 2013).
55. *Ibid.*, p. 56-57.
56. SPF Justice, *Nouvelles*, 16 décembre 2013 (http://justice.belgium.be/fr/nouvelles/communiques_de_presse/news_pers_2013-12-16_2.jsp).
57. Cf. SPF Justice, *Nouvelles*, 16 décembre 2013 (http://justice.belgium.be/fr/nouvelles/communiques_de_presse/news_pers_2013-12-16_2.jsp, consulté le 8 janvier 2014) : « [...] Ce matin, un avion est parti pour Rabat avec à son bord six prisonniers marocains. Il s'agit de détenus qui ont été emprisonnés pour des infractions de drogues, faux et usages de faux, escroqueries, viols et tentatives d'assassinat. Pour la ministre de la Justice, Annemie Turtelboom, "ces six détenus sont des *criminels graves* [...] *qui n'ont aucun lien avec notre pays*. Il est donc normal qu'ils puissent purger leurs peines dans leur pays d'origine" [...] » (nous soulignons).
58. *Cf.* Réponse d'Annmie Turtelboom, ministre de la Justice, à Peter Logghe (VB) in Chambre des Représentants de Belgique, *Compte Rendu Intégral*, CRIV 53 COM 506, p. 3 (http://www.lachambre.be/doc/CCRI/pdf/53/iC506.pdf#search="12073", consulté le 8 janvier 2014) : « Un détenu est transféré vers son pays d'origine pour favoriser sa réinsertion sociale [...]. »
59. *Ibid.* : « Seuls cinq détenus ont effectivement pris l'avion [...]. *La durée cumulée des peines encourues dans notre pays était de 36 ans* » (nous soulignons) ; SPF Justice, *Nouvelles*, 16 décembre 2013 (http://justice.belgium.be/fr/nouvelles/communiques_de_presse/

On objectera qu'aux termes du protocole additionnel à la Convention belgo-marocaine, seule une minorité de détenus marocains peuvent faire l'objet d'un transfèrement forcé [60]. C'est vrai. Mais s'il a suffi d'une décennie pour passer du transfèrement volontaire au transfèrement involontaire, il faut craindre qu'à l'avenir, un autre protocole additionnel étende les conditions sous lesquelles ce dernier peut être pratiqué ; à la Chambre, certaines voix s'élèvent déjà pour exiger le « rapatriement » des détenus binationaux [61]. Le risque existe par ailleurs que le dispositif ne soit effectif que dans un sens : plusieurs Belgo-Marocains nés en Belgique ou y vivant depuis l'enfance sont aujourd'hui détenus au Maroc, où ils ont été condamnés dans le cadre d'affaires de terrorisme ; malgré les rapports établis par des organisations internationales de défense des droits de l'homme [62] – et, dans certains cas, malgré des allégations de torture corroborées par des cicatrices [63] –, ils n'ont pas obtenu

---

news_pers_2013-12-16_2.jsp, consulté le 8 janvier 2014) : « [...] Ensemble, ces six criminels ont été condamnés *à 51 ans et 3 mois de prison*. [...] C'est la troisième fois que des détenus marocains sont transférés. Jusqu'à présent, au total quinze détenus ayant été *condamnés ensemble à une peine de 125 ans* ont été transférés. Ces transfèrements représentent un *avantage financier pour notre pays de près de six millions d'euros* » (nous soulignons).

60. Aux termes de l'article 5bis §2 ajouté à la Convention par le protocole additionnel, ne peut faire l'objet d'un transfèrement forcé le condamné né dans l'État de condamnation ou qui y soit installé à un âge ne dépassant pas 12 ans et qui y ait résidé depuis ; ou bénéficiant du statut de réfugié ; ou ayant séjourné de manière ininterrompue sur le territoire de l'État de condamnation pendant cinq années ; ou exerçant avant la décision d'expulsion dans l'État de condamnation une autorité parentale en sa qualité de père, mère, de tuteur légal vis-à-vis d'au moins un enfant séjournant de manière habituelle dans l'État de condamnation ; ou répondant à toutes les conditions à même de lui octroyer la nationalité de l'État de condamnation ; ou lié à un citoyen ou citoyenne de l'État de condamnation par un acte de mariage conclu avant la décision d'expulsion ; ou dont le père ou la mère réside de manière habituelle et régulière dans l'État de condamnation ; ou qui, lors d'un séjour habituel dans l'État de condamnation, a été victime d'un accident de travail ou d'une maladie professionnelle et qui bénéficie d'une rente viagère de l'État de condamnation ; ou qui, lors d'un séjour habituel dans l'État de condamnation est atteint d'une maladie grave ou dont la prise en charge ne peut s'effectuer dans l'État d'exécution.

61. *Cf.* les questions posées par Peter Logghe (VB) à la ministre de la Justice, in Chambre des représentants de Belgique, *Compte rendu intégral*, CRIV 53 COM 506, pp. 1-2, http://www.lachambre.be/doc/CCRI/pdf/53/iC506.pdf#search="12073" (consulté le 8 janvier 2014) : « Le ministre De Clerck avait établi sous la législature précédente une liste de 190 détenus marocains qui, sur la base d'une série de conditions, entraient en ligne de compte pour un rapatriement. Cette liste ne comportait ni Marocains nés en Belgique, ni personnes détenant une double nationalité, ni détenus mariés à un conjoint belge [...]. Je ne comprends pas pourquoi les détenus ayant une double nationalité ne seraient pas renvoyés chez eux ? Des objections d'ordre juridique s'opposent-elles à ce retour ? Ne pourrait-on d'ailleurs les priver de la nationalité belge sur la base de la législation en matière de nationalité ? »

62. *Cf.* sur ce point Human Rights Watch, "The 'Belliraj' Mass Terrorism Trial, 'Just Sign Here': Unfair Trials Based on Confessions to the Police in Morocco", juin 2013, pp. 36-59 (http://www.hrw.org/reports/2013/06/21/just-sign-here-0, consulté le 4 février 2014).

63. *Ibid.*, pp. 46-59, ainsi que le courrier adressé par Juan A. Mendez, rapporteur spécial des Nations unies sur la torture et autres traitements cruels, inhumains ou dégradants, reproduit sur le site internet de soutien à Ali Aarrass : http://www.freeali.eu/?p=4219. Il est intéressant de lire ces documents à l'aune de la réponse donnée par la ministre de la Justice aux questions posées le 28 décembre 2011 par Bert Anciaux (sp.a). Au sénateur qui lui demande « [...] Comment le ministre pourra-t-il demander des garanties quant au fait que ces détenus seront traités au Maroc de manière conforme à la dignité humaine ? Le respect de la Convention européenne de sauvegarde des droits de l'homme et des libertés fondamentales y est-il parfaitement garanti ? », la ministre répond : « [...] La collaboration internationale en matière

de pouvoir exécuter leur peine en Belgique, quand bien même leur famille (parents, fratrie, voire épouse et enfants) y est établie. Bien plus : un de ces binationaux – Mohamed R'ha, né et élevé en Belgique, devenu belge à l'âge de 12 ans par déclaration de ses parents – a été déchu de la nationalité belge le 18 novembre 2010, au motif qu'il avait manqué gravement à ses devoirs de citoyen belge.

Faut-il craindre alors que le « terroriste islamiste » soit à la déchéance ce que, selon Foucault, le « criminel » est à la prison : une justification, et la partie émergée d'un iceberg dont la partie immergée est la répression [64] ? Redouter – puisque la binationalité est un obstacle au transfèrement forcé – que de plus en plus de détenus binationaux soient déchus de leur nationalité belge avant d'être renvoyés vers leur « pays d'origine », comme le demande un député nationaliste flamand [65] ? À ce jour, la déchéance est encore rare [66]. Il n'empêche : ignorée des cours et des tribunaux pendant six décennies [67], elle

pénale avec le Maroc repose sur la confiance mutuelle. [...]. Avant de procéder au transfèrement, la Belgique prend en considération les informations de condamnations de la Cour européenne des droits de l'homme (ou d'autres instances en matière de droits de l'homme) et/ou les évaluations menées par les organes d'inspection. Par conséquent, aucun transfèrement n'aura lieu vers un pays où les droits de l'homme sont violés. [...] » (Sénat de Belgique, Question écrite n° 5-4704 posée par Bert Anciaux (sp.a) le 28 décembre 2011, (http://www.senate.be/www/?MIval=/Vragen/SchriftelijkeVraag&LEG=5&NR=4704&LANG=fr, consultée le 8 janvier 2014).

64. Foucault M., « Enquête sur les prisons : brisons les barreaux du silence » (Entretien de C. Angeli avec M. Foucault et P. Vidal-Naquet, 1971), in Foucault M., *Dits et écrits, II*, n° 88, Paris, Gallimard, 1994, p. 179 : « [...] L'institution prison, c'est pour beaucoup un iceberg. La partie apparente, c'est la justification : "Il faut des prisons parce qu'il y a des criminels." La partie cachée, c'est le plus important, le plus redoutable : la prison est un instrument de répression sociale. »
65. *Cf. supra*, la question posée par Peter Logghe (VB) à la ministre de la Justice, in Chambre des représentants de Belgique, *Compte rendu intégral*, CRIV 53 COM 506, pp. 1-2 (http://www.lachambre.be/doc/CCRI/pdf/53/iC506.pdf#search="12073", consulté le 8 janvier 2014).
66. Outre l'arrêt rendu par la Cour d'appel d'Anvers le 18 novembre 2010, trois arrêts ont été rendus par la Cour d'appel de Bruxelles « sur la base de condamnations pour cause d'activités terroristes inspirées par un extrémisme religieux » – deux le 26 janvier 2009, à l'encontre de deux Belgo-Tunisiens ; le troisième le 6 janvier 2010, à l'encontre d'un Belgo-Marocain. S'y ajoutent trois arrêts rendus par la Cour d'appel de Gand pour des « faits frauduleux qui ont été déterminants dans l'octroi de la nationalité belge », à l'encontre d'un Belgo-Bouthanais, le 11 décembre 2008, d'un Belgo-Albanais, le 5 février 2009, et d'une Belgo-Thaïlandaise, le 4 juin 2009, et un arrêt rendu par la Cour d'appel de Liège le 16 janvier 2012 à l'encontre d'un homme d'origine serbo-monténégrine, pour « usage de faux documents ou de documents falsifiés [...] qui ont conduit à l'obtention de la nationalité belge » (*cf.* la réponse du ministre de la Justice du 23 septembre 2011 à la question n° 543 posée par le député Theo Francken le 7 juillet 2011, in Chambre des représentants de Belgique, *Questions et réponses écrites (Gouvernement chargé des affaires courantes), QRVA 53-041*, 2e session de la 53e législature, 2010-2011, p. 95 ; et la réponse du ministre de la Justice du 24 juillet 2012 à la question n° 525 posée par le député Theo Francken le 10 mai 2012, in Chambre des représentants de Belgique, *Questions et réponses écrites, QRVA 53-076*, 3e session de la 53e législature, 2011-2012, p. 232).
67. *Cf.* la réponse de la ministre de la Justice à la question n° 491 posée par le député Jan Van Esbroek (N-VA) le 25 avril 2012, in Chambre des représentants de Belgique, *Questions et réponses écrites, QRVA 53-067*, 3e session de la 53e législature, 2011-2012, p. 177, ainsi que Foblets M.-C., « La lutte contre l'immigration dans l'économie de l'article K du Traité de Maastricht. Enjeux de la citoyenneté », in Tulkens F., Bosly H.-D. (eds.), *La Justice pénale et*

jouit d'un regain d'intérêt [68] ; et les récentes évolutions législatives ne laissent pas d'inquiéter. D'une part, les motifs de déchéance se sont multipliés : suivant l'article 23 du Code de la nationalité, « manquements graves [aux] devoirs de citoyen belge », mais aussi, depuis juin 2006, acquisition frauduleuse de la nationalité ; suivant l'article 23/1 y inséré en décembre 2012, acquisition de la nationalité à la suite d'un mariage « annulé pour cause de mariage de complaisance », condamnation comme auteur, coauteur ou complice à une peine d'emprisonnement d'au moins cinq ans sans sursis du chef d'une infraction « dont la commission a été manifestement facilitée par la possession de la nationalité belge » ou du chef d'une des infractions mentionnées dans l'article – des infractions qui, pour la plupart, n'existaient pas il y a vingt ans et ont été insérées dans le code pénal ou dans la loi du 15 décembre 1980 « sur les étrangers [69] » (*sic*) récemment. D'autre part, la procédure a été dédoublée : l'article 23 prévoit que les actions en déchéance sont poursuivies devant les cours d'appel ; l'article 23/1, que la déchéance peut être prononcée par le juge de première instance à titre de peine accessoire.

Comme Marie-Claire Foblets le remarquait il y a près de vingt ans déjà, « [l]e souci de protéger leurs nationaux contre la concurrence des ressortissants d'États tiers aboutit à accentuer la menace que fait peser sur l'Union – et à travers elle sur les États – une présence étrangère indésirable [70] ». Certes, la ministre de la Justice, interpellée à l'occasion de l'affaire *Sharia4Belgium*, a rappelé en mai 2012 que la déchéance de la nationalité est une « mesure exceptionnelle qui n'a pas été appliquée pendant des décennies dans notre pays » : ce n'est, a-t-elle ajouté, « qu'au cours de ces dernières années qu'un certain nombre d'arrêts on été prononcés dans le cadre d'infractions terroristes et de fraude [71] ». Mais qu'il faille le rappeler suffit à montrer que la multiplication des motifs de déchéance et la simplification de la procédure inscrite à l'article 23/1 ont amorcé un processus de normalisation de la mesure, processus qui n'est sans doute pas terminé. Un indice ? La proposition de loi déposée en juin 2013 par la sénatrice Christine Defraigne (Mouvement réformateur, MR) vise

l'Europe, Bruxelles, Bruylant, 1996, p. 328, n. 4. Il semble que seules quatre déchéances de nationalité aient été prononcées entre 1934 et 1940, et trente-quatre dans l'immédiat après-guerre. Par la suite, aucun individu n'aurait été déchu de sa nationalité avant 2008. La possibilité de déchoir Tarek Maaroufi – un des deux Belgo-Tunisiens déchus en janvier 2009 – de la nationalité qu'il avait acquise par mariage en 1993 fut envisagée en 1996 ; il était soupçonné d'avoir participé à un trafic d'armes au profit du Groupe islamiste armé. (Sénat de Belgique, Commission de la Justice, *Annales des réunions publiques de commission. Séance du mardi 26 novembre 1996*, 1-63 COM, p. 514 sq).

68. Renauld B., « S'il faut déchoir Fouad Belkacem de la nationalité belge, un jugement est nécessaire : Pourquoi ? », *Justice en ligne*, 27 juin 2012 (http://www.justice-en-ligne.be/article455.html, consulté le 5 février 2014).
69. C'est ainsi que l'article 23/1 abrège l'intitulé de la loi sur l'accès au territoire, le séjour, l'établissement et l'éloignement des étrangers.
70. Foblets M.-C., *op. cit.*, p. 334.
71. *Cf.* la réponse de la ministre de la Justice à la question n° 491 posée par le député Jan Van Esbroek (N-VA) le 25 avril 2012, in Chambre des représentants de Belgique, *Questions et réponses écrites, QRVA 53-067*, 3e session de la 53e législature, 2011-2012, p. 177.

à « renforcer les possibilités de déchéance » de diverses façons : en érigeant en présomption de « manquement grave aux devoirs du citoyen belge » la condamnation du chef de toute infraction commise en qualité de récidiviste ou la condamnation à une peine inférieure à cinq ans basée sur la loi du 30 juillet 1981 tendant à réprimer certains actes inspirés par le racisme ou la xénophobie ; en ajoutant d'autres infractions à celles que liste l'article 23/1 ; en automatisant la déchéance des binationaux condamnés du chef d'une des infractions mentionnées [72].

Pour certaines catégories de citoyens belges, le danger charrié par ce processus de normalisation est considérable. Les conséquences résultant des faits motivant la déchéance diffèrent en effet selon que la nationalité a été transmise ou acquise et selon que les individus concernés sont originaires d'un État membre de l'Union ou non. Ni les individus tenant leur nationalité belge d'un père ou d'une mère belge au jour de leur naissance, ni ceux dont l'un des parents est né en Belgique et y a résidé cinq ans durant les dix années précédant leur naissance ne peuvent être déchus : dans leur cas, la nationalité est un attribut. Peuvent l'être par contre les individus nés en Belgique et devenus belges par déclaration de leurs parents, ou ceux qui sont devenus belges par déclaration, mariage ou naturalisation. Par ailleurs, pour les binationaux ayant la nationalité d'un autre État membre de l'Union, la perte de la nationalité belge n'entraîne pas celle de la citoyenneté européenne. Pour ceux qui ont la nationalité d'un État tiers, elle se double de la perte de la citoyenneté européenne et des libertés qui lui sont associées. Résultante de ce jeu de dispositions ? Contrairement aux adultes dont les parents étaient des immigrés italiens, espagnols ou grecs, la plupart des adultes venus avec leurs parents du Maroc et de Turquie sont aujourd'hui encore en citoyenneté conditionnelle, c'est-à-dire en liberté(s) conditionnelle(s).

72. *Cf.* « Proposition de loi modifiant le Code de la nationalité belge en vue de renforcer les possibilités de déchéance de la nationalité déposée par Mme Christine Defraigne le 4 juin 2013 », Sénat de Belgique, Session de 2012-2013, 5-2141/1,(http://www.senate.be/www/?MIval=/publications/viewPub.html&COLL=S&LEG=5&NR=2140&VOLGNR=1&LANG=fr, consultée le 5 février 2014). Dans le même sens, le sénateur FN Michel Delacroix proposait en 2009 que la condamnation définitive à une peine privative de liberté d'un an minimum, assortie ou non d'un sursis, entraîne de plein droit la déchéance de la nationalité belge pour les Belges qui ne tiennent pas leur nationalité d'un auteur belge au jour de leur naissance et les Belges qui ne se sont pas vus attribuer leur nationalité en vertu de l'article 11 (« Proposition de loi modifiant le Code de la nationalité belge en vue d'automatiser la déchéance de la nationalité en cas de condamnation pénale à une peine privative de liberté d'un an minimum déposée par M. Michel Delacroix [FN] le 17 août 2009 », Sénat de Belgique, Session 2008-2009, 4-1439/1 (http://www.senate.be/www/?MIval=/publications/viewPub.html&COLL=S&LEG=4&NR=1439&VOLGNR=1&LANG=fr). La clé prévue par la sénatrice du MR – à l'article 23, référence à la récidive – participe du travail de légitimation de la proposition, en limitant à peine son extension. L'offensive se poursuit par ailleurs du côté des nationalistes flamands, la sénatrice Inge Faes (N-VA) ayant récemment demandé à la ministre de la Justice des chiffres relatifs aux déchéances prononcées depuis 2007, ventilés selon les motifs prévus par la loi (*cf.* Sénat de Belgique, Question écrite n° 5-9893 posée le 24 septembre 2013 par Inge Faes (N-VA) à la ministre de la Justice (http://www.senate.be/www/?MIval=/Vragen/SVPrint&LEG=5&NR=9893&LANG=fr).

Fragment 2. Foucault avec Marx : généalogie de la force de travail

Après les effets, les fonctions. Un bref détour théorique s'avère nécessaire avant d'aborder la question. Pour expliquer l'évolution pénale, Durkheim a énoncé deux lois : la loi des variations quantitatives de la peine et la loi des variations qualitatives de la peine [73]. Rusche et Kirchheimer ont étudié la transformation des régimes punitifs en prenant appui sur Marx [74]. Foucault s'est demandé, d'une part, comment, « du temps et du corps des hommes, de la vie des hommes », « quelque chose » est fait, qui est « de la force productive » [75], et d'autre part, comment un « système de pouvoir commandant l'accumulation des hommes » a été couplé à un « système économique favorisant l'accumulation du capital ». Le philosophe sera, dans ce qui suit, la référence principale – la référence ou le sujet car ce fragment prend la forme d'un tableau, où deux épisodes de son combat avec Marx sont brossés à grands traits.

Au bas du tableau : *Punishment and Social Structure*, de Rusche et Kirchheimer. Loin de définir comme Durkheim le crime comme ce qui heurte les états forts et définis de la conscience collective et la peine comme une réaction au crime, les chercheurs de l'École de Francfort tiennent que lier la criminalité à la pénalité – supposer que celle-ci explique celle-là ou que celle-là a pour fonction de réprimer ou prévenir celle-ci ; voir dans le crime et la peine les deux faces d'une même pièce de monnaie – entrave l'étude des « époques de l'histoire des systèmes punitifs dans leurs rapports aux époques de l'histoire économique et à celles de la lutte économique des classes [76] », et « fait obstacle à toute compréhension de [son] sens propre ». Du reste, « [l]a peine en soi n'existe pas : il n'existe que des systèmes de peines concrets et des pratiques pénales particulières [77] ».

La thèse des auteurs est que « [t]out système de production tend à inventer des méthodes punitives qui correspondent à ses rapports de production ». C'est, écrivent-ils, « un lieu commun de constater [...] qu'à une phase donnée du développement économique correspond un mode spécifique de punition. Il est évident que l'esclavage comme mode de punition ne peut exister hors

---

73. Durkheim E., « Deux lois de l'évolution pénale », *Année sociologique*, vol. IV, 1899-1900, pp. 65-95.
74. Rusche G., Kirchheimer O., *Punishment and Social Structure*, New York, Columbia University Press, 1968 [1939] ; Rusche G., Kirchheimer O., *Peine et structure sociale. Histoire et « théorie critique » du régime pénal*, texte présenté et établi par Lévy R., Zander H., trad. Laroche F., Paris, éditions du Cerf, 1994.
75. Foucault M., « La vérité et les formes juridiques », *Dits et écrits, II*, n° 139, Paris, Gallimard, 1994, p. 620 (Foucault dit : « [...] comment faire du temps et du corps des hommes, de la vie des hommes quelque chose qui soit de la force productive ? »).
76. Rusche G., « Marché du travail et régime des peines. Contribution à la sociologie de la justice pénale (1934) », réédité in Rusche G., Kirchheimer O., *Peine et structure sociale. Histoire et « théorie critique » du régime pénal*, *op. cit.*, p. 106.
77. *Ibid.*, p. 123.

d'une économie esclavagiste, que le travail carcéral est impensable sans la manufacture ou l'industrie, et que les peines d'amende pour toutes les classes sociales ne sont possibles que dans une économie monétaire [78] ». Esclaves, serfs, ouvriers : pour la classe dominée, quel que soit le mode de production, ces méthodes sont aussi déterminées par la valeur de la vie humaine réduite à la valeur de la force de travail. À surabondance de bras, châtiments meurtriers ; à pénurie, travail forcé. Liquider, capter : telles sont, quand les personnes concernées appartiennent à la classe dominée, les fonctions de la pénalité.

Dans les sociétés capitalistes, les maisons d'arrêt et de peine ont été alternativement des lieux de mise au travail et des lieux de mise à mort sociale. Selon Rusche, le nombre de détenus et les conditions de détention y dépendent des conditions matérielles d'existence du prolétariat, lesquelles dépendent de l'offre et de la demande sur le marché du travail. Contrairement aux idées sur le « sens de la peine », ces conditions d'existence sont déterminantes (marxiste, Rusche est matérialiste ; il laisse ouverte la question de savoir si la peine « est destinée à venger l'acte, dissuader ou amender son auteur, protéger la société ou remplir quelque autre fonction », à ses yeux non pertinente) [79]. En période de crise économique, l'augmentation du nombre de détenus et la dégradation des conditions de vie *intra muros* suivent automatiquement la dégradation des conditions de vie *extra muros* [80]. Le seul moyen d'y remédier – le seul moyen de « lutter contre l'inflation et la surpopulation carcérales » – est de corriger les effets du jeu de l'offre et de la demande sur le marché du travail par des politiques sociales.

Longtemps méconnu, réédité en 1968, *Punishment and Social Structure* est aujourd'hui un classique. Avec humour – car il y a entre Durkheim et les deux chercheurs de l'École de Francfort moins de points d'accord que de désaccords –, Dario Melossi regroupe les travaux qui s'en inspirent selon qu'ils

78. *Ibid.*, pp. 123-124.

79. Cette proposition matérialiste de Rusche a parfois été confondue avec une reformulation du principe de dissuasion, renommé « principe de moindre éligibilité ». Ainsi que l'indiquent René Lévy et Hartwig Zander dans leur introduction à la traduction française du livre de Rusche et Kirchheimer (p. 63), la notion trouve son origine dans une phrase de Shaw citée par Rusche – « Quand nous considérons la partie la plus pauvre, la plus opprimée de notre population, nous trouvons que ses conditions d'existence sont si misérables qu'il serait impossible d'administrer une prison avec humanité sans rendre le sort du criminel plus acceptable [*eligible*] que celui de maints citoyens libres. Si la misère humaine n'est pas plus profonde dans la prison que dans le taudis, le taudis se videra et la prison se remplira ». À noter que Rusche lui-même précise, après avoir cité Shaw, qu'il « ne faut pas, bien entendu, croire que c'est dans les termes mêmes où on l'a ici exprimé que ce raisonnement acquiert son efficacité sociale » (Rusche G., « Marché du travail et régime des peines. Contribution à la sociologie de la justice pénale (1934) », *art. cit.*, p. 103).

80. Sur ce point, voir Rusche G., « Révoltes pénitentiaires ou politique sociale. À propos des événements d'Amérique (1930) », réédité in Rusche G., Kirchheimer O., *op. cit.*, pp. 85-98 : selon Rusche, le système pénitentiaire américain serait « pendant plus d'un siècle, apparu comme un modèle inégalé d'humanité » ; en l'absence de politiques sociales, il a cessé de l'être quand, suite à la crise de 1929, le nombre des chômeurs « ramena à rien leur valeur ».

étudient les variations qualitatives ou quantitatives de la peine [81]. Les premiers étudient comment tel régime punitif (galères, déportation, prisons...) apparaît, devient hégémonique et disparaît : Sellin, qui avait lu le manuscrit de Rusche en 1934 [82], décrit ainsi dans *Slavery and the Penal System* comment, après 1865, l'esclavage pénal a pris le relais de l'esclavage dans le Sud des États-Unis [83]. Les seconds tentent d'expliquer les variations du nombre de personnes condamnées ou enfermées : durant le dernier quart du XXe siècle, des dizaines de recherches ont montré que l'évolution des chiffres des prisons ne suit pas l'évolution des chiffres de la criminalité mais celle des chiffres du chômage [84] ; qu'elles rapportent ces corrélations à la valeur du travail (explication « économique »), aux représentations des agents du système pénal (explication « idéologique ») ou aux nécessités structurelles du capitalisme (explication « politique ») [85], toutes se basent sur les thèses posées par Rusche en 1930 et 1934 [86].

Surveiller et punir fait-il partie du premier groupe défini par Dario Melossi ? Oui : le livre, sous-titré *Naissance de la prison*, décrit le passage à une pénalité de détention ; l'objectif est d'en faire vaciller l'évidence, qui de l'hégémonie est une dimension ou un autre nom. Non : *Punishment and Social Structure* semble avoir plutôt relancé le « combat avec Marx » qui, selon Etienne Balibar, est coextensif « de toute l'œuvre de Foucault » – un combat qui, précise-t-il, n'est pas un « simple duel » et n'a jamais « sa fin en lui-même ». Foucault, écrit-il, « ne cesse de poser à Marx des questions qui lui viennent d'autres lieux philosophiques et historiques, comme il ne cesse de poser à d'autres interlocuteurs, ou adversaires, des questions dont la formulation dépend de Marx [87] ». En l'occurrence, tout se passe comme s'il posait, sur

81. Melossi D., "An Introduction: fifty years later, Punishment and Social Structure in comparative analysis", *Contemporary Crises*, 13-4, 1989, p. 313.
82. Melossi D., "Georg Rusche: a biographical essay", *Crime & Social Justice*, 14, 1980, pp. 51-63 ; sur l'histoire des textes de Rusche et du manuscrit de *Punishment and Social Structure*, voir aussi Zander H., « Georg Rusche, marché du travail et régime des peines : introduction à la genèse de l'œuvre de Georg Rusche », *Déviance et société*, 1980, 4-3, pp. 99-213 ; ainsi que Lévy R., Zander H., « Introduction », in Rusche G., Kirchheimer O., *op. cit.*, pp. 9-42.
83. Sellin Th., *Slavery and the Penal System*, New York, Elsevier, 1976. Sur ce point, *cf.* Brion F., *Sociologie de la pénalité*, Louvain-la-Neuve, École de criminologie, 2001 ; pour un autre exemple, voir Melossi D., Pavarini M., *Carcere e fabbrica : alle origine del sisteme penitenziaro (XVI-XIX secolo)*, Bologne, Il Mulino, 1978.
84. Sur ce point, voir notamment Lévy R., Zander H., *art. cit.*, p. 57 ; Melossi D., "An Introduction: fifty years later, Punishment and Social Structure in comparative analysis", *art. cit.*, p. 311-326 ; Laffargue B., Godefroy T., « La prison républicaine et son environnement économique », *Déviance et Société*, 14-1, 1990, pp. 39-58 ; Laffargue B., *Changements économiques et répression pénale. Plus de chômage, plus d'emprisonnement ?*, Paris, CESDIP, 1991 ; Vanneste C., « L'évolution de la population pénitentiaire belge de 1830 à nos jours : comment et pourquoi ? Des logiques socio-économiques à leur traduction pénale », *Revue de droit pénal et de criminologie*, 2000, p. 689 ; Vanneste C., *Les chiffres des prisons. Des logiques économiques à leur traduction pénale*, Paris, L'Harmattan, 2003.
85. Chiricos T.G., Delone M., "Labor Surplus and Punishment: A Review and Assessment of Theory and Evidence", *Social Problems*, 39-4, 1992, pp. 421-446.
86. Rusche G., « Révoltes pénitentiaires ou politique sociale. À propos des événements d'Amérique (1930) », *art. cit.*, pp. 85-98 ; Rusche G., « Marché du travail et régime des peines. Contribution à la sociologie de la justice pénale (1934) », *art. cit.*, pp. 99-113.

les prisons, des questions dont la formulation dépend de Rusche et de Marx, et que parallèlement, remettant sur le métier notions et propositions, il posait à ces auteurs des questions lui venant d'Althusser ou de son expérience au sein du Groupe d'information sur les prisons.

Du « grand livre de Rusche et Kirchheimer », le philosophe dit retenir plusieurs repères « essentiels [88] ». *Primo*, renoncer à croire que la pénalité est « avant tout [...] une manière de réprimer les délits » et varie en quantité ou qualité selon « les formes sociales, les systèmes politiques ou les croyances ». *Secundo*, analyser non pas la pénalité, mais des systèmes punitifs concrets ; les analyser « comme des phénomènes sociaux dont ne peuvent rendre compte ni l'armature juridique de la société, ni ses choix éthiques fondamentaux ». *Tertio*, situer ces systèmes punitifs « dans leur champ de fonctionnement », où prévention et punition ne sont pas les seuls éléments. *Quarto*, montrer que l'efficacité des pratiques punitives n'est pas seulement « négative » (elles interdisent, elles détruisent), mais « positive » (elles produisent) [89] ; en repérer les effets et leur utilité. *Quinto*, se rappeler que si les peines « sont fait[e]s pour sanctionner les infractions » – ce qui ne signifie pas que c'est tout ce qu'elles font –, « la définition des infractions et leur poursuite sont faites en retour pour entretenir les mécanismes et leurs fonctions [90] ».

Sur la corrélation entre régimes punitifs et systèmes productifs, Foucault tient qu'il y aurait sans doute « bien des remarques à faire » ; il garde toutefois « ce thème général que, dans nos sociétés, les systèmes punitifs sont à replacer dans une certaine "économie politique" du corps [91] ». De *La société punitive* [92] à *Mal faire, dire vrai* [93] en passant par « La vérité et les formes juridiques [94] »,

87. Balibar E., « Foucault et Marx. L'enjeu du nominalisme », *art. cit.*, pp. 282-283.
88. Foucault M., *Surveiller et punir*, *op. cit.*, p. 29.
89. *Ibid.*, p. 196. « Il faut cesser de toujours décrire les effets du pouvoir en termes négatifs : il "exclut", il "réprime", il "refoule", il "censure", il "asbtrait", il "masque", il "cache". En fait le pouvoir produit ; il produit du réel ; il produit des domaines d'objets et des rituels de vérité. L'individu et la connaissance qu'on peut en prendre relèvent de cette production »). L'insistance de Foucault sur la positivité des effets produits par les méthodes pénales ne vaut pas approbation de ces méthodes, ni plus généralement approbation de l'utilititarisme, comme semble le supposer David Garland (*cf.* Garland D., "Frameworks of Inquiry in the Sociology of Punishment", *The British Journal of Sociology*, 41-1, 1990, pp. 5-6). Elle renvoie à la productivité du pouvoir, d'une part ; elle a aussi partie liée avec ce que Paul Veyne appelle le « positivisme » de Foucault (*cf.* Veyne P., « Foucault révolutionne l'histoire », *Comment on écrit l'histoire*, Paris, Seuil, 1996, p. 419) – ou avec ce « contre-positivisme » dont Foucault disait à Louvain qu'il n'est pas le « contraire du positivisme, mais son contrepoint » (Foucault M., *Mal faire, dire vrai. Fonction de l'aveu en justice. Cours de Louvain (1981)*, éd. établie par F. Brion et B. E. Harcourt, Louvain-la-Neuve, Presses universitaires de Louvain/Chicago, University of Chicago Press, 2012, p. 10).
90. *Ibid.*, p. 29.
91. *Ibid.*, p. 30.
92. Foucault M., *La société punitive. Cours au Collège de France (1972-1973)*, éd. établie par B. E. Harcourt, Paris, Gallimard/Seuil, 2013.
93. Foucault M., *Mal faire, dire vrai. Fonction de l'aveu en justice. Cours de Louvain (1981)*, *op. cit.*
94. Foucault M., « La vérité et les formes juridiques », *art. cit.*, pp. 538-623.

il diversifie les séries d'études qui forment la matière des cours sur les régimes punitifs en fonction des modes de production antique, féodal et capitaliste [95]. Sur deux points, il se démarque de l'analyse marxiste. Point méthodologique : aux explications qui « visent une dernière instance [...], économie pour les uns, démographie pour les autres », il substitue l'analyse généalogique, qui « suppose le déploiement d'un réseau causal à la fois complexe et serré [...] d'un autre type », réseau « qui n'obéirait pas justement à l'exigence de saturation par un principe profond unitaire pyramidalisant et nécessitant » [96]. Point de philosophie ontologique : à ses yeux, « le travail n'est absolument pas l'essence concrète de l'homme [97]. »

Le combat s'engage à partir de là. Il prend, logiquement, la forme d'une « ontologie historique de nous-mêmes », dans nos rapports « à la vérité », « à un champ de pouvoir » et « à la morale » (soit les « trois domaines de généalogies possibles [98] »). L'enjeu est tout à la fois pratique et théorique. Pratique : pour que « l'essence de l'homme puisse apparaître comme étant le travail », il faut « la synthèse effectuée par un pouvoir politique » [99] ; la défaire suppose de décrire la « série d'opérations complexes par lesquelles les hommes se trouvent effectivement liés – d'une manière non pas analytique, mais synthétique – à l'appareil de production pour lequel ils travaillent [100] » : comment le temps et le corps des hommes deviennent-ils temps et force de travail ? Théorique : Marx décrit la société comme un édifice à deux niveaux, l'infrastructure, qui est la base matérielle, et la superstructure, qui comporte elle-même deux niveaux, l'un juridico-politique et l'autre idéologique ; Foucault pose que pouvoir et savoir [101] « ne se superposent pas aux relations de production, mais se trouvent très profondément enracinés dans ce qui constitue celles-ci », de sorte que « la définition de ce qu'on appelle l'idéologie doit être revue » [102].

95. Implicite dans la constitution des séries qui forment les cours sur les régimes punitifs, la référence au mode de production peut aussi être explicite dans certains textes. Ainsi, dans la conclusion de « La vérité et les formes juridiques », cycle de cinq conférences prononcées en 1973 : « L'enquête et l'examen sont précisément des formes de savoir-pouvoir qui viennent fonctionner au niveau de l'appropriation des biens dans la société féodale, et au niveau de la production et de la construction du sur-profit capitaliste. C'est à ce niveau fondamental que se situent les formes de savoir-pouvoir de l'enquête et de l'examen. » (Foucault M., « La vérité et les formes juridiques », *art. cit.*, p. 623.
96. Foucault M., « Qu'est-ce que la critique ? [Critique et *Aufklärung*] », *Bulletin de la Société française de philosophie*, 84-2, 1990, Paris, Armand Colin, p. 50.
97. Foucault M., « La vérité et les formes juridiques », *art. cit.*, p. 621.
98. Foucault M., « À propos de la généalogie de l'éthique : un aperçu du travail en cours », *Dits et écrits, IV*, n° 344, Paris, Gallimard, 1994, p. 618.
99. Foucault M., « La vérité et les formes juridiques », *op. cit.*, p. 622.
100. *Ibid.*, pp. 621-622.
101. Sur la substitution du concept du savoir-pouvoir à la notion d'idéologie, voir Foucault M., *Du gouvernement des vivants. Cours au Collège de France, 1980-1981*, Paris, Gallimard/Seuil, 2012, pp. 12-13.
102. *Ibid.*, p. 623.

Au centre du premier champ de bataille : la série « discipline/individu/sujet ». Contre Marx, Foucault joue Althusser. En toile de fond : les thèses posées par l'auteur de *Pour Marx* dans *Idéologie et appareils idéologiques d'État* [103]. Le point de départ de la réflexion est la question de savoir comment la reproduction de la force de travail est assurée : c'est, écrit Althusser, en analysant de ce point de vue droit, État et idéologie – *i.e.*, la superstructure, en ses niveaux juridico-politique et idéologique – qu'il lui semble possible de dépasser la métaphore de l'édifice pour penser ce qu'elle décrit. Posant d'une part que « l'idéologie a une existence matérielle » (elle existe « dans un appareil idéologique matériel, prescrivant des pratiques matérielles réglées par un rituel matériel, lesquelles pratiques existent dans les actes matériels d'un sujet agissant en toute conscience selon sa croyance [104] »), et d'autre part, qu'il « n'est d'idéologie que par le sujet et pour des sujets [105] », il oppose à l'idéalisme des philosophies de la conscience la thèse matérialiste de la constitution des individus en sujets. Auparavant, il a proposé de distinguer non plus seulement « pouvoir d'État » et « appareil d'État », comme « la théorie marxiste de l'État », mais « appareil répressif d'État » et « appareils idéologiques d'État » – précisant que des institutions privées peuvent « parfaitement "fonctionner" comme des appareils idéologiques d'État ».

Les dernières conférences données par Foucault à Rio de Janeiro en 1973 peuvent se lire comme une première élaboration de ces propositions. Il y étudie l'apparition, au XIXe siècle, d'une série d'« institutions d'assujettissement » où « l'État et ce qui n'est pas étatique viennent se confondre, s'entrecroiser [106] », de sorte qu'il est « difficile de dire si elles sont franchement étatiques ou extra-étatiques, si elles font partie ou non de l'appareil d'État [107] ». Que les procédures d'assujettissement y prennent une forme « compacte » (dans les écoles, les maisons de correction, les prisons) ou « douce » (le philosophe cite les caisses d'épargne et d'assistance), elles forment, dit-il, « un réseau institutionnel de séquestration, qui est intra-étatique [108] ». Quelles sont les fonctions de ces « institutions d'assujettissement » ? Extraire le temps des hommes pour le transformer en temps de travail ; contrôler leur corps pour le transformer en force de travail ; extraire enfin – car ces institutions sont des mines de

---

103. Althusser L., « Idéologie et appareils idéologiques d'État (Notes pour une recherche) », *La pensée*, 151, juin 1970, rééd. in Althusser L., *Positions (1964-1975)*, Paris, Les éditions sociales, 1976, p. 105. La même hypothèse de lecture soutient l'analyse de Warren Montag (*cf.* Montag W., "'The Soul is the Prison of the Body': Althusser and Foucault, 1970-1975", *Yale French Studies*, 88, 1995, p. 71).
104. *Ibid.*, p. 109.
105. Althusser L., « Idéologie et appareils idéologiques d'État (Notes pour une recherche) », *art. cit.*, pp. 109-110.
106. Foucault M., « La vérité et les formes juridiques », *art. cit.*, p. 615. Foucault reviendra à plusieurs reprises sur la question de ce qui relève ou ne relève pas de l'État, du public et du privé, et de ce qui entre ou sort de la sphère du gouvernement et de la gouvernementalité. Voir entre autres Foucault M., « La "gouvernementalité" », *Dits et écrits, III*, n° 239, Paris, Gallimard, 1994, p. 656.
107. Foucault M., « La vérité et les formes juridiques », *art. cit.*, p. 615.
108. *Idem*, pp. 612 et 615.

savoir – un savoir technologique et un savoir sur les individus né « de [leur] observation [...], de leur classement, de l'enregistrement et de l'analyse de leurs comportements, de leur comparaison », l'un et l'autre utiles pour transformer la force de travail en force productive. Le pouvoir exercé sur les individus, polymorphe, est tout à la fois économique, politique, disciplinaire et épistémologique ; « profondément enraciné dans la vie des hommes [109] », il ne se réduit en aucune façon à un système de représentations.

Surveiller et punir prolonge la discussion. Althusser s'interroge sur les conditions de la reproduction des rapports de production et de la force productive. Foucault étudie, en amont, les conditions de production de la force productive ; plus exactement, il entreprend d'en faire la généalogie, pour défaire la synthèse – propre à « la société moderne, industrielle, capitaliste » – qui donne à voir dans le travail l'essence concrète de l'homme. Althusser tient que l'idéologie est immanente aux appareils, pratiques, rituels et actes qui la réalisent. Foucault, conséquent, ne parle plus d'idéologie mais de dispositif de savoir-pouvoir ; il décrit minutieusement comment, avant de coloniser l'institution judiciaire au XIXe siècle, les procédés disciplinaires se sont développés au XVIIIe siècle, en réponse à la croissance de la population, à la croissance de l'appareil de production, et à la « nécessité d'ajuster leur corrélation [110] ». Althusser écrit que « toute idéologie a pour fonction (qui la définit) de "constituer" des individus concrets en sujets » ; il précise que l'âme est l'une des dénominations sous laquelle la catégorie de sujet opère [111]. Foucault examine comment, dans la société disciplinaire, « l'individu [...] est soigneusement fabriqué selon toute une tactique des forces et des corps [112] » ; brouillant comme Althusser la limite entre idéologie et violence, il définit l'âme comme un double « réel et incorporel » reproduit en permanence au moyen de procédures de punition et de surveillance [113].

Nouveaux développements dans *Mal faire, dire vrai*. Selon Althusser, ce qui constitue un individu en sujet est une interpellation dans laquelle il se reconnaît. Foucault examine les formes matérielles de l'interpellation et de la reconnaissance, et décrit comment les individus se transforment en tel ou tel « *doppeltes Ich* [114] » – juge et accusé, administrateur et administré, surveillant et surveillé. Matérialisme oblige, la question de l'articulation du gouvernement et de l'assujettissement devient celle des « points d'intersection entre techniques de domination et techniques de soi [115] ». En 1975, le philosophe a écrit que l'âme est « le corrélatif actuel d'une certaine technologie du pou-

---

109. *Idem*, pp. 618-620 et p. 623.
110. Foucault M., *Surveiller et punir*, *op. cit.*, p. 220.
111. Althusser L., « Idéologie et appareils idéologiques d'État », *art. cit.*, p. 110.
112. Foucault M., *Surveiller et punir*, *op. cit.*, p. 219.
113. *Ibid.*, p. 34.
114. Foucault M., *Introduction à l'Anthropologie*, Paris, Vrin, 2008, p. 23.
115. Foucault M., "Subjectivity and truth", *The Politics of Truth*, édition établie par Sylvain Lotringer, Los Angeles, Semiotext(e), 1997, p. 154.

voir [116] ». En 1981, à Louvain, il explore les procédés de fabrication du sujet déterminant et de l'objet déterminé, de l'« âme » et du corps, de « l'âme, prison du corps [117] ». Deux ans plus tôt, à Chicago, il a visité l'atelier où sont conçus les sujets supposés par le néolibéralisme [118]. Pour Marx, dit-il dans *Naissance de la biopolitique*, temps et force de travail sont les composantes du travail « abstrait », « amputé de toute sa réalité humaine », que le capitalisme met sur le marché [119] ; pour Gary Becker, cette abstraction n'est pas « le fait du capitalisme réel, [mais celui] de la théorie économique que l'on a faite de la production capitaliste [120] ». Le néolibéralisme interpelle tout un chacun en entrepreneur de soi et des siens ; il invite à se représenter en portefeuille de capitaux et à se gérer en capitaliste – version inédite du « *doppeltes Ich* ». Plutôt que force et temps de travail, il parle « investissement dans le capital humain [121] » ; ce faisant, il gomme l'opposition entre travail et capital essentielle à la théorie de la lutte des classes, et individualise les causes de la pauvreté ou de l'absence de réussite, qu'il code comme résultats prouvant les défauts ou les défaillances de sujets toujours coupables de leur faillite.

Les disciplines, écrit Foucault en 1975, sont « à prendre comme des techniques qui permettent d'ajuster [...] la multiplicité des hommes à la multiplication des appareils de production ». Mais suffisent-elles à corréler « accumulation des hommes et accumulation du capital [122] » ? La « noso-politique réfléchie [123] » qui naît au XVIIIe siècle le montre : la conjoncture historique décrite dans *Surveiller et punir* – essor démographique, développement de l'appareil de production – a appelé deux réponses [124], « technologie fine et calculée de l'assujettissement [125] » et « projet d'une technologie de la population ». Ici comme là, « on peut dire en gros qu'il s'agit de la préservation, de l'entretien

---

116. Foucault M., *Surveiller et punir*, *op. cit.*, p. 34.
117. *Idem.*
118. Foucault consacre les leçons du 14 mars, 21 mars et 28 mars 1979 de *Naissance de la biopolitique*, cours prononcé au Collège de France en 1978-1979, à l'étude du néolibéralisme américain tel qu'il est conçu par les économistes de l'Université de Chicago, au premier rang desquels Gary Becker, professeur d'économie et prix Nobel d'économie, célèbre notamment pour sa théorie du capital humain (Becker G., *Human Capital: A Theoretical and Empirical Analysis*, Chicago, University of Chicago Press, 1993 [1964]) et pour son approche microéconomique du crime et de la peine (Becker G., "Crime and Punishment: An Economic Approach", *The Journal of Political Economy*, 76-2, 1968, pp. 169-217). Gary Becker est une figure majeure du courant dit de *Law & Economics*, comme Richard Posner et Richard Epstein, également professeurs à l'Université de Chicago.
119. Foucault M., « Leçon du 14 mars 1979 », *Naissance de la biopolitique. Cours au Collège de France. 1978-1979*, édition établie par M. Senellart, Paris, Gallimard & Seuil, 2004, p. 227.
120. *Idem.*
121. *Ibid.*, p. 226.
122. *Ibid.*, p. 222.
123. Foucault M., « La politique de la santé au XVIIIe siècle », *Les machines à guérir. Aux origines de l'hôpital moderne*, Paris, Institut de l'environnement, 1976, pp. 11-21, rééd. in Foucault M., *Dits et écrits, III*, n° 168, Paris, Gallimard, 1994, p. 14.
124. *Cf. Ibid.*, p. 18 et Foucault M., « Intervista a Michel Foucault », in Fontana A. et Pasquino P. (eds.), *Microfisica del potere: interventi politici*, Turin, Einaudi, 1977, pp. 3-28, rééd. in Foucault M., *Dits et écrits, III*, n° 192, Paris, Gallimard, 1994, p. 153.
125. Foucault M., *Surveiller et punir*, *op. cit.*, p. 222.

et de la conservation de la “force de travail” » ; ici et là, la technologie investit « le “corps” – corps des individus et corps des populations » ; ici et là, il s’agit d’assurer la « majoration constante de leur utilité [126] ». Mais le dispositif est différent. Côté savoir, la « biopolitique » nécessite « estimations démographiques », « calcul de la pyramide des âges, des différentes espérances de vie, des taux de morbidité », « étude du rôle que jouent l’une par rapport à l’autre la croissance des richesses et celle de la population [127] » ; elle analyse les régularités propres aux populations (le nombre et la distribution des morts, des maladies, des accidents…) et les effets liés à leur agrégation, à leurs activités et à leurs déplacements (« les grandes épidémies, les expansions endémiques, la spirale du travail et de la richesse [128] »…). Côté pouvoir, il faut, pour majorer l’utilité, non plus « assujettir », mais « traiter, contrôler, diriger l’accumulation des hommes [129] » : encourager ou décourager la natalité ; développer des politiques de santé ; diriger « dans telle ou telle région, vers telle activité, les flux de population [130] » ; « régler également […] les migrations [131] »…

D’où, autour de la série biopolitique/population/société, un second champ de bataille. La toile de fond est un *patchwork* où, peut-être, se retrouvent des éléments de *The General Theory of Law and Marxism*, de Pashukanis, ou *Du « Capital » à la philosophie de Marx*, d’Althusser. En Europe occidentale, note Foucault, « un système économique qui favorisait l’accumulation du capital et un système de pouvoir qui commandait l’accumulation des hommes sont devenus, à partir du XVIIe siècle, deux phénomènes corrélatifs et indissociables l’un de l’autre [132] ». Le problème est que suivant les analyses marxistes, ce couplage ne va pas sans contradiction. Selon Pashukanis, l’histoire de la transition du féodalisme au capitalisme est aussi celle de la juridification des relations humaines et de la généralisation de la forme légale [133]. Or, la spécificité de la loi n’est pas la contrainte, mais les sujets de droits, égaux et libres, qui sont ses corrélats. Simple voile masquant rapports de force et intérêts de classe ? Non pas. Condition formelle de possibi-

126. Foucault M., « La politique de la santé au XVIIIe siècle », *art. cit.*, p. 18.
127. *Ibid.*, p. 18. Par « biopolitique », Foucault entend « la manière dont on a essayé, depuis le XVIIIe siècle, de rationaliser les problèmes posés à la pratique gouvernementale par les phénomènes propres à un ensemble de vivants constitués en population : santé, hygiène, natalité, longévité, races… » Il ajoute : « On sait quelle place croissante ces problèmes ont occupée depuis le XIXe siècle, et quels enjeux économiques et politiques ils ont constitué jusqu’aujourd’hui (Foucault M., « Naissance de la biopolitique », *Annuaire du Collège de France, 79e année, Histoire des systèmes de pensée, année 1978-1979*, 1979, p. 367, rééd. in Foucault M., *Dits et écrits, III*, n° 274, Paris, Gallimard, 1994, p. 818).
128. Foucault M., « La “gouvernementalité” », *art. cit.*, p. 651.
129. Entretien avec Michel Foucault, *Dits et écrits, III*, n° 192, Paris, Gallimard, 1994, p. 153.
130. Foucault M., « La “gouvernementalité” », *art. cit.*, p. 652.
131. Foucault M., « Les mailles du pouvoir », *art. cit.*, p. 194.
132. Entretien avec Michel Foucault, *Dits et écrits, III*, n° 192, Paris, Gallimard, 1994, p. 153.
133. Cf. Kamenka E., “Marxism, Economics and Law”, disponible en ligne (s.r.), pp. 58-59 (http://biblio.juridicas.unam.mx/libros/3/1014/7.pdf, consulté le 5 février 2014). Sur l’histoire de la jurification des relations humaines – où, peut-être, il faut voir l’un des mécanismes de la transformation du mode de production féodal en un autre –, *cf.* Foucault M., *Mal faire, dire vrai. Fonction de l’aveu en justice*, *op. cit.*, pp. 201-202 et pp. 174-189.

lité du type d'échanges sur lesquels l'économie de marché est fondée – suivant le théoricien marxiste du droit, le libéralisme est immanent au capitalisme. Question alors : « Dans un système soucieux du respect des sujets de droit et de la liberté d'initiative des individus, comment le phénomène "population" avec ses effets et ses problèmes spécifiques peut-il être pris en compte ? Au nom de quoi et selon quelles règles peut-on le gérer [134] ? »

En 1975, Foucault annonce qu'il va analyser le système de politique criminelle conçu au tournant des XIXe et XXe siècles par Prins, pénaliste et « criminaliste » belge convaincu qu'il faut, pour défendre la société contre le danger que représentent les vagabonds et la sédition, ajouter au droit pénal des lois entant la répression non plus sur la responsabilité, mais sur la dangerosité [135]. Guerre des races *versus* lutte des classes, discours de dominants qui se sentent menacés *versus* discours de dominés qui se font menaçants [136] : cinq ans avant d'animer à Louvain un séminaire sur la généalogie de la défense sociale en Belgique [137], le philosophe livre dans « Il faut défendre la société » une première généalogie du « dispositif de guerre [138] » dont elle procède ; il montre que les coordonnées du système de politique criminelle promu par l'inspecteur général des prisons belges sont guerrières avant d'être judiciaires. Si référence à Althusser il y a, elle vient à ce point-là. Marx, écrit ce dernier, « considère la société actuelle [...] à la fois comme un *résultat* et comme une *société* ». Ce qu'il étudie dans *Le Capital* n'est pas le « mécanisme de la transformation d'un mode de production en un autre », qui permet de résoudre le problème du *résultat*, mais « le mécanisme qui fait exister *comme société* le résultat de la production d'une histoire [139] ». Et d'insister : « Lorsque Marx nous dit donc qu'en expliquant la société par sa genèse on rate son "corps", qu'il s'agit justement d'expliquer, il fixe à son attention théorique la charge de rendre compte du mécanisme par lequel tel résultat fonctionne précisément

134. M. Foucault, « La "gouvernementalité" », *art. cit.*, p. 656.
135. Defert D., « Le "dispositif de guerre" dans l'analyse des rapports de pouvoir », in Bertani M., Defert D., Fontana A., Holt T.C., *Lectures de Michel Foucault. À propos de « il faut défendre la société »*, textes réunis par J.-Cl. Zancarini, Paris, ENS Editions, 2001, p. 61.
136. Foucault M., *« Il faut défendre la société ». Cours au Collège de France, 1976*, Paris, Seuil/Gallimard, 1997, pp. 18-19.
137. En 1981, Foucault a dirigé à l'École de criminlogie de l'Université catholique de Louvain un séminaire de recherche sur la généalogie de la défense sociale en Belgique (*cf.* Tukens F. (ed.), *Généalogie de la défense sociale en Belgique (1880-1914). Travaux du séminaire tenu à l'Université catholique de Louvain sous la direction de Michel Foucault*, Bruxelles, Story-Scientia, 1988.
138. Defert D., « Le "dispositif de guerre" dans l'analyse des rapports de pouvoir », *art. cit.*, p. 61 ; Foucault M., *« Il faut défendre la société », Annuaire du Collège de France, 76e année, Histoire des systèmes de pensée, année 1975-1976*, réédité in Foucault M., *Dits et écrits, III*, n° 187, Paris, Gallimard, p. 125.
139. Althusser précise : « c'est donc le mécanisme qui donne à ce produit de l'histoire, qu'est justement le produit-société qu'il étudie, la propriété de produire l'"*effet de société*", qui fait exister ce résultat *comme société*, et non comme tas de sable, fourmilière, magasin d'outils ou simple rassemblement humain » (Althusser L., « Du "Capital" à la philosophie de Marx », in Althusser L., Balibar E., Establet R., Macherey P., Rancière J., *Lire le Capital*, Paris, Presses universitaires de France, 1996, p. 74 ; italiques dans le texte original).

comme société, donc du mécanisme qui produit l'"effet de société" propre au mode de production capitaliste [140]. »

Tout se passe comme si la population était à la société ce que l'individu est au sujet ; ou encore, tout se passe comme si population et société étaient au dispositif de guerre ce qu'individu et sujet sont au dispositif disciplinaire. Au nom de quoi et selon quelles règles peut-on gérer la population ? Au nom de la société. Et quel est le mécanisme qui produit l'"effet de société" propre au mode de production capitaliste ? La guerre. La lutte des classes ? Non. Supposé que la population vivant sur le territoire d'un État soit représentée par deux cercles concentriques, classe dominante à l'intérieur et classe dominée [141] à l'extérieur (en 1972 et 1973, Foucault dit aussi « plèbe », prolétarisée ou pas ; ou encore « peuple », par quoi il faut entendre les classes populaires, « laborieuses » et « dangereuses » [142]) ; supposé que le « peuple » lui-même soit divisé par une seconde ligne de partage, de sorte qu'au lieu de deux cercles concentriques, il y en a trois : cette seconde ligne délimite, d'une part, la société que ses membres sont appelées à défendre (au XIXe siècle, la « bourgeoisie » et les « classes laborieuses » ; dans la terminologie marxiste, les « bourgeois » et le « prolétariat »), et d'autre part, la partie du peuple que la société refoule comme son rebut (au XIXe siècle, les « classes dangereuses », le *Lumpenproletariat*), en un geste qui tout à la fois la définit et la constitue.

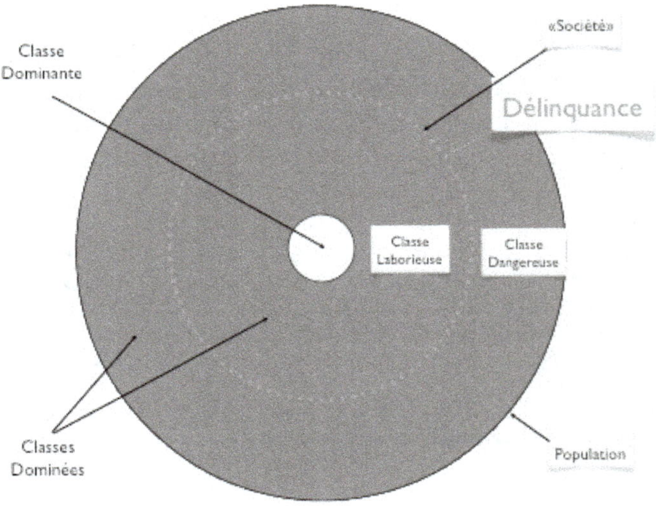

Figure 3 : Population et société (I)

140. *Idem.*
141. Foucault M., « Sur la justice populaire. Débat avec les maos », *Dits et écrits, II*, n° 198, Paris, Gallimard, 1994, p. 358.
142. Sur ce point, *cf.* Senellart M., « Michel Foucault : plèbe, peuple, population », in Chêne J., Ihl O., Vial E., Waterlot G. (eds.), *La Tentation populiste au cœur de l'Europe*, Paris, La Découverte, 2003, pp. 301-313.

Or, ce geste, quel est-il ? Selon Michel Senellart, pour Foucault, « la coupure entre plèbe prolétarisée et non prolétarisée, si elle découle des conditions socio-économiques, se trouve entretenue et approfondie par le système pénal, au profit des intérêts capitalistes » ; elle est « le résultat d'un système de pouvoir s'exerçant à travers les institutions punitives [143] ».

Fragment 3. La société qu'il faut défendre

Retour à la lutte contre la surpopulation carcérale et au grand renfermement des étrangers. Selon les auteurs qui, à la suite de Rusche et Kirchheimer, expliquent la corrélation entre les chiffres des prisons et les chiffres du chômage par la nécessité de rencontrer les besoins structurels du capitalisme, les prisons drainent (« *siphon off* », disent Samuel Myers et William Sabol [144]) la « classe de travailleurs la plus superflue [145] » ou la plus « menaçante » (« *the social dynamite* », écrit Steven Spitzer [146]). Dans quels buts ? À l'échelle des individus, surveiller : peines et mesures pénales seraient les équivalents fonctionnels, en période de basse conjoncture, des mécanismes de contrôle social entés sur le travail, en période de haute conjoncture [147]. À l'échelle de la population, réguler : les prisons permettraient de contrôler la taille de l'armée de réserve de travailleurs [148]. À l'échelle du système, légitimer : en contrôlant les effectifs de l'armée de réserve, elles préviendraient les questions relatives à la légitimité d'un mode de production qui réduit les hommes à leur force de travail et cette force de travail à une marchandise, avant d'abaisser certains d'entre eux au rang d'individus « redondants [149] » ; elles protégeraient ainsi « l'idéologie égalitaire si essentielle à la légitimation des relations [capitalistes] de production [150] ».

Que les prisons « drainent », c'est aussi, en 1972, ce que pense Foucault : la « surcharge » du système pénitentiaire, dit-il, s'explique par le fait qu'il « doit à lui tout seul remplir [les] fonctions » que l'armée et la colonisation remplissaient avec lui auparavant, « en déplaçant les individus et en les expatriant [151] ». À l'échelle des individus, il participe au procès de réduction des hommes à une force de travail : il brise et assujettit, forçant la docilité le temps

143. *Ibid.*, p. 306.
144. Myers S. Jr., Sabol W., "Business Cycles and Racial Disparities", *Contemporary Policy Issues*, 5-4, 1987, p. 48.
145. *Idem.*
146. Spitzer S., "Toward a Marxian theory of deviance", *Social Problems*, 22-5, 1975, p. 646.
147. Adamson C., "Toward a Marxian penology. Captive criminal populations as economic threats and resources", *Social Problems*, 31-4, 1984, pp. 435-458 ; M. J. Lynch, "The extraction of surplus value, crime and punishment. A preliminary examination", *Contemporary Crises*, 12-4, 1988, pp. 329-344.
148. Jankovic I., "Labor market and imprisonment", *Crime and Social Justice*, 8, 1977, pp. 17-31 ; Quinney R., *Class State and Crime*, New York, David McKay and co, 1977.
149. Chiricos T. G., Delone M. A. , "Labor Surplus and Punishment: A Review and Assessment of Theory and Evidence", *art. cit.*, p. 424.
150. Spitzer S., "Toward a Marxian theory of deviance", *art. cit.*, p. 643.
151. Foucault M., « Sur la justice populaire. Débat avec les maos », *art. cit.*, p. 353.

de forger à grands renforts de surveillance « l'âme, prison du corps [152] ». À l'échelle de la population, c'est un des appareils d'État qui contribue à ajuster la corrélation entre accumulation des hommes et accumulation du capital [153]. D'une part, il discipline et disqualifie – fabrique d'une main-d'œuvre d'appoint. D'autre part, il retient et relâche, avale et recrache – gestion de ses flux et reflux en fonction des besoins. À l'échelle du système, il légitime : autour des détenus, il construit une « barrière idéologique (concernant le crime, le criminel, le vol, la pègre, les dégénérés, la sous-humanité) qui a partie liée avec le racisme [154] », divisant la classe populaire : la justice pénale fonctionne « de façon à introduire des contradictions au sein du peuple » ; elle a « un rôle constitutif dans les divisions de la société actuelle [155] ».

Après avoir étudié ces deux « révolutions dans la technologie du pouvoir » que sont « la découverte de la discipline et la découverte de la régulation, le perfectionnement d'une anatomo-politique et le perfectionnement d'une biopolitique [156] », le philosophe s'est interrogé, dans *Du gouvernement de soi et des autres* [157], sur les rapports du dire-vrai et de la démocratie. Le mouvement même de son œuvre invite à mener l'analyse plus avant. Notre actualité n'est plus celle que Foucault a connue. En 1971, le philosophe citait dans un entretien ce chiffre, dont il précisait qu'il donnait « beaucoup à réfléchir » : cette année-là, en France, 16 % des détenus étaient « des immigrés » [158]. En 2012, en Belgique, 44 % des détenus sont des ressortissants d'autres États. Que nous apprennent l'inflation carcérale et le « grand renfermement » des étrangers sur les fonctions des prisons et ce que nous sommes aujourd'hui ? Que nous apprennent-ils sur la démocratie ? Grâce aux séries reconstituées par Charlotte Vanneste pour les années allant de 1831 à 1996 [159], il est possible de situer les évolutions décrites ci-avant dans l'histoire longue des pratiques d'enfermement.

Trois faits sont remarquables. *Primo*, la concomitance de la disparition des « colonies de vagabonds » et de l'apparition – ou de l'institution – des « centres fermés pour illégaux » (à Merksplas, les bâtiments affectés aux premiers ont été réaffectés aux seconds). *Secundo*, les « pics » de détention : avant 1919, ils correspondent, ainsi que l'observe Charlotte Vanneste, aux « creux » des

152. Foucault M., *Surveiller et punir*, *op. cit.*, p. 34.
153. *Idem*, p. 220 *sq.*
154. Foucault M., « Sur la justice populaire. Débat avec les maos », *art. cit.*, p. 353.
155. *Ibid.*, p. 356.
156. Foucault M., « Les mailles du pouvoir », *art. cit.*, pp. 193-194.
157. Foucault M., *Le gouvernement de soi et des autres. Cours au Collège de France, 1982-1983*, Paris, Gallimard/Seuil, 2008.
158. Foucault M., « Enquête sur les prisons : brisons les barreaux du silence » (Entretien de C. Angeli avec M. Foucault et P. Vidal-Naquet, 1971), *Dits et écrits, II*, n° 88, Paris, Gallimard, 1994, p. 179.
159. Vanneste C., « L'évolution de la population pénitentiaire belge de 1830 à nos jours : comment et pourquoi ? Des logiques socio-économiques à leur traduction pénale », *Revue de droit pénal et de criminologie*, 6, 2000, p. 689 ; *Les chiffres des prisons. Des logiques économiques à leur traduction pénale*, Paris, L'Harmattan, 2003.

deux premiers cycles de Kondratieff (1848/1850, 1892/1896) [160], à tout le moins si les vagabonds sont pris en considération ; ce n'est plus le cas ensuite [161]. *Tertio*, l'amplitude variable des vagues d'enfermement : impressionnante de 1831 à 1919, réduite de 1919 à 1992, spectaculaire après 1992, elle

---

160. Pour étudier les relations entre économie et pénalité, Charlotte Vanneste s'appuie sur la théorie des cycles économiques longs formulée par Kondratieff, économiste russe qui, du juriste Pashukanis, fut le contemporain et partagea le destin. Selon Kondratieff, les contradictions du capitalisme résultent en un développement économique cyclique ; un « cycle économique long » dure de cinquante à soixante ans et comprend une phase d'expansion et une phase de récession durant chacune de vingt-cinq à trente ans. Suivant Charlotte Vanneste, les chronologies proposées pour la Belgique correspondent à peu près à celles qui ont été établies pour d'autres pays ; cela, que leurs auteurs privilégient des indicateurs de prix, comme Dupriez, ou des quantités, comme van Duijn. Un premier « pic », situé en 1809 ou 1815, est antérieur à la formation de l'État belge ; il est suivi d'un « creux » en 1845-1850, d'un « pic » en 1872, d'un « creux » en 1892-1896, d'un « pic » en 1920, d'un « creux » en 1939-1948 et d'un « pic » en 1973. Sur la théorie des cycles économiques longs, appelés aussi « cycles de Kondratieff », voir Kondratieff N. D., "The Long Waves in Economic Life", *The Review of Economic Statistics*, 17-6, 1935, pp. 105-115 ; Kondratieff N., *The Long Wave Cycle*, ed. G. Daniels et J. Snyders, New York, Snyders & Richardson, 1984 ; Dupriez L.-H., *Des mouvements économiques généraux*, Louvain, UCL/IRES, 1951 ; van Duijn J.J., *The Long Wave in Economic Life*, Londres, Allen & Unwin, 1983 ; van Duijn J.J., "The Long Wave in Economic Life", *De Economist*, 125-4, 1977, pp. 554-576 (http://link.springer.com/article/10.1007/BF01221051#page-1, consulté le 30 novembre 2013) ; de manière synthétique : Goldstein J., *Long Cycles: Prosperity and War in the Modern Age*, New Haven, Yale University Press, 1988, en particulier pp. 40-63 ; de manière critique, Maddison A., *Dynamic Forces in Capitalist Development. A Long-Run Comparative View*, Oxford/New York, Oxford University Press, 1991, en particulier pp. 89-111.

161. Pendant la phase de récession du troisième cycle de Kondratieff (1920-1939), on n'observe pas d'augmentation du nombre de détenus. En ce qui concerne le quatrième cycle – et le « creux » marquant le passage du quatrième cycle au cinquième –, une question préliminaire doit être prise en considération. À l'exception de Rostow, qui tient que les phases d'expansion et de récession du quatrième cycle s'étendent respectivement de 1935 à 1951 et de 1951 à 1972, et dont les projections donnent les années 1980 comme la phase d'expansion du cinquième cycle de Kondratieff (Rostow W.W., *The World Economy. History and Prospect*, Austin, Texas University Press, 1978), les théoriciens des cycles longs ou des ondes longues du capitalisme considèrent généralement que les années 1968-1974 ont marqué le point de départ de la phase de récession du quatrième cycle de Kondratieff, phase qui se prolongerait durant les années 1980. Ils divergent par contre sur la suite. La question posée est, dans sa formulation la plus radicale, celle de savoir s'il y a ou y aura un cinquième cycle de Kondratieff (*cf.* Bruckmann G., "Will There Be a Fifth Kondratieff?", in Vasko T. (ed.), *The Long-Wave Debate. Selected Papers*, Weimar, GDR, 1985, Berlin, Heidelberg, New York, Londres, Paris, Tokyo, Springer Verlag/ International Institute for Applied Systems Analysis, 1987, p. 3). À cette question, certains économistes répondent par la négative – c'est le cas de Mandel (Mandel E., *Long Waves of Capitalist Development: the Marxist Interpretation*, Cambridge, Cambridge University Press, 1980) –, et d'autres par l'affirmative. Aux yeux des premiers, la crise qui clôt le quatrième cycle de Kondratieff se prolonge parce qu'il s'agit d'une crise structurelle dont la résolution suppose, non pas de passer à une autre phase du processus de développement du capitalisme, mais à un autre mode de production ; les seconds tentent de dégager (« *dig out* », écrit Bruckmann) le cinquième cycle, ce qui rétrospectivement devrait permettre de délimiter le « creux » marquant le passage du quatrième cycle au cinquième. Les auteurs s'opposent par ailleurs sur le problème des conditions du retournement d'une onde longue à la hausse et du passage d'un cycle de Kondratieff à l'autre. Les écoles de l'investissement du capital (*Capital Investment School*) et de l'innovation (*Innovation School*) tiennent qu'ils s'expliquent par des variables endogènes (infrastructurelles) ; l'école de la crise du capitalisme (*Capitalist Crisis School*), que les variables endogènes sont des conditions nécessaires mais non suffisantes du changement, et que des variables exogènes semi-autonomes (superstructurelles) doivent s'y ajouter (*cf.* sur ce point Louça F., "Ernest Mandel and the Pulsation of History", in Achcar G. (ed.), *The Legacy of Ernest Mandel*, Londres, Verso, 1999, p. 112).

varie en fonction des définitions de la citoyenneté, des modes d'attribution ou d'acquisition de la nationalité belge et des objectivations des travailleurs étrangers [162]. Effet, sur le système punitif, de trois dispositifs [163] successifs : autres problématisations, autres énoncés, autres législations, autres réglementations, autres chirurgies du corps social (autres découpes opérées dans la population), autres méthodes et « pactes de sécurité [164] ». C'est, dans ce qui suit, ce qui retiendra l'attention : selon Foucault, l'art de gouverner est un art « d'utiliser des tactiques plutôt que des lois, ou à la limite d'utiliser au maximum les lois comme des tactiques [165] » pour « disposer » choses et gens et les conduire ainsi à une fin leur convenant ; l'amplitude variable de la courbe de détention montre comment les « dispositions » propres à trois « formules de gouvernement [166] » affectent les pratiques d'enfermement.

Le capitalisme peut bien avoir besoin de supposer des sujets libres et égaux : au XIXe siècle, l'idée de liberté signifie « la liberté de l'individu de toute domination étatique » plus que « sa participation au pouvoir étatique [167] » ; quant à l'égalité, seule une part infime de la population jouit de droits politiques. Pendant longtemps, la nationalité importe peu. Politiquement, c'est le

---

L'importance donnée aux innovations techniques dans la définition des cycles a conduit certains auteurs à prévoir (Mensch, *Stalemate In Technology: Innovations Overcome The Depression*, Francfort, Umschau Verlag, 1979, p. 73) ou à apercevoir un cinquième cycle de Kondratieff, parfois défini comme celui des technologies de l'information (Freeman K, Louça F., *As Time Goes By. From the Industrial Revolutions to the Information Revolution*, Oxford, Oxford University Press, 2001, p. 141 ; dans le même sens, dès 1987, Mager N. H., *The Kondratieff Waves*, New York, Praeger Publisher, p. 159) ; l'importance donnée aux formes d'investissement, à dégager un cinquième cycle caractérisé par le développement de produits financiers. Quelle que soit l'hypothèse – cycle des technologies de l'information, cycle des produits financiers –, les années allant de 1980-1990 à 2008 correspondraient à la phase d'expansion du cinquième cycle de Kondratieff. Deux remarques alors : à la différence de ce qui se produit au XIXe siècle, l'augmentation des taux de détention est *postérieure de quelque vingt ans au point de retournement à la baisse qui marque le début de la phase de récession du quatrième cycle* ; s'il existe un cinquième cycle, l'inflation carcérale correspond non pas à sa phase de récession, mais à sa *phase d'expansion*.

162. Brion F., « Chiffrer, déchiffrer. À propos de l'incarcération des étrangers en Belgique », in Palidda S. (ed.), *Délit d'immigration. La construction sociale de la déviance et de la criminalité des immigrés en Europe*, Communautés européennes, Sciences sociales/Social sciences, COST A2 Migrations, Bruxelles, 1997, pp. 163-223.

163. Foucault indique dans un entretien que ce qu'il « essaie de repérer » sous cette notion est « un ensemble […] hétérogène, comportant des dicours, des institutions, des aménagements architecturaux, des décisions réglementaires, des lois, des mesures administratives, des énoncés scientifiques, des propositions philosophiques, morales, philanthropiques, bref : du dit, aussi bien que du non-dit […]. Le dispositif lui-même, c'est le réseau qu'on peut établir entre ces éléments ». Voir M. Foucault, « Le jeu de Michel Foucault » (entretien avec D. Colas, A. Grosrichard, G. Le Gaufey, J. Livi, G. Miller, J.-A. Miller, C. Milot, G. Wajeman), *Dits et écrits, III*, n° 206, Paris, Gallimard, 1994, p. 299.

164. *Cf.* Foucault M., « La sécurité et l'État » (entretien avec R. Lefort), *Dits et écrits, III*, n° 213, Paris, Gallimard, p. 385.

165. Foucault M., « Naissance de la biopolitique », *Dits et écrits, III*, n° 274, Paris, Gallimard, 1994, p. 646.

166. *Cf.* Rose N., "Governing 'advanced' liberal democracies", in Barry A., Osborne T., Rose N. (eds), *Foucault and Political Reason. Liberalism, Neo-Liberalism and Rationalities of Government*, Chicago, The University of Chicago Press, 1996, pp. 37-64.

167. Kelsen H., *La Démocratie. Sa nature, sa valeur*, trad. C. Eisenmann, Paris Sirey, 1932, p. 9.

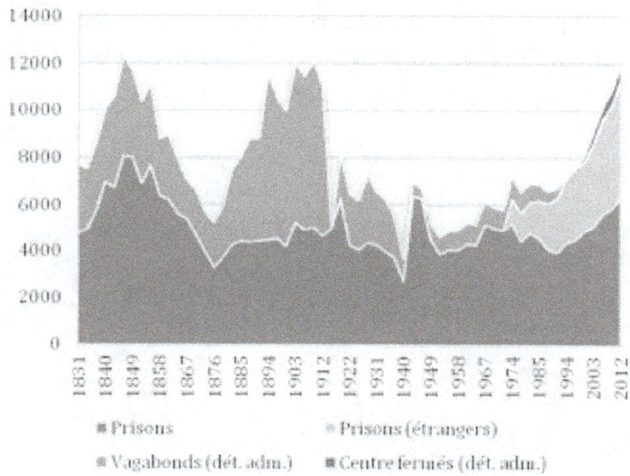

Figure 4 : Établissements pénitentiaires et centres fermés, 1831-2012 ("stock")

cens qui coupe la population en deux : le « peuple-sujet des lois » correspond à la classe dominante, et le « peuple-objet des lois [168] » à la classe dominée. Économiquement, la Belgique est d'abord, comme d'autres États qui se forment alors, « indifférente ou relativement indifférente à l'appartenance spatiale des individus ; elle ne s'intéresse pas au contrôle spatial des individus sous la forme de leur appartenance à une terre, à un lieu, mais simplement dans la mesure où elle a besoin que les hommes mettent leur temps à sa disposition [169] ». La « criminalité », pour sa part, divise le « peuple-objet des lois » en une classe laborieuse et une classe dangereuse. Les crises économiques et politiques sont gérées au moyen du droit pénal – droit pénal classique, pour les émeutes de 1845 à 1848 [170] ; droit pénal classique, loi sur la répression du vagabondage et autres lois dites de « défense sociale », de 1886 à la Première Guerre mondiale [171]. Certes, quand la nationalité des membres du « peuple-

168. J'emprunte à Hans Kelsen les concepts de « peuple-sujet des lois » et de « peuple-objet des lois ». Selon le théoricien du droit, la démocratie est, idéalement, « une forme d'État ou de société dans laquelle la volonté générale est formée, ou – sans image – l'ordre social créé par ceux qu'il est appelé à régir – le peuple. Démocratie signifie identité du sujet et de l'objet de pouvoir, des gouvernants et des gouvernés, gouvernement du peuple par le peuple ». Par « peuple », Kelsen entend l'ensemble des individus soumis au même ordre juridique étatique : cette caractéristique fait son unité, au-delà des oppositions nationales, religieuses et économiques. Or, l'intervention du « peuple » dans la création de l'ordre juridique étatique met en évidence la division de ceux qu'il oblige en deux peuples qui ne coïncident pas, « le peuple-sujet (titulaire) du pouvoir, le peuple-législateur, et le peuple-objet du pouvoir, le peuple-sujet des lois » (Kelsen H., *op. cit.*, pp. 13-16).

169. Foucault M., « La vérité et les formes juridiques », *art. cit.*, p. 616. Dans le même sens, voir Melnyk M., *Les Ouvriers étrangers en Belgique*, Louvain, UCL/IRES et E. Nauwelaerts éd., 1951, p. 21.

170. Vesentini F., *Pratiques pénales et structures sociales. L'État belge et la répression du crime en temps de crise économique (1840-1860)*, Louvain-la-Neuve, PUL./Academia-Bruylant, 2006.

171. Sur ce point, voir Tulkens F., *Généalogie de la défense sociale en Belgique (1880-1914).*

objet des lois » le permet, les autorités recourent déjà à l'éloignement [172]. Mais, dans la formule libérale de gouvernement, le principal outil de contrôle du surplus relatif de la population est l'enfermement.

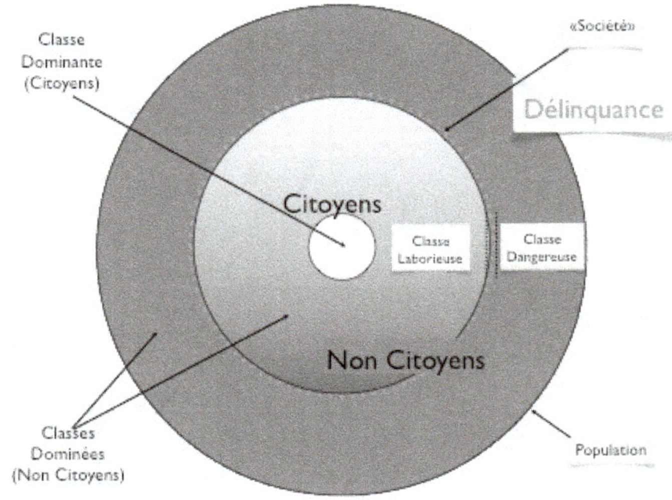

Figure 5 : Population et société (II) : formule libérale de gouvernement

En 1919, le suffrage universel masculin change la donne : c'est la nationalité, non plus le cens, qui définit les limites du « peuple-sujet des lois » et du « peuple-objet des lois » ; et c'est la nationalité, non plus la « criminalité », qui divise la classe dominée, sert de référent à la « race », et désarme la lutte des classes. La liberté signifie « participation au pouvoir étatique » autant que « liberté de toute domination politique [173] ». Quant à l'égalité, étendue à l'ensemble de la « communauté nationale », elle a pour contenu les droits civils et politiques, avant d'inclure droits sociaux et économiques [174]. Naissance de « l'État national (et nationaliste) égalitaire [175] » ; et, dans la foulée, naissance du problème de la « main-d'œuvre étrangère » et des « immigrés », ces « autres

Travaux du séminaire de recherche qui s'est tenu à l'Université catholique de Louvain sous la direction de Michel Foucault, Bruxelles, Story-Scientia, 1988 ; Brion F., *Des classes à la population ? Formules de gouvernement et détention*, in Harcourt B. (ed.), *Carceral Notebook 4 - Discipline, Security and Beyond : Rethinking Michel Foucault's 1978 & 1979, College de France Lectures*, Chicago, Carceral.org, 2008, pp. 25 et 40).

172. Godding Ph., « L'expulsion des étrangers en droit belge. Aperçu historique 1831-1952 », *Annales de droit*, 30, 1970, pp. 301-329.

173. Kelsen H., *op. cit.*, p. 9.

174. *Cf.* Brion F., « Les menaces d'une forteresse. Citoyenneté, crime et discrimination dans la construction de l'Union européenne », in Tulkens F. et Bosly H.-D. (eds.), *op. cit.*, p. 260.

175. Balibar E., « Racisme et nationalisme », in Balibar E., Wallerstein I. (eds.), *Race, nation, classe. Les identités ambiguës*, Paris, La Découverte, 1990, p. 72.

intérieurs [176] » du monde ouvrier. La circulation de main-d'œuvre n'est pas une réalité nouvelle ; mais, dorénavant, elle se voit distinctement. Pendant un siècle, l'activité professionnelle des étrangers n'avait donné lieu à aucune réglementation particulière : en droit, la liberté de travailler et d'entreprendre était complète. Entre 1930 et 1939, une série d'arrêtés définissent les régimes d'autorisation qui leur sont appliqués ; ils complètent le dispositif qui donnera sa forme à l'histoire de l'immigration jusque 1974 – selon Albert Martens, il n'y a « aucune rupture, ni sur le plan juridique, ni sur le plan économico-social entre la politique d'immigration d'avant-guerre et celle d'après-guerre [177] ». Certes, pour reproduire le peuple-objet, la tactique peut changer : laisser venir, aller chercher, organiser sur place sa reproduction en limitant l'attribution de la nationalité. De même, le procédé : lois plutôt qu'arrêtés [178]. Mais, quoi qu'il en soit, la fonction de drainage est remplie par l'éloignement ; et, pour les membres du peuple-objet, c'est la précarité qui assure l'assujettissement.

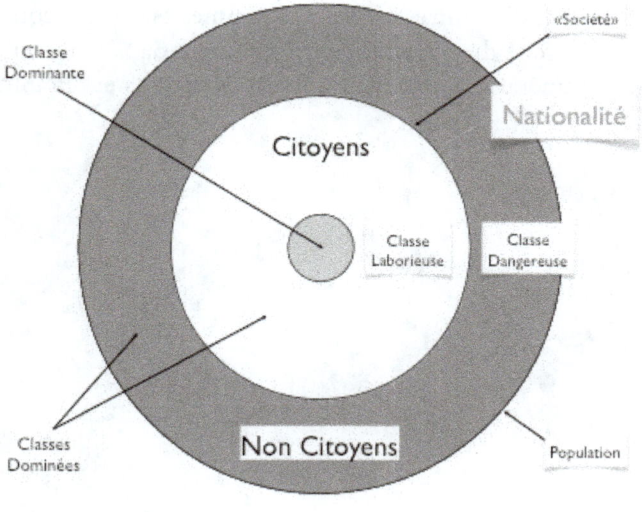

Figure 6 : Population et société (III) : formule sociale de gouvernement

176. Balibar E., « Racisme et nationalisme. Une logique de l'excès », in Wieviorka M. (ed.), *Racisme et modernité*, Paris, La Découverte, 1993, pp. 79 et 81.

177. Martens A., *Les Immigrés. Flux et reflux d'une main-d'oeuvre d'appoint*, Louvain, EVO-PUL, 1976, p. 41.

178. Ainsi la loi du 19 février 1965 relative à l'exercice, par les étrangers, des activités professionnelles indépendantes remplace-t-elle l'arrêté royal n° 62 du 16 novembre 1939 portant réglementation de l'activité professionnelle des étrangers.

Nouveau dispositif dans le dernier quart du XXe siècle. Construction européenne, extension des catégories d'étrangers ayant droit à un permis de travail valable pendant une durée illimitée pour toutes les professions salariées : pour les ressortissants des États membres de la Communauté et pour les étrangers de deuxième et troisième générations, le dispositif de régulation du surplus relatif de population par la nationalité perd son efficacité et sa légitimité. Pour ajuster l'offre et la demande de travail et corréler l'accumulation des hommes et l'accumulation du capital, les États européens misent sur une forme, celle du marché. En Belgique, le mécanisme de reproduction du « peuple-objet des lois », grippé, semble en passe d'être abandonné : les conditions d'attribution de la nationalité sont redéfinies, le droit du sol s'ajoutant au droit du sang pour faciliter l'inclusion dans le peuple-sujet des migrants et de leurs descendants ; les procédures d'acquisition de la nationalité se diversifient. En 1992, le traité de Maastricht modifie la forme du couplage de la nationalité et de la citoyenneté. Pour les citoyens européens, la liberté signifie moins « participation au pouvoir » que « liberté de circuler et de séjourner sur le territoire des États membres ». L'égalité a pour contenu les droits de l'homme ainsi que des droits politiques restreints ; aux termes de l'accord sur la politique sociale conclu entre les États membres de la Communauté à l'exception du Royaume-Uni, c'est aussi l'égalité entre hommes et femmes en ce qui concerne leurs chances sur le marché du travail et leur traitement dans le travail, ainsi que l'égalité des rémunérations entre travailleurs masculins et féminins pour un même travail.

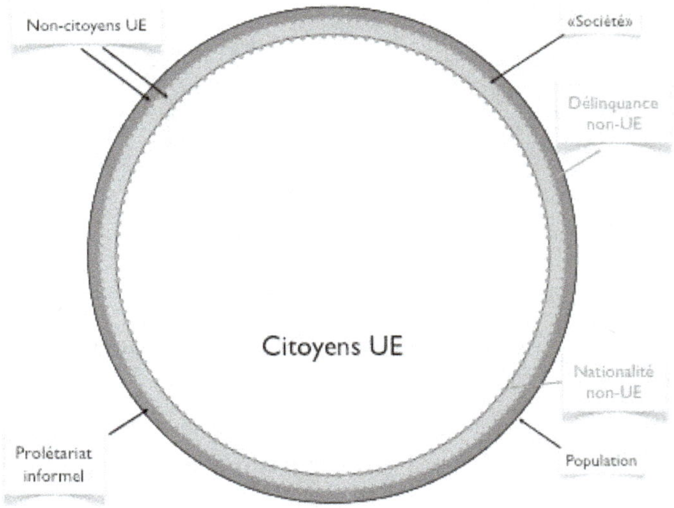

Figure 7 : Population et société (IV) : formule néolibérale de gouvernement (avers)

Fin de la gestion étatique des flux et des reflux de la main-d'œuvre d'appoint ? Non point. Refonte des mécanismes de production du « peuple-objet » ; différenciation des régimes de mobilité ; couplage de la « criminalité » avec certaines nationalités, qui substitue au « peuple-objet des lois » un « peuple-hors la loi », et aux immigrés des « illégaux » et des « délinquants ». Choc pétrolier, récession : en 1974 – au sommet du quatrième cycle économique long, pour la plupart des auteurs qui se réfèrent à Kondradieff ; au début de la quatrième phase du processus de développement du capitalisme, selon Maddison [179] –, la Belgique met un terme à sa politique conventionnelle d'immigration à des fins économiques et démographiques [180]. Autre récession, réduction du nombre de postes de travail dans le secteur industriel, chômage des jeunes : en 1983, une loi prolonge l'obligation scolaire de 14 ans à 18 ans [181]. Deux nouveaux problèmes – un nouveau dispositif ? – apparaissent bientôt : l'« illégalité [182] » ou la « criminalité statuaire » des étrangers (la criminalisation de l'immigration) et la « criminalité des immigrés » (la criminalisation des jeunes issus de l'immigration) introduisent dans la population une nouvelle ligne de division entre population officielle et population non officielle. Dans la première, la marge qui distingue la société de la population est réduite au maximum et l'idée démocratique semble quasiment réalisée ; la loi

179. Maddison A., *Dynamic Forces in Capitalist Development*, *op. cit.* (une version abrégée du chapitre relatif aux théories des cycles longs est accessible en ligne : Maddison A., "Business cycles, long waves and phases of capitalist development", abbr. version of chapter 4 of Maddison A. : http://wwww.ggdc.nl/maddison/ARTICLES/Business_Cycles.pdf (consulté le 4 décembre 2013).

180. Par politique conventionnelle d'immmigration, j'entends la politique dont les instruments étaient des conventions bilatérales. Ce qui est actuellement défini par certains auteurs comme une absence de politique d'immigration est à mes yeux une autre politique, menée au moyen d'autres instruments ; le passage d'une politique à l'autre – et, plus généralement, le passage de la formule sociale de gouvernement à la formule néolibérale (ou libérale avancée) – est réalisé à travers la redéfinition des *agenda* et des *non-agenda* de l'État ; une redéfinition qui peut s'analyser comme une nouvelle résolution de ce que Colin Gordon appelle l'« énigme libérale » (Gordon C., "Governement rationality: an introduction", in Burchell G., Gordon C., Miller P. (eds), *The Foucault Effect. Studies in Governmentality*, Chicago, University of Chicago Press, 1992, p. 34.

181. Cf. Rea A., Hublet B., Pjetri J., *Temps de passage. Jeunes entre l'école et l'entreprise*, Bruxelles, FRB, 1990.

182. À nouveau, ce qui est neuf n'est pas l'immigration irrégulière (*cf.* sur ce point Marie C.-V., « L'immigration clandestine en France », *Travail et emploi*, 17, 1983, p. 27 : l'auteur écrit, à propos de l'immigration clandestine et du travail étranger clandestin, que « ces deux réalités ne sont pas nouvelles ni non plus spécifiques à la France »). Ce qui est neuf, ce sont les termes dans lesquels l'immigration non autorisée préalablement fait problème (il est successivement question d'immigration de « touristes », de « clandestins » et d'« illégaux ») ; plus radicalement, c'est le fait même qu'elle fasse problème. À cet égard, il est significatif qu'en 1984, le sociologue de l'immigration Abdelmalek Sayad, passant en revue les divers « problèmes sociaux » auxquels des scientifiques ont associé les immigrés – le plus souvent sans se soucier de déconstruire cette « problématique imposée » –, ne mentionne pas une seule fois le problème des « clandestins » ou des « illégaux ». De même, alors qu'il recense les catégorisations dont les personnes définies comme « immigrées » ont fait l'objet (nationalité ou origine nationale, culture, génération...), les catégories liées au statut administratif de l'étranger (« légal » ou « illégal » ; CE ou non-CE ; réfugié, candidat réfugié, « faux » réfugié...) ne sont jamais mentionnées (Sayad A., « Tendances et courants dans les publications en sciences sociales sur l'immigration en France depuis 1960 », *Current Sociology*, ISA, 32-3, 1984, pp. 219-304).

« interpelle » les individus en sujets libres et égaux [183], et ils se reconnaissent dans cette interpellation. Dans la seconde, les individus sont ravalés au rang de non-personnes [184] ; objets de police davantage que sujets de droits, ils peuvent être exploités, enfermés ou éloignés.

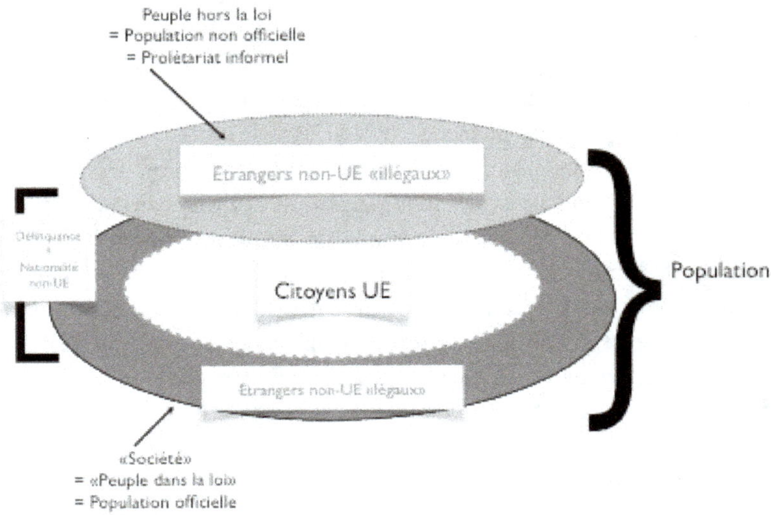

Figure 8 : Population et société (V) : formule néolibérale de gouvernement (revers)

Sur l'avers : démocratie formelle, réelle et non substantielle (ce qui unit le peuple est sa soumission à un même ordre juridique ; ce qui divise la population en deux peuples n'est ni la classe, ni la race, ni la nation, ni la religion, mais la citoyenneté). Sur le revers : dispositif de guerre (ce qui soutient imaginairement la constitution ou l'interpellation d'une partie de la population en société est la référence à un ennemi). La « thanatopolitique », cet « envers de la biopolitique [185] », montre que la population, qui semble à première vue être tout à la fois un « sujet de besoins et d'aspirations » et un « objet entre les

183. *Cf.* Brion F., « Les menaces d'une forteresse. Citoyenneté, crime et discrimination dans la construction de l'Union européenne », *art. cit.*, pp. 265-267. Sur les trois âges de l'immigration et les partitions successives de la population, Brion F., « Chiffrer, déchiffrer. À propos de l'incarcération des étrangers en Belgique », *art. cit.*, en particulier pp. 213-223 ; ainsi que Brion F., « Des classes à la population ? Formules de gouvernement et détention », *art. cit.*, pp. 23-44.

184. Brion F., « De la criminalité des immigrés à la criminalisation de l'immigration. Pour une reconstruction d'objet », *Revue de droit pénal et criminologie*, 7-8, 1997, pp. 763-775 ; Brion F., Tulkens F., « Conflit de culture et délinquance. Interroger l'évidence », *Déviance et société*, 22-3, 1998, pp. 235-262 ; Dal Lago A., *Non persone. L'esclusione dei migranti in una società globale*, Milan, Feltrinelli, 1999.

185. Foucault M., « La technologie politique des individus », in *Dits et écrits, IV*, n° 364, Paris, Gallimard, 1994, p. 826.

mains du gouvernement [186] », n'est en fin de compte « jamais que ce sur quoi veille l'État dans son propre intérêt [187] ». La société, par contre, est ce au nom de quoi, dans des États où la rationalisation de la pratique gouvernementale suit la règle libérale de l'économie maximale, « on va chercher à savoir pourquoi il est nécessaire qu'il y ait un gouvernement, en quoi on peut s'en passer, et sur quoi il est inutile ou nuisible qu'il intervienne [188] ». Du moins à première vue, car sous prétexte de « défense », c'est aussi ce au nom de quoi, dans ces États, les exceptions à la règle de l'économie maximale sont justifiées ; ce au nom de quoi, malgré la critique libérale, la « maximalisation sous condition d'optimum [189] » de la pratique gouvernementale propre à la raison d'État est légitimée s'agissant des individus ou des groupes réputés mettre la société en danger.

Analysée du double point de vue de la reproduction (ou de la production) de la force productive et de la reproduction (ou de la transformation) des rapports de force existants, l'évolution de la population détenue suggère que ce sont les fonctions remplies alternativement ou complémentairement par la « délinquance » et la nationalité qui expliquent l'amplitude variable des vagues d'enfermement : la seconde serait, dans la formule sociale de gouvernement, l'équivalent fonctionnel de la première dans la formule libérale ; l'« illégalité » et la « criminalité des immigrés », qui les rabattent l'une sur l'autre, seraient leurs équivalents dans la formule néolibérale. *Mutatis mutandis* car, dans le cas des immigrés, « l'intégration marginaliste à l'utilité de l'État [190] » passait par l'insertion sur le marché du travail formel ; or, « illégalité » et « criminalité » renvoient sur le marché du travail informel. À la stratification nationale du marché du travail caractéristique de la formule sociale de gouvernement, la formule néolibérale substitue une forme de stratification passant par la coexistence de deux marchés du travail, formel et informel ; parallèlement, en couplant nationalités tierces et délinquance, elle substitue à la division nationale du prolétariat sa division en un « prolétariat formel » et un « prolétariat informel [191] ».

---

186. Foucault M., « La "gouvernementalité" », *art. cit.*, p. 652.
187. Foucault M., « La technologie politique des individus », *art. cit.*, p. 826.
188. Foucault M., « Naissance de la biopolitique », *art. cit.*, p. 820. De là, selon Foucault, « le fait que la critique libérale ne se sépare guère d'une problématisation, nouvelle à l'époque, de la "société" [...]. La réflexion libérale ne part pas de l'existence de l'État, trouvant dans le gouvernement le moyen d'atteindre cette fin qu'il serait pour lui-même ; mais dans la société qui se trouve être dans un rapport complexe d'extériorité et d'intériorité vis-à-vis de l'État ».
189. *Idem*.
190. Foucault M., « La technologie politique des individus », *art. cit.*, p. 820.
191. Sur le concept de prolétariat informel, voir Neilson D., Stubbs T., "Relative surplus population and uneven deveopment in the neoliberal era: Theory and empirical application", *Capital & Class*, 35-3, 2011, pp. 441-442. Cinq formes de travail seraient caractéristiques du prolétariat informel. Les quatre premières concernent l'exercice illégal d'activités légales : travail non rémunéré effectué pour le compte d'une micro-entreprise gérée par des parents assurant en contrepartie un hébergement ; travail « salarié » sous-rémunéré effectué dans le cadre d'une relation employeur-employé non soumise aux conditions et aux contrôles prévus par la loi ; travail « indépendant » et micro-entrepreneuriat non soumis aux conditions et aux contrôles

La transformation du comportement de la courbe de détention est le corrélat d'une série de mutations. D'une formule de gouvernement à l'autre, la définition de la citoyenneté est modifiée, en extension et en compréhension [192] ; les significations de la liberté et de l'égalité sont changées ; l'importance de la nationalité est réévaluée ; les référents objectifs de la criminalité sont transformés ; les contours de la société sont redessinés ; l'ensemble des individus appelés à la défendre – ses membres – est redéfini ; l'ennemi à refouler aussi. La formule libérale distingue citoyenneté, nationalité et société (chaque notion définit un ensemble différent). La formule sociale les confond (elles désignent un seul et même ensemble). La formule néolibérale les dispose autrement : elle confond « citoyenneté-UE » et « société », érode dans l'ensemble ainsi défini la distinction entre les nationalités, et isole dans la population un reste, qu'elle caractérise par la non-citoyenneté-UE, la non-nationalité-UE et l'illégalité/criminalité. Le passage d'une formule à l'autre est annoncé par la transformation des statistiques enregistrées, et consommé par les redéfinitions de la citoyenneté et les transformations du droit de la nationalité [193]. Il faut attendre 1884 – un an avant la fondation du Parti ouvrier belge, en 1885 ; deux ans avant les soulèvements ouvriers de 1886 – pour que les statistiques d'émigration et d'immigration, collectées depuis 1846, distinguent entre nationaux et étrangers [194]. 1893 voit l'abolition du cens et l'attribution de la capacité politique à tous les hommes de nationalité belge [195] ;

prévus par la loi. Dans les deux premiers cas, l'hyper-assujettissement à l'employeur s'ajoute à l'absence d'assujettissement aux législations fiscales, sociales et relatives au travail. La cinquième regroupe des activités telles que la vente de stupéfiants, la prostitution, la mendicité ou des petits vols.

192. Brion F., « Les menaces d'une forteresse. Citoyenneté, crime et discrimination dans la construction de l'Union européenne », *art. cit.*, en particulier pp. 257-267.

193. Marx et Engels avaient anticipé l'importance que prendrait la nationalité dès 1848. Les ouvriers, notaient-ils alors, doivent, pour améliorer leurs conditions d'existence, s'organiser « en classe, et donc en parti politique ». Cette organisation est « sans cesse détruite de nouveau par la concurrence [qu'ils] se font entre eux ». Pour cette raison, leur lutte, « bien qu'elle ne soit pas, quant au fond, une lutte nationale », doit en revêtir la forme (Marx K., Engels F., *Manifeste du Parti communiste*, Bruxelles, 1848. En 1848 et en 1886, le gouvernement réagit aux émeutes en réprimant et en élargissant le droit de suffrage. En 1886, les leaders du Parti ouvrier approuvent la répression et revendiquent le suffrage universel : « Si nous voulons le suffrage universel, c'est pour éviter une révolution, car réforme ou révolution, suffrage universel ou bouleversement universel, tel est le dilemme qui se pose au peuple belge en ce moment », écrit De Paepe (cité in Brion F., « Des classes à la population ? Formules de gouvernement et détention », *art. cit.*, p. 25). Les lois électorales de 1893 et 1919 investissent la ligne de faille ouverte par la concurrence des ouvriers entre eux (*idem*).

194. Melnyk M., *op. cit.*, pp. 174-175. En son contraire, Eggerickx Th., « Migrations internationales et populations de nationalité étrangère : quelques aspects démographiques », in Khader B., Martiniello M., Rea A., Timmerman C. (eds.), *Penser l'immigration et l'intégration autrement*, Bruxelles, Bruylant, 2006, p. 32 : le démographe écrit que jusqu'en 1932 – année où les lois sur la nationalité adoptées entre 1922 et 1932 ont été coordonnées –, les données d'immigration et d'émigration ne distinguent pas la nationalité, mais le lieu de naissance (en Belgique ou à l'étranger). C'est à partir de 1921 que les communes ont dû tenir non seulement un registre de population, mais un registre des étrangers permettant aux autorités communales de « [...] connaître, à tout moment, la présence des étrangers et d'exercer sur eux un contrôle sévère et permanent » (*ibid.*, p. 34).

195. Il est intéressant de noter que Prins, qui jette à partir de 1886 les bases de la doctrine de la défense sociale (*cf.* Prins A., *Criminalité et répression : essai de science pénale*, Bruxelles,

1919, l'abandon du vote plural et, pour les hommes de nationalité belge, la reconnaissance du suffrage universel pur et simple. Entre 1922 et 1932, quatre lois sur l'acquisition, la perte et le recouvrement de la nationalité belge sont adoptées ; coordonnées en 1932, elles font de la Belgique un pays de strict *ius sanguinis paterni*, et finissent d'instituer les conditions de la formule sociale de gouvernement. Le premier dénombrement des détenus étrangers est effectué en 1974. La citoyenneté européenne est instituée en 1992. Les conditions d'attribution, d'acquisition, de perte et de recouvrement de la nationalité sont redéfinies en 1984, 1991, 1993, 1995, 1998, 2000, 2006 et 2012.

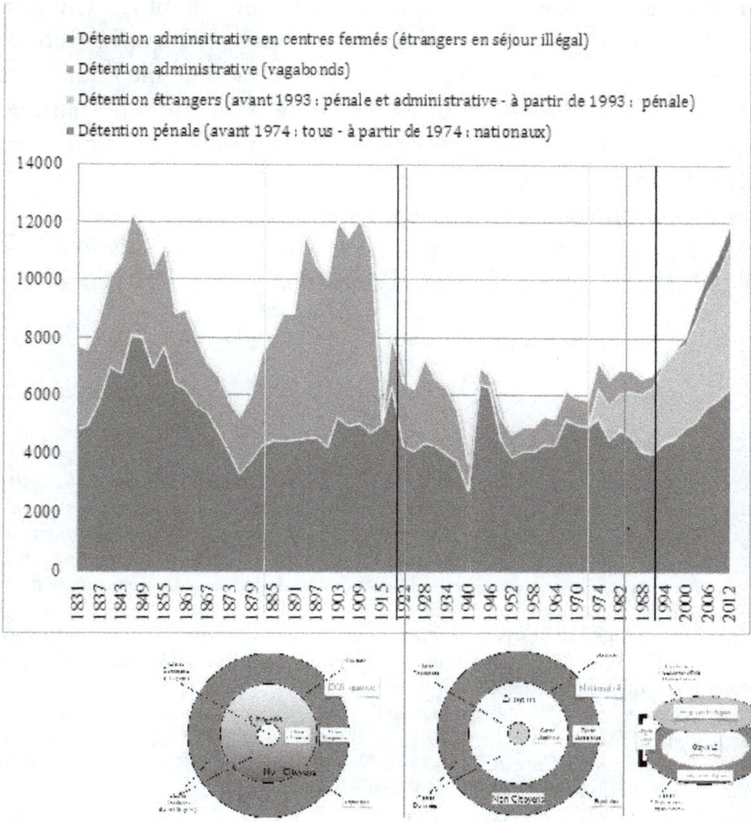

Figure 9 : Établissements pénitentiaires et centres fermés, 1831-2012 ("stock")

Muquardt, 1886 ; *Science pénale et droit positif*, Burxelles, Bruylant, 1899 ; *La Défense sociale et les transformations du droit pénal*, Bruxelles, Misch et Thron, 1910), publie par ailleurs durant ces années troublées plusieurs ouvrages sur la forme démocratique (Prins A., *La Démocratie et le régime parlementaire*, Bruxelles, Herzbach et Falk, 1884 ; *La Démocratie et le régime parlementaire : étude sur le régime corporatif et la représentation des intérêts*, Bruxelles, Muquardt, 1886, rééd. augmentée 1887 ; *De l'esprit du gouvernement démocratique : essai de science politique*, Bruxelles, Misch et Thron, 1905).

Deleuze écrit que le pouvoir, selon Foucault, « s'exerce avant de se posséder (puisqu'il ne se possède que sous une forme déterminable, classe, et déterminée, État) [196] ». L'histoire des transformations des formes de régulation et des usages de la prison aide à comprendre comment, dans les sociétés libérales, se nouent les relations entre exercice et possession, classes et population. Si le gouvernement y est un art de disposer choses et gens, la fin à laquelle il les conduit convient d'abord aux citoyens. Toujours, le racisme suit la ligne de partage qui, à l'intérieur de la population, vise à spécifier la société : pendant le « long XIXe siècle [197] », libéral, la population racisée est le *Lumpenproletariat* [198] ; pendant le « court XXe siècle [199] », national et social, ce sont les travailleurs étrangers ; en ce début de XXIe siècle, néolibéral, ce sont les « allochtones » et les musulmans. Toujours, la prison définit les délinquants, que le criminalisme distingue des infracteurs en les liant à leur infraction par diverses déterminations. Pour réaliser l'égalité, le racisme nie l'humanité de certains êtres humains ; dans les luttes autour de la loi et des illégalismes, la prison spécifie la délinquance. Racisme et criminalisme sont couplés au passage d'une formule de gouvernement à l'autre : dans les deux cas, le « crime »/la « criminalité » fonctionne comme un synonyme de la « race » (*crime is race by another name*) ; mais à l'orée du XXIe siècle, ils sont liés par l'ethnicité quand, un siècle plus tôt, ils l'étaient par la dégénérescence.

196. Deleuze G., *Foucault*, Paris, Minuit, 1986, p. 78. *Cf.* aussi Foucault M., *Surveiller et punir*, *op. cit.*, p. 31 : selon le philosophe, l'étude de la microphysique du pouvoir mise en jeu par les appareils et les institutions « suppose que le pouvoir qui s'y exerce ne soit pas conçu comme une propriété, mais comme une stratégie, que ses effets de domination ne soient pas attribués à une "appropriation", mais à des dispositions, à des manœuvres, à des tactiques, à des techniques, à des fonctionnements [...] Il faut en somme admettre que ce pouvoir s'exerce plutôt qu'il ne se possède, qu'il n'est pas le privilège acquis ou conservé de la classe dominante, mais l'effet d'ensemble de ses positions stratégiques – effet que manifeste et parfois reconduit la position de ceux qui sont dominés ».

197. J'emprunte l'expression à l'historien marxiste E. J. Hobsbawn, qui a étudié le long XIXe siècle dans sa trilogie : Hobsbawn E. J., *The Age of Revolution, 1789-1848*, New York, Vintage Books, 1962 ; *The Age of Capital, 1848-1875*, New York, Vintage Books, 1975 ; *The Age of Empire, 1875-1914*, Londres, New York, Vintage Books, 1989.

198. En 1910, Prins, qui explique certaines formes de criminalité par l'hérédité, pense certes en termes de race, mais établit une équivalence entre race et classe : « l'insuffisance » de ces « infirmes de l'intelligence et de la volonté » que « les Allemands [appellent] *Minderwertigen*, [et] les Flamands, *Minderwaardigen* » – littéralement, « [gens] de moindre valeur » – est à ses yeux affaire de race, c'est-à-dire de classe (Prins A., *La Défense sociale et les transformations du droit pénal* (1910), rééd. avec une introduction de Tulkens F., Genève, Médecine et Hygiène, 1986, p. 94). À l'exception des « bandes errantes de tziganes », qu'il mentionne une seule fois, il n'use d'ailleurs jamais ni de catégories nationales ni de catégories ethniques pour caractériser les types – vagabonds, délinquants, défectueux – qui lui semblent menacer la société : le premier âge de l'immigration confond dans l'ouvrier le national et l'étranger (Brion F., *Immigration, crime et discrimination. Essai de criminologie réflexive sur les usages politiques du crime et de la science qui le prend pour objet*, Louvain-la-Neuve, École de criminologie (ronéo), 1995, chapitre 2).

199. *Cf.* Hobsbawn E.J., *L'Âge des extrêmes : histoire du court XXe siècle*, Bruxelles, Complexe, 2003 [1999].

Et la discipline, cette technologie de pouvoir qui investit le « corps dressable » des individus ? La prison est sans doute, à cette échelle, une « institution d'assujettissement ». Encore faut-il voir, avec Foucault, que « [d]ans le grand panoptisme social, dont la fonction est précisément celle de transformer la vie des hommes en force productive, [elle] exerce une fonction beaucoup plus symbolique et exemplaire que réellement économique, pénale ou corrective [200] ». Voir, aussi, que la formule sociale de gouvernement lui a, dans cette fonction, donné un équivalent, la précarité devenant pour une partie de la population le ressort de l'assujettissement [201]. Voir ou entrevoir enfin, avec Alessandro De Giorgi, que la discipline n'était peut-être que la technologie de transformation des corps en « corps productifs » et en « corps assujettis » adéquate au capitalisme industriel [202]. Si tel est le cas, la prison et la plupart des alternatives à la détention – y compris la surveillance électronique – sont des « machines disciplinaires » tournant à vide ou remplissant d'autres fonctions. Production de cet au-delà de l'obéissance que Foucault appelle « l'état d'obéissance » – forme d'obéissance « auto-référée », qui est à elle-même sa propre fin, et qui se manifeste dans l'humilité, la patience et la soumission [203]. Ou production de fautes, qui le plus souvent prennent la forme d'infractions disciplinaires, et qui étendent infra-pénalement la surveillance et les possibilités de réintégration en prison [204].

Fragment 4. Melossi *vs* Foucault : avatars ou mort du *deus ex machina*

Retour au problème de l'idéologie. Soit l'hypothèse que l'inflation carcérale et le « grand renfermement » des étrangers procèdent à (et de) la restructuration de la population vivant sur le territoire de l'État, à (et de) la reconfiguration du marché du travail, à (et de) la transition de la formule sociale à la formule néolibérale de gouvernement – « à (et de) » : ils leur sont immanents. Comment penser concrètement les rapports entre infrastructure et superstructure ? Trois hypothèses – économique, politique, idéologique – ont été avancées par Theodore Chiricos et Miriam Delone [205], qui expliquent les

200. Foucault M., « La vérité et les formes juridiques », *art. cit.*, p. 621.

201. Le dispositif de régulation du travail et du séjour des étrangers forgé dans l'entre-deux-guerres ne spécifie pas un lieu clos hétérogène à tous les autres, pas davantage qu'il ne divise un espace disciplinaire, y détermine des emplacements fonctionnels ou n'y range des corps. Il n'enferme pas dans un lieu, mais dans un statut ; il n'architecture pas à coups de bâtiments, mais de règlements. Il ne quadrille pas un espace réel, mais un espace fictionnel. Pour transformer la vie des hommes en force productive, il mise sur l'ex-corporation : il menace d'expulser du territoire ces corps qu'il définit comme étrangers au corps social (*cf.* Brion F., « Des classes à la population ? Formules de gouvernement et détention », *art. cit.*, pp. 36-37 ; *Immigration, crime et discrimination*, *op. cit.*).

202. De Giorgi A., "Toward a political economy of post-Fordist punishment", in Lynch M. J., Streteski P.B. (eds), *Radical and Marxist Theories of Crime*, Farnham, Ashgate, 2011, p. 485.

203. Foucault M., *Mal faire, dire vrai. Fonction de l'aveu en justice. Cours de Louvain (1981)*, *op. cit.*, pp. 135-136.

204. Simon J., *Poor Discipline. Parole and the Social Contraol of the Underclass, 1890-1990*, Chicago/Londres, The University of Chicago Press, 1993.

205. Chiricos T. G., Delone M., "Labor Surplus and Punishment: A Review and Assessment of Theory and Evidence", *Social Problems*, 39-4, 1992, pp. 421-446.

variations des taux de détention par les fonctions remplies par les prisons dans la production et la reproduction de la force productive et des rapports de production. Nouveau détour théorique, en deux temps et deux tableaux. Le premier représente Dario Melossi, longtemps partisan de l'explication « idéologique [206] » ; le second, Foucault, plus proche des partisans de l'explication politique.

Sur le tableau de droite : Dario Melossi, co-auteur avec Massimo Pavarini de la traduction italienne de *Punishment and Social Structure* [207] et de *Carcere e fabbrica : alle origine del sistema penintenziario (XVI-XIX secolo)*, tous les deux publiés en 1978, trois ans après *Surveiller et punir* [208]. Dans une série d'articles publiés entre 1985 et 1992, il observe que les taux de chômage et de détention « semblent bouger ensemble », *indépendamment des taux de criminalité* [209]. Passent pour des explications de cette corrélation, écrit-il, « quelques formules structuralistes magiques sur "les besoins du capital" ou "le besoin de contrôle social", qui hypostasient le comportement d'entités collectives indépendamment des actions motivées des agents effectivement impliqués [210] » ; « des comptes rendus de type fonctionnaliste similaires, [tout aussi] insatisfaisants [211] » ; des « hypothèses [tenant] d'une vision plutôt conspiratrice des rapports sociaux [212] ». En arrière-plan : la foule nombreuse de ceux

206. Dans une série de publications récentes, consacrées à l'histoire des pratiques d'enfermement et à la criminalisation de l'immigration, Melossi délaisse l'étude des « vocabulaires de la motivation punitive » et, à la suite de sociologues tels que Salvatore Palidda ou Alessandro Del Lago, fins connaisseurs de l'œuvre de Foucault et d'Abdelmalek Sayad, sociologue des migrations et de la « pensée d'État », s'intéresse à la reconfiguration du marché du travail ainsi qu'aux pratiques policières et judiciaires. Ainsi avance-t-il l'hypothèse que « [...] l'émigration et l'immigration sont toutes deux liées aux changements profonds de la structure de l'économie. [...] En d'autres termes, les processus d'expulsion des milieux ruraux, qu'ils se déroulent dans le sud de l'Italie de 1890 à 1915 ou en Afrique du Nord beaucoup plus récemment, tendent à produire un surplus de main-d'œuvre qui est, pour ainsi dire, canalisée, du moins dans un premier temps, à la fois dans les mouvements migratoires et dans le système pénal » (Melossi D., « Le crime de la modernité : sanctions, crime et migration en Italie (1863-1997) », *Sociologie et sociétés*, 33-1, 2001, p. 103). Voir aussi Melossi D., "'In a Peaceful Life': Migration and the Crime of Modernity in Europe/Italy", *Punishment and Society*, 5-4, 2003, pp. 371-397 ; Melossi D., "Punishment and Migration Between Europe and the USA: A Transnational 'Less Eligibility'?", in Simon J., Sparks R. (eds), *The Sage Handbook of Punishment and Society*, Londres, Sage, 2013, pp. 416-432. Pour d'autres explications « idéologiques » de la corrélation entre l'évolution des taux de chômage et des taux de détention, *cf.* Chiricos T.G., Hales W. D., "Unemployment and punishment: an empirical assessment", *Criminology*, 29-4, 1991, pp. 701-724.

207. Rusche G., Kirchheimer O., *Pena e struttura sociale*, trad. D. Melossi, M. Pavarini, Bologne, Il Mulino, 1978.

208. Melossi D., Pavarini M., *Carcere e fabbrica : alle origine del sisteme penitenziaro (XVI-XIX secolo)*, Bologne, Il Mulino, 1978.

209. Melossi D., "Overcoming the crisis in critical criminology: toward a grounded labeling theory", *Criminology*, 23-2, 1985, p. 205 : « In fact, while unemlpoyement and imprisonment rates seem to move together with great synchrony, crime does not ».

210. *Idem* : « What pass for explanations are some magic structuralist formulas about 'the needs of capital' or 'the need for social control', magic because they hypostasize collectivities' behavior in a way which is independent from the motivated actions of the actual personnel involved ».

211. Melossi D., "Political business cycles and imprisonment rates in Italy: report on a work in progress", *The Review of Black Political Economy*, 16-1/2, 1987, p. 214.

qui ont reproché à « la pensée 68 [213] » tantôt de céder à la facilité des théories du complot, tantôt de pratiquer un structuro-fonctionnalisme qui réduit les êtres humains à l'impuissance et anéantit toute possibilité de résistance.

Selon Dario Melossi, les cycles économiques longs étant doublés de cycles politiques (les « *political business cycles* [214] »), le « climat moral » des sociétés oscille selon un mouvement pendulaire [215]. De manière générale, la croissance de la population détenue « coïncide avec des situations perçues comme cruciales pour le maintien de l'hégémonie des élites ». Certes, il arrive que les « difficultés économiques » ne donnent pas lieu à des « crises hégémoniques [216] ». C'est qu'en l'occurrence, « la situation de crise prétendument "objective" » – soit « une situation jugée telle par un observateur neutre (un sociologue, par exemple) [217] » – est moins déterminante que les perceptions et les interprétations des « élites morales [218] » (« la perception de panique morale [219] », suivant Theodore Chiricos et Miriam Delone). Ces élites morales – « ceux qui sont autorisés à identifier et à étiqueter les problèmes sociaux » – ont en effet « une propension à réagir à des situations qu'[elles] perçoivent comme menaçantes pour les structures [...] qu'[elles] associent à la défense et à la promotion de leur propre hégémonie [220] ».

Nul besoin d'invoquer l'État – ce commode Léviathan [221] – pour expliquer la corrélation entre les taux de chômage et de détention : si leurs variations sont synchrones, c'est que « quelque chose se passe dans les constructions des motivations des agents du contrôle social », qui « de quelque façon, lie l'état de l'économie à leurs activités professionnelles [222] ». La corrélation observée dépend d'une « variable intervenante [223] », les « vocabulaires à moti-

---

212. Melossi D., « L'hégémonie et les vocabulaires de la motivation punitive : la gestion discursive des crises sociales », *Criminologie*, 25-2, p. 99.
213. Ferry L., Renaut A., *La Pensée 68. Essai sur l'anti-humanisme contemporain*, Paris, Gallimard, 1985.
214. Melossi D., "Punishment and social action: changing vocabularies of punitive motive within a political business cycle", *Current Perspectives in Social Theory*, 6, 1985, p. 169 ; « Political business cycles and imprisonment rates in Italy », *art. cit.*, p. 211.
215. Melossi D., « An introduction. Fifty years later, Punishment and Social Structure in comparative analysis », *art. cit.*, p. 320.
216. Melossi D., « L'hégémonie et les vocabulaires de la motivation punitive: la gestion discursive des crises sociales », *art. cit.*, pp. 95 et 108.
217. *Idem.*
218. Dario Melossi précise que le concept est plus large que celui d'entrepreneur de morale d'Howard Becker (Melossi D., « L'hégémonie et les vocabulaires de la motivation punitive : la gestion discursive des crises sociales », *art. cit.*, p. 101).
219. Chiricos T. G., Delone M., *art. cit.*, en particulier p. 426.
220. Melossi D., « L'hégémonie et les vocabulaires de la motivation punitive : la gestion discursive des crises sociales », *art. cit.*, p. 95.
221. Melossi D., "Political business cycles and imprisonment rates in Italy: report on a work in progress", *art. cit.*, p. 214 : « Leviathan in fact is the ideal stand-in for the real culprits in the script of a conspirational functionalism », Melossi D., "An introduction. Fifty years later", *art. cit.*, p. 319.
222. Melossi D., "Overcoming the crisis in critical criminology: toward a grounded labeling theory", *art. cit.*, p. 205.

vation punitive [224] ». Il faut donc « établir une chaîne discursive allant des rationalisations et des explications des conflits politiques et sociaux qui entourent le cycle économique, aux vocabulaires à motivation punitive qui sont à la disposition des agences de contrôle social, vocabulaires à partir desquels ces agences rendent raison de leurs actions [225] ». Concrètement, le sociologue propose d'analyser des textes faisant autorité en matière de politique criminelle, tels les discours des procureurs généraux ; il y voit des « indicateurs directs » de la gestion discursive des crises, un des « maillons » de la chaîne à établir (il cite aussi « les documents législatifs, les reportages des médias, les articles dans les magazines et les journaux spécialisés ») [226].

Foucault, poursuit-il, a bien montré combien les fonctions latentes des prisons étaient éloignées de leurs fonctions manifestes ; aussi lui paraît-il difficile de les réduire à « un nouveau but instrumental et intentionnel : le contrôle de la classe ouvrière [227] ». Aux yeux du sociologue, le philosophe considérerait, à l'instar de Durkheim, que le « projet central de la pénalité » est « son usage symbolique comme une pièce de théâtre moralisatrice ou [...] comme une gazette officielle de moralité [228] » ; il considérerait, en d'autres mots, qu'entre les fonctions des méthodes pénales et les « techniques d'assujettissement [229] » des sociétés d'Ancien Régime et de la société de surveillance, il n'y a pas de différence. De là, une série d'hypothèses : le système d'administration de la justice pénale viserait à contenir la criminalité dans les limites « accepta-

223. Melossi D., "Political business cycles and imprisonment rates in Italy: report on a work in progress", *art. cit.*, p. 215 ; "An introduction. Fifty years later", *art. cit.*, p. 320.

224. Melossi D., "Punishment and social action: changing vocabularies of punitive motive within a political business cycle", *art. cit.*, pp. 169-197 ; « L'hégémonie et les vocabulaires de la motivation punitive : la gestion discursive des crises sociales », *art. cit.*, pp. 93-114 (l'auteur dit plus fréquemment « vocabulaires à motivation punitive »).

225. Melossi D., "Political business cycles and imprisonment rates in Italy: report on a work in progress", *art. cit.*, p. 215.

226. Melossi D., « L'hégémonie et les vocabulaires de la motivation punitive : la gestion discursive des crises sociales », *art. cit.*, pp. 109-110.

227. *Ibid.*, p. 104. L'auteur renvoie à Garland D., "Frameworks of Inquiry in the Sociology of Punishment", *art. cit.*, p. 6. Selon David Garland, « Foucault's analysis of the latent functions of the prison stands as a model of how the appearence of failure can be turned into success by this search for hidden utility. He refuses to accept that a dysfunctional, counter-productive institution – the prison – could survive for centuries, so he asks what positive functions such futility could conceal. Having put the question thus, he produces an answer of sorts – the prison doesn't control the criminal, it controls the working class by creating criminals ».

228. *Idem.* L'article de Dario Melossi est antérieur à la publication des *Dits et écrits*, de sorte que sa lecture ne peut tenir compte d'une série d'hypothèses formulées par Foucault à l'occasion de cours ou de conférences. En 1973, dans « La vérité et les formes juridiques », le philosophe insiste, dans son commentaire des *Leçons sur les prisons*, sur « le phénomène d'inversion du spectacle en surveillance » qui, selon lui, marque la naissance, au XVIIIe siècle, de la société panoptique ; il relève que l'auteur des *Leçons* – Julius, un collègue de Hegel – voit dans cette inversion un corrélat de l'apparition de sociétés étatiques ; il attire l'attention sur les institutions « propres à la société moderne, industrielle, capitaliste » dans lesquelles les caractéristiques du panoptisme sont actualisées ; enfin, pour appréhender ce panoptisme ou cette surveillance à la base, il lit à ses auditeurs le règlement d'une usine (Foucault M., « La vérité et les formes juridiques », *art. cit.*, pp. 608-611).

229. Melossi D., « L'hégémonie et les vocabulaires de la motivation punitive : la gestion discursive des crises sociales », *art. cit.*, p. 104.

bles » pour une société donnée à un moment donné ; l'incarcération serait l'un des spectacles destinés à « engendrer l'hégémonie » ; elle « montrerait à un plus large public à la fois le comportement social acceptable dans un contexte historique donné et l'infamie de ceux qui ne s'y conforment pas [230] ». À la régie : des « élites morales » tantôt sévères, tantôt magnanimes (Dario Melossi cite les propos lénifiants d'Andreotti après les assassinats de plusieurs candidats aux élections, dans le Sud de l'Italie [231]).

Problème : l'explication « idéologique » proposée par le sociologue de la pénalité détourne l'attention des formes d'ajustement de la corrélation de l'accumulation des hommes et de l'accumulation du capital [232] ; ce faisant, elle protège dispositifs et dispositions, en ce compris le système des infractions. Suivant Marx, l'ensemble des rapports de production constitue « la structure économique de la société, la base concrète sur laquelle s'élève une superstructure juridique et politique et à laquelle correspondent des formes de conscience sociales déterminées » (ce n'est pas, écrit-il, « la conscience des hommes qui détermine leur être », mais « inversement, leur être social qui détermine leur conscience ») ; la structure économique se transforme quand, de « formes du développement des forces productives qu'ils étaient », les rapports de production existants deviennent « des entraves » ; les changements dans l'infrastructure bouleversent alors « plus ou moins rapidement toute l'énorme superstructure [233] ». Tout se passe comme si Dario Melossi, dans les articles étudiés, considérait que les indicateurs économiques, le « climat moral » de la société et les chiffres des prisons co-varient *toutes choses égales par ailleurs*. L'histoire concrète des transformations dans l'infrastructure est remplacée par la référence aux cycles économiques modélisés par Kondratieff [234] ; l'histoire concrète de la superstructure juridico-politique est ignorée.

Pourtant, du côté des économistes, des théoriciens marxistes ont déjà critiqué l'hypothèse d'invariance structurelle qui sous-tend l'application des méthodes économétriques à des séries historiques concrètes uni- ou pluridécennales [235], et insisté sur la nécessité de combiner analyse historique et ana-

230. *Ibid.*, pp. 105-106.
231. *Ibid.*, pp. 106-107.
232. Foucault M., *Surveiller et punir*, *op. cit.*, pp. 220 *sq.*
233. Marx K., *Introduction à la critique de l'économie politique* (1857), Paris, L'Altiplano, 2008, pp. 11-13 (http://www.laltiplano.fr/introduction-a-la-critique-de-leconomie-politique.pdf, consulté le 25 avril 2014).
234. Melossi D., "An introduction. Fifty years later, *Punishment and Social Structure* in comparative analysis", *art. cit.*, p. 320.
235. *Cf.* Louça F., « Ernest Mandel et la pulsation de l'histoire », in Achcar G. (ed.), *Le Marxisme d'Ernest Mandel*, Paris, PUF, 1999 (http://www.ernestmandel.org/new/sur-la-vie-et-l-oeuvre/article/ernest-mandel-et-la-pulsation-de-l, consulté le 27 avril 2014). Francisco Louça (*idem*, n. 6) attire l'attention sur le fait que d'autres économistes, non marxistes, ont vivement critiqué l'utilisation de méthodes économétriques appliquée à des séries historiques concrètes. Parmi ces critiques, J. M. Keynes.

lyse statistique [236]. Ainsi, Mandel [237], qui a rouvert le débat sur les cycles de Kondratieff au milieu des années 1960 [238] : selon le savant trotskiste, les ondes longues du capitalisme ne sont pas de « simples mouvements de hausse et de baisse du taux de croissance des économies capitalistes », mais « au sens plein du terme, des périodes historiques spécifiques [239] » ; le retournement des ondes longues à la hausse et le passage d'un cycle à un autre nécessitent par ailleurs des transformations dans la base économique *et dans la superstructure juridique et politique* [240]. Ou encore David Gordon, à qui Mandel reproche l'économisme de sa théorie : il voit les ondes longues comme « une succession de structures sociales d'accumulation [241] », la lutte des classes forgeant les conditions *institutionnelles* de nouvelles expansions lors des crises structurelles. Sur ces critiques, le sociologue de la pénalité fait l'impasse. De même, il fait l'impasse sur la critique de Maddison [242], qui reproche aux théoriciens des cycles longs de confondre modèle et réalité [243] et de minimiser systématiquement – de Kondratieff à Schumpeter, du marxisme au libéralisme – le rôle de ce qu'il appelle l'« *institutional-policy mix* [244] » dans l'essor et le déclin de chacune des phases du processus de développement du capitalisme [245].

236. *Cf.* Louça F., "Ernest Mandel and the Pulsation of History", in Achcar G. (ed.), *The Legacy of Ernest Mandel*, Londres, Verso, 1999, p. 116, n. 8 : selon l'auteur, les méthodes économétriques ne permettent pas de prouver l'existence de cycles économiques longs.

237. Ernest Mandel (1923-1995), économiste mondialement reconnu, chef de file de la *Capitalist Crisis School* (*cf.* Goldstein J., *op. cit.*, p. 40). Marxiste, trotskiste, il est l'auteur de nombreux livres, parmi lesquels *Le Troisième âge du capitalisme*, Paris, UGE, 1976 ; *Long Waves of Capitalist Development. A Marxist Interpretation*, Cambridge, Cambridge University Press/Paris, Éditions de la Maison des Sciences de l'Homme, 1980 [rééd. Londres, Verso, 1995 ; trad. française : *Les ondes longues du développement capitaliste. Une interprétation marxiste*, Paris, Page Deux, 1998].

238. Sur ce point, *cf.* Goldstein J., *op.cit.*, p. 40, ainsi que Louça F., « Ernest Mandel et la pulsation de l'histoire » (http://www.ernestmandel.org/new/sur-la-vie-et-l-oeuvre/article/ernest-mandel-et-la-pulsation-de-l). Le premier article de Mandel sur le sujet fut publié en 1964 ; il y analyse les textes publiés par Kondratieff en 1922, 1924 et 1926, le débat de Trotsky avec Kondratieff, ainsi que *Business Cycles* de Schumpeter, publié en 1939.

239. Mandel E., *Long Waves of Capitalist Development. A Marxist Interpretation*, cité in Louça F., *idem.*

240. Goldstein J., *op. cit.*, p. 42.

241. *Ibid.*, p. 44. L'auteur se réfère à Gordon D. M., "Up and Down the Long Roller Coaster", in Union for Radical Political Economics (eds.), *U.S. Capitalism in Crisis*, New York, Union for Radical Political Economics, pp. 22-35 ; Gordon D. M., "Stages of Accumulation and Long Economic Cycles", in Hopkins T., Wallerstein I. (eds), *Processes of the World System*, Beverly Hills, Sage Publications, 1980, pp. 9-45 ; Gordon D. M., Edwards R., Reich M., *Segmented Work, Divided Workers*, Cambridge, Cambridge University Press, 1982.

242. Angus Maddison (1926-2010), économiste et historien britannique, spécialiste de macro-économie et de l'histoire du développement du capitalisme. Longtemps directeur-adjoint de la division du développement économique de l'OCDE, il est l'auteur de plusieurs ouvrages, parmi lesquels Maddison A., *Les Phases du développement capitaliste*, Paris, Economica, 1981 ; Maddison A., *op. cit.*, Oxford/New York, Oxford University Press, 1991.

243. *Ibid.*, en particulier pp. 85-111.

244. *Ibid.*, p. 85.

245. Dès 1981, Maddison distingue quatre phases dans le processus de développement du capitalisme, la quatrième commençant en 1973. Chaque phase est caractérisée au moyen d'un jeu de cinq variables : 1) priorité accordée à l'emploi ou à la stabilité des prix ou à la stabilité du commerce extérieur ; 2) nature du système international de paiement ; 3) comportement du marché du travail ; 4) degré de liberté du commerce international ; 5) degré de liberté des capitaux

De facto, Dario Melossi réduit dans ces articles l'État à son appareil répressif, l'appareil répressif à ses prisons, et les prisons à la taille de leur population. D'Althusser – qu'il mentionne [246] –, il ne retient ni la volonté de « penser ce que la tradition marxiste désigne sous les termes conjoints d'autonomie relative de la superstructure et d'action en retour de la superstructure sur la base [247] », ni les thèses relatives à l'assujettissement. Résultat : si les cycles longs existent – ce qui est discuté [248] –, leurs effets sont surestimés, tandis que les effets de la structure juridico-politique sont sous-estimés. Trop de nécessité : ainsi que Raymond Michalowski et Susan Carlson l'ont montré aux États-Unis, la corrélation entre le taux de chômage et le taux de détention est « historiquement contingente [249] ». Trop de représentations : pour expliquer qu'ils ne sont pas nécessairement liés, il ne suffit pas d'évoquer les perceptions des « élites morales » ; il faut mentionner aussi la succession des « structures sociales d'accumulation [250] ». Trop peu de biopolitique : les effets de la pro-

---

et du travail) (pp. 120-121). Les modalités changent d'une phase à l'autre, à la suite de chocs systémiques. La troisième phase (1950-1973) se caractérise selon lui par 1) la priorité donnée au plein emploi ; 2) des taux de change fixes (mais non rigides) à l'échelle internationale, de larges facilités de crédit ; 3) des syndicats puissants, faisant obstacle à la flexibilité des salaires vers le bas ; 4) la libération du commerce par la création d'unions douanières ; 5) la libération progressive des mouvements du travail et du capital. La quatrième phase (1973-…) est caractérisée comme suit : 1) priorité donnée à la stabilité des prix ; 2) effondrement du système financier, puis taux flottants et zones croissantes de stabilité dans le système monétaire mondial ; 3) affaiblissement des syndicats ; 4) maintien de la liberté des échanges commerciaux ; 5) augmentation de la liberté des mouvements du capital, restriction de la liberté des mouvements du travail (*Cf.* Maddison A., *Les Phases du développement capitaliste*, *op. cit.* ; Maddison A., *Dynamic Forces in Capitalist Development. A Long-Run Comparative View*, *op. cit.*, en particulier pp. 120-121, où l'auteur résume sous forme de tableau les caractéristiques des diverses phases). L'histoire subséquente montre qu'il faut, par restriction légale des mouvements du travail, entendre l'institution de régimes différenciés de mobilité.

246. *Cf.* Melossi D., "An introduction. Fifty years later", *art. cit.*, p. 319 : « In the 1960s and early 1970s, Leviathan seemed in fact to be the ideal stand-in for the real culprits in a script that was quite popular at the teime and whose most celebrated model was probably Louis Althusser's famous essay on the State "ideological" and "repressive" apparatuses (1970). Thanks to the artificial man, analysts did not need to reconstruct the causal chain of typical orientations and actions relatif changes in economic indicators to criminal and penal policy decisions and actual rates of imprisonment. They had a Deus ex-machina called "state" descend and take care of it all. » Pour une autre discussion du thème du Léviathan (« en tant qu'homme fabriqué » ou en tant qu'âme) et une présentation des « précautions de méthode » prises dans l'analyse du pouvoir – précautions incluant le déplacement, commun à Althusser et à Foucault, du thème de l'âme du Léviathan à celui de la constitution des sujets – , *cf.* Foucault M., *« Il faut défendre la société ». Cours au Collège de France, 1976*, Paris, Gallimard/Seuil, 1997, p. 26 et, plus généralement pp. 21-36.

247. Althusser L., « Idéologie et appareils idéologiques d'État (Notes pour une recherche) », *La Pensée*, 151, juin1970 [rééd. in Althusser L., *Positions (1964-1975)*, Paris, Les éditions sociales, 1976, p. 76].

248. Maddison A., *Dynamic Forces in Capitalist Development. A Long-Run Comparative View*, *op. cit.*, en particulier pp. 85-111.

249. *Cf.* Michalowski R. J., Carlson S. M., « Unemployment, imprisonment, and social structures of accumulation: historical contingency in the Rusche-Kirchheimer hypothesis », *Criminology*, 37-2, 1999, pp. 217-250. Les auteurs étudient l'effet, aux États-Unis, des transformations des structures sociales d'accumulation (reconfiguration du marché du travail ; stratégies étatiques de gestion du surplus relatif de la population ; à l'échelle internationale, rapports entre phases et structures sociales d'accumulation) sur la relation entre chômage et détention.

250. Rose N., "Governing 'advanced' liberal democracies", in Barry A., Osborne T., Rose N.

duction, de la reproduction et de la structuration de la population et de la société sont ignorés. Trop peu d'histoire des transformations dans l'infrastructure et la superstructure juridico-politique : Dario Melossi, qui reproche aux tenants de l'explication « politique » leur vision conspiratrice des rapports sociaux, adopte dans les articles étudiés la version la plus conspiratrice de la théorie des paniques morales, le modèle des paniques morales orchestrées par les élites (*elite engineered model*) [251]. Il ne tue pas le personnage du *deus ex machina* : il attribue au marché et aux « élites morales » – des magistrats aux médias – le rôle qu'il a retiré à l'État.

À gauche : Foucault, parfois décrit par ses contempteurs comme structuro-fonctionnaliste. Est-il structuraliste ? Tout au plus admet-il, rieur, en avoir été brièvement « l'enfant de chœur [252] », avant de préciser dans un texte ultérieur que le point du débat et le point de résistance sont ailleurs [253]. Dans la philosophie structuraliste, il voit le moyen de « diagnostiquer ce qu'est "aujourd'hui" [254] ». Comme le structuralisme, elle analyse « non pas tellement des choses, des conduites et leur genèse », mais « des rapports qui régissent un ensemble d'éléments ou un ensemble de conduites » – « des ensembles dans leur équilibre actuel, beaucoup plus que des processus dans leur histoire ». Mais elle ne se limite pas à un domaine scientifique précis, et concerne « l'ensemble des relations pratiques ou théoriques qui définissent notre modernité [255] ». Un philosophe structuraliste « peut être marxiste ou pas, mais il le sera toujours un peu dans la mesure où il se donnera pour tâche de diagnostiquer les conditions de notre existence ». Inversement, un marxiste sera toujours « au moins un peu structuraliste s'il veut avoir entre les mains un instrument rigoureux [...] [256] ». Après tout, le marxisme pense l'infrastructure et la superstructure comme des structures. Et, suivant Lévi-Strauss, une structure « consiste en éléments tels qu'une modification quelconque de l'un d'eux entraîne une modification de tous les autres [257] ».

Est-il fonctionnaliste ? Comme il est ou n'est pas structuraliste : l'analyse fonctionnelle est entre ses mains un instrument qui permet de diagnostiquer ce qu'est notre présent. Deleuze évoque un « nouveau fonctionnalisme [258] » ;

(eds), *Foucault and Political Reason. Liberalism, Neo-Liberalism and Rationalities of Government*, Chicago, The University of Chicago Press, 1996, pp. 37-64. Il serait utile de préciser les relations entre le concept de « structure sociale d'accumulation », utilisé par des sociologues marxistes, et le concept de « formule de gouvernement », utilisé par des sociologues foucaldiens.

251. Goode E., Ben Yehuda N., "Moral Panics: Culture, Politics, and Social Construction", *Annual Review of Sociology*, 20, 1994, pp. 164-165.

252. Foucault M., « La philosophie structuraliste permet de diagnostiquer ce qu'est "aujourd'hui" », *Dits et écrits, I*, n° 47, Paris, Gallimard, 1994, p. 581.

253. Foucault M., *L'Archéologie du savoir*, Paris, Gallimard, 1969, p. 263.

254. Foucault M., « La philosophie structuraliste permet de diagnostiquer ce qu'est "aujourd'hui" », *art. cit.*, p. 580.

255. *Ibid.*, p. 581.

256. *Ibid.*, p. 583.

257. Lévi-Strauss C., *Anthropologie structurale*, Paris, Plon, 1958, p. 306.

peut-être faudrait-il parler d'un fonctionnalisme à l'envers, cherchant non pas à améliorer, mais à « enrayer [259] » les fonctionnements. Du fonctionnalisme, Foucault reprend parfois des notions, des questions, des formes de raisonnement [260] ; il lui arrive aussi de chercher l'explication d'un phénomène non pas « du côté de ce qui le précède », mais « du côté de ce qui le suit [261] ». Mais il dit vouloir « retrouver le clivage des affrontements et des luttes que les aménagements fonctionnels ou les organisations systématiques ont pour but [...] de masquer [262] » ; il explore les « contenus historiques [...] ensevelis [...] dans des cohérences fonctionnelles » ; alors qu'il voit dans le système une « forme majeure d'honnêteté [263] » quand il raisonne en structuraliste, il privilégie dans son fonctionnalisme inversé la localité par rapport à la totalité. Sommairement dit : il garde les outils, mais refuse l'esprit. Au reste, il discute la thèse marxiste de la « fonctionnalité économique du pouvoir » et se demande si l'indissociabilité de l'économie et du politique est de l'ordre de « la subordination fonctionnelle » – on pense à Rusche et Kirchheimer –, de « l'isomorphie formelle » – on pense à Pashukanis –, ou d'un autre ordre encore, qu'il faudrait dégager [264].

De manière générale, le propos n'est pas tant d'expliquer que de diagnostiquer et d'armer la critique. L'enjeu est pratique : « [...] contribuer à ce que certaines choses changent dans les façons de percevoir et les manières de faire, prendre part à ce difficile déplacement des formes de sensibilité et des seuils de tolérance [...] [265] ». L'exercice est théorique : il se demande « dans quelle mesure le travail de penser sa propre histoire peut affranchir la pensée de ce qu'elle pense silencieusement et lui permettre de penser autrement [266] ». Le temps est investi comme un objet : Foucault ne fait pas siennes les notions de

258. Deleuze G., *op. cit.*, p. 33.
259. Sur ce point, *cf.* Foucault M., *« Il faut défendre la société ». Cours au Collège de France, 1976*, *op. cit.*, p. 6.
260. Foucault M., *Surveiller et punir*, *op. cit.*, p. 276. De manière critique, Garland D., "Frameworks of Inquiry in the Sociology of Punishment", *art. cit.*, p. 4, où l'auteur écrit qu'une limite évidente de l'œuvre de Foucault est le « fonctionnalisme dogmatique » auquel il souscrirait ; Garland D., *Punishment and Modern Society. A Study in Social Theory*, Oxford, Clarendon Press, 1990, p. 5.
261. Foucault M., « La poussière et le nuage », *Dits et écrits, IV*, n° 277, Paris, Gallimard, 1994, p. 12.
262. *Ibid.*, p. 8.
263. Foucault M., « La philosophie structuraliste permet de diagnostiquer ce qu'est "aujourd'hui" », *art. cit.*, p. 580.
264. Foucault M., *« Il faut défendre la société ». Cours au Collège de France, 1976*, *op. cit.*, pp. 14-15.
265. *Cf.* Foucault M., « Table ronde du 20 mai 1978 », *Dits et écrits, IV*, n° 278, Paris, Gallimard, 1994, pp. 30-31 : « [...] Mon projet, lui, est loin d'avoir une telle envergure. Aider d'une certaine manière à ce que s'écaillent quelques "évidences", ou "lieux communs" [...], faire en sorte, avec bien d'autres, que certaines phrases ne puissent plus être dites aussi facilement ou que certains gestes ne soient plus faits au moins sans quelque hésitation, contribuer à ce que certaines choses changent dans les façons de percevoir et les manières de faire, prendre part à ce difficile déplacement des formes de sensibilité et des seuils de tolérance [...] ». Et le philosophe poursuit : « Si seulement ce que j'ai essayé de dire pouvait, d'une certaine façon, et pour une part limitée, n'être pas entièrement étranger à quelques-uns de ces effets dans le réel... »
266. Foucault M., *L'Usage des plaisirs. Histoire de la sexualité (2)*, Paris, Gallimard, 1984, p. 15.

cycle économique ou politique ; il étudie les conceptions du temps présupposées par divers arts de gouverner et jeux de vérité [267]. C'est aussi une arme : là où « on serait assez tenté de se référer à une constante historique ou à un trait anthropologique immédiat », le philosophe « événementialise [268] », donnant à voir singularités et « bibelots politiques d'époque [269] » ; pour souligner la non-nécessité, il ajoute l'histoire du présent à l'archéologie (à « l'anarchéologie [270] », dit-il en 1980) ; pour que s'écaillent les évidences, il écrit des généalogies. En retrait : Althusser, écrivant que « la philosophie n'intervient dans la réalité qu'en produisant des effets en elle-même [271] ». C'est abstrait ? Pour illustrer, il suffit de songer à l'historicité – à la non-nécessité – du couplage de la citoyenneté et de la nationalité.

De son propre aveu, Foucault « ne [s']intéresse pas beaucoup [aux] dénonciations faciles du discours [...] oppressif, idéologique » : ce qui « [lui] semble intéressant », c'est la « pensée dense, importante » qui sert de « support, de condition d'existence et aussi de condition de fonctionnement » aux pratiques [272]. À la notion d'idéologie dominante, il fait trois objections : elle postule « une théorie mal faite, ou [...] pas faite du tout de la représentation » ; elle est « indexée, au moins implicitement [...] à une opposition du vrai et du faux, de la réalité et de l'illusion, du scientifique et du non-scientifique, du rationnel et de l'irrationnel » ; et elle fait « l'impasse sur tous les mécanismes réels d'assujettissement ». La notion de pouvoir permet de déplacer l'attention du système de représentations dominantes vers les procédures et les techniques par lesquelles les relations de pouvoir « s'effectuent effectivement » ; celle de savoir a pour fonction de « mettre hors champ l'opposition du scientifique et du non-scientifique, la question de l'illusion et de la réalité, la question du vrai et du faux [273] ». L'hégémonie est définie – équivoquement – comme le fait de « se trouver en tête des autres, de les conduire et de conduire en quelque sorte leur conduite » ; elle ne va pas sans alêthurgie, c'est-à-dire sans quelque rituel de production du vrai [274].

---

267. *Cf.* Foucault M., *Mal faire, dire vrai. Fonction de l'aveu en justice*, *op. cit.*, p. 74, n.3.
268. Foucault M., « Table ronde du 20 mai 1978 », *art. cit.*, p. 23.
269. Veyne P., « Foucault révolutionne l'histoire », *art. cit.*, p. 389.
270. Foucault M., *Du gouvernement des vivants. Cours au Collège de France, 1979-1980*, *op. cit.*, p. 77.
271. *Cf.* Althusser L., *Philosophie et philosophie spontanée des savants*, Paris, Maspero, 1974, p. 64. Je suis ici l'analyse de Warren Montag (Montag W., *art. cit.*, pp. 57-58).
272. Foucault insiste, à Louvain-la-Neuve, sur le fait que « la pensée ne pense pas seulement là où elle se pense elle-même, dans la forme de la philosophie ou de la réflexion sur soi ». « Dans une institution psychiatrique, il y a, dit-il, une pensée qu'il faut rechercher » ; de même, il y a « de la pensée dans une prison, aussi bête que soit la prison » (Foucault M., « Entretien de Michel Foucault avec Jean François et John De Wit (22 mai 1981) », *Mal faire, dire vrai. Fonction de l'aveu en justice*, *op. cit.*, p. 250).
273. Foucault M., *Du gouvernement des vivants. Cours au Collège de France (1979-1980)*, *op. cit.*, pp. 12-13.
274. *Ibid.*, p. 8.

Comment le pouvoir s'exerce-t-il ? La réponse à cette question prend communément la forme d'une alternative, violence ou idéologie : « tantôt il réprimerait, tantôt il tromperait ou ferait croire [275] ». Réponse réductrice, selon Foucault [276]. De la répression et de l'idéologie, écrit Deleuze, il « n'ignore rien [...] ; mais, comme Nietzsche l'avait déjà vu, elles sont seulement la poussière soulevée par le combat [277] ». Les procédures et les techniques par lesquelles les relations de pouvoir s'effectuent effectivement » sont plus variées ; par ailleurs, elles ne sont pas extérieures aux rapports de production (elles ne leur sont ni surimposées ni superposées) [278]. « Un pouvoir, commente Deleuze, ne procède pas par idéologie, même quand il porte sur les âmes ; il n'opère pas nécessairement par violence et répression, au moment où il pèse sur les corps [279] ». Ainsi la discipline procède-t-elle par répartition des corps, organisation des genèses, composition des forces [280]. La biopolitique agence, dispose, façonne, structure, configure, aménage des probabilités. Quant aux savoirs technologique et d'observation qui leur sont associés : les connaissances présentées sont parfois faussées ; mais, plus encore que la production du faux, c'est la production du vrai qui assure aux relations de pouvoir leur effectivité.

Dès l'*Introduction à l'anthropologie*, le philosophe a établi une équivalence entre les « synthèses de la vérité » et « la constitution du nécessaire dans le domaine de l'expérience [281] ». Produire du vrai, ce serait, à travers divers jeux de vérité, produire ces synthèses et ces nécessités ; lier, « d'une manière non pas analytique, mais synthétique », les êtres humains à ce qui est donné – constitué et présenté – comme leur essence. Des exemples ? La prison et le dispositif carcéral lient synthétiquement certains infracteurs à leur infraction en ajoutant à la prévention ou à la condamnation ce supplément d'essence qu'est la délinquance : « synthèse de la vérité ». La discipline et la biopolitique lient synthétiquement les hommes à l'appareil de production pour lequel ils travaillent, mais aussi au travail donné comme leur essence [282] : « synthèse de la vérité ». La toute première « synthèse de la vérité » produite par la science (cette « alêthurgie » définie par Foucault comme « la production du vrai dans les consciences des individus par des procédés logico-expérimentaux [283] ») est que l'essence des individus qui s'en font les sujets est l'objectivité – fiction qui

275. Deleuze G., *op. cit.*, p. 36.
276. Il en va de même d'Althusser, contrairement à ce qu'une lecture trop rapide d'*Idéologie et appareils idéologiques d'État* pourrait suggérer. Sur ce point, *cf.* Montag W., *art. cit.*, en particulier pp. 69-74.
277. *Idem.*
278. Foucault M., « La vérité et les formes juridiques », *art. cit.*, p. 623.
279. Deleuze G., *op. cit.*, p. 36.
280. Sur ce point, *cf.* Foucault M., *Surveiller et punir*, *op. cit.*, pp. 137-171.
281. Sur ce point, *cf.* Foucault M., *Introduction à l'Anthropologie*, Paris, Vrin, 2008, p. 65.
282. Foucault M., « La vérité et les formes juridiques », *art. cit.*, pp. 621-622 : « Ce que j'aimerais montrer, c'est que le travail n'est absolument pas l'essence concrète de l'homme [...]. La liaison de l'homme au travail est synthétique, politique ».
283. Foucault M., *Du gouvernement des vivants. Cours au Collège de France (1979-1980)*, *op. cit.*, pp. 8-9.

les dote de pouvoirs considérables, et les habilite à produire, d'autorité, d'autres « synthèses de la vérité ». Théoriquement, la question soulevée est celle du « gouvernement par la vérité [284] ». Pratiquement, dès lors que la vérité est synthétique, c'est celle de savoir comment – au moyen de quelle analytique de la vérité – armer la lutte : car, dit le philosophe, il est possible de détruire politiquement ce qui a été historiquement constitué [285].

Fragment 5. Stratégie et tragédie

Ultime reprise. Au « constat que la prison échoue à réduire les crimes », Foucault proposait en 1975 de substituer l'hypothèse qu'elle a « fort bien réussi à produire la délinquance, type spécifié, forme politiquement ou économiquement moins dangereuse – à la limite utilisable – d'illégalisme ; à produire les délinquants, milieu apparemment marginalisé mais centralement contrôlé ; à produire le délinquant comme sujet pathologisé [286] ». Quelle hypothèse faut-il substituer aujourd'hui au constat que, de surcroît, la lutte contre la surpopulation carcérale échoue à réduire le nombre de détenus ? Elle a accrédité l'idée que la prison est inhumaine et dégradante du seul fait de la surpopulation et de ses effets sur les conditions de détention ; elle a réussi à transformer le système et le régime des peines, les usages de la prison, et sa population. Le « grand renfermement » des étrangers soulève plusieurs questions. Au niveau idéologique de la superstructure, dans « la forme sociale de conscience » qui est la nôtre : la question des relations entre l'ethnicité et la délinquance. Au niveau juridico-politique : celle des mécanismes et des processus contribuant à la croissance des taux de détention des individus ayant la nationalité d'un État qui n'est pas membre de l'Union. Plus généralement : celle de ses relations avec l'infrastructure et de ses fonctions.

284. *Ibid.*, pp. 12-13 ; Foucault continue d'élaborer la notion de gouvernement par la vérité dans Foucault M., *Mal faire, dire vrai. Fonction de l'aveu en justice*, *op. cit.*, p. 13.

285. *Cf.* sur ce point Foucault M., « Entretien de Michel Foucault avec André Berten (7 mai 1981) », *ibid.*, p. 243 : « Il s'agit donc de rendre les choses plus fragiles par cette analyse historique ou plutôt, de montrer à la fois pourquoi et comment les choses ont pu se constituer ainsi, mais [de] montrer en même temps qu'elles se sont constituées à travers une histoire précise. Il faut donc montrer et la logique des stratégies à l'intérieur desquelles les choses se sont produites, et montrer que ce ne sont pourtant que des stratégies et que, du coup, en changeant un certain nombre de choses, en changeant de stratégie, en prenant les choses autrement, du coup, ce qui nous paraissait évident ne l'est pas. Notre rapport à la folie, c'est un rapport qui est historiquement constitué. Et du moment qu'il est historiquement constitué, il peut être politiquement détruit – je dis "politiquement" en donnant au mot "politique" un sens très large. En tout cas, il y a des possibilités d'action, puisque c'est à travers un certain nombre d'actions, de réactions, à travers un certain nombre de luttes, de conflits, pour répondre à un certain nombre de problèmes, qu'on a choisi ces solutions-là. J'ai voulu réintégrer beaucoup des évidences de notre pratique dans l'historicité même de ces pratiques. Et du coup, les déchoir de leur statut d'évidence pour leur redonner la mobilité qu'elles ont eue et qu'elles doivent toujours avoir dans le champ de nos pratiques. ».

286. Foucault M., *Surveiller et punir*, *op. cit.*, p. 282.

Dans *Idéologie et appareils idéologiques d'État*, Althusser pose que l'idéologie est immanente aux appareils, rituels, pratiques et actes dans lesquels elle existe [287] ; selon Warren Montag, les idées sont « en ce sens, des causes qui ne peuvent jamais être constituées qu'après-coup, *nachträglich*, comme un effet de leurs effets matériels [288] ». De la même façon, la délinquance est, suivant Foucault, immanente à la prison : elle est ce qui, après-coup, est donné comme la cause et la justification de ce dont elle est l'effet, la pénalité de détention ; ce que nous attribuons, non pas à tout auteur d'infraction, mais à tout individu qui est ou a été détenu en prison ; ce qu'en quelque sorte, *nous devons* lui attribuer pour y voir une solution et pouvoir la supporter (et nous supporter, par la même occasion). Et la « criminalité des immigrés » ? Elle est immanente au « grand renfermement » des étrangers. L'ethnicité, quant à elle, est ce que nous supposons pour expliquer et justifier la surreprésentation des étrangers en prison, et fonder en réalité et en nécessité la sélectivité dont elle est l'effet.

Au risque d'insister : *le taux de détention des nationaux est stable, quand bien même le nombre et la proportion de Belges d'origine étrangère dans la population recensée ne cessent d'augmenter ; à l'inverse, le taux de détention des étrangers ne cesse d'augmenter, quand bien même le nombre et la proportion des étrangers dans la population recensée tendent à diminuer* [289], *y compris s'agissant des nationalités les plus représentées parmi les prisonniers* [290]. Si la cause de la surreprésentation des étrangers en prison était leur origine, ou leur culture, ou leur religion, leur inclusion dans la population nationale devrait entraîner une augmentation du taux de détention des nationaux. Ce n'est pas le cas : l'ethnicité n'est, en l'occurrence, que le nom donné à l'un des systèmes de détermination par lesquels des infracteurs sont liés à leur infraction. Là encore, il s'agit d'une « cause absente qui n'existe que dans ses effets [291] » ; là

---

287. Althusser précise que, s'agissant d'idéologie, être spinoziste ou marxiste, c'est « exactement la même position ». Selon Warren Montag, il reprend d'ailleurs à Spinoza la stratégie du *sive* – « *Deus, sive Natura* » (Dieu, c'est-à-dire la Nature) – se transformant en « l'idéologie, c'est-à-dire les appareils, rituels, pratiques et actes dans lesquels elle existe... »). *Cf.* Alhtusser L., « Idéologie et appareils idéologiques d'État. Notes pour une recherche », *art. cit.* ; Montag W., *art. cit.*, p. 63.

288. *Ibid.* La référence à Freud, précise Warren Montag, est « entièrement en phase avec Spinoza et Althusser ».

289. Le nombre de Belges d'origine marocaine est passé de 151 265 en 1991 à 279 694 en 2010. Le nombre de Marocains, quant à lui, est passé de 142 098 en 1991 à 81 943 en 2010. Le nombre de détenus marocains est passé de 740 en 1991 (population en fin d'année) à 1 132 en 2010 (population journalière moyenne). L'augmentation du taux de détention des Marocains s'explique et par l'augmentation du nombre de détenus marocains, au numérateur, et par la diminution du nombre d'habitants, au dénominateur.

290. Ainsi les Marocains : au 1er janvier 2013, ils représentaient 28,5 % des étrangers non européens en Belgique. Sous l'effet des réformes du droit de la nationalité, leur nombre a diminué de 47 % depuis 1992 (année de son maximum historique), malgré un solde migratoire positif (*cf.* Vause S., Eggerickx T., Dal L., *Migrations et populations issues de l'immigration en Belgique*, LLN/Bruxelles, UCL/Demo/CECLR, 2013, pp. 103 et 140 (http://www.diversite.be/sites/default/files/documents/publication/rapport_statistique_et_demographique.pdf, consulté le 25 avril 2014).

291. *Idem.* La référence à Freud, précise Warren Montag, est « entièrement en phase avec Spinoza et Althusser ».

encore, cette cause est constituée après coup, comme un effet des effets matériels produits par les appareils, les rituels, les pratiques et les actes dans lesquels elle existe.

Ensemble, la délinquance et l'ethnicité participent à la construction d'une nouvelle classe dangereuse. La délinquance élargit la suspicion à l'ensemble de la classe sociale où les détenus sont prélevés. L'ethnicité l'étend à l'ensemble des groupes ou des communautés auxquels les détenus étrangers sont renvoyés, que leurs membres soient étrangers, binationaux ou nationaux d'origine étrangère ; en termes goffmaniens [292], elle diffuse les effets du stigmate pénal à l'ensemble des membres du groupe affecté d'un stigmate tribal [293], comme le faisait la dégénérescence au tournant des XIXe et XXe siècles, quand le groupe tribalisé [294] était défini en termes de classe, et non en termes de nationalité, d'origine nationale ou de défaut de laïcité. Cette extension produit, le cas échéant, des effets d'identification, au sens policier comme au sens psychanalytique du terme, tant il est vrai, comme Althusser l'écrivait (mais aussi Genêt), que ce qui constitue un individu en sujet est une interpellation dans laquelle il se reconnaît.

Certes, à côté de la lutte contre la surpopulation carcérale et du « grand renfermement » des étrangers, d'autres mécanismes et processus contribuent à produire et à reproduire l'appartenance entre nationalités tierces et délinquance. La famille R'ha compte un fils qui a été déchu de la nationalité belge. De nombreuses familles issues de l'immigration comptent un fils qui n'a pas pu l'acquérir en raison de ses antécédents judiciaires : tous leurs membres appartiennent à la population nationale, à l'exception de celui qui, « délinquant », appartient à la population étrangère. Ce n'est pas tout. Selon Foucault, « si les châtiments légaux sont faits pour sanctionner les infractions, [...] la définition des infractions et leur poursuite sont faites en retour pour entretenir les mécanismes punitifs et leurs fonctions [295] ». Au tournant des XIXe et XXe siècles – au passage de la formule libérale à la formule (nationale et) sociale –, plusieurs lois ont étendu la répression au-delà du droit pénal classique, et organisant enfermement *ante delictum* des vagabonds et surveillance des classes réputées dangereuses au prétexte de « défendre la société [296] ». Au

292. Goffman E., *Stigma. Notes on the management of spoiled identity*, New York, Simon & Schuster, 1986 [1963], p. 3. « Le terme stigmate, écrit le sociologue, est utilisé pour désigner un attribut profondément discréditant ; il faut bien voir, toutefois, que c'est en termes de relations, et non d'attributs, qu'il convient en réalité de parle. »

293. *Cf.* Brion F., « Les menaces d'une forteresse. Citoyenneté, crime et discrimination dans la construction de l'Union européenne », *art. cit.*, pp. 268-269.

294. Brion F., « Pour une éthique de l'action interculturelle. Blessures morales et attentes de reconnaissance », in Larouche J.-M. (ed.), *Reconnaissance et citoyenneté. Au carrefour de l'éthique et du politique*, Québec, Presses universitaires de Québec, 2003, pp. 111-131.

295. Foucault M., *Surveiller et punir*, *op. cit.*, p. 29.

296. Tulkens F., Digneffe F., « La notion de dangerosité dans la politique criminelle en Europe occidentale », in Debuyst C. (ed.), *Dangerosité et justice pénale. Ambiguïté d'une pratique*, Genève, Médecine et Hygiène, pp. 191-207 ; Tulkens F. (ed.), *Généalogie de la défense sociale*

tournant des XXe et XXIe siècles – au passage de la formule sociale à la formule néolibérale –, d'autres lois ont élargi les possibilités de surveiller, enfermer ou éloigner les ressortissants des pays tiers au nom de la nécessité de défendre la société européenne [297].

Le traité signé à Maastricht le 7 février 1992 n'institue pas seulement une citoyenneté européenne ; à l'article K.I. du titre VI, il définit aussi les dangers qui menacent l'Europe, et ses ennemis [298]. Toute la politique migratoire tombe dans les questions d'intérêt commun : les conditions d'entrée et de circulation des ressortissants des pays tiers ; les conditions de leur séjour, y compris le regroupement familial et l'accès a l'emploi ; la lutte contre l'immigration, le séjour et le travail irréguliers sur le territoire des États membres. D'intérêt commun de même, la coopération en vue de la prévention et de la lutte contre le terrorisme, le trafic illicite de drogue et d'autres formes graves de criminalité internationale. Dans l'ordre juridique étatique, diverses lois ont inséré des dispositions créant de nouvelles infractions dans le Code pénal ou la loi du 15 décembre 1980 sur l'accès au territoire, le séjour, l'établissement et l'éloignement des étrangers : en 1995 et en 2005, les articles relatifs à la traite et au trafic des êtres humains [299] ; en 1999 et en 2005, les dispositions relatives aux organisations criminelles [300] ; en 2007 et en 2013, les dispositions sur le

en Belgique (1880-1914). Actes du séminaire de recherche dirigé par Michel Foucault à l'Université catholique de Louvain, Bruxelles, Story-Scientia, 1988.

297. Sur ce point, *cf.* Enriquez E., « Tolérance à l'altérité et problèmes de la démocratie dans la construction de la CE », in Mappa S. (ed.), *Les Deux sources de l'exclusion. Économisme et replis identitaires*, Paris, Karthala, 1993, pp. 59-83 ; selon cet auteur, « le socle de l'unité européenne reste l'homogénéisation par l'argent comme l'homogénéisation par la guerre » (p. 78).
298. Sur ce point, *cf.* Brion F., « Les menaces d'une forteresse. Citoyenneté, crime et discrimination dans la construction de l'Union européenne », *art. cit.*, pp. 327-335.
299. La loi du 13 avril 1995 a introduit dans la loi du 15 décembre 1980 sur l'accès au territoire, le séjour, l'établissement et l'éloignement des étrangers un article 77bis sur la traite des êtres humains. La loi du 10 août 2005 modifiant diverses dispositions en vue de renforcer la lutte contre la traite et le trafic des êtres humains et contre les pratiques des marchands de sommeil, et transposant en droit belge la décision-cadre de l'Union européenne du 19 juillet 2002 relative à la lutte contre la traite des êtres humains, la directive 2002/90/CE du Conseil de l'Union européenne définissant l'aide à l'entrée, au transit et au séjour irrégulier ainsi que la décision-cadre du Conseil de l'Union européenne du 28 novembre 2002 visant à renforcer le cadre pénal pour la répression de l'aide à l'entrée, au transit et au séjour irréguliers a transformé le dispositif. Elle insère dans le code pénal un chapitre IIIter relatif à la traite. Dans la loi du 15 décembre 1980, elle insère plusieurs articles relatifs au trafic des êtres humains, défini comme « le fait de contribuer, de quelque manière que ce soit, soit directement, soit par un intermédiaire, à permettre l'entrée, le transit ou le séjour d'une personne non ressortissante d'un État membre de l'Union européenne sur ou par le territoire d'un tel État [...] en violation de la législation de cet État, en vue d'obtenir, directement ou indirectement, un avantage patrimonial ». Plusieurs affaires de mariages de complaisance ont été qualifiées de trafic d'êtres humains (*cf.* CECLR, *La traite et le trafic des êtres humains. Rapport annuel 2010*, Bruxelles, CECLR, pp. 78-79).
300. *Cf.* les dispositions insérées dans le Code pénal par la loi du 10 janvier 1999 sur les organisations criminelles et par la loi du 10 août 2005 modifiant diverses dispositions en vue de renforcer la lutte contre la traite et le trafic des êtres humains et contre les pratiques des marchands de sommeil ; parmi les dispositions insérées, voir notamment l'article 324ter, aux termes duquel la personne qui, sciemment et volontairement, fait partie d'une organisation criminelle, peut être punie d'un emprisonnement d'un an à trois ans, même si elle n'a pas l'intention de commettre une infraction dans le cadre de cette organisation ni de s'y associer.

mariage forcé [301], la cohabitation légale forcée, ou le mariage et la cohabitation légale de complaisance [302]. Nombre de ces infractions sont visées à l'article 23/1 sur la déchéance de la nationalité inséré dans le Code de la nationalité en 2012.

Quelles sont les fonctions de la prison, de la lutte contre la surpopulation, du « grand renfermement » des étrangers et de la criminalisation de l'immigration ? Selon Maddison, la quatrième phase du processus de développement du capitalisme se caractérise notamment par le maintien de la liberté des échanges commerciaux, l'augmentation de la liberté de circulation des capitaux et la restriction de la liberté de circulation des travailleurs ; l'auteur mentionne aussi l'affaiblissement des syndicats [303]. Selon Michel Husson, économiste marxiste que ses travaux sur les ondes longues rattachent à l'école de la crise du capitalisme (*Capitalist Crisis School*), quatre « faits stylisés » caractérisent le capitalisme dans sa phase néolibérale : stagnation du taux d'accumulation, hausse du taux de profit, baisse de la part des salaires, augmentation de la part des dividendes [304]. Si plusieurs économistes marxistes ont contesté la hausse du taux de profit [305], il semble que l'augmentation de la productivité par la réduction de la part des salaires ne fait pas débat. Selon David Neilson et Thomas Stubbs [306], la compétition globale des firmes, des États et des forces de travail propre au modèle néolibéral de développement a nivelé les normes de productivité par le haut et la rémunération du travail peu qualifié par le bas.

Le « grand renfermement » des étrangers réussit-il – question funeste – à « siphonner » efficacement les individus « redondants » ? C'est douteux, tant les effectifs de l'armée de réserve des travailleurs sont désormais nombreux :

301. *Cf.* la loi du 25 avril 2007 insérant un article 391sexies dans le Code pénal et modifiant certaines dispositions du Code civil en vue d'incriminer et d'élargir les moyens d'annuler le mariage forcé (*Moniteur belge*, 15 juin 2007, p. 32654).

302. *Cf.* la loi du 2 juin 2013 modifiant le Code civil, la loi du 31 décembre 1851 sur les consulats et la juridiction consulaire, le Code pénal, le Code judiciaire et la loi du 15 décembre 1980 sur l'accès au territoire, le séjour, l'établissement et l'éloignement des étrangers, en vue de la lutte contre les mariages de complaisance et les cohabitations légales de complaisance (*Moniteur belge*, 23 septembre 2013, p. 67119).

303. Maddison A., *Dynamic Forces in Capitalist Development. A Long-Run Comparative View*, *op. cit.*, en particulier pp. 120-121.

304. *Cf.* Husson M., « Le débat sur le taux de profit », site internet du Nouveau parti anticapitaliste (NPA), 9 juin 2010 (http://www.npa2009.org/content/le-debat-sur-le-taux-de-profit-par-michel-husson, consulté le 3 avril 2014). Michel Husson est économiste et statisticien à l'institut de recherches économiques et sociales (IRES). Créé en 1982 par l'ensemble des organisations syndicales représentatives avec l'appui du gouvernement français, l'Institut a pour fonction de répondre aux besoins exprimés par les organisations syndicales représentatives dans le domaine de la recherche économique et sociale.

305. *Cf.* sur ce point l'analyse de Louis Gill, économiste, professeur émérite à l'Univeristé de Québec à Montréal, ainsi que la littérature qu'il passe en revue, in Gill L., « Les faux-pas d'Alain Bihr, les dérives de Michel Husson », *Carré rouge*, 43, mars 2010, pp. 51-66 (http://classiques.uqac.ca/contemporains/gill_louis/faux_pas_alain_bihr/faux_pas_alain_bihr.pdf, consulté le 3 avril 2014).

306. Neilson D., Stubbs T., « Relative surplus population and uneven development in the neoliberal era. Theory and empirical application », *Capital & Class*, 35-3, 2011, p. 438.

en 2012, l'Office national de l'emploi (ONEM) recensait en moyenne mensuelle 417 250 chômeurs complets indemnisés demandeurs d'emploi [307] ; la même année, la population journalière moyenne des établissements pénitentiaires s'établissait à 11 300 détenus, dont quelque 3 300 étrangers sans titre de séjour, « prélevés » dans une population qui n'est pas celle des chômeurs indemnisés [308]. Certes, d'autres mécanismes ont été branchés sur les prisons et sur les centres fermés : éloignements, transfèrements, déchéances de la nationalité ; mais, à première vue, il semble que la fonction du dispositif n'est pas de « drainer » – tout au plus de procéder à une forme de « neutralisation sélective ».

Réussit-il à dissuader des étrangers d'immigrer ? Non plus. Selon David Neilson et Thomas Stubbs [309], le modèle néolibéral de développement met en concurrence des pays où le capitalisme est inégalement développé, générant chômage dans les pays d'ancienne industrialisation et prolétarisation dans les pays en voie d'industrialisation. Le rapport entre surplus relatif de la population et « armée active des travailleurs [310] » varie en fonction inverse du niveau de développement ; de même, le pourcentage de travailleurs en situation de précarité [311]. La « brutale tectonique de la globalisation néolibérale [312] » a jeté sur les routes de l'exil des milliers d'hommes, de femmes et d'enfants que le risque de mourir durant leur voyage n'a pas arrêtés [313] : penser que le risque pénal peut le faire est, au mieux, de la naïveté.

La restriction de la liberté de circulation des travailleurs réussit-elle à arrêter l'immigration ? Non. À la canaliser ? D'une étrange façon. La fermeture du canal principal a occasionné le surinvestissement des canaux restés ouverts ainsi que le développement d'autres canaux ou d'autres « filières ». Comme chaque fois que des biens ou des services sont interdits alors qu'ils font l'objet d'une demande peu élastique, la prohibition a favorisé l'essor de marchés cri-

307. SPF Emploi, *Travail et Concertation sociale*, « L'ONEM publie son rapport annuel », Actualités, 25 mars 2013,(http://www.emploi.belgique.be/defaultNews.aspx?id=38637, consulté le 30 avril 2014).
308. SPF Justice, *DG EPI, Rapport d'activités 2012*, p. 104 (http://justice.belgium.be/fr/binaries/jaarverslag%20fr_spread_tcm421-225154.pdf, consulté le 30 avril 2014).
309. Neilson D., Stubbs T., "Relative surplus population and uneven development in the neoliberal era. Theory and empirical application", *art. cit.*, pp. 435-453.
310. Il est égal à 1,3 en Allemagne et en Grande-Bretagne, à 4 en Turquie et à 5,3 au Maroc (*Ibid.*, p. 446).
311. 13,3 % en Grande-Bretagne, 6,9 % en Allemagne, 21,4 % en Turquie et 30,9 % au Maroc (*Idem*).
312. Davis, M., "Planet of Slums. Urban Involution and the Informal Proletariat", *New Left Review*, 26, 2004, p. 23. Selon David Neilson et Thomas Stubbs, le capitalisme mondialisé a généralisé la compétition des entreprises, des États et des forces de travail ; la globalisation met en concurrence des phases différentes du processus de développement du capitalisme, concurrence qui accentue encore les inégalités. Le rapport entre le surplus relatif de la population et l'« armée active » des travailleurs varie en fonction du niveau de développement, de même que la part des individus « surnuméraires » exerçant un travail à titre précaire.
313. Laacher S., « Éléments pour une sociologie de l'exil », *Politix*, 69, mars 2005, pp. 101-128.

minels et le développement d'organisations criminelles spécialisées dans l'offre des biens et des services interdits. Elle a stimulé le détournement d'institutions telles que l'asile, le mariage, la cohabitation légale ou l'adoption. Elle a, autrement dit, contribué à faire exister une partie des dangers contre lesquels, dès 1992, les gouvernements des États parties au traité instituant l'Union avaient anticipé qu'ils devraient lutter, et définis par les dispositions sur la coopération dans les domaines de la justice et des affaires intérieures du traité instituant l'Union.

La prison « échoue à réduire les crimes [314] », la lutte contre la surpopulation carcérale échoue à réduire le nombre de détenus, le grand renfermement des étrangers échoue à réduire le nombre de chômeurs, la criminalisation de l'immigration échoue à réduire le nombre de migrants. Ne faut-il pas, à ces constats d'échec, substituer l'hypothèse qu'ils réussissent fort bien à faire, du temps et du corps de certains hommes, quelque chose qui n'est plus que du temps et de la force de travail, et de leur vie quelque chose qui n'est plus qu'une « vie nue [315] » ; à compenser la redéfinition des conditions d'attribution et d'acquisition de la nationalité et l'extension de la citoyenneté à tous les ressortissants des États membres de l'Union ; à intriquer « l'opération politique qui dissocie les illégalismes et en isole la délinquance [316] » à celle qui constitue la société en divisant la population ; à donner à cette opération la légitimité du tri séparant le bon grain de l'ivraie ; à substituer à la division du *demos* en un peuple-sujet des lois et un peuple-objet des lois sa division en un peuple-dans la loi et un peuple-hors la loi, et à la stratification du marché du travail par la nationalité sa stratification par la légalité ou l'illégalité, les deux marchés du travail ainsi constitués étant l'un à l'autre solidement arrimés ?

En 1976, Sellin montrait dans *Slavery and the Penal System* comment, après l'abolition de l'esclavage aux États-Unis, le système pénal avait permis de reconstituer en moins d'une décennie la force de travail requise par l'économie esclavagiste des États du Sud, substituant une forme pénale de réduction en esclavage à celle qui venait d'être abolie, forme plus meurtrière encore puisqu'il suffisait de faire tourner la machine pénale pour remplacer les condamnés morts au travail [317]. Différence par rapport à l'analyse sellinienne : la fonction assignée au système pénal fut en l'occurrence d'assurer la pérennité du mode de production esclavagiste ; elle serait aujourd'hui d'assurer celle du mode de production capitaliste, et d'opérer les reconfigurations de la

314. Foucault M., *Surveiller et punir*, *op. cit.*, p. 282.
315. Agamben G., *Homo sacer. Le pouvoir souverain et la vie nue*, Paris, Seuil, 2008.
316. *Idem.*
317. Sellin J. T., *Slavery and the Penal System*, *op. cit.*, en particulier pp. 145-162 (« The Convict Lease System ») et pp. 163-176 (« Chain Gangs and Prison Farms ») ; pour le statut et les châtiments des esclaves avant l'abolition de l'escavage et la guerre de sécession, pp. 133-144 (« The Antebellum South ») ; Brion F., *Sociologie de la pénalité*, *op. cit.* En Caroline du Sud, durant le dernier quart du XIXe siècle, la durée moyenne de survie des individus réduits en esclavage pénal était en moyenne de deux ans.

population requises par le passage de la formule sociale à la formule néolibérale de gouvernement. Aux « immigrés », dont la condition était de convenir ou de contrevenir, la prison, la lutte contre la surpopulation des prisons, le « grand renfermement » des étrangers et la criminalisation de l'immigration substituent des individus qui, « illégaux » ou « délinquants », ne conviennent qu'en tant qu'ils contreviennent.

David Garland reproche à la « conception foucaldienne des institutions pénales » d'être « indûment instrumentale et intentionnelle, ou pour utiliser [les] mots [de Foucault], indûment "stratégique" ». *Surveiller et punir* aurait donné naissance à une sociologie qui soit « écarte les aspects de la pénalité qui ne sont pas utilitaristes (*utilitarian*) ou fonctionnels », soit les rapporte pour en rendre raison à « des fonctions latentes ou à des utilités cachées, c'est-à-dire à des objectifs qu'aucune agence ne pourrait prendre en compte ou délibérément viser » ; qui ignore la passion ou la déraison où Durkheim voyait l'âme de la peine, et se focalise sur la rationalité des stratégies pénales ; qui, à l'instar de Foucault, surestime leur « utilité politique positive » et est incapable de reconnaître leurs « aspects tragiques » [318].

Faut-il le préciser ? En aucune façon, le concept de fonction ne se confond pas avec les notions d'objectif ou d'intention. Le structuro-fonctionnalisme (si tel est son nom) recherche les processus et les mécanismes de production de faits qu'il voit comme des effets, avant de se demander quels besoins ils satisfont [319]. Poser que l'« illégalité » et la « criminalité des immigrés » sont dans la formule néolibérale de gouvernement des équivalents fonctionnels de la nationalité dans la formule sociale, ce n'est pas poser que c'est là ce que veulent les agents du système pénal. C'est observer que le dispositif qui relègue une partie de la population à des formes de travail irrégulières, souvent dangereuses et parfois meurtrières, combine désormais des dispositions relatives au séjour et au travail des étrangers et des dispositions pénales ; observer que les antécédents judiciaires produisent dans la vie de fils – et le foulard dans la vie de filles – les effets que la nationalité produisait dans la vie des pères et des mères. De même, soutenir que la « criminalité des immigrés » est immanente à la lutte contre la surpopulation carcérale – soutenir, autrement dit, que les alternatives substituent les étrangers aux nationaux en prison, spécifiant ainsi les « synthèses de la vérité » qu'elle opère –, ce n'est pas soutenir que c'est ce que veulent les militants et les fonctionnaires qui combattent la surpopulation ou qui la gèrent. C'est repérer un des effets de la lutte, qui lui-même en produit d'autres ; un effet dont la cause la plus immédiate est matérielle, puisqu'il s'agit des conditions de détention.

---

318. Garland D., "Frameworks of Inquiry in the Sociology of Punishment", *art. cit.*, pp. 3-4.
319. Merton R. K., *Éléments de théorie et de méthode sociologique*, Paris, Plon, 1965, pp. 100-139.

Certes, c'est aussi noter que la plupart des « segments discursifs [320] » supportant le « grand renfermement » des étrangers ne sont pas marqués au coin de la défense sociale, et prendre acte de ce que Foucault appelle la « polyvalence tactique des énoncés [321] » car, quelles qu'en soient les formes et quel que soit le front, territoire ou population, la lutte contre la surpopulation est le plus souvent motivée par des considérations humanistes ou gestionnaires, parfois mâtinées de considérations sur la crédibilité du système pénal et la satisfaction de citoyens positionnés comme un tribunal électoral. De même, c'est noter qu'en l'occurrence, les « vocabulaires à motivation humaniste » ou « à motivation gestionnaire » sont, en tant que « variable intervenante », aussi efficaces que les « vocabulaires à motivation punitive » ; plus précisément, c'est observer l'efficacité de la synthèse que la lutte ainsi motivée opère. Efficacité en amont : prophétie autoréalisatrice, la « criminalité des immigrés » justifie aux yeux des policiers le ciblage des hommes jeunes dont l'apparence physique signale une probable extranéité. Efficacité en aval : les antécédents pénitentiaires condamnent le plus souvent soit à l'exercice irrégulier d'activités régulières, soit à l'exercice d'activités irrégulières. Foucault radicalise le théorème de Thomas [322] : définir les « synthèses de la vérité » comme « la constitution du nécessaire dans le domaine de l'expérience [323] », c'est insister sur leur performativité et sur leurs performances, et voir qu'elles gouvernent notre appréhension des situations avant d'être réelles dans leurs conséquences. Montrer que les idées ont une existence matérielle et qu'avant de devenir des causes, ces synthèses sont des effets, c'est indiquer que ce sont les appareils, les rituels, les pratiques et les actes dans lesquels elles existent qu'il faut changer (il faut changer les dispositifs pour changer les mentalités).

Du reste, la conception foucaldienne de la pénalité – stratégique, mais non intentionnelle – vise à mettre en évidence des effets qui, pour n'avoir pas été voulus, n'en sont pas moins tragiquement réels et, sous certains rapports, tragiquement fonctionnels. Un exemple parmi d'autres : la traite des êtres humains [324]. Difficile, au vu du nom donné à l'infraction, de ne pas convenir de la nécessité et de la moralité de la répression. Pourtant, Carla Nagels et

---

320. *Idem.*

321. *Cf.* sur ce point Foucault M., *La volonté de savoir. Histoire de la sexualité (1)*, Paris, Gallimard, 1976, pp. 132-133.

322. Le « théorème de Thomas », formulé en 1928, veut que « si les hommes définissent des situations comme réelles, elles sont réelles dans leurs conséquences » (« if men define situations as real, they are real in their consequences », Thomas W. I., Thomas D. S., *The Child in America: Behavior Problems and Programs*, New York, Knopf, 1928, p. 572).

323. Foucault M., *Introduction à l'Anthropologie*, *op. cit.*, p. 65.

324. L'article 433quinquies du Code pénal définit la traite comme fait de recruter, de transporter, de transférer, d'héberger, d'accueillir une personne, de prendre ou de transférer le contrôle exercé sur elle 1) à des fins d'exploitation de la prostitution ou d'autres formes d'exploitation sexuelle ; 2) à des fins d'exploitation de la mendicité ; 3) à des fins de travail ou de services, dans des conditions contraires à la dignité humaine ; 4) à des fins de prélèvement d'organes en violation de la loi du 13 juin 1986 […], ou de matériel corporel humain en violation de la loi du 19 décembre 2008 […] ; 5) ou afin de faire commettre par cette personne un crime ou un délit.

Andrea Rea ont montré à partir d'une analyse de dossiers que « les situations de travail ressemblent bien souvent à la mise en place de mécanismes de solidarité informels », visant « à pallier les insuffisances des mécanismes de solidarité formels [325] » : les infracteurs sont dans nombre de cas des parents ou des « pays » pratiquant comme leurs « victimes » une « économie de survie [326] » (la loi envisage d'ailleurs l'hypothèse du consentement des personnes à leur exploitation et précise qu'à l'exception de la prestation de services criminels ou délictuels, ce consentement est indifférent). La notion de traite recouvre des formes de travail qui sont, selon David Neilson et Thomas Stubbs, caractéristiques du prolétariat informel : du côté des infracteurs, micro-entrepreneurs employant de la main-d'œuvre sans la déclarer ; du côté des « victimes », travail non rémunéré effectué dans l'unité économique qu'est la famille, nucléaire ou élargie ; travail sous-rémunéré effectué comme employé non déclaré ; activités criminelles ou délictuelles mal rémunérées et pénalement risquées [327]. La notion d'êtres humains est restreinte à celle de ressortissant d'États tiers, dont la loi a institué la précarité [328]. Le risque pénal est inversement proportionnel au profit généré par l'infraction : les donneurs d'ordre dont les micro-entrepreneurs dépendent par le biais de sous-traitances en cascade sont protégés par l'absence de responsabilité solidaire, dont la fédération des entreprises de Belgique ne veut pas [329] ; les infracteurs risquent la prison et, s'ils sont binationaux, la déchéance de la nationalité ; sauf à collaborer avec la justice, les victimes font le plus souvent l'objet de mesures d'éloignement [330]. L'opposition juridique passe entre les infracteurs et leurs victimes ; l'opposition stratégique répartit les protagonistes selon que, sur le marché configuré par la loi, le lot qui leur échoit consiste en profit ou en tragédie.

Parallèlement au processus de criminalisation de l'immigration non autorisée, une série de paniques morales [331] – une série de séries – a, en quelque trente ans, imposé à coups d'affaires hyper-médiatisées le thème du danger que « l'islam » constituerait pour l'Europe [332] et pour les sociétés occidentales.

325. Sur ce point, *cf.* Nagels C., Rea A., « De la criminalisation des travailleurs sans-papiers », *Champ pénal*, vol. VII, 2010, § 23 (http://champpenal.revues.org/7865, consulté le 11 décembre 2013).

326. Neilson D., Stubbs T., "Relative surplus population and uneven deveopment in the neoliberal era. Theory and empirical application", *art. cit.*, p. 442.

327. *Idem.*

328. Sur ce point, *cf.* Krzeslo E., « Le travail clandestin est un paravent », in Martiniello M., Rea A., Dassetto F. (eds.), *Immigration et intégration en Belgique francophone*, Louvain-la-Neuve, Academia-Bruylant, pp. 253-268. Selon Carla Nagels et Andrea Rea, si « la première source de fraude sociale est le travail au noir des nationaux ayant un emploi déclaré », ce sont, au prétexte de lutter contre la traite, les secteurs où la probabilité d'occupation d'étrangers en séjour illégal est élevée que les services chargés de contrôler le respect des lois sociales ciblent en priorité (Nagels C., Rea A., *art. cit.*, §38).

329. *Ibid.*, § 35.

330. Derrière la « victime », c'est l'informateur – le « collaborateur » – qui est visé ; pour l'intéresser, c'est l'« illégal » qui est interpellé : fructueuse, la collaboration est récompensée par un titre de séjour ; infructueuse ou refusée, elle vaudra à la victime d'être éloignée.

331. Sur la série d'épisodes comme type de panique morale, *cf.* Garland D., "On the concept of moral panic", *Crime, Media, Culture*, 4-1, 2008, p. 13.

Affaires des manifestations contre le bombardement de Tripoli [333] et les guerres du Golfe en 1986, 1991 et 2003 ; affaires Rushdie, affaire Theo van Gogh et affaire des caricatures de Mahomet en 1989, 2004 et 2005 ; affaires du foulard en 1989, 1994, 2004, 2010 et 2013 ; attentats de Paris (1995), de New York (2001), de Londres (2004) et de Madrid (2005)… Chaque épisode est interprété en référence aux autres, en une « spirale de signification [334] » ; tous sont censés manifester l'essence de « l'islam » et justifier la pratique du double standard dans l'évaluation des mesures nécessaires, dans une société démocratique, à la sécurité publique, à la protection de l'ordre public et à la protection des droits et libertés d'autrui [335]. Leur productivité est importante : recodage religieux des immigrés venus des derniers pays avec lesquels la Belgique a conclu des conventions bilatérales d'immigration et de leurs descendants ; pathologisation des musulmans ; lois ou propositions de loi relatives à des délits « culturels [336] » ; insertion dans le code pénal d'articles relatifs à des infractions et des groupements terroristes [337], etc.

Il est établi qu'après une longue quête du « meilleur ennemi » entamée dès 1989 [338], de puissants *think tanks* ont contribué à la construction du récit du choc des civilisations [339] ; de puissants *think tanks* où le terrorisme est conçu, non pas comme un problème, mais comme la meilleure solution pour pro-

332. Tulkens F., "The European Convention on Human Rights and Church-State Relations: Pluralism *vs.* Pluralism", *Cardozo Law Review*, 30-6, 2009, p. 2587.

333. Bastenier A., Dassetto F., Elachy A., *Media u Akbar. Confrontations autour d'une manifestation*, Louvain-La-Neuve, Ciaco, 1987.

334. Hall S., Critcher C., Jefferson T., Clarke J., Robert B., *Policing the Crisis*, Londres, Macmillan, 1978, cité in Garland D., "On the concept of moral panic", *art. cit.*, p. 13.

335. Meerschaut J., Gutwirth S., "Legal Pluralism and Islam in the Scales of the European Court of Human Rights: The Limits of Categorical Balancing", in Brems E. (ed.), *Conflicts between Fundamental Rights*, Anvers, Intersentia, 2008, pp. 431-465 (http://works.bepress.com/cgi/viewcontent.cgi?article=1024&context=serge_gutwirth, consulté le 1er janvier 2014).

336. Sur ce point, *cf.* Brion F., « User du genre pour faire la différence ? La doctrine des délits culturels et de la défense culturelle », in Ringelheim J. (ed.), *Le Droit et la diversité culturelle*, Bruxelles, Bruylant, 2012, pp. 847-867.

337. Loi du 18 février 2013 modifiant le livre II, titre I ter du Code pénal, *Moniteur belge*, 4 mars 2013, p. 13233 ; loi du 19 décembre 2003 relative aux infractions terroristes, *Moniteur belge*, 29 décembre 2003, p. 61689. Sur l'histoire de l'incrimination du terrorisme en Belgique et de la décision-cadre du Conseil de l'Union européenne du 13 juin 2002 relative à la lutte contre le terrorisme, *cf.* Moucheron M., « Délit politique et terrorisme en Belgique : du noble au vil », *Cultures & Conflits*, n° 61, 2006, pp. 77-100. L'auteur montre que, contrairement aux idées reçues, cette décision-cadre ne trouve pas son origine dans les attentats du 11 septembre 2001, ni même dans des attentats revendiqués par des groupes se réclamant de groupes musulmans recourant à la violence politique, mais dans le terrorisme nationaliste basque ; une proposition de décision-cadre était prête dès le 5 septembre 2001. Tout autant que l'histoire réelle, importe ici la distribution des souvenirs et des oublis qui construisent l'histoire qui se dit.

338. Huntington S. P., *« La quête d'un ennemi », Qui sommes-nous ? Identité nationale et choc des cultures*, Paris, Odile Jacob, 2005, en particulier pp. 254-259. Selon l'auteur, le « fossé culturel entre l'islam, le christianisme et l'anglo-protestantisme renforce les qualifications de l'islam pour revêtir le titre d'ennemi » (p. 259).

339. Huntington S. P., "The Clash of Civilizations?", *Foreign Affairs*, 72-3, 1993, pp. 22-49 (http://www.polsci.wvu.edu/faculty/hauser/PS103/Readings/HuntingtonClashOfCivilizationsForAffSummer93.pdf).

duire des effets de cohésion et d'identification dans des sociétés divisées par l'immigration [340]. *Elite-engineered moral panic* ? Les raisons de sa réception importent tout autant que les intérêts des élites théorisant l'incompatibilité de l'islam et de la démocratie. David Garland insiste, à raison, sur la dimension symptomatique des paniques morales et sur la nature projective de la construction des *folk devils* : le conflit qu'elles expriment de manière déplacée mettrait aux prises des groupes sociaux dont les relations évoluent, et serait lié à la compétition des statuts. Dans cette perspective, les paniques morales seraient un corrélat de l'intégration, mais auraient les mêmes fonctions que la criminalisation : la production d'un « effet de société » par la désignation d'un ennemi.

En 1978, Foucault disait lors d'une conférence que la signification donnée par l'École de Francfort à la devise de l'*Aufklärung* – « ose savoir » – avait été d'oser se demander s'il y a « quelque chose dans la rationalisation et peut-être dans la raison elle-même qui est responsable de l'excès de pouvoir ». Question d'une actualité brûlante, car « à force de nous chanter que notre organisation sociale ou économique manque de rationalité, nous nous sommes trouvés devant [...] trop ou pas assez de pouvoir » ; et « à force de nous entendre chanter l'opposition entre les idéologies de la violence et la véritable théorie scientifique de la société, du prolétariat et de l'histoire, nous nous sommes retrouvés avec deux formes de pouvoir qui se ressemblaient comme deux frères : fascisme et stalinisme [341] ». Sept ans plus tôt, Mandel posait dans *Der Spätkapitalismus* que c'est la défaite du prolétariat européen par le fascisme et la Seconde Guerre mondiale qui, au sortir de la guerre, ont permis le retournement à la hausse de l'onde longue [342] ; parallèlement à son travail théorique, l'économiste belge d'origine juive, ancien résistant, trois fois arrêté et deux fois évadé, s'attachait à la construction de la Quatrième internationale. Au-delà de la lutte contre la surpopulation, le philosophe et l'économiste marxiste nous invitent à nous demander de quel prix – de quelles tragédies – nous acceptons que se paye le processus de développement du capitalisme ou le retournement à la hausse d'une de ses ondes longues [343].

340. Huntington S. P., *op. cit.*, p. 352. L'auteur compare les effets de cohésion et d'identification produits par quatre types de conflits, définis par le jeu de deux variables (gravité de la menace perçue, degré de mobilisation) dont les modalités sont définies de manière binaire (élevé/bas). Le terrorisme est la « meilleure solution » parce que la gravité de la menace perçue est élevée, contrairement au degré de mobilisation qu'elle implique.

341. Foucault M., « Qu'est-ce que la Critique ? [Critique et Aufklärung] », *Bulletin de la société française de philosophie*, 84-2, 1990, p. 44.

342. Mandel E., *Der Spätkapitalismus. Versuch einer marxistischen Erklärung*, Francfort, Suhrkamp, 1972 [1ère trad. française : Mandel E., *Le Troisième Âge du Capitalisme*, Paris, François Maspero, 1976].

343. Ce texte est une version légèrement modifiée d'un article initialement paru dans la *Revue de droit pénal et de criminologie* (Brion F., « Cellules avec vue sur la démocratie », *Revue de droit pénal et de criminologie*, septembre 2014, pp. 879-940). Sa reprise a été faite avec l'aimable autorisation de la revue.

Comment les sociétés « se débarrassent de leurs vivants » : dangerosité et psychiatrie, la donne contemporaine [1]

Véronique VORUZ

Véronique Voruz est maître de conférences en droit et criminologie à l'École de Droit de l'Université de Leicester au Royaume-Uni.

> Il y a deux institutions préposées aux dangers représentés par les individus : médecine et droit. Le psychiatre est le préposé aux dangers individuels. [2]

La gestion des risques est au principe des gouvernementalités biopolitiques – telle est la grille d'intelligibilité qu'utilisent de nombreux penseurs inspirés par Michel Foucault [3] pour « diagnostiquer » le présent [4] depuis plus de deux décennies. Ces dernières années, plusieurs auteurs se sont cependant attachés à démontrer que si les logiques gouvernementales restaient articulées autour des concepts de risque, d'assurance et de prévention pour gouverner les populations, un changement de tonalité s'était néanmoins produit : nous serions passés de la gestion des risques à une « version de précaution qui, en un sens, absolutise la menace, la rend absolument anormale et intolérable [...]

1. Une première version de ce texte fut présentée au service de psychiatrie des Hôpitaux Universitaires de Genève le 17 avril 2013 sous le titre « La dangerosité en psychiatrie ».
2. Foucault M., « Table Ronde sur l'expertise psychiatrique » in Foucault M., *Dits et écrits t. 2*, Paris, Gallimard, 1994, p. 665.
3. C'est la thèse défendue par François Ewald à partir du travail de Foucault, notamment dans Ewald F., « Norms, Discipline, and the Law », *Representations*, n° 30, 1990, pp. 138-161. Pour ce qui est de la criminologie, voir O'Malley P., *Risk, Uncertainty and Government*, London, GlassHouse Press, 2004, ouvrage assez représentatif de la criminologie dite critique dans le monde anglophone, dont les autres tenants les plus connus sont Nikolas Rose et David Garland. Voir aussi plus généralement Burchell G., Gordon C. et Miller P. (eds.), *The Foucault Effect*, Harvester, 1991, point de départ des *governmentality studies*.
4. Pour une exposition de ce qu'est un diagnostic du présent, voir Deleuze. G., « Qu'est-ce qu'un dispositif », in *Michel Foucault philosophe*, Paris, Seuil, 1989.

la précaution tient [le risque] pour une monstruosité qu'il faut annuler [5] ». Ce serait dans cette perspective de précaution que les psychiatres seraient de plus en plus convoqués par les politiques gouvernementales, d'une part au dépistage d'une dangerosité individuelle qui pourrait faire d'un fou un criminel [6], mais d'autre part, et bien plus fondamentalement, à la création, à l'entretien et à la légitimation d'un continuum illimité dans le temps aussi bien que dans l'espace (suivis socio-judiciaires et peines de sûreté) permettant le contrôle continu de groupes d'individus dits à risque au nom du soin [7].

La dangerosité, signifiant opératoire de nos pratiques pénales, inclut aujourd'hui aussi bien les passages à l'acte violents que le récidivisme ou encore les comportements indésirables. Foucault l'a démontré dans ses généalogies, c'est à partir du « grand événement criminel, extrêmement violent et extrêmement rare [8] » que la classe délinquante a été constituée comme dangereuse dans son intégralité. Or, comme il s'est employé à le démontrer dans plusieurs textes et interventions, qui datent des années 1970 mais qui restent d'une actualité brûlante, la dangerosité est une notion qui n'est ni juridique ni psychiatrique [9]. Sa fonction première est, à partir de quelques cas « monstrueux » et exceptionnels mis en exergue par la littérature médico-légale [10] et les discours politico-médiatiques, de légitimer la « manière dont [les sociétés] se débarrassent non pas de leurs morts, mais de leurs vivants… [11] ». Cet article se propose de faire retour sur les positions sans compromis du philosophe pour en retrouver le tranchant aujourd'hui émoussé [12] par d'innombrables lectures des pratiques pénales en termes managériaux et actuariels [13].

---

5. Doron C.-O, « Une volonté infinie de sécurité : vers une rupture générale dans les politiques pénales ? », in Chevallier P. et Greacen T. (eds.), *Folie et justice : relire Foucault*, Toulouse, Éditions Érès, 2009, p. 180.
6. Sur les rapports entre justice et psychiatrie, voir l'excellente collection de textes recueillis dans *Folie et justice*, *op. cit.*
7. Pour le passage de l'individu dangereux à l'individu à risques, voir Castel R., « De la dangerosité au risque », *Actes de la recherche en sciences sociales*, vol. 47, n° 1, 1983.
8. Foucault M. « L'évolution de la notion d'"individu dangereux" dans la psychiatrie légale du XIXe siècle » in Foucault M., *Dits et écrits t. 3*, Paris, Gallimard/Le Seuil, p. 446.
9. Dans « Enfermement, psychiatrie, prison », après avoir posé que la vocation de la psychiatrie était l'hygiène publique et l'ordre social (in Foucault M., *Dits et écrits t. 3*, *op. cit.*, p. 334), Foucault ajoute : « être dangereux, ce n'est pas un délit. Être dangereux, ce n'est pas une maladie. Ce n'est pas un symptôme. Eh bien, on arrive, comme à une évidence, et cela depuis plus d'un siècle, à faire fonctionner la notion de danger, par un renvoi perpétuel du pénal au médical et réciproquement. Le pénal dit : écoutez, celui-là, je ne sais pas très bien quoi en faire, je voudrais avoir votre avis – est-ce qu'il est dangereux ? Et le psychiatre, si on lui dit : mais enfin vous allez répondre à cette question ? va répliquer : évidemment. Le "danger", ce n'est pas une notion psychiatrique – mais c'est la question que me pose le juge. Et hop ! Si l'on considère l'ensemble, on s'aperçoit que tout cela fonctionne à la notion de danger. », p. 343.
10. Voir par exemple Archambaut J-C., *L'expertise psychiatrique face à la dangerosité et à la récidive des criminels*, Paris, Odile Jacob, 2012 et Zagury D. et Assouline F., *L'énigme des tueurs en série*, Paris, Plon, 2008. On peut aussi consulter le site de Stéphane Bourgoin, *Le troisième œil*, dédié aux tueurs en série.
11. « Normalisation et contrôle social », in Foucault M., *Dits et écrits t. 2*, Paris, Gallimard/Le Seuil, 1994, p. 319.
12. Voir sur ce point la position de Jacques Donzelot dans son entretien avec Colin Gordon, Donzelot J. et Gordon C., « Governing Liberal Societies : The Foucault Effect in the English-

Reprenons donc l'analyse à son point de départ. Juridiquement, l'architecture du code pénal français repose sur la notion de responsabilité. Le « constat de l'irresponsabilité est déterminé par l'existence ou non d'un trouble mental, et non par l'évaluation d'une quelconque dangerosité, qu'elle soit psychiatrique ou criminologique [14] ». La dangerosité n'est pas non plus une condition médicale qui serait repérable à partir de certains symptômes précis. Il s'agit d'une notion criminologique, d'un instrument de politique criminelle indexée aux probabilités de passage à l'acte ou de récidive. Son champ est ouvertement présenté comme celui de la gestion des risque : le risque représenté par les délinquants pour la dangerosité criminologique, par les personnes souffrant de troubles mentaux pour la dangerosité psychiatrique [15] – si tant est qu'il subsiste une différence entre ces deux catégories. En dépit du caractère hybride, mal défini de cette notion, la mission des psychiatres est double dans le contexte pénal. D'une part, ils sont appelés à déterminer la responsabilité ou l'irresponsabilité d'un infracteur par référence au discernement en application de l'article 122 du code pénal ; d'autre part la demande d'expertise formulée par le juge contient traditionnellement une série de questions ayant trait à « l'état dangereux » de l'intéressé [16].

L'intervention de la psychiatrie dans le domaine du droit, aujourd'hui une « objectivité » incontestée de nos pratiques, est pourtant relativement nouvelle : elle date du XIXe siècle [17]. Cette intervention produit un redoublement dans l'appréhension de l'infracteur : responsabilité et imputabilité pour ce qui est de l'*acte* criminel, risque et dangerosité pour ce qui est de la *subjectivité* dite criminelle. Ce redoublement d'une qualification de l'acte par une interprétation de la subjectivité censée y être corrélée a pu être qualifiée par Foucault « d'autre lecture [18] ».

Speaking World », *Foucault Studies 5*, 2008, pp. 48–62, ou encore Hutchinson S., « Countering Catastrophic Criminology : Reform, Punishment and the Modern Liberal Compromise », *Punishment and Society*, 8(4), 2006, pp. 443–67.

13. Voir par exemple Simon J., *Governing through Crime*, New York, Oxford University Press, 2007.
14. Rapport de la Haute Autorité de Santé « Audition publique dangerosité et troubles mentaux : Dangerosité psychiatrique : étude et évaluation des facteurs de risque de violence hétéro-agressive chez les personnes ayant des troubles schizophréniques ou des troubles de l'humeur », 2011, http://www.has-sante.fr/portail/upload/docs/application/pdf/2011-07/evaluation_de_la_dangerosite_psychiatrique_-_rapport_dorientation.pdf (consulté le 15 avril 2013), p. 7, ci-après HAS 2011.
15. Sur les rapports entre psychiatrie et gestion des risques, voir Castel R., *La gestion des risques*, Paris, Éditions de Minuit, 1981.
16. Pour une liste des questions traditionnellement posées dans le cadre des expertises, voir le Rapport Commission Santé-Justice de 2005, « Santé, justice et dangerosités : pour une meilleure prévention de la récidive », http://www.sante.gouv.fr/htm/actu/sante_justice/rapport.pdf (consulté le 15 avril 2013), pp. 29-30, ci-après Rapport Santé-Justice.
17. Pour une histoire des rapports entre justice et psychiatrie, voir Renneville M., *Crime et folie : deux siècles d'enquêtes médicales et judiciaires*, Paris, Arthème Fayard, 2003.
18. « …au début du XIXe siècle, toutes les pratiques policières de sélection sociale [mendiants, oisifs, vagabonds] ont été réintégrées à l'intérieur de la pratique judiciaire parce que, dans l'État napoléonien, police, justice et institutions pénitentiaires ont été articulées les unes sur

Plus généralement, la dangerosité est l'instrument conceptuel au moyen duquel le lien entre droit et psychiatrie, deux disciplines autrefois distinctes, s'est noué ; il a de même permis la naissance de la criminologie comme « science » de la dangerosité ainsi que la constitution de la forme de subjectivité attenante, la subjectivité dite criminelle. C'est depuis que l'on a confié au pouvoir judiciaire – en Europe généralement au XIXe siècle – la mission non plus seulement de juger les infracteurs mais aussi d'aménager et de gérer la peine selon le principe de l'individualisation des sentences que cette notion de politique criminelle a pu se développer, jusqu'à en devenir centrale pour tout ce qui est des décisions pré- et post-sentencielles [19]. Foucault a fait une généalogie de ce « doublage juridico-clinique [20] » dans son intervention de Toronto en 1977, intitulée « L'évolution de la notion d'"individu dangereux" dans la psychiatrie légale au XIXe siècle [21] ». Je commenterai ce texte ainsi que quelques autres dans le troisième temps de cet article.

Dans un premier temps, je voudrais faire un bref survol des différentes facettes de la dangerosité telle qu'elle se présente dans les discours et pratiques actuels. Le deuxième temps sera consacré aux stratégies réformistes qui s'y opposent. Mes illustrations sont tirées essentiellement des situations française et anglaise, sachant qu'il existe une assez grande continuité entre les politiques criminelles des différents pays européens.

Droit pénal et dangerosité

Le contexte contemporain

Les systèmes pénaux des démocraties de la modernité tardive [22] se sont inscrits les uns après les autres dans une logique de prévention indexée sur la dangerosité avérée ou supposée des délinquants. Les législations européennes ont par exemple pour point commun d'indexer la durée et le régime des peines carcérales de moins en moins sur le principe d'une proportionnalité entre sévérité de l'acte criminel et sanction et de plus en plus sur la dangerosité, réelle ou perçue, de l'infracteur, donc en « incriminant la probabilité crimi-

---

les autres et, au moment même où ces pratiques s'intégraient à la pratique judiciaire, donc policière, au même moment où sont apparues, pour les justifier, pour les doubler, pour en donner une autre lecture (pas pour leur donner une autre lisibilité) des catégories psychologiques, psychiatriques, sociologiques nouvelles. » in Foucault M., « Normalisation et contrôle social », *op. cit.*, p. 317.

19. Voir sur ce point notamment *Généalogie de la défense sociale en Belgique (1880-1914) : Textes recueillis par Françoise Tulkens*, Bruxelles, E. Story-Scientia, 1988. Il s'agit des travaux du séminaire qui s'est tenu à Louvain en 1981 sous la direction de Michel Foucault.
20. Expression employée par Foucault dans « Normalisation et contrôle social », *op. cit.*, p. 316: « les catégories juridiques de l'exclusion ont régulièrement leurs corrélatifs médicaux ou cliniques. »,.
21. Foucault M., « L'évolution de la notion d'"individu dangereux" dans la psychiatrie légale du XIXe siècle » in Foucault M., *Dits et écrits t. 3*, *op.cit.*, pp. 443-464.
22. Pour une caractérisation de ces systèmes voir Garland D., *The Culture of Control*, Oxford, Oxford University Press, 2001.

nelle [23] ». La jurisprudence de la Cour Européenne des Droits de l'Homme elle-même s'attache, depuis quelques années, à redéfinir le principe de proportionnalité entre peine et crime en termes d'une proportionnalité entre peine et risque (de récidive, etc.) [24]. C'est donc la *subjectivité* criminelle plus que l'acte qui oriente nos pénologies.

En Angleterre, les *Dangerous Offender Policies* se multiplient depuis l'introduction dans le *Criminal Justice Act* [1991] de la possibilité d'imposer une peine carcérale qui fasse échec au principe de proportionnalité entre l'infraction et la peine, principe que cette même loi posait par ailleurs, lorsque cela est justifié pour la protection du public et à la discrétion du juge [25]. Cette modalité d'établissement de la durée de la peine est passée du statut d'exception à celui de norme avec le *Criminal Justice Act* [2003], qui introduit et consolide toute une série de peines prolongées, à durée indéterminée ou encore à vie (à savoir sans aucune possibilité de libération conditionnelle) pour les criminels dits à risque. Dans le cas de ces peines dites IPPs [*Imprisonment for Public Protection*], il incombe à l'infracteur de démontrer qu'il n'est plus dangereux avant d'être remis en liberté après avoir servi sa peine, et ce quelle que soit la durée de la peine initiale. Ce sont à des experts-psychiatres qu'il appartient d'évaluer cette dangerosité. Des milliers d'infracteurs [26] sont aujourd'hui détenus dans les prisons anglaises pour une durée indéterminée après qu'ils ont servi leurs peines car ils ne peuvent pas prouver qu'ils ne sont plus dangereux, n'ayant pas accès aux techniques de réhabilitation qui sont uniquement ouvertes aux prisonniers dont la durée de la peine est définie d'emblée comme longue. L'évidente injustice de cette situation – comment rapporter la preuve de son inoffensivité sans les certificats délivrés par les institutions pénitentiaires – ainsi que les coûts exorbitants entraînés par ces mesures populistes ont fini par donner lieu au *Legal Aid, Sentencing and Punishment of Offenders Act*, promulgué le 1er mai 2012, qui a aboli les IPPs pour les infracteurs condamnés après le 1er décembre 2012. C'est comme toujours le souci budgétaire qui parvient à entraîner l'assouplissement des mesures les plus liberticides [27].

---

23. L'expression est de Denis Salas, « La vérité, la sûreté, la dangerosité. Trois généalogies à l'épreuve des débats contemporains », in Chevallier P. et Greacen T. (eds.), *Folie et justice…*, *op. cit.*, p. 213.
24. Voir Player E. « Remanding Women in Custody: Concerns for Human Rights », *Modern Law Review*, 70(3), 2007, pp. 402-426.
25. Pour une analyse fine et précise des récents développements du processus de criminalisation en Angleterre, voir Lacey N., « Space, time and function: intersecting principles of responsibility across the terrain of criminal justice », *Crim Law and Philos*, vol. 1, 2007, pp. 233-250.
26. En septembre 2013 il y avait 13 000 prisonniers détenus sous le régime de peines à durée indéterminée pour la protection du public (*House of Commons Standard Note* SN/HA/6086).
27. Cela avait déjà été le cas en 1990 quand le gouvernement conservateur avait conclu à la nécessité de décarcérer pour faire des économies, ainsi que le montre le très explicite titre du projet de loi précédant le CJA de 1991: « Imprisonment: an expensive way of making bad people worse ».

On y note aussi une convergence de plus en plus nette entre le traitement des criminels et celui des personnes souffrant de « troubles » de la santé mentale [28], avec par exemple la possibilité de détenir de façon préventive les personnes souffrant d'un trouble du comportement considéré come dangereux (par exemple, le *Dangerous and Severe Personality Disorder*). Toujours en Angleterre, la réforme de 2007 du *Mental Health Act* [1983] a introduit les injonctions de soins dans la communauté [*Community Treatment Orders*]. Ces nouveaux pouvoirs s'appliquent en matière pénale comme civile et se combinent avec le pouvoir de ré-hospitaliser le patient et de le contraindre à suivre un traitement médical lorsque ce traitement n'est pas observé dans la communauté. De même, l'hospitalisation d'office n'est plus soumise à la condition que le patient soit traitable, du moment qu'il y a traitement approprié [*Appropriate Treatment Test*].

Quant à la France, longtemps à la traîne en ce domaine par rapport aux pays anglo-saxons, la loi Dati sur la rétention et la surveillance de sûreté [2008] introduit des mesures indexées sur la dangerosité supposée du criminel, c'est-à-dire, selon la définition qu'en donne la Commission nationale consultative des droits de l'homme, sur « la prédiction aléatoire d'un comportement futur [29] », et non pas sur l'acte. Pour ce qui est de la place de la psychiatrie dans son rapport au droit pénal, le rapport de la Commission Santé-Justice, intitulé « Santé, justice et dangerosité : pour une meilleure prévention de la récidive » (2005) a été suivi d'un rapport de la Fédération Française de Psychiatrie en 2007 sur l'expertise psychiatrique pénale [30]. L'objectif de ces développements était d'affiner l'évaluation des dangerosités [31] psychiatrique et criminologique des infracteurs. Les angoisses suscitées par une série de faits divers à sensation ont donné l'impulsion nécessaire à la loi du 5 juillet 2011, qui autorise les soins psychiatriques sans consentement sous contrôle du préfet dans le cas d'infractions pénales [32]. Ces derniers textes, pris avec la loi de 2007 sur les peines planchers [33], indiquent clairement que la justice pénale

---

28. Voir par exemple le débat sur l'internement préventif des personnes diagnostiquées comme souffrant de *Dangerous and Severe Personality Disorder*, débat qui fait rage en Angleterre depuis 1999, Seddon T., "Dangerous Liaisons", *Punishment & Society*, vol. 10-3, 2008, pp. 301-317.
29. Cité dans la Conférence de Consensus pour une nouvelle politique publique de prévention de la récidive, Rapport présenté au Premier Ministre Jean-Marc Ayrault le 20 février 2013, http://conference-consensus.justice.gouv.fr (consulté le 15 juillet 2014), p. 29.
30. *Rapport de la Fédération Française de Psychiatrie sur l'expertise psychiatrique pénale* [2007] http://www.has-sante.fr/portail/upload/docs/application/pdf/epp-rapport_de_la_commission-version_finale_pour_mel.pdf (consulté le 12 août 2013).
31. « Ainsi, l'éventuelle dangerosité d'un individu auteur d'une infraction doit être prise en considération, à la fois lors de l'examen de la déclaration d'irresponsabilité pénale pour troubles mentaux et de ses suites, au moment du choix, de l'exécution et de l'aménagement de la peine et lors d'un suivi postérieur à l'exécution de cette dernière. » (Rapport Santé-Justice, *op. cit.*, p. 38).
32. L'article 3 de la loi pose la possibilité d'admission en soins psychiatriques sur décision du représentant de l'Etat et sans le consentement de l'intéressé. Il s'agit dans ce cas d'une intervention du préfet au titre de la sûreté des personnes et de la protection de l'ordre public.
33. Les peines planchers ont été supprimées à compter du 1er octobre 2014.

française a rattrapé son « retard » en matière de contrôle social [34]. On a ainsi assisté, dans les termes du rapport sur la récidive rendu au Premier Ministre du moment, Jean-Marc Ayrault, en février 2013, à la transition « d'une justice de responsabilité à une justice de sûreté [35] ».

Droit pénal et psychiatrie

Dans ce contexte d'une « justice de sûreté », c'est la *subjectivité* criminelle qui est au centre des dispositifs de sécurité. Les psychiatres sont donc en première ligne pour ce qui est, ostensiblement, d'évaluer la dangerosité des personnes souffrant de troubles mentaux, et avec moins d'éclat mais plus d'impact, de « légitimer la peine-traitement et le continuum peine-mesure de sûreté [36] ».

Il ne s'agira pas ici de prendre parti *pour* ou *contre* le fait que la psychiatrie soit en position d'avoir à répondre de la dangerosité psychiatrique et/ou criminologique des personnes sous main de justice, ou même des patients rencontrés dans le cadre d'un travail purement clinique (et non dans un contexte médico-légal). C'est un débat stérile ; il est évident que si le débat est cantonné à la question du *pour* ou *contre* la dangerosité, le bon sens, cet imparable éteignoir du désir de savoir, ne peut que se prononcer en faveur du dépistage des individus dangereux ainsi que de leur mise hors d'état de nuire.

Il me paraît plus opportun d'épingler ici la réorganisation de la psychiatrie autour de ces impératifs d'évaluation aux dépens de la clinique, sanctions judiciaires à l'appui [37]. Vu la crise épistémologique [38] qu'elle traverse

34. Voir, pour une analyse critique des développements sécuritaires de la justice pénale française, Salas D., *La volonté de punir : essai sur le populisme pénal*, Paris, Arthème Fayard/Pluriel, 2010, et *La justice dévoyée : critique des utopies sécuritaires*, Paris, Éditions des Arènes, 2012.
35. Conférence sur la récidive, *op. cit.*, p. 28.
36. Danet J., « Droits de la défense et savoirs sur le crime », in *Justice et folie*, *op. cit.*, p. 85.
37. Ainsi qu'en témoigne la condamnation à une peine d'un an d'emprisonnement avec sursis pour homicide involontaire prononcée le 18 décembre 2012 par le tribunal correctionnel de Marseille à l'encontre de la psychiatre Danièle Canarelli suite à l'assassinat commis par un de ses patients. La condamnation a été prononcée suite à un rapport d'expertise très sévère pour la psychiatre de soins et sur la base de la loi Fauchon [2000]. Cette dernière requiert une faute caractérisée par une « violation manifestement délibérée d'une obligation particulière de prudence ou de sécurité » pour engager la responsabilité des décideurs publics au titre des conséquences non intentionnelles de leurs décisions. L'expert a argumenté que le Dr Canarelli avait commis une faute caractérisée dans le suivi de son patient Joël Gaillard de par son « laxisme » dans le traitement d'un individu dangereux, concluant à une discordance entre le suivi thérapeutique et la gravité du cas. Il s'agit donc ici de la cristallisation judiciaire d'un conflit entre les psychiatres de soin, qui font prévaloir la dimension clinique, et les experts psychiatres et le pouvoir judiciaire, qui cèdent à la pression des discours sécuritaires. Or ces derniers refusent qu'il n'y ait pas de coupable lorsque le 'risque zéro' n'a pas été obtenu par l'action combinée de la justice et de la médecine. Un nouveau volet s'ouvre ainsi dans les rapports entre la psychiatrie et le droit. Il est à noter cependant que la psychiatre a reçu le soutien des principaux syndicats de psychiatres : « Nous ne sommes pas des policiers. Entre le patient et le psychiatre, tout doit être basé sur la confiance et le soin thérapeutique, pas sur la sécurité », déclare à cette occasion Olivier Labouret, Président de l'Union syndicale de la psychiatrie, au journal

aujourd'hui, crise dont les effets viennent s'ajouter « à la défaite d'une psychiatrie du traitement au profit d'une psychiatrie de sûreté [39] », la dimension clinique de la psychiatrie se voit reléguée bien derrière la demande hygiéniste faite aux psychiatres d'avoir à « participer à un projet de contrôle des comportements [40] ». Foucault disait déjà en 1976 que nous avions « une justice qui s'innocente de punir en prétendant traiter le criminel [41] » ; l'affaiblissement théorique actuel du discours clinique, dont les concepts de plus en plus « scientifiques » font de moins en moins place aux possibilités de subjectivation des personnes rencontrées, renforce encore le caractère objectivant des politiques pénales. Pour beaucoup de psychiatres, une telle approche, loin d'être préventive, ne peut qu'accroître l'éventualité d'un passage à l'acte et en tout cas entraîne ségrégation et déprise du lien social. Que ce soit par l'anamnèse, la construction d'un lien transférentiel stabilisant ou l'élaboration en paroles d'une compulsion à agir, le travail thérapeutique de longue durée est ce qui permet une réelle prévention de la récidive, car il ouvre aux infracteurs l'accès à de nouvelles lignes de subjectivation. Par contraste, les évaluations psychiatriques ou psychologiques se résument pour les sujets concernés en un impératif d'avoir à obéir aux prescriptions comportementales des acteurs du monde socio-judiciaire [42], injonction dont l'effet surmoïque est évident.

Comment, donc, aborder la dangerosité, pierre d'angle du champ pénal, et dont la conséquence logique est la déshumanisation des infracteurs ? Cette question se décline en deux dimensions :

Comment interpréter la fascination pour la dangerosité, la monstruosité supposée des malades mentaux, fascination qui dans les médias informationnels comme culturels se substitue au désir de savoir ? Nos sociétés nous exposent à de bien plus sérieux dangers, statistiquement parlant, que ceux posés par les dits malades mentaux.

Le Monde du 18 décembre 2012, http://www.lemonde.fr/societe/article/2012/12/18/la-psychiatrie-n-est-pas-une-science-exacte_1790238_3224.html. De plus, la Cour d'appel d'Aix-en-Provence a prononcé, le lundi 31 mars 2014, la prescription de l'action publique dans ce dossier.

38. Comme l'indique la multitude de commentaires, américains comme européens, émanant de praticiens comme d'usagers, prédisant l'échec du DSM-5 ainsi que la disparition du paradigme psychiatrique en vigueur au profit des neurosciences, paradigme soutenu par le *National Institute of Mental Health* américain en la personne de son directeur, Thomas Insel, et subventionné par le projet BRAIN du gouvernment Obama. Voir sur ce point la position de principe d'un certain courant de la psychiatrie anglaise: Bracken P. et al, « Beyond the Current Paradigm », *The British Journal of Psychiatry,* 201, 2012, pp. 430-434.
39. Salas D., *op. cit.*, p. 207.
40. *Ibid.*, p. 212.
41. Foucault M. « L'angoisse de juger » (entretien avec R. Badinter et J. Laplanche) in Foucault M., *Dits et écrits t. 3*, *op. cit.*, p. 290.
42. Voir sur ces points Biagi-Chai F., *Le cas Landru à la lumière de la psychanalyse*, Paris, Imago, 2007. À partir de plusieurs cas célèbres, la psychiatre y démontre que la prévention du récidivisme dépend avant tout d'un engagement au cas par cas avec la subjectivité criminelle prise dans sa logique structurale.

Que peut faire la psychiatrie, discipline divisée contre elle-même (entre experts et cliniciens) par la demande qui lui est adressée d'avoir à se prononcer sur le degré de risque qu'un patient ou délinquant représente pour la société tout en devant assurer les soins ? Et la profession psychiatrique saura-t-elle éviter une dérive de la psychiatrie légale à l'américaine, qui a sécurisé sa pratique en substituant les outils actuariels au jugement clinique, mettant ainsi les praticiens à l'abri d'avoir à répondre judiciairement de potentielles erreurs de jugement ?

Fascination

Pour ce qui est de la fascination, le texte produit par Archambaut, un expert psychiatre français, fort de 20 ans de service médico-légal, *L'expertise psychiatrique face à la dangerosité et à la récidive des criminels*, est très éclairant [43]. Le Dr Archambaut est expert-psychiatre près de la Cour d'appel de Paris, agréé par la Cour de cassation ainsi que la Cour Pénale Internationale, il est aussi Vice-Président du Conseil National des compagnies d'experts de justice (CNCEJ). Or son livre est une liste des crimes les plus horribles qui soient, décrits dans leurs détails les plus graphiques par l'auteur, non sans une certaine délectation. La table des matières ressemble à un best-of des films d'horreur hollywoodiens : « femmes perverses », « infanticides », « viols collectifs », « meurtre et cannibalisme », même Guantanamo y trouve sa place. L'analyse clinique, si tant est qu'il y en ait une, est d'une pauvreté atterrante. Le texte offre en pâture au lecteur immanquablement fasciné les fruits du regard soi-disant objectif de l'expert sur ces nouveaux « damnés de la terre ». Suggérée à chaque ligne est l'idée que, face à ces désordres narcissiques, pervers, irraisonnés, ces jouissances tous azimuts, l'expert « chevronné » est central au fonctionnement de la justice ; sur lui repose l'objectivité médicale ainsi que la prévention du pire. On peut aussi citer ici la position de Daniel Zagury, autre expert au centre de l'actualité criminologique, même si elle est plus mesurée. En effet Zagury a soin de mettre en garde contre l'instrumentalisation de la psychiatrie, à qui il est demandé de dédifférencier tout trouble de la personnalité ou de la sexualité des maladies mentales pour glisser « de l'enfermement de sûreté au soin à perpétuité [44] ». D'autre part il se targue « de débusquer la fascination », de révéler par son analyse le « fonctionnement psychique en perdition » là où le commun des mortels ne voyait que « la machinerie diabolique d'une intelligence du mal [45] ». Cette fascination reste cependant très présente dans les titres choisis : les mots « vampire », « génie du mal », « diabolique », « horreur », reviennent fréquemment sous sa plume, et les analyses cliniques n'apportent que peu d'éléments faisant signe d'une autre causalité que celle d'une jouissance malsaine.

43. Archambaut J-C., *op. cit.*
44. Voir Zagury D., « Pratiques et risques de l'expertise psychiatrique », in *Justice et folie*, *op. cit.*, p. 96.
45. Zagury D. et Assouline F., *op. cit.*, p. 9.

C'est cette fascination pour la monstruosité supposée des fous criminels, pervers et terroristes, qui donne consistance aux discours sur la dangerosité et légitime les politiques privatives de droits. Elle s'accompagne de séries de revendications pour que soient mises en place les politiques nécessaires à l'avènement d'une société dont « risque zéro » serait le nom, voile utilitariste de la haine déchaînée par l'altérité desdits criminels.

Que peut faire la psychiatrie : Réformisme et « politique de la vérité »

Foucault l'a développé dans ses cours et interventions qui ont fait suite à son élaboration du pouvoir disciplinaire : les pratiques pénales actuelles prennent la forme de dispositifs de sécurité [46], de dispositifs de gouvernement des risques dont font partie les technologies de gestion des individus appartenant à la catégorie dite des individus dangereux. Face à de tels dispositifs, au moins deux types de stratégies de résistance sont possibles :

- Le *réformisme*, qui consiste à opérer dans le cadre des « objectivités » qui définissent les termes du débat, et ce afin de limiter les excès attentatoires aux libertés individuelles ;

- Mais aussi ce que Foucault a pu appeler la *politique de la vérité* [47], qui vise à fragiliser une vérité hégémonique, en apparence objective et incontestable. Dans une telle perspective de problématisation des objectivités plutôt que de réformisme, le but est de rendre visibles les lignes de fuite qui organisent les dispositifs de sécurité afin de réveiller les acteurs du théâtre médico-légal à leurs responsabilités éthiques.

Les deux stratégies ne sont pas exclusives, on peut être réformiste au jour le jour, mais sans perdre de vue la politique de la vérité. Voici par exemple comment, dans son ouvrage sur les prisons, Boullant formule la position foucaldienne sur ce point : « Des réformes peuvent et doivent être entreprises, mais dans le cadre plus radical d'une refondation de l'ensemble du système pénal, lequel est à changer de fond en comble. [...] Il n'y a pas pour [Foucault] de contradiction entre la radicalité d'une approche globale et la ponctualité et l'urgence des réformes [48] ».

46. Voir Foucault M., *Sécurité, Territoire, Population*, Paris, Gallimard/Seuil, 2004.
47. Foucault emploie cette expression dans sa conférence de 1978 « Qu'est-ce que la critique ? Critique et *Aufklärung* », *Bulletin de la société française de philosophie*, 84e année, n°2, Avril-Juin 1990, p. 39. Pour une élaboration théorique du rapport entre réformisme et politique de la vérité, voir Voruz V., « Politics in Foucault's later Work : A Philosophy of Truth; or Reformism in Question », *Theoretical Criminology*, vol. 15-1, 2011, pp. 47-65.
48. Boullant F., *Michel Foucault et les prisons*, Paris, Presses Universitaires de France, 2003, p. 110.

Réformisme

Au titre du réformisme, nous pouvons constater de légères avancées en Angleterre comme en France. En Angleterre, des psychiatres proches du *Critical Psychiatry Network* s'opposent sans relâche à la médicalisation de la souffrance psychique et répondent à toutes les consultations gouvernementales sur l'uniformisation des *best practices*. Ils viennent ainsi de finir la première évaluation des injonctions de soin et contestent leur efficacité thérapeutique – statistiques à l'appui [49]. Cette étude a été reprise par le groupe de travail sur le *Mental Health Act* [2007] de la Chambre des Communes [50], qui recommande donc dans son rapport d'août 2013 la réforme du régime des injonctions de soins. Le comité parlementaire déplore, entre autres, que l'utilisation de la détention en hôpital psychiatrique, possibilité corrélée à l'injonction de soins, soit utilisée par les psychiatres anglais pour pouvoir trouver des lits à certains patients – la carence de lits est due au manque d'investissement chronique dans les structures hospitalières. Ainsi, la dangerosité criminologique, les risques posés par le patient, sont fréquemment invoqués à mauvais escient, pour contourner les politiques d'austérité mises en place par le gouvernement britannique, avec pour effet pervers obligé d'accroître artificiellement les statistiques sur le lien « trouble mental »/dangerosité. Les technologies de dépistage sont instrumentalisées par les professions psy pour pouvoir mener à bien leur mission thérapeutique à l'égard de personnes en détresse psychique – tant il est vrai que la dangerosité semble être le seul poste encore à même de mobiliser la dépense publique sans susciter trop de controverses.

En France les récents travaux sur la récidive et la dangerosité présentés à diverses autorités françaises tendent à la sobriété. Ainsi le rapport très posé sur la récidive, inspiré par un réformisme calculé pour mettre fin à la dérive sécuritaire. Ce rapport est le fruit de la conférence de consensus, mécanisme inédit, réunie à l'initiative de Mme Taubira, la Garde des Sceaux. Cette conférence était présidée par Françoise Tulkens, professeur à l'École de Criminologie de Louvain-la-Neuve puis juge et Vice-présidente de la Cour Européenne des Droits de l'Homme. Dans son rapport, « le jury souhaite l'abandon de tous les mécanismes automatiques d'aggravation des peines ou de limitation des possibilités de leur aménagement, y compris pour les condamnés en état de récidive. [...] S'agissant des mesures de sûreté, le jury considère qu'elles sont particulièrement attentatoires aux libertés individuelles et qu'à ce titre elles ne peuvent puiser leur justification dans une notion aussi floue que celle de dangerosité. En conséquence, il recommande d'abolir la rétention de sûreté et la surveillance de sûreté [51] ».

---

49. Burns et al. "Community treatment orders for patients with psychosis (OCTET): a randomised controlled trial", *The Lancet*, vol. 381, 2013, pp. 1627-1633.
50. Voir le rapport du House of Commons Health Committee Review of the 2007 Mental Health Act, http://www.publications.parliament.uk/pa/cm201314/cmselect/cmhealth/584/58402.htm (consulté le 28 août 2013).

Le jury de la conférence préconise aussi l'abandon des peines planchers pour les récidivistes ainsi que la fin des peines automatiques, pour que soit possible un vrai retour à l'individualisation des peines. Selon les nombreux spécialistes entendus par la conférence, il faut que la sentence serve non pas tant à punir qu'à (ré)insérer, car c'est là le seul vrai dispositif de prévention. La loi n° 2014-896 du 15 août 2014 relative à l'individualisation des peines et renforçant l'efficacité des sanctions pénales tente de respecter les grandes orientations du rapport en dépit des habituelles accusations de laxisme de l'opposition [52]. La loi adopte la recommandation de suppression des peines planchers, supprimées à compter du 1er octobre 2014, et se recentre sur une individualisation des peines visant à prévenir la récidive au cas par cas plutôt qu'en soutenant une politique indiscriminée d'incapacitation maximale de tout individu présumé dangereux. Reste à voir comment la nouvelle peine de probation, rebaptisée contrainte pénale et censée s'appliquer aux peines encourues de cinq ans et moins [53], sera appliquée par le judiciaire une fois la loi en vigueur (il n'y a pas d'automaticité de la contrainte pénale), et si les infrastructures et le financement nécessaires à la réinsertion sociales seront à la hauteur de l'idéal défendu par la ministre. Enfin, la contrainte pénale, même si elle vise à freiner le recours à l'incarcération, s'inscrit malgré tout dans la logique du continuum peine-sûreté déjà mentionné.

Ce rapport préconise également que les expertises médico-psychologiques et psychiatriques doivent rester « centrées sur la responsabilité pénale du condamné et sur l'évaluation des processus psychopathologiques en jeu dans le fonctionnement et l'accessibilité aux soins ». C'est aux professionnels du milieu judiciaire d'évaluer la dangerosité criminologique et le potentiel de récidive ; il ne faut pas mélanger dangerosité psychiatrique et dangerosité criminologique [54].

---

51. Conférence de Consensus pour une nouvelle politique publique de prévention de la récidive, op. cit. p. 3.
52. « Taubira joue son va-tout sur la réforme pénale », *Le Monde* du 3 juin 2014. Voir aussi le discours de Christiane Taubira à l'Assemblée Nationale le 3 juin 2014, disponible sur le site de la Chancellerie, http://www.justice.gouv.fr/la-garde-des-sceaux-10016/pl-prevention-de-la-recidive-et-individualisation-des-peines-27180.html (consulté le 5 juin 2014).
53. Et non pas aux condamnations effectives de cinq ans. Ce sont donc les petits délits qui sont concernés par cette nouvelle peine. « Selon la chancellerie, la contrainte pénale ne devrait être appliquée qu'à 8 000 à 20 000 des 600 000 condamnations correctionnelles annuelles. » *Ibid.*
54. « Lors de l'audition publique organisée par la Fédération française de psychiatrie sur l'expertise psychiatrique pénale en janvier 2007, les recommandations sur l'évaluation de la dangerosité dans l'expertise ont défini la dangerosité psychiatrique comme une "manifestation symptomatique liée à l'expression directe de la maladie mentale" et la dangerosité criminologique comme "prenant en compte l'ensemble des facteurs environnementaux et situationnels susceptibles de favoriser l'émergence du passage à l'acte" […] Ces définitions de la dangerosité ne sont pas des définitions juridiques. » (HAS 2011, *op. cit.*, pp. 2-4) Par ailleurs, le Rapport Santé-Justice définit la dangerosité psychiatrique comme un risque « de passage à l'acte principalement lié à un trouble mental, et notamment au mécanisme et à la thématique de l'activité délirante. », Rapport Santé-Justice, *op. cit.*, p. 10.

Les travaux présentés récemment lors d'une audition publique devant la Haute Autorité de Santé française sont également mesurés. Ce rapport de 2011, qui consiste en une analyse de la littérature et des recherches dans le champ de la dangerosité psychiatrique, déplore que « depuis 1994, le lien entre les questions de réitération, récidive, dangerosité, peine et mesure de sûreté [ait] été constant [55] », et que le soin lui-même en soit venu à être utilisé comme une mesure de sûreté. Le rapport constate aussi que « la peur du crime immotivé, alimentée par les faits divers médiatisés, plaide de façon récurrente en faveur d'un nouveau traitement du danger potentiel représenté par les personnes souffrant de troubles mentaux. Les préoccupations de défense sociale sont ainsi réactivées et les psychiatres sont de nouveau invités à s'engager sur la voie d'un contrôle de populations désignées « à risque ». Le risque ressenti comme imminent d'un passage à l'acte violent n'est plus toléré par la population [56] ».

Cette représentation politico-médiatique d'une opinion intolérante [57] cause une « tension critique entre les pratiques sécuritaires et l'humanisme de la clinique ». Pour la désamorcer, le rapport produit une analyse exhaustive de la recherche au niveau international afin de montrer que les « personnes ayant des troubles mentaux représentent de 3 à 5 %, voire 10 %, des actes de violence en général » (les variations s'expliquent par les différences entre les définitions et échelles utilisées), ainsi qu'une moyenne de 1 homicide sur 2 058. De plus, même si ce lien existe, les études réalisées dans toute une série de pays comparables montrent également qu'il n'y a pas de lien de cause à effet entre trouble mental et violence. Le lien, si tant est qu'il y en ait un, est multifactoriel, complexifié par la comorbidité notamment avec l'abus de substances psychoactives, ainsi que la présence d'un environnement violent ou de facteurs d'exclusion sociale – ce qui est le cas d'ailleurs pour la quasi-totalité des comportements délinquants. Toutes les études s'accordent à conclure que pour ce qui est du rapport entre trouble mental et violence, il s'agit de *corrélation* plutôt que de *causalité*. Par contre les personnes souffrant de troubles mentaux sont bien plus fréquemment victimes de violences que la population dite « saine », ce qui n'entre jamais en considération dans les débats sur la prévention des risques [59]. Enfin, le rapport est ferme sur ces deux points : identifier la violence à la maladie mentale entraîne beaucoup de « faux positifs [60] » ; et surtout, la meilleure stratégie préventive pour les personnes souffrant de troubles mentaux et susceptibles de passages à l'acte violents (les seuls réels facteurs prédictifs étant des antécédents de violence subie ou infligée et non pas le

55. HAS 2011, *op. cit.*, p. 7.
56. *Ibid.*, p. 6.
57. En Angeleterre la *British Crime Survey* essaye depuis plus de dix ans de produire une représentation de l'opinion publique qui soit distincte de l'interprétation qu'en donnent les discours politiques et les médias.
58. HAS 2011, *op. cit.*, p. 10.
59. *Ibid.*, p. 22.
60. *Ibid.*, p. 33.

trouble mental) est *l'alliance thérapeutique réelle et construite sur la durée entre le patient et l'équipe thérapeutique* ; elle implique une « *clinique du quotidien* [61] ». Ainsi le rapport, qui n'est pas un rapport d'opinion mais une analyse de la recherche dans de nombreux pays comparables, est donc très clair : le dépistage de la dangerosité a très peu de potentiel préventif, contrairement au travail clinique soutenu sur le long terme avec des personnes fragiles, dont les éventuels passages à l'acte sont bien plus souvent une réaction à une intrusion intolérable, à une souffrance non entendue, plutôt que le fait d'une pulsion perverse, monstrueuse ou malsaine.

Les psychiatres français, qui réclament l'abrogation de la loi de juillet 2011 sur les soins psychiatriques sans consentement, se servent aussi des voies de recours juridictionnelles afin de lutter contre les demandes sécuritaires dont fait l'objet leur profession : l'association Cercle de réflexion et de proposition d'actions sur la psychiatrie (CRPA) a récemment soulevé une question prioritaire de constitutionnalité concernant la loi de 2011 sur les soins psychiatriques sans consentement et a obtenu l'abrogation de deux dispositions [62] concernant le traitement de personnes souffrant de troubles mentaux et ayant commis des infractions pénales [63]. Suite à cette décision et avant de légiférer à nouveau, le gouvernement a demandé un nouveau rapport. La même association a aussi saisi la Cour européenne des Droits de l'Homme le 12 mai 2014 de la validité du régime des soins psychiatriques sans consentement en France.

Il existe donc des stratégies réformistes efficaces, qui font frein à un utilitarisme dur face aux singularités en jeu. Cependant le réformisme ne sort pas le débat public de son enlisement dans un va-et-vient constant entre les tenants des droits de l'homme et les inconditionnels de la sécurité, où le seul enjeu est de savoir où placer le curseur sur le continuum liberté-sécurité. La clé de voute conceptuelle, la notion de dangerosité, est intouchée.

Politique de la vérité : problématiser la dangerosité

Quel rôle pour l'intellectuel ?

Foucault s'est beaucoup intéressé aux effets de vérité qu'il est possible, souhaitable, de produire à partir d'une position d'énonciation : celle de l'intellectuel, puis du philosophe [64]. L'intellectuel, le philosophe, n'ont pas à proposer un savoir alternatif au savoir hégémonique, mais à intervenir de façon stra-

61. *Ibid.*, p. 48.
62. Au motif que les garanties légales pour la mainlevée des personnes détenues en UMD (Unité malades difficiles) n'étaient pas suffisantes, ainsi que de l'insuffisance de l'information des personnes détenues suite à une infraction.
63. Décision n° 2012-235 QPC, Conseil constitutionnel, 20 avril 2012, qui a donné lieu à la « Proposition de loi visant à modifier certaines dispositions issues de la loi n° 2011-803 du 5 juillet 2011 relative aux droits et à la protection des personnes faisant l'objet de soins psychiatriques ».

tégique sur certains points bien choisis. Ainsi par exemple dans « Enfermement, psychiatrie, prison », il affirme : « Ma position, c'est qu'on n'a pas à proposer. Du moment qu'on "propose", on propose un vocabulaire, une idéologie, qui ne peuvent avoir que des effets de domination. Ce qu'il faut présenter, ce sont des instruments et des outils que l'on juge pouvoir être utiles ainsi. En constituant des groupes pour essayer précisément de faire ces analyses, de mener ces luttes, en utilisant ces instruments ou d'autres, c'est ainsi, finalement, que des possibilités s'ouvrent [65] ». Et quand, dans la dernière période de son enseignement, Foucault traite des pratiques de soi, des lignes de subjectivation et de l'éthique, le philosophe est aussi celui qui fait appel aux « capacités éthiques [66] » des acteurs d'un dispositif donné.

Dans cette optique de résistance aux effets de domination du *langage en tant que tel*, le réformisme pragmatique ne suffit pas. Il ne faut ni consentir aux termes du débat en présence, ni céder sur une critique radicale des institutions pénales, de leur fonctionnement, de leurs objectivités, ou encore des formes de subjectivités qu'elles produisent. Sur le versant « politique de la vérité » donc, il s'agira cette fois de problématiser la notion de dangerosité elle-même et non plus seulement de tempérer les excès de son application dans la pratique.

Problématiser, pour Foucault, c'est faire « l'histoire du présent [67] » : démontrer la contingence des discours à valeur de vérité, exposer les aléas de leur mise en place, restituer leur statut d'événement à certains concepts ou certaines techniques qui aujourd'hui apparaissent incontournables, mettre à jour les enjeux de pouvoir, rendre visibles les régularités discursives d'un même épistème – la liste n'est pas exhaustive ; les tactiques et stratégies inventées par Foucault varient selon les champs, les discours, les pratiques, les buts stratégiques.

Foucault va s'intéresser au terme de dangerosité à plusieurs reprises : en effet tout un pan de sa réflexion vise la « manière dont [les sociétés] se débarrassent non pas de leurs morts, mais de leurs vivants… [68] ». Et la dangerosité

64. Voir notamment sur la problématisation de la position d'énonciation du philosophe les deux derniers cours au Collège de France sur la *parrêsia*, *Le Gouvernement de soi et des autres*, 1982-3, Paris, Gallimard/Le Seuil, 2008 et *Le courage de la vérité. Le gouvernement de soi et des autres II. Cours au Collège de France 1984*, Gallimard/Le Seuil, 2009. Voir aussi la situation du cours de Fabienne Brion et Bernard Harcourt, *Mal faire, dire vrai : fonctions de l'aveu en justice*, Louvain-la-Neuve, Presses Universitaires de Louvain, 2012.
65. Foucault M., in « Enfermement, psychiatrie, prison », *op. cit.*, p. 348.
66. Sur la problématisation comme stratégie, voir la situation de cours de Fréderic Gros, in Michel Foucault, *Le Gouvernement de soi et des autres 1982-3*, *op. cit.* Par exemple : « Cette nouvelle manière de faire de la politique en procédant par problématisation plutôt que par dogmes, en misant sur les capacités éthiques des individus plutôt que sur leur adhésion aveugle à des doctrines », p. 360.
67. Voir aussi Castel : « C'est le recours à l'histoire qui donne son épaisseur au présent et permet d'y dégager des enjeux dépassant la simple phénoménologie descriptive des pratiques », Castel R., *La gestion des risques*, *op. cit.*, p. 200.

est une notion opératoire pour l'exclusion des vivants indésirables, de ces « résidus [69] » que sont le délinquant et le fou, de par la double lecture juridique et psychologique qu'elle permet. Foucault s'est donc attaché à problématiser cette notion ségrégative en interrogeant ses conditions de possibilité ainsi que la manière dont elle en était venue à acquérir un statut d'objectivité dans la pénologie moderne. Pour faire la généalogie de ce concept, il convoque la psychiatrie – en tant que pouvoir –, l'expertise psychiatrique – en tant que technologie –, et la subjectivité criminelle – en tant que mode d'assujettissement [70].

Rapports droit-psychiatrie : la mainmise du pouvoir psychiatrique

Aujourd'hui, que les psychiatres aient un rôle à tenir dans le système pénal ne fait pas question. Or, dans son avant-propos à *Crime et folie : deux siècles d'enquêtes médicales et judiciaires*, Renneville, historien du droit aujourd'hui employé par l'Administration pénitentiaire, nous rappelle que jusqu'à la fin du XVIIIe siècle, « le droit considère que le criminel est maître de sa raison et que le fou ne saurait être criminel [71] ». Droit et discipline asilaire pouvaient alors être représentés comme deux ensembles à intersection vide : le criminel relève soit de la folie, soit de la justice. Or cette séparation s'efface graduellement et l'on passe d'un régime dans lequel la folie criminelle n'est pas punie par la justice, car elle est le signe d'une déraison totale, à une multiplicité de figures de la déraison partielle et donc relevant du système pénal. On voit ainsi apparaître les termes de monstres, pervers, anormaux ; toutes les formes de la délinquance deviennent susceptibles d'appeler le soupçon de déraison. Aujourd'hui encore, « toujours sollicitée pour combler les fractures du lien social, la psychiatrie poursuit sa quête de l'anormalité criminogène avec l'appui de nouvelles sciences, comme la génétique ou la neurobiologie [72] ».

---

68. Foucault M. in « Normalisation et contrôle social », *op. cit.*, p. 319.
69. Le mot est de Foucault. On le trouve notamment dans *Le pouvoir psychiatrique. Cours au Collège de France. 1973-1974*, Paris, Gallimard/Le Seuil, 2003.
70. Outre le texte sur « l'individu dangereux », les textes-clés de cette généalogie sont le livre édité par Michel Foucault à partir du travail en séminaire (conduit en parallèle à son Cours au Collège de France) sur Pierre Rivière, la leçon 10 du séminaire de 1973-4 intitulé *Le pouvoir psychiatrique et contemporain* au dit séminaire et la leçon 6 du Cours à Louvain de 1981, *Mal faire, dire vrai.* Il faut aussi garder à l'esprit que le cours sur le pouvoir psychiatrique est suivi du cours sur *Les anormaux. Cours au Collège de France. 1974-1975*, Paris, Gallimard/Le Seuil, 1999, et celui de 1975-1976, *Il faut défendre la société. Cours au Collège de France. 1975-1976*, Paris, Gallimard/Le Seuil, 1997, contemporain avec *Surveiller et punir*. Le cours de 75-76 n'est pas tellement un changement de sujet pour Foucault mais une ouverture plus large sur la défense sociale, dont la psychiatrie n'est qu'un dispositif. On passe donc, entre 75 et 76, de l'hypothèse selon laquelle la psychiatrie est avant tout une discipline destinée à assurer la défense sociale à une situation de la psychiatrie « dans une perspective plus globale sur les moyens qu'à une société de se défendre », Le Blanc G. « Les indisciplinés ou une archéologie de la défense sociale », in Le Blanc, G. et Terrel, J. (eds.), *Foucault au Collège de France : un itinéraire*, Bordeaux, Presses Universitaires de Bordeaux, 2003, p. 27. De même, *Les anormaux* ajoute ceci au pouvoir psychiatrique d'inscrire ce pouvoir dans un contexte d'émergence d'un pouvoir de normalisation, p. 24.
71. Renneville M., *op. cit.*, p. 10.

C'est à la constitution de ce rapport historiquement inédit entre médecine et droit, ainsi qu'à la création d'une série de concepts qui ne sont ni juridiques ni médicaux [73] par le biais des expertises médico-légales, que Foucault s'intéresse à partir de son cours au Collège de France sur *Le pouvoir psychiatrique*. En effet, il note, à partir des années 1820-25, ce curieux phénomène : les médecins donnent leur opinion à propos d'un crime, sans sollicitation de l'appareil judiciaire, et essayent de « revendiquer pour la maladie mentale le crime lui-même. Devant tout crime, les psychiatres posaient la question : mais est-ce que ce ne serait pas un signe de maladie ? [74] ». C'est le moment de la naissance de la notion de monomanie homicide, une forme de folie dont le seul symptôme serait le crime. Pourquoi revendiquer « l'appartenance éventuelle du crime à la maladie mentale ? » « Il s'agit, non pas tellement de démontrer que tout criminel est un fou possible, mais de démontrer, – ce qui était beaucoup plus important pour le pouvoir psychiatrique –, que tout fou est un criminel possible. Et la détermination, l'épinglage d'une folie sur un crime, à la limite de la folie sur tout crime, était le moyen de fonder le pouvoir psychiatrique, non pas en termes de vérité, puisque précisément ce n'est pas de vérité qu'il s'agit, mais en termes de danger ; nous sommes là pour protéger la société, puisque, au cœur de toute folie, il y a inscrite la possibilité d'un crime [75] ». La thèse de Foucault dans *le Pouvoir psychiatrique* est donc la suivante : ce sont les psychiatres qui se sont positionnés en agents irremplaçables de la défense sociale, qui ont misé sur le contrôle social à défaut de pouvoir fonder leur pratique en vérité. En contrepartie, le pouvoir psychiatrique, en tant qu'il n'est pas confiné à l'espace asilaire, hospitalier, ou institutionnel, mais qu'il nomme un mode de pouvoir [76] inédit dont la spécificité est de faire autorité sur une série de comportements progressivement définis comme pathologiques, a pu se généraliser, au prix néanmoins d'une « impasse sur la thérapeutique [77] ».

---

72. *Ibid.*, p. 14-15. Voir sur ce point le travail de Nikolas Rose : « The Biology of Culpability: Pathological Identity and Crime Control in a Biological Culture », *Theoretical Criminology*, 4-1, 2000, pp. 5-34; « "Screen and Intervene": Governing Risky Brains », *History of the Human Sciences*, 23-1, 2010, pp. 79-105.
73. Ainsi la notion de responsabilité atténuée, qui n'a « aucun sens juridique et aucun sens médical », donne lieu à celles d'« accessibilité à la sanction, la curabilité ou l'adaptabilité. Ces trois notions ne sont ni des notions psychiatriques ni des notions juridiques, mais cela a des effets pénaux qui sont énormes. », Foucault M., « Table Ronde sur l'expertise psychiatrique », *Dits et écrits t. 2*, *op. cit.*, p. 668.
74. *Op. cit.*, p. 249. Et dans la « Table ronde sur l'expertise psychiatrique » : « Ce qui est frappant dans l'histoire de l'expertise psychiatrique en matière pénale, c'est le fait que ce sont les psychiatres qui, vers 1830, se sont absolument imposés à la pratique pénale qui n'en avait que faire et qui a tout fait pour les écarter. Ils se sont imposés à elle et maintenant ils l'ont en main. » (Foucault M., *Dits et écrits t. 2*, *op. cit.*, p. 664)
75. *Le pouvoir psychiatrique*, *op. cit.*, pp. 249-250.
76. Voir aussi dans le texte de 1977 sur « l'individu dangereux »: « si le crime est devenu alors pour les psychiatres un enjeu important, c'est qu'il s'agissait moins d'un domaine de connaissance à conquérir que d'une modalité de pouvoir à garantir et à justifier. », *op. cit.*, p. 449. Foucault définit cette modalité comme une forme d'hygiène publique.
77. Foucault cité par Le Blanc, *op. cit.*, p. 36.

Quelques années plus tard, en 1977, Foucault tente une nouvelle problématisation de la dangerosité dans « L'évolution de la notion d'"individu dangereux" dans la psychiatrie légale du XIXe siècle [78] ». Le texte commence par ajouter une dimension biopolitique à l'argument du *Pouvoir psychiatrique*, cours qui s'inscrivait dans l'analyse du pouvoir disciplinaire. Outre sa fonction de correction des individus, la psychiatrie trouve aussi sa place dans l'arsenal des techniques biopolitiques pour la gestion des populations. L'explosion démographique et la révolution industrielle au XVIIIe siècle ont fait apparaître le corps social, non plus comme « une simple métaphore juridico-politique » mais « comme une réalité biologique et un domaine d'intervention médicale. Le médecin doit donc être le technicien de ce corps social, et la médecine, une hygiène publique [79] ». La psychiatrie s'inscrit dans cette logique de médecine du corps collectif, d'abord par dépistage des « dangers individuels [80] », puis par définition catégorielle des individus dangereux effectuée à partir de ce premier dépistage [81].

Ensuite, alors que dans *Le pouvoir psychiatrique* Foucault avait mis l'accent sur les enjeux professionnels de la psychiatrie dans le mouvement de psychiatrisation du droit, dans ce texte il interroge l'acceptation de cette intervention par le milieu judiciaire. La justice, dit-il, trouve intérêt à la mise en intelligibilité de la subjectivité criminelle par la psychiatrie à partir du moment où la sanction est conçue sur le modèle non plus de la punition mais de la correction, comme une « technique de transformation individuelle [82] ». En effet, pour « corriger » efficacement l'individu, il faut un savoir sur sa subjectivité, produit soit lors de l'aveu fait par le délinquant quant à ses motifs ou, lorsque le crime est immotivé ou sans aveu, par ces « spécialistes du motif [83] » que sont désormais les psychiatres, et qui viennent suppléer au silence du criminel. On voit ici se profiler la question du soin, aujourd'hui au cœur de nos pratiques.

Enfin dans ce texte, Foucault fait de l'apparition de la notion de responsabilité pour risque en droit civil une condition de possibilité de la criminalisation de la dangerosité car elle permet au droit pénal de ne pas s'engluer dans la problématique déterminisme/libre-arbitre. Cette nouvelle condition de possi-

78. *Op. cit.*
79. « L'évolution de la notion d'"individu dangereux" dans la psychiatrie légale du XIXe siècle », *op. cit.*, p. 450.
80. « Table ronde sur l'expertise psychiatrique », *op. cit.*, p. 665
81. Il y a aujourd'hui par exemple une tendance à assimiler schizophrénie et dangerosité, comme le montre le titre du rapport de 2011 devant la HAS : « Dangerosité psychiatrique : étude et évaluation des facteurs de risque de violence hétéro-agressive chez les personnes ayant des troubles schizophréniques ou des troubles de l'humeur. » Voir aussi l'article bien connu de Feeley M. et Simon J. sur le passage de l'individu au groupe comme objet de la criminologie : Feeley M. et Simon J, "The new Penology : Notes on the emerging Strategy of Corrections and its Implications", *Criminology*, 30 (4), 1992, pp. 449-74.
82. « L'évolution de la notion … », *op. cit.*, p. 454.
83. *Ibid.*, p. 453.

bilité représente un apport supplémentaire par rapport au *Pouvoir psychiatrique*. Les notions de risque et de probabilité causale, à savoir la responsabilité pour risque et non plus pour faute, qui apparaissent en droit civil avec l'industrialisation et l'augmentation des accidents du travail, fournissent l'outil conceptuel qui faisait défaut pour pouvoir rendre un individu responsable non seulement de son acte mais aussi de son être. Ainsi le concept de responsabilité pour risque tente de refermer la béance ouverte dans le droit pénal par la pathologisation du crime et permet à la psychiatrie de faire place à « l'imputabilité sans liberté [84] ».

Autovéridiction, hétérovéridiction et subjectivité criminelle

On trouve le dernier volet de sa problématisation de la dangerosité dans la sixième leçon, datée du 20 mai 1981, de *Mal faire, dire vrai*. Foucault y choisit de mettre l'accent sur l'aveu, ou autovéridiction, comme technologie constitutive de la subjectivité criminelle. La pratique généralisée – par contamination par la pratique pénitentielle et mutation des institutions judiciaires – de l'aveu a introduit une dépendance de la justice par rapport à l'autovéridiction du criminel : puisqu'on ne punit plus le crime mais le criminel, encore faut-il savoir qui il est. Dans les cas de crimes sans aveu, on substitue à l'autovéridiction l'hétérovéridiction de l'examen psychiatrique ou psychologique du criminel pour « essayer de faire émerger cette vérité du criminel que le criminel lui-même n'est pas capable de formuler [85] ». Ce texte reprend donc l'argument du texte de 1977 quant à la brèche introduite dans le droit pénal par « le sujet avouant » : cependant, alors que ce texte était centré sur la convergence de la biopolitique et du pouvoir disciplinaire dans la gestion de la dangerosité (l'aveu n'y figurant que comme point d'ancrage de la psychiatrie qui propose de juger le criminel sur ce qu'il est et non à partir de sa responsabilité), le séminaire de Louvain repositionne les choses dans la perspective de la subjectivité.

Les techniques d'hétérovéridiction font apparaître ce qui était vraiment recherché dans l'aveu : « on ne cherchait pas simplement à faire apparaître le sujet de droit auquel on demande compte d'un délit commis, mais on cherche aussi à faire émerger une subjectivité qui entretient à son crime une relation signifiante. C'est à partir de là, je crois, que commence la question de la connaissance du sujet comme sujet criminel [86] ».

Foucault rapporte ce dédoublement de l'aveu – entre un dire vrai sur les faits et une ouverture sur les questions de la subjectivité ou un dire vrai sur la subjectivité – à une dernière condition de possibilité historique, rajoutant ainsi un élément à sa problématisation de la dangerosité : outre l'apparition de la responsabilité pour risque en droit civil, une autre transformation se produit

84. *Ibid.*, p. 462.
85. *Op. cit.*, p. 211.
86. *Idem.*

au même moment, elle aussi ailleurs que dans le droit pénal. Il vise ici la constitution de l'herméneutique du sujet à la fin du XIXe siècle, qui implique, dans la pratique de la spiritualité chrétienne, une mise au jour des secrets de la conscience par examen de soi et verbalisation à autrui. Avec Freud et la psychanalyse, l'herméneutique s'ouvre sur une pratique du déchiffrement du sujet comme s'il était un texte : pour « enraciner les comportements d'un sujet dans un ensemble significatif [87] ». Dès lors, le crime se constitue en acte significatif, et sa signification se substitue à la notion de causalité dans la pratique pénale. Foucault introduit donc un nouveau déplacement : ce qui est demandé dans l'aveu ce n'est plus la reconnaissance du crime afin de fonder la sentence mais bien l'aveu de « qui tu es », au niveau « de ce qu'est l'être même de la subjectivité criminelle [88] ». Ce déplacement radicalise la béance déjà identifiée en 1977 pour ce qui est du concept de responsabilité pénale, et aujourd'hui en effet seule l'absence de discernement motive l'irresponsabilité ; pour le reste, le criminel est responsable de son être, dont le crime fait signe.

Ce dernier axe de réflexion foucaldien vient rendre compte de l'évolution des pratiques judiciaires en matière de peine, à savoir qu'aujourd'hui la tendance n'est plus à considérer les difficultés psychologiques de l'infracteur comme des circonstances atténuantes mais plutôt comme un facteur d'aggravation de la peine (prolongement en peine de sûreté, obligations de soins, conditions onéreuses du suivi socio-judiciaire). En effet, si le crime n'est que le signe de l'être du sujet, il est donc légitime de déchiffrer, aujourd'hui le comportement du sujet au moyen des savoirs psychiatriques, psychologiques ou criminologiques, demain son matériel organique même (imagerie cérébrale, gènes, hormones). Ces pratiques d'hétérovéridiction fonctionnent sans faire appel à la parole de l'infracteur, sans miser sur ses capacités de subjectivation des dispositifs dont il est l'effet. Elles ne peuvent que mener au pire, car les sujets qui tombent sous le coup de la loi pénale sont de ce fait assujettis à des discours objectivants et soumis au regard scrutateur des évaluateurs de comportement sans que leur soit apporté un soutien réfléchi, orienté par une éthique, leur permettant de trouver un point d'appui, une distance vis-à-vis de leur acte. Cette distance qui, pour tout psychiatre digne de ce nom, est la seule vraie possibilité de prévention de la récidive.

Le danger n'est pas là où on le croit

Cette généalogie plurielle de la notion de dangerosité telle qu'elle opère aujourd'hui comme outil ségrégatif des vivants indésirables ainsi que comme dispositif constitutif des subjectivités dites criminelles [89] nous permet d'avoir un regard lucide sur ce qui est aujourd'hui attendu de la psychiatrie en matière

87. *Ibid.*, p. 224.
88. *Ibid.*, p. 227.
89. Ainsi que le note Denis Salas, une justice utilitariste, qui prétend « punir pour prévenir », n'est en fait qu'un « accélérateur de criminalité », *La justice dévoyée*, *op. cit.*, p. 75.

pénale. Cependant les concepts de gestion des risques, de précaution, de prévention, sont devenus les nouvelles objectivités qui organisent aussi bien le discours pénal que ses critiques. Ils ne nous permettent plus de saisir les sombres enjeux qui se jouent en-deçà de la rationalité. Que le discours soit politique ou critique, il offre peu de prise au psychiatre tenté de développer des pratiques cliniques et médico-judiciaires qui à la fois fassent sens *théoriquement* et soient *éthiquement* défendables [90]. En effet, comment un psychiatre, un acteur de la justice, peut-il résister à la demande d'orienter son action sur la défense sociale ? Ce n'est certes pas en dénonçant le caractère actuariel ou managérial des pratiques pénales, car après tout, la demande qui lui est adressée n'est-elle pas raisonnable ? Il ne peut que s'agir pour chaque sujet – psychiatre, expert, juge, travailleur social, psychologue en milieu carcéral, etc. – d'une prise de parti éthique : celle de faire exister la singularité dont il fait le pari qu'elle subsiste au-delà de la catégorie « à risque » chez chaque individu, quels que soient par ailleurs les degrés ou nature de sa « folie ». Mais à quel titre, cette prise de parti ?

Il faudrait relire, encore et toujours, *La naissance de la clinique : une archéologie du regard médical*. Ce beau livre de Foucault, qui explore les conditions de possibilité de la naissance de la médecine, montre aussi la centralité de la volonté de *savoir* et de *voir* qui anime le discours médical, ainsi que la réduction du corps individué à un objet pour le regard [91]. À la lumière de cet ouvrage, il est clair que ce qui est *dangereux*, c'est avant tout de faire l'économie d'une problématisation toujours à renouveler des pulsions et volontés de jouissance qui trouvent à se loger sous le nom d'objectivité scientifique. Ce danger, Foucault le situe aussi au cœur même des pratiques judiciaires à propos de la fonction dés-angoissante de l'expert : « je crains qu'il ne soit dangereux de laisser les juges continuer à juger seuls en les libérant de leur angoisse et en leur évitant de se demander au nom de quoi ils jugent, et de quel droit, qui, quels actes, et qui ils sont, eux qui jugent. Qu'ils s'inquiètent comme nous nous inquiétons d'en rencontrer parfois de si peu inquiets ! [92] ». Ces quelques lignes sans compromis remettent le danger à sa place : en effet, ce que Foucault s'est évertué à démontrer au cours de son enseignement, ce n'est pas tant le fonctionnement liberticide des mécanismes de pouvoir, mais que ce qui est dangereux, c'est de faire l'économie de sa division subjective dans l'exercice d'un pouvoir sur le vivant.

---

90. Et ainsi éviter la dérive de la psychiatrie ainsi épinglée par Elisabeth Roudinesco : « une psychiatrie sans clinique ni éthique, au service d'un État anonyme plus barbare que les barbares qu'il prétend désigner. », in Roudinesco E., « L'Œuvre de Foucault à l'épreuve de la nouvelle psychiatrie », in *Justice et folie*, *op. cit.*, p. 43.
91. Foucault M., *La naissance de la clinique : une archéologie du regard médical*, Paris, Presses Universitaires de France, 1963. Pour une lecture critique de ce texte, voir Voruz V., « The Status of the Gaze in Surveillance Societies » in Golder B. (ed.), *Re-Reading Foucault: On Law, Power and Rights*, London & New York, Routledge, 2012.
92. Foucault M., « L'angoisse de juger » (entretien avec R. Badinter et J. Laplanche) in Foucault M., *Dits et écrits t. 3*, *op. cit.*, p. 297.

Sous une critique de la criminologie, une critique des rationalités pénales

Olivier RAZAC, Fabien GOURIOU

Olivier Razac est philosophe, Maître de conférences en philosophie à l'Université Pierre-Mendès-France, Grenoble.

Fabien Gouriou est docteur en psychologie, travailleur indépendant et chercheur associé au Centre Interdisciplinaire d'Analyse des Processus Humains et Sociaux (CIAPHS), Université Rennes 2.

Il serait difficile de trouver aujourd'hui un ouvrage se réclamant de près ou de loin de ce qui se nomme « criminologie » qui ne cite pas, au moins, *Surveiller et punir* [1]. Or, cette évidence devrait pourtant surprendre si l'on constate, naïvement, que Foucault parle certes de prison, de criminalité, de psychiatrie criminelle… mais si peu de « criminologie ». Ceci peut s'expliquer par plusieurs raisons. D'abord, au moment où Foucault travaille sur le champ pénal, il n'y a pas en France une discipline universitaire criminologique constituée, comme c'est alors le cas, par exemple, en Belgique ou au Canada [2]. Ensuite, les réformes judiciaires, pénitentiaires, les dispositifs concrets et les pratiques des professionnels ne font que très exceptionnellement référence à un savoir criminologique (ceci malgré le mouvement de la défense sociale nouvelle en France). Enfin, et surtout, Foucault ne se donne pas pour objet la critique d'une forme de savoir qui serait la criminologie ; pas plus d'ailleurs qu'il ne le fait pour la psychiatrie ou la médecine.

La conférence inaugurale du cours dispensé en 1981 à l'Université catholique de Louvain est à ce titre fort explicite : « Je n'ai pas essayé de savoir si le discours des psychiatres était vrai, ni celui des médecins, bien que ce problème soit tout à fait légitime ; je n'ai pas essayé de déterminer à quelle idéologie obéissait le discours des criminologues – bien que ce soit également un pro-

1. Foucault M., *Surveiller et punir*, Paris, Gallimard, 1995 [1975].
2. L'École de criminologie de Louvain – ou plus exactement l'École des Sciences criminelles de Louvain – est fondée par Louis Braffort en 1929. C'est en partie sur son modèle que Denis Szabo fondera en 1960 l'École de criminologie de Montréal.

blème intéressant. Le problème que j'ai voulu poser était différent : c'était de m'interroger sur les raisons et les formes de l'entreprise de dire vrai à propos de choses comme la folie, la maladie ou le crime [3] ».

Prononcé à l'invitation de l'École de criminologie, le cours est guidé par la question du gouvernement par la vérité, saisi dans les rapports noués entre juridiction et véridiction dans la pratique pénale à travers la forme particulière de l'aveu. Ici la critique ne porte précisément pas sur la « criminologie » comme telle (terme dont le lecteur peinera d'ailleurs à trouver au fil des pages plus de cinq, ou six, occurrences), mais sur l'émergence dans le droit pénal moderne d'une subjectivité criminelle dont la consistance tient à un singulier déplacement de la fonction de l'aveu. Il ne s'agit plus d'avouer le crime pour lequel on est jugé mais de dire la vérité de son être-même ; mode d'énonciation projetant désormais le crime dans une trame subjective supposée signifiante. Du crime au criminel, de l'acte à la dangerosité, de la punition du coupable à la protection de la société... Dans cette série d'opérations, où le deuxième terme ne remplace pas mais se superpose au premier, la juridiction du juge est nécessairement doublée d'autre chose : « Il faut un savoir, il faut qu'il y ait à propos du sujet et de sa vérité un type de connaissance, un type de savoir, un type d'expérience, un type aussi d'échange et de dialogue qui ne pouvait relever que de la psychiatrie, la criminologie, la psychologie [4] ».

Comme il l'expliquera quelques temps plus tard, ce que Foucault cherche à comprendre, c'est « le système de rationalité sous-jacent aux pratiques punitives » car, dans le sillage nietzschéen de la *Généalogie de la morale*, « tout se passe comme si nous pratiquions une punition en laissant valoir, sédimentées un peu les unes sur les autres, un certain nombre d'idées hétérogènes, qui relèvent d'histoires différentes, de moments distincts, de rationalités divergentes [5] ». Dans ce cadre, c'est moins un savoir sur le crime qui attire spécialement l'attention, qu'une série de dispositifs plus concrets entrelaçant l'exercice d'un pouvoir et la prétention d'un savoir, au premier chef desquels l'expertise psychiatrique pénale. C'est en effet à cet endroit que les enjeux, aussi bien épistémologiques que politiques, sont tangibles, en tant qu'un pouvoir judiciaire et un savoir médical tous deux en crise de légitimité trouvent dans le branchement de l'un sur l'autre l'occasion rêvée, et historiquement situable, d'un renforcement mutuel et d'une extension de leur emprise. C'est très précisément ce chiasme, cet enroulement, qui constitue le fond de la critique foucaldienne.

---

3. Foucault M., *Mal faire, dire vrai. Fonction de l'aveu en justice. Cours de Louvain, 1981*, Louvain, Presses universitaires de Louvain / Chicago, University of Chicago Press, 2012, pp. 9-10.
4. *Ibid.*, p. 223.
5. Foucault M., « Qu'appelle-t-on punir ? », in Foucault M., *Dits et écrits, Tome IV*, Paris, Gallimard, 1994 [1984], pp. 636-646, p. 637.

Or, on pourrait croire que les choses ont profondément changé depuis. La progressive consolidation académique de la criminologie en serait un premier marqueur même si, d'un pays à l'autre, sa place et donc sa reconnaissance dans le paysage universitaire diffère tout de même notablement. Second marqueur, son influence de plus en plus explicite dans le champ pénal, en l'occurrence dans les pratiques pénitentiaires qui seront présentement l'objet de notre analyse. De telles évolutions pourraient laisser suggérer que la dispersion initiale de la nébuleuse criminologique a désormais cédé la place à un dispositif à la fois autonome et localisé : « la » criminologie comme corps doctrinal constitué, qu'un frayage foucaldien s'emploierait alors à déconstruire comme tel. Pourtant, si les choses semblent changer, le problème initial persiste. D'un côté, si l'on pose qu'un « savoir » criminologique existe, force est d'admettre la persistance de son éclatement tant épistémologique qu'institutionnel, solidaire d'une légitimité bien fragile [6]. De l'autre, l'évidence de son ancrage dans les pratiques pénitentiaires est à la mesure de son ambiguïté, comme nous allons tâcher de l'expliciter. De telle manière que si l'on veut faire la critique d'une criminologie institutionnalisée ou celle d'un tournant criminologique des pratiques pénitentiaires, on a bien souvent l'impression de brasser du vent, en particulier en France.

D'où cette proposition méthodologique : il ne s'agit pas de partir d'un prisme criminologique pour analyser la rationalité des pratiques, mais de partir du montage de rationalités dont témoignent les pratiques pour y repérer la place et le rôle d'une rationalité criminologique. Ceci suppose tout d'abord une analyse discursive visant à cartographier les différentes rationalités qui structurent le champ pénitentiaire actuel (I), afin de clarifier le système de relations qu'elles entretiennent les unes avec les autres (II). Cette cartographie doit permettre de saisir comment une rationalité criminologique s'insère dans cette configuration et en redistribue le jeu de relations (III). C'est à partir d'une telle analyse que les enjeux épistémologiques et politiques d'une « criminologie » pourront dès lors être saisis : elle n'est pas une « nouvelle » rationalité de la peine qui se substituerait pas à pas à une autre, mais l'une des pièces d'un montage éclectique de rationalités qui permet de faire fonctionner un nouvel arbitraire de la justice.

Cet article repose sur une recherche menée entre 2011 et 2013 intitulée *Les rationalités de la probation française* [7]. C'est pourquoi nous limiterons notre propos à l'activité des Services pénitentiaires d'insertion et de probation

6. En témoigne la « polémique » française autour de la création d'une chaire universitaire de criminologie. Sur ce sujet, voir par exemple : Mucchielli L., « Vers une criminologie d'État en France ? Institutions, acteurs et doctrine d'une nouvelle science policière. », *Politix*, 89-1, 2010, pp. 195-214 et, de l'autre côté, Bauer A., Raufer X., Roucaute Y., « Une vocation nouvelle pour la criminologie », *Sécurité globale*, Automne 2008.

7. Razac O. (CIRAP/ENAP), Gouriou F. (CIAPHS) et Salle G. (CLERSÉ), *Les rationalités de la probation française*, Rapport de recherche, Cirap/Enap, Ministère de la Justice, 2013. Source internet : http://www.enap.justice.fr/recherche/actualite.php?actu=386

(SPIP) pour ce qui concerne les mesures hors détention, donc en milieu dit « ouvert ». Considérant par ailleurs que, d'une part, la question de l'influence ou de l'usage de la criminologie y est plus vivace qu'en milieu dit « fermé » et que, d'autre part, la configuration de rationalités y est exemplaire d'un éclectisme légitimant des pratiques tendanciellement arbitraires de gouvernementalité.

Les rationalités de la probation française

Avant de proposer une cartographie des rationalités structurant le champ pénitentiaire de la probation, il faut définir ce que l'on entend ici par « rationalité ». Le niveau d'analyse choisi s'inspire des indications méthodologiques qui parsèment l'œuvre de Foucault – de *l'Archéologie du savoir* [8] aux derniers textes – et selon lesquelles il faut partir de la discursivité, de la pluralité et de la contingence de la rationalité. La raison ne doit pas être conçue comme un universel apodictique et substantialisé mais comme un jeu entre des formations de discours possédant une certaine consistance interne. « Ce que j'ai essayé d'analyser, ce sont des formes de rationalité : différentes instaurations, différentes créations, différentes modifications par lesquelles des rationalités s'engendrent les unes les autres, s'opposent les unes aux autres, se chassent les unes les autres, sans que pour autant on puisse assigner un moment où on serait passé de la rationalité à l'irrationnalité [9]. » Ces formes de rationalité se saisissent à un niveau discursif, c'est-à-dire au niveau des choses effectivement dites, « énoncées », et de la structure qu'elles manifestent. La consistance minimale d'une rationalité se trouve dans la liaison entre une *finalité* spécifique et une série de *moyens* conçus comme nécessaires pour réaliser cet objectif. La première chose à analyser dans une institution est ainsi « sa rationalité ou sa fin, c'est-à-dire les objectifs qu'elle se propose et les moyens dont elle dispose pour atteindre ces objectifs. C'est en somme le programme de l'institution [10] ». Mais, pour compléter cette définition, il est éclairant de considérer aussi les places ou positions logiquement impliquées pour celui qui met en œuvre cette rationalité (*position de sujet*) et celui sur qui elle s'exerce (*position d'objet*).

Or, le champ pénitentiaire, et celui de la probation en particulier, ne livre pas spontanément des formations de discours ayant atteint le niveau minimum de consistance pour Foucault, c'est-à-dire un seuil de positivité tel qu'une pratique discursive individualisée fasse fonctionner un seul système de formation des énoncés. Les recherches sur ce champ et ses professionnels insistent au contraire sur l'éclatement des missions [11], la fragilité identitaire [12] ou la disper-

8. Foucault M., *L'archéologie du savoir*, Paris, Gallimard, 1969.
9. Foucault M., « Structuralisme et poststructuralisme », in Foucault M., *Dits et écrits, Tome IV*, Paris, Gallimard, 1994 [1983], pp. 431-457, p. 441.
10. Foucault M., « Qu'appelle-t-on punir ? », *op. cit.*, p. 639.
11. Chauvenet A., Orlic F., « Sens de la peine et contraintes en milieu ouvert et fermé », *Déviance et société*, 26-4, 2002, pp. 443-461.

sion et l'artisanat des pratiques [13]. D'où la nécessité d'un premier repérage généalogique afin d'effectuer le « découpage provisoire » de « régions initiales » de rationalité [14]. Selon cette méthode, des grands ensembles – eux-mêmes complexes, évolutifs, perméables – sont aisément repérables.

La probation française repose, en premier lieu, sur un triptyque de logiques constitutives. Dès la création des services sociaux des prisons (1945) et ensuite des Comités de probation et d'assistance aux libérés (CPAL, 1958), qui deviendront ensuite les Services pénitentiaires d'insertion et de probation (SPIP, 1999), on trouve trois logiques structurantes : les assistantes sociales, les éducateurs pénitentiaires et les bénévoles ont un rôle éducatif compris selon un prisme moral, et un rôle social compris selon un prisme solidaire et humaniste, le tout pour des citoyens condamnés par la loi pénale [15]. Cette *action socio-éducative sous mandat pénal* constitue toujours le socle sur lequel s'appuient les pratiques de probation en France. Il est en lui-même complexe, ces trois rationalités (pénale, éducative, sociale) n'étant pas nécessairement harmonieuses, mais les débats en sont relativement connus et stabilisés. Or, trois autres rationalités ont pris une importance croissante dans l'application des peines en venant singulièrement complexifier le sens, opérationnel et symbolique, des pratiques.

Tout d'abord, une *rationalité sanitaire* reconfigure l'application des peines, en particulier à travers le recours toujours plus massif aux différentes formes de soins pénalement ordonnés : obligation de soins [16], injonction thérapeutique [17] et injonction de soins [18]. Ce mouvement a été nettement favorisé par une « pathologisation » de la délinquance autour des figures du toxicomane et du délinquant sexuel et, plus globalement, des addictions et des violences. Ensuite, une *rationalité de gestion des risques criminels*, dont nous verrons que c'est à elle qu'il faudrait réserver le terme de « criminologie » si l'on souhaite retrouver un peu de clarté dans l'analyse des enjeux de la pénalité. S'il n'existe pas en France une science institutionnalisée d'évaluation et de traitement des risques criminels, il est manifeste que des formes de discours dits « criminologiques » produisent des effets tangibles sur la pratique des SPIP. Auparavant marginal, le terme est devenu central dans les textes normatifs

12. Lhuilier D. (ed.), *Changements et construction des identités professionnelles : les travailleurs sociaux pénitentiaires*, Paris, Direction de l'administration pénitentiaire, juillet 2007.
13. Dindo S., *Sursis avec mise à l'épreuve : la peine méconnue. Une analyse des pratiques de probation en France*, Paris, Direction de l'administration pénitentiaire/Bureau PMJ 1, mai 2011.
14. Foucault M., *L'archéologie du savoir*, *op. cit.*, p. 42.
15. Faugeron C., Le Boulaire J.-M., « La création du service social des prisons et l'évolution de la réforme pénitentiaire en France de 1945 à 1958 », *Déviance et société*, 12-4, 1988, pp. 317-359, p. 39.
16. Loi de 1954 sur le traitement des alcooliques dangereux, puis la création en 1958 du sursis avec mise à l'épreuve.
17. Loi de 1970 relative à la lutte contre la toxicomanie.
18. Loi de 1998 relative à la prévention et à la répression des infractions sexuelles, instituant le suivi socio-judiciaire.

récents. La circulaire du 19 mars 2008 relative aux missions et aux méthodes d'intervention des SPIP [19] subordonne ainsi l'action des services à la mission de « prévention de la récidive », précisant que cette mission doit être comprise selon une « dimension criminologique » et une « dimension sociale ». La même circulaire fait aussi référence aux « connaissances en criminologie » sur lesquelles les agents sont enjoints à s'appuyer dans leur action, et ces orientations se concrétisent dans la production de dispositifs tels que le diagnostic à visée criminologique (DAVC) et les programmes de prévention de la récidive (PPR). Enfin, ces cinq logiques possédant chacune leurs exigences en termes de prise en charge des personnes sont en relation avec une logique plus organisationnelle de « nouvelle gestion publique », au sens d'une transposition de « l'esprit gestionnaire » et managérial auparavant réservé au firmes privées concurrentielles [20], dont les signes manifestes ont été la loi organique relative aux lois de finances (LOLF) promulguée le 1er août 2001 et la Révision générale des politiques publiques (RGPP) en 2008.

Pour autant, ce premier repérage ne suffit pas à cartographier le système de rationalités de la probation française car il reste trop superficiel. Nous n'y reconnaissons que la manière avec laquelle on peut nommer des ensembles discursifs juxtaposés et informant les pratiques mais nous n'atteignons pas leur consistance logique propre, ce qui permettrait de les identifier comme des rationalités distinctes les unes des autres et dont on pourrait alors décrire le système de relations. De plus, ce repérage peut être particulièrement trompeur, car rien ne garantit la réalité de ce découpage. L'éducatif est par exemple un « monde » en soi, ayant intégré des références psychanalytiques, des considérations sociales, de même qu'il reste indissociable des enjeux de gestion des risques et pris dans les difficultés de gouvernementalité néolibérale. Et ceci est vrai pour toutes les autres logiques, dont la porosité est si grande que leur individualisation pourrait finalement n'être que rhétorique : l'éducatif se nommerait parfois criminologique, le sanitaire participerait de la gestion des risques, le pénal aurait des vertus éducatives, la réinsertion sociale préviendrait la récidive, etc. C'est pourquoi il nous faut faire un effort de distinction pour fixer ces rationalités par ce qui les caractérise en propre, et à l'exception de ce qui caractérise les autres. Si l'on trouve une définition minimale qui en constitue un noyau dur, absent des autres logiques, on se donne alors les moyens de comprendre le fonctionnement du système de rationalités à partir duquel les pratiques s'orientent et se légitiment. À l'inverse, si l'on accepte un relâchement sémantique tel qu'il permette de dire, par exemple, que toute action est thérapeutique et qu'elle participe à la prévention de la récidive tout en améliorant la qualité du service public pénitentiaire pour les condamnés usagers, on se prive de toute possibilité de problématiser l'éclectisme pénal actuel et ses

19. Circulaire DAP n° 113/PMJ1 du 19 mars 2008, relative aux missions et aux méthodes d'intervention des services pénitentiaires d'insertion et de probation.
20. Ogien A., *L'esprit gestionnaire. Une analyse de l'air du temps*, Paris, Éditions de l'EHESS, 1996.

effets de pouvoir. D'où cette nouvelle proposition d'un repérage structural des rationalités qui permette d'isoler méthodologiquement leurs logiques propres pour, ensuite, formaliser le système de relations spécifique au champ de la probation française [21].

- La *rationalité pénale*, au sens pur, se caractérise par sa dimension politique et symbolique, sa finalité étant le paiement d'une dette contractée par un citoyen du fait de la désobéissance aux règles auxquelles il est tenu en tant que citoyen. Cela implique de lui infliger une punition dont la dimension afflictive, quelle qu'en soit la forme, assure la rétribution (paiement) de cette dette. Celui qui applique une telle rationalité est mis dans la position du juge ou de l'homme qui applique la loi. L'objet pénal est mis dans la position du citoyen puni, à la fois confirmé dans sa citoyenneté, dégradé par sa désobéissance mais en voie de réhabilitation grâce à la peine elle-même. Ce qu'il faut retenir ici, c'est que le pénal constitue toujours un socle de légitimation politique, contractualiste, puissant. Pourtant, il a nécessairement dû s'adjoindre d'autres dimensions hétérogènes pour justifier le « vilain métier de punir [22] ».

- La *rationalité éducative*, qui s'enracine dans la vieille fonction d'amendement, vise précisément un objectif de transformation morale du sujet. La peine ne doit pas uniquement être vengeresse mais aussi servir à l'émancipation par un travail en profondeur de l'individu sur lui-même, travail de transformation des valeurs qui structure sa vision du monde et guide ses comportements – ce que l'on pourrait nommer une « conversion axiologique [23] ». Pour obtenir ce déplacement, il faut établir une relation avec la personne, nécessairement basée sur la confiance pour mettre en discussion ce qui est de l'ordre de la conscience intime. L'éducateur est donc un accompagnateur (*e-ducere*, conduire vers…), dont l'empathie est requise en tant que condition d'une juste distance face à l'autre. Enfin, l'éduqué est nécessairement mis dans une position de minorité, toute prétention éducative supposant chez lui un déficit d'autonomie et de responsabilité. L'important est ici de percevoir l'effet de légitimation d'une posture normative qui s'ancre en même temps sur un souci pour la dimension subjective de l'individu puni.

- La *rationalité sociale* a pour finalité la réinsertion des personnes condamnées. Cela suppose une action de « reconstruction » du lien social tournée vers

21. Il s'agit ici de définitions minimales, de schèmes construits à partir d'une analyse des discours structurants du champ de la probation française. Elles s'appuient sur deux sources de discours. D'une part, des textes de référence sur le sujet : normes législatives et réglementaires, prescriptions relatives à la formation des agents, brochures officielles, rapports de diverses provenances, ouvrages théoriques, etc. D'autre part, une série d'entretiens (n = 38) réalisés avec des personnels pénitentiaires d'insertion et de probation entre novembre 2011 et janvier 2013, principalement au sein de cinq SPIP (sièges ou antennes) français.
22. Foucault M., *Les anormaux. Cours au Collège de France. 1974-1975*, Paris, Gallimard/Le Seuil, Hautes Études, 1999, p. 22.
23. Casadamont G., « Institution judiciaire, travail éducatif et inscription sociale », in *Études (1983-1987)*, Plessis-le-Comte, Enap, 1987, pp. 21-35.

le logement, l'emploi, la formation, l'accès aux droits, les relations sociales et familiales, etc. Le moyen impliqué est double : d'une part l'élaboration d'un projet d'insertion viable en fonction des capacités de la personne mais aussi des contraintes pénales et, d'autre part, la connexion de ce projet avec des possibilités de réalisation sociale, en particulier grâce à l'orientation vers des partenaires (services publics, entreprises privées, associations etc.). Le CPIP est alors en position de conseiller (pour le projet) coordonnateur (vers les partenaires). Ceci implique une relation de proximité avec la personne, le projet requérant la compréhension globale d'une situation et d'un parcours, et une forme de technicité dans la gestion du réseau de partenaires. La personne à insérer est, par définition, conçue négativement par un déficit de statut social qu'elle a le devoir de combler par le travail de Sisyphe d'une insertion interminable [24]. Cette dimension sociale « compense » la dimension strictement rétributive par une justification plus « solidariste » : si le condamné doit « payer » politiquement, il doit aussi être « aidé » socialement.

- La *rationalité sanitaire* – dont le point de référence est ici celui de la santé mentale – est complexe à saisir, notamment parce que les personnels pénitentiaires ne sont pas censés prendre eux-mêmes en charge les dimensions sanitaires de la peine. On peut retenir comme définition consensuelle de la finalité sanitaire la notion de soulagement d'une souffrance, dans l'horizon d'une santé conçue de manière extensive en tant qu'état de « bien-être » [25]. Son moyen spécifique est le diagnostic et le traitement du trouble qui cause cette souffrance. Or si les CPIP ont *a priori* une position d'orientation des personnes vers les partenaires de santé, ils sont en fait amenés à occuper une position bien plus ambiguë face à cette question du soin. En effet, ils doivent opérer des sortes de pré-diagnostics pour réaliser ces orientations et juger de la pertinence des mesures d'obligation de soins. Mais il doivent aussi travailler en entretien la question de l'adhésion aux soins pénalement contraints voire, de plus en plus, œuvrer en « collaboration » avec les soignants pour susciter cette « demande » et favoriser ainsi l'ouverture d'un travail thérapeutique. Ceci les place bien dans une position de soin, c'est-à-dire *a minima* de souci pour la souffrance de l'autre ; cet autre étant défini par la « maladie » dont il est essentiellement victime. Cette logique proliférante dans les prises en charge de probation s'appuie, en même temps qu'elle la stimule, sur une posture humaniste qui justifie la pratique par la volonté de soulager autrui.

- La *rationalité de gestion des risques criminels* affiche quant à elle une prétention techno-scientifique de connaissance et de maîtrise du phénomène criminel, communément appelée « nouvelle pénologie [26] » dans le monde anglo-

---

24. Castel R., *Les métamorphoses de la question sociale*, Paris, Gallimard, Folio essais, 1999 [1995], pp. 418-435.
25. *Plan Psychiatrie et Santé mentale 2011-2015*, Paris, Ministère du Travail, de l'Emploi et de la Santé, Ministère des Solidarités et de la Cohésion sociale, février 2012, p. 17.
26. Cauchie J.-F., Chantraine G., « De l'usage du risque dans le gouvernement du crime.

saxon. Selon un vieux schéma d'opposition, la finalité n'est plus ici rétributive – tournée vers l'acte passé – mais préventive – tournée vers la potentialité d'un acte futur. Les moyens de cette gestion sont l'évaluation et le traitement du risque, où l'enjeu n'est plus d'inférer une dangerosité des individus à partir de théories déterministes plus ou moins consistantes, mais de mesurer une probabilité à partir de critères objectivés (physiques, psychiques, comportementaux, sociaux, etc.) et traités statistiquement. Il s'agit ensuite de la prétention à réduire ce risque par des programmes d'action standardisés, soumis à une évaluation quantitative de leur efficacité. L'agent de probation est alors mis dans la position d'un technicien-expert du risque, dont le but est de catégoriser la personne suivie en fonction des facteurs de risque qu'elle incarne. Il faut remarquer la légitimation scientiste et techniciste qui est ici recherchée dans l'espoir, d'une part de consolider un champ professionnel, d'autre part de convaincre les administrateurs, les politiques, voire l'opinion publique de l'efficience du système judiciaire en matière de sécurité publique. Cette rationalité de gestion des risques criminels, est finalement celle qui peut donner un contenu adéquat et précis au vocable flottant de « crimino-logie ». Il faut en effet refuser la dissémination de ce terme, qui peut aussi bien désigner l'évaluation actuarielle du risque [27] que le travail éducatif et humaniste dans l'application des peines [28], ou encore la réflexion critique sur le crime comme production sociale [29]. Il s'agit là, en fait, de savoirs hétérogènes sur le phénomène criminel, dont les paradigmes sont incommensurables et les objectifs inconciliables.

- On perçoit immédiatement l'alliance objective qui se noue entre cette gestion des risques et la *rationalité de nouvelle gestion publique* indexée sur la recherche de l'efficience maximale des systèmes gouvernementaux. Cette recherche d'efficience passe principalement par la quantification et la standardisation de l'action qui mettent l'agent dans une position de comptable. Comptable des ressources dépensées et comptable au sens de la responsabilité vis-à-vis d'une obligation de résultat qui ne dit pas encore son nom, en particulier en termes de responsabilité d'une récidive. La notion de qualité du « service public pénitentiaire » pose le condamné dans la position immédiate-

---

Nouveau prudentialisme et nouvelle pénologie », *Champ pénal/Penal Field* [En ligne], vol. II, 2005 ; Slingeneyer T., « La nouvelle pénologie, une grille d'analyse des transformations des discours, des techniques et des objectifs dans la pénalité », *Champ pénal/Penal field* [En ligne], vol. IV, 2007.

27. Ainsi du modèle « RBR », pour Risques, Besoins et Réceptivité, systématisé au Canada et en expansion dans le monde. Sur ce modèle : Bonta J., Andrews A., *Modèle d'évaluation et de réadaptation des délinquants fondé sur les principes du risque, des besoins et de la réceptivité*, Rapport pour spécialistes n°2007-06, Ottawa, Sécurité Publique Canada, 2007.
28. Voir par exemple McNeill F., "Desistance, 'What works?' and community sanctions", in Mbanzoulou P, Herzog-Evans M., Courtine S., *Insertion et désistance des personnes placées sous main de justice*, Paris, L'Harmattan, Champ pénitentiaire, 2012, pp. 155-165.
29. Sur la distinction entre une crimino-logie et un champ de savoir sur le crime comme « activité spécifique de connaissance » voir Kaminski D., Mary P. et Cartuyvels Y., « L'autonomie épistémologique de la criminologie : illusoire et inutile », *Cahiers Français*, La Documentation Française, 372, 2012, pp. 76-79.

ment paradoxale d'être un usager, à la fois citoyen puni et « client » d'une prestation. D'où une nouvelle forme de légitimation par l'instrumentalisation de l'action publique impliquant une dépolitisation des enjeux jadis politiques de la peine [30].

Les relations entre rationalités : synergies, contradictions et torsions de sens

Ces éléments de définitions ne doivent pas être pris pour des réifications de logiques qui, en fait, sont toujours déjà enchevêtrées dans les discours et les pratiques. Ils sont méthodologiques et instrumentaux, ne servant qu'à clarifier les types de relation qui structurent le système de rationalités, afin de les problématiser. Si l'on accepte notre schématisation, trois types de relation sont alors repérables.

Il y a d'abord des formes d'affinités entre rationalités. Ces affinités peuvent être locales, telles que l'alliance objective entre des rationalités gestionnaires (du risque et des ressources) ou l'affinité humaniste du socio-éducatif mais aussi du sanitaire. On peut aussi, et surtout, être attentif aux « synergies » plus transversales, souvent postulées par l'institution lorsqu'elle vante par exemple les mérites de la « pluridisciplinarité » et du « partenariat » ; synergies présupposant que la connexion de ces logiques est à la fois cohérente et source d'efficacité dans les prises en charge, à l'instar de la promotion de la « prévention de la récidive » comme l'*alpha* et l'*oméga* des pratiques de probation.

Pourtant, ces affinités et ces synergies provoquent inévitablement de multiples contradictions ou *hiatus* entre des rationalités incommensurables. Le pénal entre ainsi en conflit avec l'humanisme impliqué par les prises en charge : extériorité judiciaire *versus* relation empathique éducative, logique rétributive *versus* logique d'aide sociale, dimension afflictive de la peine *versus* souci sanitaire de soulagement d'une souffrance, etc. De même, les logiques gestionnaires entrent en conflit avec les exigences symboliques de l'application stricte de la justice, comme avec les soubassements axiologiques du métier. La suspicion, la focalisation sur le passage à l'acte voire la quantification du risque impliquées par la rationalité criminologique percutent la confiance, la prise en charge globale tournée vers les déficits de l'individu d'une logique socio-éducative. Le « pragmatisme », le rationnement, la standardisation de la rationalité gestionnaire heurtent l'exigence axiologique, la notion d'obligation de moyens et la prise en compte de la singularité d'une approche plus humaniste et solidaire.

---

30. Lascoumes P., Le Galès P. (eds.), *Gouverner par les instruments*, Paris, Presses de Sciences Po, 2004 ; Mary P., « Le Travail d'intérêt général et la médiation pénale face à la crise de l'état social : dépolitisation de la question criminelle et pénalisation du social » in *Travail d'intérêt général et médiation pénale : Socialisation du pénal ou pénalisation du social ?*, École des Sciences criminologiques Léon Cornil, Bruxelles, Bruylant, 1997.

Enfin, d'une manière plus subtile, l'articulation (simultanée ou successive) entre ces logiques provoque des torsions de sens inévitables sur les notions manipulées et les registres d'intervention impliqués. Ainsi, dans l'activité d'évaluation et de traitement des personnes suivies, tout se passe comme si l'on postulait la cumulativité des connaissances et la coordination harmonieuse des actions. Le mélange d'informations issues du parcours pénal, de la trajectoire personnelle, du comportement en détention, des attitudes dans les entretiens, de la situation sociale, du contexte affectif, des « diagnostics » de troubles plus ou moins précis (trouble de la personnalité, addiction, perversion...), mais aussi du jugement professionnel tout à fait variable dans sa qualité et ses présupposés selon les différents intervenants, etc., tout cela est censé prendre sens par la magie d'une richesse pluridisciplinaire incontestée. De même, les différents types d'action sur la personne tels que le rappel à la loi, le travail de prise de conscience, la verbalisation et les décharges d'affect, les efforts d'insertion, le traitement des troubles psychiques, la menace de l'incarcération, l'auto-contrôle comportemental, etc., tout cela est pensé comme allant naturellement d'un point A (l'état délinquant) à un point B (la sortie de la délinquance). Or, dans le cas de connaissances dont les présupposés sont loin d'être directement compatibles comme dans le cas d'actions dont les effets n'ont aucune raison de s'aligner, le plus probable n'est pas la synergie mais la cacophonie ou le mouvement brownien. Il faut également insister sur le fait que dans l'articulation ou la succession de ces logiques dans les prises en charge, les positions de sujet et d'objet ne peuvent pas se superposer d'une manière rationnelle : il n'est pas possible, logiquement, d'être à la fois un juge impartial, un accompagnateur empathique, un orienteur bienveillant, un soignant, un technicien du risque et un agent du service public face à son usager, même si la situation pratique réalise de fait cette impossibilité. De même qu'être traité comme un citoyen à punir, un immature à éduquer, un exclu à insérer, un malade à guérir, un dangereux à neutraliser, un usager à gérer, cela fait beaucoup pour un seul homme. Pour autant, on repère aisément que ces « problèmes » logiques renforcent en même temps les effets de pouvoir d'un tel système, car si l'on peut demander raison des décisions et de la légitimité d'un pouvoir reposant sur une rationalité positive, il est impossible de le faire devant une rationalité multiforme du pouvoir dont l'éclectisme produit un arbitraire aussi efficient qu'insaisissable.

Le rôle fantomatique d'une rationalité criminologique

Cette analyse en termes de système de rationalités permet déjà de saisir que le problème actuel n'est pas tout à fait celui de la colonisation du pénal et du pénitentiaire par un savoir ou des pratiques dites « criminologiques ». Le problème est bien davantage celui de la place que prend une telle logique dans un système multiple et, surtout, les effets du fonctionnement de l'ensemble du système. Plus précisément, qu'en est-il de la rationalité criminologique, au sens de gestion des risques criminels, dans la probation française ? Comment s'insère-t-elle dans ce champ où elle ne représente qu'un élément parmi d'autres ? À la question naïve de savoir s'il existe en France des dispositifs concrets d'évaluation et de traitement des risques dans le champ de la probation, la réponse est clairement non. Les deux dispositifs récents qui ont pu laisser croire au développement d'une telle logique – le diagnostic à visée criminologique (DAVC) et les programmes de prévention de la récidive (PPR) – témoignent en fait de la place ambiguë d'une gestion des risques en France.

Le DAVC, initialement présenté comme un outil d'évaluation du risque de récidive, est rapidement devenu un dossier informatisé témoignant de la situation de la personne à un moment donné. Il s'agit d'un onglet de l'application informatisée APPI (pour Application des Peines, Probation et Insertion) qui comprend des informations sur la situation pénale et le respect des obligations, sur l'appropriation de la condamnation et la reconnaissance de l'acte commis, sur l'inscription dans l'environnement social, professionnel et familial, sur les capacités au changement, sur la prise en charge médicale dans le cadre des mesures privatives ou restrictives de liberté. Pour chaque partie du DAVC, le CPIP doit dégager des axes de travail argumentés et, à la fin, il synthétise la situation et propose des objectifs hiérarchisés pour la prise en charge. Le DAVC initial doit être rempli trois mois après la saisine du SPIP et il est obligatoirement validé par un cadre du service, ce qui déclenche une transmission immédiate à l'autorité judiciaire. D'une manière tout à fait symptomatique, la circulaire du 8 novembre 2011 relative à ce « diagnostic » n'utilise le mot « criminologique » qu'une seule fois (en dehors du C de DAVC), à la toute fin : « Une fois ce travail effectué, le CPIP est en mesure de proposer des modalités de suivi adaptées au profil criminologique de la personne suivie ». Or, cette prétention est tout fait intenable. Il faudrait en effet que de tels profils préexistent au diagnostic (ou que celui-ci serve à les produire). Il faudrait que la série d'informations récoltées soit traitée comme autant de signes dont des configurations précises seraient reliées à un niveau de risque précis. Ce qui produirait des catégories de risque auxquelles on pourrait rattacher chaque personne évaluée. Ce n'est absolument pas le cas ici, ni d'une manière strictement quantitative (des items cotés donnant un score de risque), ni d'une manière plus qualitative. Il n'y a tout simplement aucun lien dans cet outil entre les informations, leur organisation et la mesure d'un risque. Chaque diagnostic n'est finalement que le dossier unique d'une personne ne le rattachant à aucune catégorie ; ni profil, ni criminologique, donc. Par ailleurs, pour que cet outil corresponde à une rationalité de gestion du risque, il faudrait que le résultat du diagnostic oriente automatiquement vers des programmes d'action adaptés au profil de risque, visant à faire baisser ce risque et pouvant objectiver leur efficacité. Là encore, rien de tout cela. La proposition de travail du CPIP n'est pas orientée vers la baisse d'un risque (ni par l'outil, ni par la culture professionnelle) mais vers la résolution de problèmes inhérents à la situation de la personne, gênant le respect des obligations pénales, mais aussi sa réinsertion sociale.

De même, les PPR sont présentés dans la circulaire du 19 mars 2008 comme un mode de prise en charge collectif (sous la forme d'un groupe de parole d'une dizaine de séances animé par un binôme de CPIP), spécifiquement ancré dans la dimension « criminologique » de la mission de « prévention de la récidive ». Ceci impliquerait donc d'orienter résolument la prise en charge sur le passage à l'acte, ses déterminants (*i.e.* les facteurs de risque de récidive), et ses conséquences sur la victime et la société. La pédagogie privilégiée y serait « d'inspiration cognitivo-comportementale », visant à modifier les schémas cognitifs jugés inadaptés et corriger les comportements délictueux par l'apprentissage de stratégies d'évitement des situations à risque [31]. Tout porte ainsi à croire que ces programmes s'inscriraient dans une rationalité de gestion des risques criminels puisque, strictement focalisés sur l'acte et ses conséquences, ils ont pour objectif la réduction du risque en misant sur la capacité des individus à s'auto-contrôler. Pourtant, la définition institutionnelle du dispositif de même que son usage par les professionnels invitent à nuancer fortement ce postulat. Du point de vue de sa définition, le PPR semble en effet sans cesse renvoyé à une articulation impossible entre les rationalités éducative et criminologique. C'est ainsi, par exemple, que le Référentiel PPR peut à la fois énoncer qu'« afin de garantir le caractère criminologique *ou* éducatif du PPR, l'animation par un binôme psychologue/personnel d'insertion ou l'intervention de tout autre partenaire extérieur ne doit pas être envisagée [32] » puis, quelques pages plus loin, qu'« afin de garantir le caractère "criminologique" *et* éducatif du PPR, l'animation relève de la compétence exclusive des personnels d'insertion et de probation [33] ». Que penser de la coexistence de ces deux modes opposés de rapport entre l'éducatif « et/ou » le criminologique ? Quelle articulation envisager à partir de l'alternance discrète entre un « et » et un « ou », qui rend indécidable le paradigme propre du dispositif ? Or, cette ambiguïté ne manque pas de faire retour dans les pratiques elles-mêmes. En premier lieu, l'orientation des personnes dans un PPR se fait beaucoup moins en fonction d'un risque perçu (à défaut d'être évalué) qu'en fonction de l'opportunité que ce mode de prise en charge représente au regard de la situation de la personne comme du déroulement du suivi (le passage en groupe étant souvent une réponse à certains freins rencontrés dans le suivi individuel). En second lieu, un consensus semble régner : le PPR est presque unanimement qualifié d'éducatif tandis que le criminologique brille par une *quasi* absence. Plus précisément, les éléments de rationalité criminologiques du PPR dans sa définition « théorique » sont fréquemment recodés par les professionnels dans les termes d'une rationalité éducative. Le « travail sur le passage à l'acte » fait alors l'objet de discours contrastés, où une compréhen-

31. Pour une présentation institutionnelle du dispositif, voir : Brillet E., « Une nouvelle méthode d'intervention auprès des personnes placées sous main de justice : les programmes de prévention de la récidive (PPR) », *Cahiers d'études pénitentiaires et criminologiques*, 31, août 2009 ; *Référentiel Programme de prévention de la récidive*, Paris, Direction de l'administration pénitentiaire, mai 2010.
32. *Référentiel Programme de prévention de la récidive*, *op. cit.*, p. 20. Nous soulignons.
33. *Ibid.*, p. 44. Nous soulignons.

sion criminologique le dispute clairement à une compréhension éducative. Repérage des distorsions cognitives, analyse de la chaîne délictuelle, apprentissage des stratégies d'évitement des situations à risque, etc. – ou – Réflexion sur le parcours de vie, introspections sur le sens des valeurs d'un monde vécu, implications des choix existentiels, etc. : le PPR se caractérise moins par son ancrage dans une prétendue dimension criminologique que par l'indétermination de sa visée.

Pour autant, il serait naïf de considérer que le C de DAVC, ou les notions « criminologiques » des PPR ne sont que des erreurs ou de simples effets de communication. La rationalité de gestion des risques, si elle ne structure pas ces dispositifs concrets, produit des effets importants à d'autres niveaux. Tout d'abord, il y a effectivement des mesures indexées sur la dangerosité des individus, c'est clairement le cas pour la rétention, la surveillance de sûreté et la surveillance judiciaire qui s'ajoutent à la peine sur la base d'une évaluation de dangerosité (reposant essentiellement sur l'expertise psychiatrique pénale). Mais cette manière de voir est également présente dans le suivi socio-judiciaire, de plus en plus au niveau des libérations conditionnelles et, finalement, elle « hante » l'ensemble des pratiques en introduisant la grille de lecture du risque de récidive là où elle n'a par ailleurs souvent pas de sens pour les professionnels.

De ce fait, la notion de « prévention de la récidive » comprise selon le prisme de la gestion des risques (ce qui n'est pas une nécessité) tend à infléchir et subordonner le sens des différents registres d'action – pénal, éducatif, social, sanitaire. Et la subtilité réside en ceci qu'elle le fait moins au niveau de la matérialité même des dispositifs que de leur usage. Par exemple : continuer à rechercher une « prise de conscience » par un accompagnement éducatif, mais en se focalisant d'une manière plus ou moins maîtrisée sur le passage à l'acte ; continuer à œuvrer à l'insertion des personnes, mais en se limitant à ce que l'on perçoit comme en lien avec le risque de récidive ; rechercher une adhésion au soin avec en tête le rapport supposé entre un trouble flou et une dangerosité qui l'est tout autant…

Or, cette diffusion insidieuse d'un registre criminologique sert également à légitimer l'action pénitentiaire sous un angle « pragmatique ». Cela peut être vrai du professionnel arborant une action de « prévention de la récidive » pour pouvoir continuer à agir selon ses propres valeurs ; mais aussi du service ou de l'administration qui doivent rendre compte de son activité selon le prisme gestionnaire ; ou encore d'une rhétorique politicienne affichant la prétention d'une efficience préventive en termes de sécurité publique. Mais, en retour, le remplissage de la coquille vide criminologique par des logiques d'action plus réalistes et plus valorisées dans le contexte français, en tout cas professionnellement, permet aussi de légitimer une logique de prévention de la récidive par une sorte de « sublimation » par les valeurs. Bref, une figure tout à fait foucaldienne de la double légitimation : une prétention techno-scientifique concrètement et symboliquement intenable, qui à la fois légitime et est légitimée par des pratiques axiologiques qu'elle juge obsolètes.

Conclusion : Légitimations éclectiques et arbitraires du droit de punir

Pour autant, telle qu'elle se déploie à partir de l'expertise psychiatrique pénale, par exemple au début du cours au Collège de France de 1974-1975 et culminant dans les considérations sur la naissance d'un pouvoir de normalisation à la pliure entre le pouvoir juridico-politique de la loi et le pouvoir médical de la norme [34], la critique foucaldienne de la « criminologie » pourrait bien être aujourd'hui retournée contre elle-même. Malgré les doutes que l'on peut leur opposer, les tenants d'une prétention techno-scientifique de la gestion du crime pourraient sans difficulté tourner cette critique à leur avantage en pointant que le domaine de la criminologie est effectivement né dans un intervalle, au croisement de deux formes de pouvoir et de savoir consistantes selon leurs critères intrinsèques. Le jeu entre la rationalité judiciaire (reposant sur la triade infraction-culpabilité-rétribution selon un triple registre juridique-moral-politique) et la rationalité médicale (reposant sur la triade maladie-souffrance-traitement selon un triple registre normatif-humaniste-technique) aurait alors produit un troisième terme, un nouveau champ d'investigation possédant ses propres catégories : la déviance aux normes collectives en tant qu'elle représente un danger qu'une nouvelle forme de « pouvoir-savoir » technique viendrait circonscrire, prévenir et neutraliser. Certes, nous disent les « criminologues », ce champ, par définition plus « jeune » que les deux autres, ne possède pas encore la consistance épistémologique et politique de ses aînés mais il ne cesserait de témoigner de ses progrès dans la quête de son autonomie, jusqu'au moment fantasmé où il pourra, enfin, « tuer » le père, et la mère ! Et, de fait, il n'est pas si facile de balayer d'un revers de la main la construction d'un système de justice très intégré basé sur une rationalité de gestion des risques, comme c'est le cas au Canada en particulier. Un tel système n'incarnerait-il pas le produit d'un dépassement tant espéré de l'opposition loi-norme (ou Justice-Santé), vis-à-vis duquel la France accuserait simplement, mais résolument, un retard certain ?

Tout se passe comme si une lecture réifiante et dualiste des rationalités judiciaire et médicale permettait une interprétation *quasi* « œdipienne » d'émancipation du fils maudit. C'est pourquoi nous avons préféré suivre ici les parti-pris méthodologiques de la discursivité et de la multiplicité. Tout d'abord, la réification du couple « pouvoir-savoir » que représenteraient la justice et la médecine autour de processus historiques génétiques et d'institu-

34. Outre les développements des cours successifs, on en trouve des formulations claires dans de nombreux entretiens tout au long des années 1970. Par exemple : Foucault M., « L'extension sociale de la norme », in Foucault M., *Dits et écrits, Tome III*, Paris, Gallimard, 1994 [1976], pp. 74-79.

tions situées peut avoir pour effet d'« attester » la réalité de l'autonomisation d'un champ criminologique. La mise en œuvre concrète de cette rationalité dans des dispositifs de gouvernement permet de masquer, sous l'effet d'une « évidence » pragmatique, les contradictions logiques qu'ils impliquent pourtant. À l'inverse, le niveau d'analyse discursif met l'accent sur les différences irréductibles entre les rationalités qui trament les pratiques, en lieu et place de l'unification « pragmatique » des lignes synergiques que promeut, entre autres, le fonctionnement institutionnel. En France, une telle unification est surtout rhétorique et passe par la notion de « prévention de la récidive » qui peut s'interpréter dans les termes de chacune des rationalités en présence (pénale, éducative, sociale, sanitaire, gestionnaire) tout en favorisant, d'une manière insidieuse, le prisme de la gestion du risque. Insister sur la cohérence interne minimale des différentes formations discursives qui orientent et légitiment les pratiques, et donc sur leurs contradictions, c'est immédiatement problématiser l'efficacité de cette orientation et la validité de cette légitimation [35].

Ensuite, la grille de lecture dualiste justice-médecine nourrit l'illusion d'un possible dépassement « dialectique » de l'opposition originaire alors qu'il faut, à l'inverse, penser l'accumulation, comme telle problématique, des formes de rationalité. Si l'on peut isoler une rationalité « criminologique », en aucun cas elle ne remplace, ni même n'englobe, les autres formes de rationalité avec lesquelles elle compose. Au contraire, l'analyse discursive permet de saisir que le problème est moins la colonisation du champ pénal par un « troisième terme » criminologique incarnant une nouvelle forme hégémonique de pouvoir et un nouveau grand discours de légitimation, que la multiplicité des rationalités et des « jeux de langage » qui structurent et légitiment ce champ. La question de la légitimité du droit de punir ne se pose dès lors plus au niveau superficiel d'une « vraie » ou d'une « fausse » science criminologique, mais au niveau structural du croisement des logiques éclectiques, incommensurables et dissensuelles, du champ pénal. Or, s'il est possible de penser la criminologie au point de croisement des deux grands discours de légitimation par la loi et par la science, il n'est pas possible de penser, donc de localiser, le point d'intersection entre le pénal, l'éducatif, le social, le sanitaire, le criminologique et le gestionnaire. Le cœur du problème n'est pas la criminologie mais l'éclectisme pénal qui permet de « fonder » un droit de punir d'autant plus redoutable que son « socle » est impossible à situer, au croisement impensable de logiques incompatibles.

35. D'ailleurs, contrairement à ce que l'on peut souvent entendre, de telles ambiguïtés ont aussi été repérées comme structurelles dans le système canadien : « Cette situation ambiguë, au sein de laquelle s'affrontent l'idée d'un traitement et d'une relation d'aide individualisée d'un côté, et une préoccupation croissante ou même dominante pour la gestion informatisée de risques statistiques de l'autre, n'est pas sans leur poser de nombreux problèmes ». In Vacheret M., Dozois J., Lemire G., « Le système correctionnel canadien et la nouvelle pénologie : la notion de risque », *Déviance et société*, 22-1, 1998, pp. 37-50, p. 44

Histoire et historiographie de la *Kriminologie* allemande : une introduction

Grégory SALLE

Grégory Salle est chargé de recherche au CNRS, rattaché au CLERSÉ (UMR 8019, Lille). Ses travaux ont jusqu'ici principalement porté sur les pratiques coercitives et les régulations normatives à l'aune du modèle juridico-politique de l'« État de droit ». Il a récemment publié « Statactivism against the penal machinery in the aftermath of "1968". The case of the French Groupe d'information sur les prisons », Partecipazione e Conflitto. The Open Journal of Sociopolitical Studies, *7-2, 2014, pp. 221-236 et a coordonné en 2013, avec Gilles Chantraine, un dossier de la revue en ligne* Champ Pénal/Penal Field *(http://champpenal.revues.org/8380) sur la délinquance en col blanc.*

Sur quoi peut-on appuyer la critique – au sens ordinaire comme au sens philosophique – de la criminologie, allemande en l'espèce ? Autrement dit, quels sont les registres de discours, en particulier de discours à prétention scientifique, disponibles pour une telle critique ? On propose ici quelques éléments de réponse au moyen d'une introduction bibliographique, par définition succincte et partielle, relative à un domaine de recherche qui a connu un essor notable depuis le tout début des années 2000. Cette introduction espère faire mieux connaître un certain nombre de travaux germanophones et anglophones en la matière, sans pour autant avoir l'ambition ni la prétention de constituer une mise en perspective historiographique à l'instar de celles, fort utiles, de Herbert Reinke sur le crime et sa répression en général et de Falk Bretschneider sur l'enfermement en particulier [1]. Elle permet toutefois de passer en revue les principaux types d'approche ou angles d'attaque à ce sujet. Et

1. Reinke H., "Crime and criminal justice history in Germany. A report on recent trends", *Crime, Histoire & Sociétés*, 13-1, 2009, pp. 117-137 ; Bretschneider F., « Toujours une histoire à part ? L'état actuel de l'historiographie allemande sur l'enfermement aux XVIIIe et XIXe siècles », *Crime, Histoire & Sociétés*, 8-2, 2004, pp. 141-162. Ce dernier a par ailleurs dirigé l'ouvrage bilingue *Der Kriminelle. Deutsch-französische Perspektiven/Le criminel. Perspectives franco-allemandes*, Leipzig, Leipziger Universitätsverlag, 2007.

d'en distinguer trois, qu'on pourra considérer, en dernière analyse, à l'aune du positionnement foucaldien en la matière.

Une première manière de nourrir cette critique consiste à puiser dans l'histoire de la criminologie, sans préjuger de l'opportunité ou non de consacrer un savoir autonome portant ce nom. En parcourant cette histoire, force est de constater qu'on est bien en peine de trouver un apport salutaire à mettre au crédit de cette discipline – reconnaissons-lui cette existence, académiquement consacrée en Allemagne et objectivée entre autres par des manuels [2]. Entendons : de cette discipline dès lors que ses porte-parole en assument sans états d'âme la dénomination. Les contributions les plus notables dans ce domaine proviennent en effet, au moins depuis la deuxième moitié des années 1960, d'auteurs mal à l'aise avec cette étiquette, soit qu'ils se présentent comme tenants d'une bien différente sociologie du crime [*Kriminalsoziologie*], soit qu'ils accolent au terme criminologie l'épithète « critique » [*kritische kriminologsche*] pour marquer leur distanciation, jusqu'à parler pour une poignée d'entre eux, à l'instar du regretté Stanley Cohen, d'anticriminologie [*antikriminologie*] [3]. Il faut dire que jusqu'alors, l'histoire de la *Kriminologie* allemande (ouest-allemande en l'occurrence) était si peu reluisante qu'il était tout sauf difficile de trouver de quoi la déconsidérer. C'est une histoire faite pour l'essentiel de stigmatisation et d'hygiénisme puis d'eugénisme, peuplée d'individus dégénérés et autres êtres de mauvais aloi [*Minderwertigen*], corrompus par des tares congénitales et des dérèglements héréditaires, décrétés incorrigibles si besoin, à enfermer sinon à éliminer. Une histoire pathologisante (parce que biologisante et/ou psychologisante), conservatrice le plus souvent, au service d'une défense tantôt fébrile, tantôt agressive — et le cas échéant meurtrière — de l'ordre établi, les voies alternatives ayant presque systématiquement été obturées.

Il est tentant, pour clore d'emblée – sans doute un peu trop facilement – le chapitre, de se situer directement au cœur du pire, aux « heures les plus sombres » de la criminologie, c'est-à-dire évidemment durant le nazisme [4]. Il faut avoir un talent certain dans le rôle de l'avocat du diable pour chercher alors la nuance, la complexité, l'ambiguïté. Mais on ne saurait nullement envisager le rôle endossé par la criminologie pendant cette période comme une funeste parenthèse. La stérilisation ou l'euthanasie forcée des « asociaux » héréditaires

2 . Sur ces manuels, voir Schneider H-J., « Die deutschsprachige Kriminologie der Gegenwart. Kritische Analyse anhand deutschsprachiger kriminologischer Lehrbücher », in Liebl K. (ed.), *Kriminologie im 21. Jahrhundert*, Wiesbaden, VS Verlag für Sozialwissenchaften, 2007, pp. 145-174. Voir plus largement cet ouvrage collectif pour un état des lieux récent, faisant part d'un désenchantement par comparaison avec l'« âge d'or » (sociologique) des années 1970.

3 . Décédé début 2013, Stanley Cohen fut entre autres l'auteur en 1988 d'un livre intitulé *Against Criminology* (New Brunswick, Transaction Books).

4 . Rafter N., "Criminology's Darkest Hour: Biocriminology in Nazi Germany", *The Australian and New Zealand Journal of Criminology*, 41-2, 2008, pp. 287-306. Cet article de synthèse esquisse au passage une comparaison avec le cas de l'Italie fasciste.

s'est appuyée sur les théories biologiques du crime qui avaient acquis une position dominante dès l'institutionnalisation de la criminologie au cours du dernier quart du siècle précédent. Leur rôle dans l'extermination de masse fut au moins – quand il ne fut pas direct – celui de la justification savante, animée par un scientisme aussi aveugle qu'erroné. Ainsi, en choisissant la période du Troisième Reich, en tant que telle mais aussi en tant qu'elle dérive de l'état des rapports de forces ayant animé les périodes antérieures, il est aisé de jeter le discrédit sur une criminologie qui offrait, au moins dans sa version largement dominante, une prise facile au pouvoir nazi. Et ceci même en restant attentif au piège du regard téléologique (une mesure spécifique, comme l'internement préventif des malades mentaux considérés comme dangereux, n'a pas une signification identique selon le système d'idées et de pratiques dans lequel elle s'inscrit) et en dépit parfois d'une cruelle ironie – ainsi le psychiatre Gustav Aschaffenburg (1866-1944), figure clé au début du XXe siècle du développement d'une biologie criminelle instrumentalisée par la suite, était-il juif et dut émigrer aux États-Unis pour fuir les persécutions antisémites.

C'est dire que la période antérieure au nazisme est, sur le plan historiographique, tout aussi digne d'intérêt. Si, au cours de l'époque wilhelminienne, domine et même triomphe une approche biologisante et médicalisante [5], il reste que si l'on s'efforce de la considérer sous toutes ses facettes, la criminologie désigne un ensemble qui n'est pas unitaire et demeure tiraillé par des rapports de forces entre doctrines, disciplines, courants, postulats. Ce qui pousse alors à en explorer les différentes facettes plutôt que de la saisir en bloc (et de la condamner comme telle).

Lisant la période nazie à la lumière des décennies précédentes, l'historien Richard Wetzell s'est ainsi efforcé de naviguer entre deux écueils symétriques. D'un côté, l'apologie en creux d'une science pure en soi, qui aurait été dévoyée et dénaturée par une dérive aberrante. De l'autre, la dénonciation d'une science promise d'avance à se mettre au service d'une entreprise sanglante. On doit à cet historien états-unien la première étude systématique sur la genèse et le développement de la criminologie allemande couvrant la période allant du *Kaiserreich* à la fin du nazisme. Son ouvrage *Inventing the Criminal* [6] retrace l'avènement d'une discipline marquée par la victoire des approches médicales sur les approches sociales et sociologiques – idée générale que sont venus depuis confirmer des travaux récents [7]. La période 1880-1914 est le théâtre

5. Wetzell R. F., "The Medicalization of Criminal Law Reform in Imperial Germany", in Finzsch N., Jütte R. (eds.), *Institutions of Confinement*, Cambridge University Press, 1997, pp. 275-284.
6. Wetzell R. F., *Inventing the Criminal. A History of German Criminology (1880-1945)*, Chapel Hill/London, University of North Carolina Press, 2000. À l'heure où j'écris ces lignes paraît un ouvrage collectif sous sa direction, *Crime and Criminal Justice in Modern Germany* (Berghahn Books, 2014) qu'il n'est pas possible de prendre en compte ici.
7. Voir par exemple Schauz D., Freitag S., « Verbrecher im Visier der Experten. Zur Einführung », in Schauz D., Freitag S. (eds.), *Verbrecher im Visier der Experten.*

d'une défaite cuisante, chez les partisans d'une réforme juridique du système pénal, des approches sociologiques – *a fortiori* des réflexions autour de ce qu'on appellerait aujourd'hui la construction sociale du crime (enjeux de délimitation, de qualification, de hiérarchisation des infractions, etc.) – au profit des approches médicales et particulièrement psychiatriques, selon une logique qui n'est pas sans rappeler celle de la France [8]. Ce succès tient notamment au fait que, contrairement à la sociologie, ces savoirs promettent des solutions concrètes en matière de politique étatique. L'auteur signale néanmoins l'ambivalence des implications politiques de la criminologie, dont le courant dominant, réactionnaire et répressif, n'excluait pas des usages minoritaires potentiellement progressistes ou humanitaires. Il prend garde d'indiquer que certains criminologues relativement éminents étaient « libéraux » et non protonazis. Il rappelle ainsi que Franz von Liszt (1851-1919), figure centrale de la criminologie définie comme savoir de gouvernement au service de la défense sociale, en réaction et en guise d'alternative à la pensée pénale dissuasive et rétributive classique, fut au début du siècle député du « parti progressiste », le classant alors comme un « libéral de gauche » [*left-liberal*] – classement au demeurant discutable [9]. On peut ajouter que si Liszt a fait l'objet ultérieurement d'une lecture « progressiste » à partir de l'une de ses formules répétée à l'envi (et simplifiée à l'excès) selon laquelle il n'y a de bonne politique pénale qu'une politique sociale, à partir aussi de l'idée que la peine doit se concevoir comme un traitement et non seulement une punition, une telle lecture procède d'un sérieux inventaire et ne reflète nullement l'ensemble de l'œuvre de Liszt, ni même l'esprit dans lequel cet énoncé fut exprimé. La formule en question était pour le moins équivoque : une politique « sociale », qualificatif polysémique et flou par excellence, n'est pas en soi positive et peut signifier le meilleur comme le pire. En outre, Liszt n'a jamais travaillé à la réforme sociale et s'est toujours cantonné à l'individu criminel, tout particulièrement aux criminels dits d'habitude, jugés dégénérés par l'hérédité et/ou par l'influence corruptrice de leur milieu. S'il n'est pas forcément question chez lui de tares congénitales, il l'est au moins de prédispositions pathologiques naturelles. La politique sociale consiste alors essentiellement en une extension du contrôle social vouée à repérer plus efficacement les dégénérés, si possible avant même qu'ils aient commis un crime. Dès les années 1890, dans le cadre de l'essor d'une pensée eugéniste, les partisans d'une stérilisation des déficients mentaux

Kriminalpolitik zwischen Wissenschaft und Praxis im 19. und frühen 20. Jahrhundert, Stuttgart, Franz Steiner Verlag, 2007, pp. 9-32, le livre de Silviana Galassi dont il sera question *infra*, ou l'ouvrage de Christian Müller (auquel je n'ai pas pu me rapporter pour le présent texte) *Verbrechensbekämpfung im Anstaltsstaat: Psychiatrie, Kriminologie und Strafrechtsform in Deutschland. 1871-1933*, Göttingen, Vandenhoeck & Ruprecht, 2004.

8. *Cf.* Mucchielli L., « Criminologie, hygiénisme et eugénisme en France (1870-1914) : débats médicaux sur l'élimination des criminels réputés "incorrigibles" », *Revue d'histoire des sciences humaines*, 3, 2000, pp. 57-88.

9. On peut plutôt, comme y invite Gilbert Badia (*Les Spartakistes. 1918, l'Allemagne en révolution*, Bruxelles, Aden, 2008, p. 4) placer ce parti, représentant de la moyenne bourgeoisie, au centre de l'échiquier politique.

à des fins d'hygiène sociale se font entendre. Les fondements – et même plus que les fondements – d'un discours sur la pureté de la race sont alors posés.

Le tableau est bien différent de celui observable au milieu du XIXe siècle, dépeint par l'autre historien à avoir rouvert ce champ d'étude, Peter Becker [10], avec lequel R. Wetzell a du reste coordonné en 2006 un volume collectif offrant des perspectives comparatives [11]. Le triomphe du regard médical à la fin du siècle apparaît d'autant plus frappant à la lumière de cette période pour ainsi dire préhistorique. P. Becker décrit en effet la criminologie d'avant la criminologie, quand celle-ci se confond encore plus ou moins avec la *Kriminalistik* (art pratique, empirique au premier sens du terme, sur laquelle il a également écrit [12]), c'est-à-dire quand elle est incarnée par une constellation de médecins, philanthropes, magistrats, policiers, statisticiens, théologiens... Bref, par des praticiens et non (seulement) des savants, à un moment où l'autorité en la matière provient d'une expérience personnelle située plus que d'un savoir constitué-institué. L'intérêt du travail de P. Becker, qui s'appuie sur une vaste palette de sources écrites (y compris non imprimées), est de cartographier cet ensemble relativement hétérogène en définissant la criminologie en un sens large, allant d'idées théoriques à des préceptes à destination des gouvernants, en passant par des pratiques professionnelles. L'auteur montre que les représentations des criminels, lesquels sont définis par opposition au modèle bourgeois (les amalgames entre les figures du criminel et du révolutionnaire étant courants), mettent pour l'heure l'accent sur l'infériorité morale, sur la déchéance morale de l'homme qui manque d'autocontrôle, plus que sur l'infériorité physique, en dépit de la popularité de la théorie de la dégénération. En particulier, il met en relief deux types de récits autour de deux figures typiques [*Erzählmuster*] : d'une part celle de l'homme déchu [*gefallenen Mensch*], envisagée sous un versant moral/éthique, soit l'homme victime pour partie de ses propres incapacités, de mauvais exemples aussi, défini donc par ses caractéristiques biographiques ; d'autre part, sur un versant cette fois biomédical, celle de l'homme empêché ou entravé [*verhinderten Mensch*], défini par ses (prétendus) traits anthropologiques et bientôt anthropomorphiques.

Si l'on se projette quelques décennies plus tard, le « kaléidoscope weimarien » [13] apparaît à l'évidence comme un autre moment clé [14]. Ambivalente

10. Becker P., *Verderbnis und Entartung: eine Geschichte der Kriminologie des 19. Jahrhunderts als Diskurs und Praxis*, Göttingen, Vandenhoeck & Ruprecht, 2002, notamment pp. 365-371.
11. Becker P., Wetzell R. F. (eds.), *Criminals and Their Scientists: The History of Criminology in International Perspective*, Cambridge/New York, Cambridge University Press, 2006. Le volume permet de nourrir la comparaison franco-allemande, grâce aux contributions de Marc Renneville, Philippe Artières, Martine Kaluszynski et Laurent Mucchielli.
12. Voir Becker P., *Dem Täter auf der Spur. Eine Geschichte der Kriminalistik*, Darmstadt, Primus, 2005. Un parallèle intéressant avec la France, en mettant en perspective l'ensemble du XIXe siècle, serait là encore possible : *cf.* Mucchielli L., « Introduction générale. Naissance de la criminologie », in *Histoire de la criminologie française*, Paris, L'Harmattan, 1994, pp. 7-18.

entre toutes, la période est le théâtre d'une radicalisation progressive du thème des « asociaux »[15] et de la manière de se débarrasser des êtres jugés inférieurs et nuisibles, sur fond de réduction des prestations sociales accordées aux populations les plus vulnérables. On peut évoquer ici un point signalé par plusieurs auteurs, mais sur lequel une étude systématique reste semble-t-il à mener[16] : ce thème qu'on pourrait croire réservé aux organisations conservatrices est en fait courant, y compris à gauche de l'échiquier politique. Comme le remarque incidemment Richard J. Evans à la fin de sa plongée dans le *German underworld* – livre dans lequel il replace la vision médicale dans l'histoire des perceptions relatives aux déviants et aux marginaux au cours du XIXe siècle en évoquant au passage la prégnance du darwinisme social en Allemagne par rapport à d'autres pays européens[17] – on ne compte pas de mobilisation révolutionnaire autour du crime, car les socialistes méprisent aussi les actes illégaux d'un sous-prolétariat jugé versatile et périlleux dans la tradition marxiste. Si le SPD souligne le rôle de la pauvreté et dénonce une justice de classe, ses porte-parole n'en partagent pas moins une bonne part des préjugés du courant majoritaire et ne sont pas insensibles à la séduction de l'approche génétique et plus largement biomédicale pour séparer le peuple et la plèbe. Autrement dit, le triomphe de cette vision prospère aussi sur la faiblesse intellectuelle et institutionnelle des visions alternatives.

Par rapport aux périodes abordées brièvement jusqu'ici, celle de l'immédiat après-guerre pourrait *a priori* paraître d'un moindre intérêt. Pourtant, si elle est certainement moins brûlante, elle n'en est pas moins révélatrice de ce qu'il devient difficile de ne pas qualifier de tropisme conservateur de la *Kriminologie*. Imanuel Bauman montre en effet, à partir du cas de la délinquance juvénile sur la période 1945-1968 mais aussi plus largement[18], que

---

13. Je reprends cette expression à Solchany J., *L'Allemagne au XXe siècle*, Paris, PUF, 2003, pp. 81 *sq*.
14. Sur la période weimarienne (et la période nazie), voir en premier lieu Wetzell R. F., "Criminology in Weimar and Nazi Germany", in Becker P., Wetzell R. F. (eds.), *Criminals and Their Scientists…*, *op. cit.*, pp. 401-423.
15. Voir en français Korzilius S., « Évolution de la thématique des "asociaux" dans la discussion sur le droit pénal pendant la République de Weimar », *Astérion*, 4, 2006, pp. 45-72 (en ligne, URL : http://asterion.revues.org/511).
16. D'après le compte-rendu d'une journée d'étude ayant eu lieu en 2001 sur le thème "Crime and Criminal Justice in Modern Germany, 1870-1960" (*GHI Bulletin*, 29, automne 2001, pp. 75-76), la question semble toutefois avoir été travaillée par Andreas Fleiter dans le cadre d'une thèse réalisée à l'université de Bochum, intitulée *Straf- und Gefängnisreformen in Deutschland und den USA : Preußen und Maryland, 1870-1935*.
17. Evans Richard J., *Tales from the German Underworld. Crime and Punishment in the 19th Century*, New Haven, Yale University Press, 1998, pp. 215-221. Suggestion similaire chez Wachsmann N., *Hitler's Prisons. Legal Terror in Nazi Germany*, New Haven, Yale University Press, 2004, p. 48.
18. Bauman I., « Interpretation und Sanktionierung von Jugendkriminalität », in Herbert U. (ed.), *Wandlungsprozesse in Westdeutschland: Belastung, Integration, Liberalisierung, 1945-1980*, Göttingen, Wallstein, 2002, pp. 348-379. C'est aussi un argument central de son ouvrage *Dem Verbrecher auf dem Spur. Eine Geschichte der Kriminologie und Kriminalpolitik in Deutschland 1880 bis 1980* (Göttingen, Wallstein, 2006) qui couvre le XXe siècle ouest-allemand.

1945 ne constitue pas une césure du point de vue des représentations savantes du crime et des criminels. En dépit d'un discrédit cinglant, bien des continuités règnent en la matière. Les conceptions héréditaires basées sur l'idée de dispositions innées ou endogènes de certains jeunes corrompus ou de mauvaise composition [*Minderwertigkeit*] restent largement répandues dans des travaux « renommés » de la criminologie des années 1950, laquelle s'inscrit sans grand changement (ni scrupule) dans la tradition antérieure. D'ailleurs, contre l'idée d'une conversion sociologique massive de la criminologie au cours de la décennie suivante, l'auteur de *Dem Verbrecher auf dem Spur* défend la thèse selon laquelle, en dépit de renouvellements marginaux (comme l'effort pour livrer des explications « multifactorielles ») et d'une perte d'influence certaine, la criminologie traditionaliste reste dominante sinon hégémonique à la fin des années 1960. En travaillant sur les réformes pénales qui débutent laborieusement dans les années 1950, Petra Gödecke a confirmé le fait que seule une petite minorité de juristes se prononce alors en faveur d'une peine orientée vers la réhabilitation des anciens détenus, la majorité demeurant fidèle à une conception neutralisante et rétributive de la peine solidaire des idées héritées sur le crime et les criminels [19].

Bref, même à l'observation de la période en quelque sorte la plus « favorable », après une disqualification qui aurait dû déboucher sur une redéfinition intégrale, le moins que l'on puisse dire est que le *mainstream* criminologique ne compte pas parmi les moments les plus glorieux de l'histoire des sciences.

L'histoire des sciences, c'est précisément ce qui nourrit une deuxième manière de critiquer la criminologie. Cette deuxième manière n'est plus seulement d'ordre historique ; elle est à cheval entre l'histoire et l'épistémologie. Il s'agit alors de dénier à la criminologie le statut de science sérieuse, robuste – bref : accomplie – et accréditée à siéger parmi les savoirs respectables.

C'est l'essentiel de la démonstration de Silviana Galassi [20]. Si le titre de son livre annonce le sujet et la période (la criminologie sous l'Empire), du moins en partie (le pari est en effet d'appréhender simultanément la criminologie et le mouvement de réforme pénale), c'est le sous-titre qui en donne la clef de lecture. Il s'agit de l'histoire (sociale) d'une « scientifisation » – le terme fait l'objet d'une longue explicitation en introduction – interrompue, brisée, et partant inachevée, avortée. C'est la constitution de cet argument en ligne directrice qui fait l'originalité de l'ouvrage, plus que l'évolution historique que décrit ce dernier. Les conditions intellectuelles de constitution de la criminologie comme savoir empirique particulier (à commencer par la conversion du

19. Gödecke P., « Die Strafrechtsreform zwischen Vergeltung und Resozialisierung, rigider "Sittlichkeit" und vorsichtiger Toleranz », in Requate J. (ed.), *Recht und Justiz in gesellschaftlichen Aufbruch (1960-1975)*, Baden-Baden, Nomos, 2003, pp. 261-273.
20. Galassi S., *Kriminologie im Deutschen Kaiserreich. Geschichte einer gebrochenen Verwissenschaftlichung*, Stuttgart, Franz Steiner, 2004.

regard que suppose le fait même de poser un regard à prétention scientifique sur le « crime », comme phénomène empirique sur lequel il est possible d'agir, de même que sur le « criminel », comme être qu'il serait possible de repérer) qu'elle rapporte, aussi bien que le contexte social et politique général qui en fournit le cadre (comme les craintes de la bourgeoisie à l'égard d'un prolétariat d'autant plus menaçant qu'il s'organise, dont il est donc profitable de dramatiser la criminalité, si besoin en interprétant les statistiques dans le sens souhaité), étaient pour l'essentiel connus, même si de manière parfois éparse, grâce aux travaux que nous avons déjà cités (et auxquels d'ailleurs elle ne se réfère guère). Certes, l'auteure agrandit et affine parfois le tableau en détaillant certains aspects, concernant les luttes entre courants et l'articulation entre savoir criminologique et politique pénale, ou en insistant sur le mélange entre pessimisme culturel et optimisme scientiste. Mais surtout elle systématise, en historienne et non en criminologue, un argument qui n'est qu'esquissé ou timidement avancé chez d'autres auteurs : cette « scientifisation » incomplète, et finalement ce statut épistémologiquement fragile, de la criminologie.

Cette imperfection traverse les deux phases du processus, que S. Galassi distingue sous l'influence entre autres de Max Weber (p. 16-24) : une scientifisation primaire, qui concerne la discipline elle-même, et une autre secondaire, qui concerne son institution et sa diffusion dans la société. Sur ces deux plans, explique l'auteure, la criminologie – si tant est qu'on puisse en parler au singulier – a échoué. Ce seuil de scientificité, elle ne l'a pas franchi. Somme toute, la criminologie a surtout consisté en un enrobage savant de conceptions normatives et de préjugés sociaux [21]. De nos jours d'ailleurs, en dépit de sa reconnaissance institutionnelle, les contours et la consistance de la *Kriminologie* demeurent imprécis et elle n'est aucunement un domaine unifié. Le livre n'est pas sans susciter la critique ; il procède notamment d'une conception de la science qui paraît quelque peu datée. Néanmoins, la description approfondie qu'il renferme achève de convaincre que prendre ses distances à l'égard de la criminologie en tant que telle n'a rien d'une position farfelue.

Car ne nous y trompons pas : la fragilité épistémologique de la criminologie, qui d'ailleurs n'a jamais caché dès sa genèse sa vocation d'être une science de gouvernement, n'empêche pas que ce « savoir spécial », dont P. Pasquino a bien résumé les conditions intellectuelles d'émergence [22], procède d'une vraie rupture, d'un changement de paradigme.

De là, on peut être amené à une troisième approche critique, d'ordre cette fois théorico-épistémologique ou conceptuel. Dans cette perspective, la voie

---

21. Toujours pour alimenter la comparaison, voir la « mise en perspective épistémologique de la criminologie » effectuée par Laurent Mucchielli in *Histoire de la criminologie française*, *op. cit.*, pp. 453-505.
22. Pasquino P., « Naissance d'un savoir spécial : la criminologie », *Sociétés & représentations*, 3, 1996, pp. 173-186.

historique dominante suivie par la criminologie au cours de son développement, et la défaite systématique de l'approche sociologique à laquelle elle a correspondu, ne sont pas contingents. Elles dérivent d'une constitution disciplinaire d'emblée problématique, du fait que le nom même de criminologie évoque et implique toujours tendanciellement une conception substantialiste de son objet ; qu'en tout cas elle comporte en permanence ce risque. Poussé jusqu'à son terme, ce raisonnement est nominaliste. Il réfute ou, du moins, repousse l'idée – même s'il peut la constater empiriquement, puisqu'il existe *de fait*, dans plusieurs pays, des auteurs « progressistes » acceptant la dénomination de « criminologues » – selon laquelle cette dénomination disciplinaire ne serait au fond qu'une étiquette ne prêtant pas à conséquence, sur le mode du « qu'importe le flacon, pourvu qu'on ait l'ivresse ». En un mot, il considère que la « criminologie » en tant que telle est nulle et non avenue. Pourquoi ? Parce que le crime, comme phénomène social, ne peut être extrait de l'ensemble des relations sociales, au même titre par exemple que le suicide ou le mariage et que, dès lors, une « criminologie » n'a pas plus de pertinence qu'une « suicidologie » ou une « mariagologie ». Difficile de trouver une expression plus claire de cette position que celle-ci :

> « Autant dire que pour nous *il ne peut y avoir de "bonne criminologie"*. Humanitaire ou personnaliste, critique ou radicale, et quel que soit le travesti qu'elle emprunte (droit, psychologie, sociologie...), la criminologie, en tant que "science ayant pour objet d'étude spécifique le crime et la délinquance", est – et ne peut qu'être – une discipline (au double sens du terme) répressive. Cela dans la mesure où elle tend à diffuser et à légitimer par des arguments d'apparence rationnelle (statistiques, théories...) les mécanismes de répression propres à tout système de domination » [23].

On monte ici d'un cran : ce n'est pas seulement que la criminologie est une science de gouvernement – cela elle le dit elle-même, elle l'assume ouvertement –, c'est qu'elle est, qu'on le veuille ou non, une science conservatrice de légitimation/protection de l'ordre établi, ce que d'ailleurs ses fondateurs disaient presque aussi clairement [24].

Sans doute une telle conception nominaliste est-elle davantage ancrée en France où la sociologie, avec Tarde puis Durkheim, a en quelque sorte remporté la mise face à la criminologie, en dépit de l'« échec relatif de la sociologie durkheimienne » [25]. Encore cette conception a-t-elle été certainement en perte

---

23. *Actes. Cahiers d'action juridique*, *Délinquances et ordre*, Paris, François Maspero, 1978, p. 17.
24. Il n'est qu'à lire pour s'en convaincre la conférence d'ouverture du cours de droit pénal faite le 27 octobre 1899 par Franz von Liszt à l'université de Berlin, traduite en français sous le titre *L'objet et la méthode des sciences pénales*, Paris, Arthur Rousseau, 1902.
25. Voir Mucchielli L., *La découverte du social. Naissance de la sociologie en France (1870-1914)*, Paris, La Découverte, 1998, chap. 8.

de vitesse depuis l'époque de la citation qui précède, des formulations aussi tranchées paraissant plus difficiles à trouver dans la période immédiatement contemporaine. Quoiqu'il en soit, en Allemagne, la criminologie dite critique oscille entre cette position nominaliste – selon l'idée que la criminologie ne comporte pas d'erreurs, mais qu'elle *est* elle-même une erreur [26] – et une position qu'on peut dire pragmatique, ne s'attachant qu'au signifié du signifiant « criminologie » (en d'autres termes, au contenu dont il est investi ou aux usages dont il fait l'objet) et se méfiant du fétichisme terminologique auquel risque selon elle d'aboutir la position nominaliste [27]. C'est la seconde option qui, au cours des dernières décennies, a pris l'ascendant sur la première ; les choses ne sont cependant pas jouées une fois pour toutes.

***

Ce tour d'horizon, nous l'avons dit d'emblée, n'était précisément qu'un tour d'horizon, limité qui plus est à la République fédérale (laissant donc de côté le cas de la RDA). L'effort de synthèse ne rend sans doute pas justice à la richesse des travaux mentionnés. De plus, des pans tout à fait importants n'ont pas été abordés ici, comme l'objectivation des femmes par le discours criminologique et donc la dimension de genre [28]. Pour qui voudrait aller plus loin, cette question, ainsi que d'autres (par exemple celle des rapports entre criminologie et institutions d'assistance et d'encadrement, ou celle du rôle de l'essor du calcul statistique dans la constitution de la discipline criminologique), sont traitées dans un important ouvrage collectif dirigé par Désirée Schauz et Sabine Freitag, dont les contributions s'efforcent généralement de replacer la criminologie dans un contexte, notamment institutionnel, plus large [29].

Revenons à présent à notre questionnement initial. « Vous avez lu quelquefois des textes de criminologues ? C'est à vous couper bras et jambes. Et je le dis avec étonnement, non avec agressivité, parce que je n'arrive pas à comprendre comment ce discours de la criminologie a pu en rester là. On a l'impression que le discours de la criminologie a une telle utilité, est appelé si fortement et rendu si nécessaire par le fonctionnement du système qu'il n'a même pas eu besoin de se donner une justification théorique, ou même simplement une cohérence ou une armature. Il est entièrement utilitaire. » [30] À lire trop rapidement cet extrait, ou au souvenir des railleries contre le « bavardage de la

---

26. Voir Steinert H., « "Die Kriminologie hat keine Fehler, sie ist der Fehler" : kulturindustrielles Wissen über Kriminalität und populistische Politik », *Jahrbuch für Rechts- und Kriminalsoziologie '04*, 2005, pp. 265-279.
27. Typique de cette oscillation, la conclusion de Cremer-Schäfer H., Steinert H., *Straflust und Repression. Zur Kritik der populistischen Kriminologie*, Münster, Westfälisches Dampfboot, 1998, p. 249.
28. Voir Uhl K., *Das "verbrecherische Weib". Geschlecht, Verbrechen und Strafen im kriminologischen Diskurs, 1800-1945*, Berlin/Münster, LIT Verlag, 2003
29. Schauz D., Freitag S. (eds.), *Verbrecher im Visier der Experten. Kriminalpolitik zwischen Wissenschaft und Praxis im 19. und frühen 20. Jahrhundert*, Stuttgart, Franz Steiner Verlag, 2007.

criminologie » [31], on pourrait être tenté de réduire les critiques formulées par Michel Foucault à l'encontre de la discipline criminologique à une critique d'ordre essentiellement, voire exclusivement, épistémologique. En réalité sa position, indissociablement épistémologique, politique et éthique (la méthode généalogique fournissant un socle à l'ensemble) est beaucoup plus ample et, disons-le, beaucoup plus intéressante ; elle ne prend pleinement son sens que dans le cadre d'une critique générale des rationalités pénales, comme d'ailleurs dans celui d'une critique du discours des sciences humaines lui-même [32].

Cette critique multidimensionnelle, pour ambitieuse qu'elle soit, est sans doute la seule réellement cohérente : elle évite aussi bien le déni du conflit de valeurs que l'énonciation d'une critique qui serait formulée depuis un poste épistémique imprenable. Elle est en tout cas appelée par la recrudescence d'un discours criminologique qui, sous des dehors en partie rénovés, renoue, parfois d'une façon si explicite et assumée qu'elle en devient confondante, avec le pire des discours du XIXe siècle. Les aperçus états-uniens de l'alliance entre droit pénal et neurosciences font à cet égard froid dans le dos [33]. On aurait sans doute tort de croire que l'Allemagne, par son histoire, est immunisée contre les tentations d'importation. Ceci d'autant que jusqu'ici, contrairement à une croyance assez répandue, l'autonomisation institutionnelle de la criminologie allemande, qui demeure sous la tutelle du droit pénal, est pour l'essentiel un échec [34].

30. Foucault M., « Entretien sur la prison : le livre et sa méthode » (1975), *Dits et Écrits, tome I (1954-1975)*, Paris, Gallimard, 2001, p. 1616.
31. Foucault M., *Surveiller et punir. Naissance de la prison*, Paris, Gallimard, 1993 [1975], p. 355. Il a d'ailleurs (faussement ?) concédé ultérieurement que le mot était « peut-être [...] un peu désinvolte » et proposé de le retirer (« Qu'appelle-t-on punir ? » [1983-1984], *Dits & Écrits, tome II (1976-1988)*, Paris, Gallimard, 2001, p. 1457).
32. Je renvoie à l'article de Fabien Gouriou et Olivier Razac dans ce numéro.
33. Voir Pustilnik A., « La violence dans le cerveau. Une critique de la contribution des neurosciences au droit criminel », in Ambroise B., Chauviré C. (eds.), *Le mental et le social*, Paris, EHESS, 2013, pp. 155-188.
34. Voir par exemple Oberwittler D., Höfer S., "Crime and Justice in Germany: An Analysis of Recent Trends and Research", *European Journal of Criminology*, 2-4, 2005, pp. 480-481. Les auteurs renvoient à Karstedt S., « Standortprobleme: Kriminalsoziologie in Deutschland ». *Soziologische Revue*, 23, 2000, pp. 141-151.

RÉSUMÉS / ABSTRACTS

Résumés / Abstracts

Compter pour compter.
Les manifestations pratiques de savoirs criminologiques dans les instances locales de sécurité
Élodie LEMAIRE, Laurence PROTEAU

Les agents chargés de coordonner les comités locaux de sécurité et de prévention de la délinquance affichent une docilité apparente aux outils de la « nouvelle criminologie » (observatoires locaux, données chiffrées, cartographies, élaboration de profils de populations). En réalité, la réappropriation pratique de ces outils est motivée par d'autres raisons que leur prétendue efficacité. Habitués au cours de leur scolarité et au fil de leurs activités professionnelles à mobiliser les techniques quantitatives comme une forme légitime de pensée du monde social, les coordonnateurs ont également tout intérêt à se saisir de ces outils pour consolider la légitimité de leur poste. En effet, ce métier est relativement nouveau et largement dominé par rapport aux autres professions impliquées dans l'espace local de la sécurité. C'est certainement ce qui dispose les coordonnateurs à se saisir des rares outils disponibles, aussi indigents soient-ils, afin de prétendre à une expertise singulière.

Counting for the sake of counting.
The pratical manifestations of a criminological knowledge in local organisations dedicated to security
Élodie LEMAIRE, Laurence PROTEAU

Social agents in charge of the coordination of local security committees dedicated to delinquency and its prevention seem to integrate submissvely the tools offered by the "new criminology" (such as local observatories, statistics, mapping, population profiling). In reality, such tools are mobilised for various reasons that are not only geared towards efficiency. The agents in charge not only use quantitative techniques because they believe in their legitimacy. They also use them as a way to consolidate the legitimacy of their roles. These roles are indeed quite new in the security landscape in France, and mobilising such criminological tools enable the agents to claim a particular form of expertise.

« Deux attitudes face au monde ». La criminologie à l'épreuve des illégalismes financiers
Anthony AMICELLE

L'œuvre de Michel Foucault occupe une place singulière dans le champ de la criminologie. Qu'il ait été (dé)considéré comme une source de division entre criminologues ou convoqué comme instance de légitimation d'une « autre » criminologie, l'auteur de *Surveiller et punir* a souvent été érigé en figure de rupture au sein de cette tradition de recherche. Le présent article vise tout d'abord à préciser cette idée de rupture sur le plan conceptuel et ce, en partant de la notion d'illégalismes forgée au début des années 1970. Il s'agit ainsi de rappeler la valeur heuristique de cette notion, ainsi que des propositions théoriques et méthodologiques qui l'accompagnent, pour étudier les dynamiques à l'œuvre entre délinquance financière et contrôle social. Dans ce cadre, une série de travaux portant respectivement sur la criminalité d'affaires, le rapport social à l'impôt et l'argent sale est discutée pour souligner la fécondité de la réflexion foucaldienne dans ce domaine. L'articulation de ces travaux permet *in fine* de saisir le sens des multiples changements opérés en France dans la gestion des illégalismes économiques et financiers au cours des dernières décennies. Il en ressort un processus soutenu de conversion et d'adaptation des modes de différenciation entre illégalismes, (re)produisant de l'inégalité de traitement selon les situations et les catégories de populations concernées.

« Two Attitudes towards the World ». Criminology in face of Financial Illegalisms
Anthony AMICELLE

Michel Foucault's work occupies a special place in the field of criminology. While the author of *Discipline and punish* has been (dis)credited as a source of division between criminologists or promoted as a legitimizing basis for "another" criminology, he has often been portrayed as a figure of rupture within this research tradition. The present article aims at clarifying this idea of rupture with the foucauldian concept of "illegalisms". This paper is intended as a reminder of the heuristic value of such a conceptual framework to shed light on the various dynamics between financial crime and social control. To do so, I discuss a number of academic studies on business crime, the social relation to tax and dirty money in order to underline the rich possibilities of the foucauldian reflection for this wide area of research. Ultimately, the articulation of those academic studies helps to better understand the numerous changes in the management of economic and financial illegalisms over past decades in France. Their articulation shows a process of conversion and adaptation of differentiation between illegalisms that (re)produces an inequality of treatment depending on the situations and the categories of population.

Le Possible : alors et maintenant. Comment penser avec et sans Foucault autour du droit pénal et du droit public
Colin GORDON

En essayant de contextualiser les enjeux des interventions de Michel Foucault à propos du droit pénal et de retrouver leur logique à l'intérieur du déroulement de son travail, ce texte tente

The Possible, now and then. How to think public law and criminal law with and without Foucault?
Colin GORDON

Seeking to contextualise the issues of Michel Foucault's interventions relating to penal law, and to trace the logic of their development through the course of his work, this paper tries to recapture how Foucault was able in a singular way to

de dégager en quoi Foucault a pu alors aider, d'un facon singulière, à ouvrir au moins pour un moment de nouvelles conceptions du possible. Pour faire ceci, il faut répérer à la fois les constantes et les éléments de déplacement dans le point de vue de Foucault sur le droit. Sous son refus notoire d'une juridification de l'analyse politique, il faut remarquer et prendre en acte une analyse historique positive, riche et complexe des engrenages entre droit, pouvoir et vérité. En reprenant en même temps les analyses (dites « prémonitoires ») de Foucault sur le néolibéralisme et ses travaux des années 1980 sur les jeux de vérité, on essaie enfin de dégager quelques pistes pour réouvrir, en notre présent à nous, une conception du possible en matière juridico-pénale.

open up for his time a new sense of the possible. This involves identifying both the invariants and the areas of displacement in Foucault's viewpoint on law. Alongside his well-known rejection of a juridified mode of political analysis, one needs to notice and retrieve a positive, rich and complex historical analysis of the intermeshing of law, power and truth. Taking up side by side Foucault's "premonitory" analyses of neoliberalism and his research in the 1980s on games of truth, the paper concludes by seeking to elicit some heuristics to help open up, in our own, altered present, a sense of the possible in juridico-penal practice.

Cellules avec vue sur la démocratie
Fabienne BRION

À se servir de la « boîte à outils » de Foucault pour penser le « grand renfermement » des étrangers et l'évolution des chiffres des prisons en Belgique, qu'apprend-on sur la loi et, plus généralement, sur les formes et les transformations de la fabrique de la société ? Mais aussi – l'utilisation des outils relançant l'effort exégétique – qu'apprend-on, de façon hypothétique, sur le travail du philosophe qui les forgea ? Le texte va et vient entre « notre présent » et l'œuvre de Foucault. Sur le premier versant, il traite de catégories telles que la citoyenneté, la nationalité ou la criminalité. Sur le second, il pointe des séries de concepts telles que « discipline/individu/sujet » ou « biopolitique/population/société » et revient sur la succession, dans l'œuvre du philosophe, d'un moment disciplinaire, d'un moment biopolitique et d'un moment démocratique. A sa façon, il commente et tente de prolonger la discussion de Foucault avec Marx – et, au-delà de Marx, avec Rusche, Kirchheimer et Althusser – sur la production et la reproduction de la force de travail et sur l'idéologie.

Cells with view on democracy
Fabienne BRION

Using Foucault's toolbox to account for the current "Great Confinment" of strangers and for short and long trends in Belgium's prison population, what do we learn about the law and, more generally, about the forms and transformations of our social fabric? And what do we learn about Foucault's work – learn or hypothesize, the practical use reviving the exegetic effort? Moving back and forth between "our present" and Foucault, this paper is about categories such as "citizen", "national", and "criminal", on one side ; on the other, it is about series of concepts such as "discipline/individual/subject" or "biopolitics/population/society", and about the succession of a disciplinary moment, a biopolitical moment and a democratic moment in Foucault's work. In some ways, it comments and tries to prolong the philosopher's discussion with Marx – and, beyond Marx, with Rusche, Kirchheimer, and Althusser – on the production and the reproduction of labour power and on ideology.

Comment les sociétés « se débarrassent de leurs vivants » : dangerosité et psychiatrie, la donne contemporaine
Véronique VORUZ

La psychiatrie est toujours plus convoquée au dépistage et à la gestion des individus dits dangereux : nombreux sont les pays qui utilisent des instruments actuariels pour produire une mesure « objective » du risque présenté par un individu souffrant de « troubles mentaux », ainsi que ceux qui introduisent des sanctions judiciaires pour les psychiatres qui échoueraient dans leur mission de contrôle social. Or la notion de dangerosité n'est ni juridique ni médicale : elle résulte de la technologie de pouvoir qu'est l'expertise médico-légale. À ce titre, elle fut problématisée par Michel Foucault dans une série de textes et interventions des années 1970 en tant qu'elle a permis la mise en place d'un « doublage juridico-clinique » entre *acte* criminel et *subjectivité* criminelle. Face au tout-sécuritaire utilitariste, cet article fait retour sur les problématisations foucaldiennes afin de tenter de miser sur « les capacités éthiques » des acteurs du monde médico-légal et de déstabiliser une mise en intelligibilité banalisée du droit pénal en termes de gestion des risques.

How Sociery gets rid of the living : dangerosity and psychiaty in our contemporary world
Véronique VORUZ

Psychiatrists are forever more expected to detect and manage individuals said to be dangerous. Many are the countries that rely on actuarial instruments to produce an "objective" measure of the risk represented by "mentally disordered" individuals, and that have introduced legal sanctions for psychiatrists failing in their social control mission. Yet, the notion of dangerosity is neither a legal nor a medical one: it was produced through the technology of the psychiatric assessment. Michel Foucault problematized the psychiatric assessment in the 1970s, in a series of texts and conferences which showed it to be the technology of power that enabled the constitution of a "juridico-clinical redoubling" between the criminal *act* and criminal *subjectivity*. Given the security imperative that prevails in our utilitarian times, this article returns to Foucault's problematizations in order to call upon the "ethical capacities" of the actors of the medico-legal world, and to destabilise a now commonplace rendering of criminal law in terms of risk-management.

Sous une critique de la criminologie, une critique des rationalités pénales
Fabien GOURIOU, Olivier RAZAC

La récente évolution des Services Pénitentiaires d'Insertion et de Probation indexe leurs missions à la finalité de « prévention de la récidive », où la dimension criminologique prend une place prégnante. À partir d'une approche structurale des rationalités selon les indications méthodologiques contenues dans *L'archéologie du savoir* de Michel Foucault, l'article propose d'abord une cartographie des différentes rationalités qui structurent le champ pénitentiaire pour, ensuite, clarifier le système de relations qu'elles entretiennent les unes avec

Beyond a critic of criminology : a critic of the rationale for penalties
Fabien GOURIOU, Olivier RAZAC

The recent developments of the "Services Pénitentiaires d'Insertion et de Probation" (Probation Centres) in France were geared towards the prevention of re-offending, in which criminological approaches prevail. This article, using a structural approach to the rationale for penalties influenced by Michel Foucault's work in *The Archaeology of Knowledge*, analyses how these rationale are mapped in the field of the prison system and how they relate to one another. This enables to understand how a criminological rationale is integrated in such a configuration,

les autres. Ceci permet d'envisager comment une rationalité criminologique s'insère dans cette configuration. Les enjeux épistémologiques et politiques de la « criminologie » peuvent dès lors être saisis : elle n'est pas une « nouvelle » rationalité de la peine qui se substituerait à une autre, mais l'une des pièces d'un montage éclectique de rationalités qui permet de faire fonctionner un arbitraire renouvelé de la justice.

thus allowing to grasp the epistemological and political aspects of "criminology" in France. Such criminology does not build a "new" rationale for penalties. Instead, this form of criminology reinforces the arbitrary of the justice sytem.

Introduction à l'histoire et à l'historiographie de la *Kriminologie* allemande
Grégory SALLE

Sur quoi appuyer la critique de la criminologie, allemande en l'espèce ? Quels sont les registres de discours, à prétention scientifique en particulier, disponibles pour une telle critique ? Cet article livre des éléments de réponse au moyen d'une introduction biblio-historiographique relative à un domaine de recherche, l'histoire de la *Kriminologie*, qui a connu un essor notable depuis le tout début du siècle. Trois types d'approche ou angles d'attaque sont distingués, le premier proprement historique (l'histoire empirique de la discipline de la seconde moitié du XIXe siècle à nos jours), le deuxième historico-épistémologique (la question de sa constitution et de sa qualité en tant que « science »), le troisième théorico-épistémologique (les présupposés qu'emporte la construction d'objet à laquelle elle procède) – l'ensemble pouvant être envisagé à l'aune du positionnement foucaldien en la matière.

Introduction to the History and Historiography of German *Kriminologie*
Grégory SALLE

On what basis can we build a critic of criminology? What are the academic discourses available for such a critic? This article aims to answer these questions while presenting a bibliographical and historiographical introduction to the *Kriminologie* in Germany. Three approaches have been chosen for the purpose of this article: a historical approach (the history of the discipline from the second half of the 19th Century until today), an epistemic and historical approach (the construction of *Kriminologie* as a "science"), and an epistemic and theoretical approach (how the object has been contructed with what assumptions). In doing so, the article uses a Foucaldian approach.

VOLUME XLV, N° 2, JUIN 2014

Études internationales

Revue Études internationales
Hautes études internationales
Pavillon Charles-De Koninck, 1030, avenue des Sciences-Humaines, bureau 5456
Université Laval, Québec (Québec) G1V 0A6, Canada
www.hei.ulaval.ca • rei@hei.ulaval.ca
Téléphone : 418 656-2462

D&S Droit et Société

Revue soutenue par l'Institut des Sciences Humaines et Sociales du Centre National de la Recherche Scientifique (France)

ISSN 0769- 3362

Administration et abonnement

Librairie Générale de Droit et de Jurisprudence,
70, rue du Gouverneur Général Éboué
2131 Issy-les-Moulineaux Cedex, France
Tél. : 01.40.93.40.40 Fax : 01.41.09.92.10

Secrétariat de rédaction

Institut des Sciences sociales du Politique, ENS Cachan,
61 av. du Président Wilson F-94235 Cachan cedex
Tél. : 01.47.40.59.63 Fax : 01.47.40.59.56
e-mail : geraldine.doite@isp.ens-cachan.fr

Au sommaire du numéro 87/2014

Dossier : ***La prison comme « laboratoire » des usages sociaux du droit***
coordonné par Claire de Galembert et Corinne Rostaing

Question en débat : ***Points de vue d'acteurs sur le droit en prison***

Études

À propos

Chronique bibliographique

Droit et Société

Revue soutenue par l'Institut des Sciences Humaines et Sociales du Centre National de la Recherche Scientifique (France)

ISSN 0769-3362

Administration et abonnement

Librairie Générale de Droit et de Jurisprudence,
70, rue du Gouverneur Général Éboué
2131 Issy-les-Moulineaux Cedex, France
Tél. : 01.40.93.40.40 Fax : 01.41.09.92.10

Secrétariat de rédaction

Institut des Sciences sociales du Politique, ENS Cachan,
61 av. du Président Wilson F-94235 Cachan cedex
Tél. : 01.47.40.59.63 Fax : 01.47.40.59.56
e-mail : geraldine.doite@isp.ens-cachan.fr

Au sommaire du numéro 88/2014

Critique internationale

64

Les conflits du travail dans le monde

Les conflits du travail : enjeux scientifiques d'un phénomène global
par Maxime Quijoux

« *Making Change at Walmart* » : le syndicalisme solidaire étasunien au sein d'une multinationale des services
par Mathieu Hocquelet

Une extension du domaine de la lutte : l'internationalisation des savoir-faire syndicaux américains en Amérique centrale
par Quentin Delpech

Un apprentissage sous tension : la formation des adhérents syndicaux du commerce à l'usage de la grève en France
par Baptiste Giraud

Entre *Exit* et *Voice* : les conflits du travail dans les entreprises publiques chinoises
par Claude Didry, Annette Jobert, Yi Zhenzhen

Diffusion/distribution CDE/SODIS ISBN 978-2-7246-3350-4 768 293.9

Et aussi...
L'origine populaire comme ressource au sein des élites en France, aux États-Unis et en Inde
par **Jules Naudet**

À l'ombre de la reconnaissance : politiques identitaires et conflit social en Bolivie
par **Lorenza Belinda Fontana**

Deux décennies de transformations structurelles de l'économie allemande : quelques leçons iconoclastes
par **Rémi Colliat**

Prochain Thema
Les conflits au travail dans le monde
Sous la responsabilité de **Maxime Quijoux**

Volume 2
« Défendre les travailleurs » : acteurs, pratiques et enjeux des relations professionnelles

Crise économique et contestation sociale en Espagne : des syndicats percutés par les mouvements sociaux ?
par **Sophie Béroud**

Le mouvement immigré du printemps 2006, esquisse d'un retour des mobilisations politiques de travailleurs aux États-Unis ?
par **Mathieu Bonzom**

Les conflits du travail en Allemagne : nouvelles formes, nouveaux enjeux
par **Olivier Giraud** et **Michel Lallement**

La nouvelle phase du syndicalisme brésilien
par **Armando Boito**, **Paula Marcelino** et **Andréia Galvão**

La révolte des damnés de la terre ou l'échec de l'institutionnalisation des conflits du travail dans les mines d'Afrique du Sud
par **Raphaël Botiveau**

L'émergence de nouveaux syndicats en Chine
par **Chloé Froissart**

Tarifs d'abonnement 2014
Revue trimestrielle
France : Étudiants : 52 €, Particuliers : 58 €, Institutions : 78 €
Étranger : Particuliers : 66 €, Institutions : 96 € - Frais d'expédition par avion : 20 €
Prix du numéro hors abonnement : 22 €
Disponible en librairie

Rédaction

Critique internationale
CERI
56 rue Jacob - 75006 Paris
Tél. : 01 58 71 70 77 - Fax : 01 58 71 70 91
catherine.burucoa@sciencespo.fr

Ventes et abonnements
Presses de Sciences Po
http://www.pressesdesciencespo.fr

Librairie des sciences politiques
30 rue Saint-Guillaume - 75006 Paris
librairie@sciencespo.fr

Critique internationale

65

Les conflits du travail dans le monde

L'échec de l'institutionnalisation des conflits du travail dans les mines d'Afrique du Sud
par Raphaël Botiveau

Crise économique et contestation sociale en Espagne : des syndicats percutés par les mouvements sociaux ?
par Sophie Béroud

L'émergence de négociations collectives autonomes en Chine
par Chloé Froissart

Les conflits du travail en Allemagne : nouvelles formes, nouveaux enjeux
par Olivier Giraud et Michel Lallement

Le mouvement immigré du printemps 2006 : vers un retour des mobilisations politiques de travailleurs aux États-Unis ?
par Mathieu Bonzom

Diffusion/distribution CDE/SODIS ISBN 978-2-7246-3351-1 768 311.2

Et aussi...

État prébendier et politiques industrielles au Cambodge
par **François Bafoil**

Affection, désaffection et défection chez deux jeunes Frères musulmans en Égypte
par **Marie Vannetzel**

Les « causes nationalistes » : retour sur l'adhésion militante à partir de récits biographiques
par **Humberto Cucchetti**

État de littérature
L'histoire des relations internationales aujourd'hui
par **Pierre Grosser**

Prochain Thema
Communismes et circulations transnationales
Sous la responsabilité de **Isabelle Gouarné et Paul Boulland**

Tarifs d'abonnement 2014

Revue trimestrielle
France : Étudiants : 52 €, Particuliers : 58 €, Institutions : 78 €
Étranger : Particuliers : 66 €, Institutions : 96 € - Frais d'expédition par avion : 22 €
Prix du numéro hors abonnement : 22 €
Disponible en librairie

Rédaction

Critique internationale
CERI
56 rue Jacob - 75006 Paris
Tél. : 01 58 71 70 77 - Fax : 01 58 71 70 91
catherine.burucoa@sciencespo.fr

Ventes et abonnements

Presses de Sciences Po
http://www.pressesdesciencespo.fr

Librairie des sciences politiques
30 rue Saint-Guillaume - 75006 Paris
librairie@sciencespo.fr

BON D'ABONNEMENT / DE COMMANDE

NOM : ______________________________

Prénom : ______________________________

Organisme / Institution : ______________________________

Complément (service, bureau, bât., etc.) : ______________________________

Adresse : ______________________________

Code postal : ______________________________

Ville : ______________________________

Pays : ______________________________

E-mail :______________________________

Pour faciliter la distribution à Paris (par coursier), merci d'indiquer vos codes d'immeubles :

____

O Je désire m'abonner à la revue Cultures & Conflits
(1 an - les 4 numéros de l'année civile)

- o France - 54,90 € / an (frais de port inclus)
- o Étranger - 61 € ou $ 80 / an (frais de port inclus)
- o Abonnement de soutien (à partir de 55 €) ______________
- o Abonnement institutionnel - 2 000 €

O Je désire commander 4 numéros aux choix (voir liste au verso)

1°_______ 2°_______ 3°_______ 4°_______

- o France 54,90 € / an (frais de port inclus)
- o Étranger 61 € ou $ 80 / an (frais de port inclus)

O Je désire commander le(s) numéro(s) suivant(s) de la revue Cultures & Conflits
(voir liste des anciens numéros et leur prix pages suivantes).

n°_______ _______ (prix en €) x _____ (quantité)
n°_______ _______ (prix en €) x _____ (quantité)
n°_______ _______ (prix en €) x _____ (quantité)
n°_______ _______ (prix en €) x _____ (quantité)
n°_______ _______ (prix en €) x _____ (quantité)
n°_______ _______ (prix en €) x _____ (quantité)
n°_______ _______ (prix en €) x _____ (quantité)
n°_______ _______ (prix en €) x _____ (quantité)
Total ______________€

Où vous êtes-vous procuré ce numéro ? ______________________________

Bon à retourner à : l'Harmattan 5-7 rue de l'Ecole Polytechnique 75005 Paris
Chèque à libeller à l'ordre des éditions de l'Harmattan

Les numéros de Cultures & Conflits depuis 1990

n°1	La prolongation des conflits, 1990-1991	12.20€
n°2	Menace du Sud : images et réalités, 1991	12.20€
n°3	Mafia, drogue et politique, 1991	12.20€
n°4	Les réseaux internationaux de violence,1991-1992	12.20€
n°5	Violences urbaines : le retour du politique, 1992	13.75€
n°6	Emeutes urbaines, 1992	13.75€
n°7	Les nationalismes et la construction européenne, 1992	13.75€
n°8	Les conflits après la bipolarité, 1992-1993	13.75€
n°9/10	La violence politique dans les démocraties européennes occidentales, 1993	32.00€
n°11	Interventions armées et causes humanitaires, 1993	13.75€
n°12	L'action collective : terrains d'analyse, 1993	13.75€
n°13/14	Les disparitions, 1994	21.35€
n°15/16	Etat et communautarisme, 1994	21.35€
n°17	Les processus de transition à la démocratie, 1995	13.75€
n°18	La violence politique des enfants, 1995	13.75€
n°19/20	Troubler et inquiéter : les discours du désordre international, 1995	21.35€
n°21/22	L'international sans territoire, 1996	27.45€
n°23	Circuler, enfermer, éloigner : zones d'attente et centres de rétention des démocraties occidentales, 1996	13.75€
n°24/25	Survivre. Réflexions sur l'action en situation de chaos, 1997	19.85€
n°26/27	Contrôles : frontières-identités, 1997	22.90€
n°28	Interpréter l'Europe,1997	16.00€
n°29/30	Un nouveau paradigme de la violence ?, 1998	36.60€
n°31/32	Sécurité et immigration, 1998	22.90€
n°33/34	Les anonymes de la mondialisation, 1999	21.35€
n°35	Quelle place pour le pauvre ?, 1999	16.80€
n°36	Rationalités et Relations Internationales (1),1999	13.75€
n°37	Rationalités et Relations Internationales (2), 2000	13.75€
n°38/39	Sociologie de l'Europe. Mobilisations, élites et configurations institutionnelles, 2000	22.90€
n°40	Pacifications. Réconciliations (1), 2000	16.80€
n°41	Pacifications. Réconciliations (2), 2001	12.20€
n°42	Le crime organisé en Russie. Nouvelles approches, 2001	13.75€
n°43	Construire l'ennemi intérieur, 2001	16.80€
n°44	Défense et Identités. Un contexte sécuritaire global ?, 2001	18.30€
n°45	De Tampere à Séville : bilan de la sécurité européenne (1), 2002	16.00€
n°46	De Tampere à Séville : bilan de la sécurité européenne (2), 2002	16.00€
n°47	Les risques du métier, 2002	20.00€
n°48	Approches comparées des polices en Europe, 2002	18.00€
n°49	La mise à l'écart des étrangers : la logique du visa Schengen, 2003	18.30€
n°50	La mise à l'écart des étrangers : les effets du visa Schengen, 2003	18.30€
n°51	Facettes de l'(in)sécurité, 2003	17.50€
n°52	Les entreprises para-privées de coercition. De nouveaux mercenaires ?, 2003	17.50€
n°53	Surveillance politique. Regards croisés, 2004	14.50€
n°54	Approches critiques de la Sécurité. Une perspective canadienne, 2004.	18,00€
n°55	Prison et résistances politiques. Le grondement de la bataille, 2004	20,00€
n°56	Militaires et sécurité intérieure. L'Irlande du Nord comme métaphore, 2004	23,50€

n°57	L'Europe des camps. La mise à l'écart des étrangers, 2005	25,00€
n°58	Suspicion et exception, 2005	21,00€
n°59	Dialogues franco-brésiliens sur la violence et la démocratie, 2005	20,50€
n°60	L'action humanitaire : normes et pratiques, 2005	20,50€
n°61	Antiterrorisme et société, 2006	18,00€
n°62	Arrêter et juger en Europe, 2006	18,50€
n°63	Mort volontaire combattante : sacrifices et stratégies, 2006	16,50€
n°64	Identifier et surveiller : les technologies de sécurité, 2006	18,50€
n°65	Srebrenica 1995 : analyses croisées des enquêtes et des rapports, 2007	18,00€
n°66	Construire le voisin : pratiques européennes, 2007	18,50€
n°67	Militaires et engagements extérieurs, 2007	21,50€
n°68	Circulation et archipels de l'exception, 2007	19,00€
n°69	Xénophobie de gouvernement, nationalisme d'Etat, 2008	19,00€
n°70	Altermondialisme(s) oublié(s), 2008	21,00€
n°71	Confinement des étrangers : entre circulation et enfermement, 2008	19,00€
n°72	Frontières et logiques de passage : l'ordinaire des transgressions, 2008	16,50€
n°73	Frontières, marquages et disputes, 2009	14,50€
n°74	Sécurité et protection des données, 2009	21,00€
n°75	Crises et organisations internationales, 2009	15,50€
n°76	Fichage et listing : quelles incidences pour les individus ?, 2009	18,00€
n°77	Varia, 2010	13,50€
n°78	Biopolitique et gouvernement des populations. Perspectives autres, 2010	16,00€
n°79/80	Langue et politique : les mobilisations ethnolinguistiques en Europe, 2010	19,50€
n°81/82	Le passage par la violence en politique, 2011	24,00€
n°83	Le Genre globalisé, 2011	15,50€
n°84	Gouverner les frontières, 2011	16,00€
n°85/86	L'institutionnalisation du Parlement européen, 2012	24,00€
n°87	Guerres et reconnaissance, 2012	20,00€
n°88	Migrations climatiques, 2012	20,00€
n°89	Militantisme et répression, 2013	16,50€
n°90	Où sont les murs ? Penser l'enfermement en sciences sociales, 2013	16,50€
n°91/92	Iconographies rebelles. Sociologie des formes graphiques de contestation, 2013	18,00€
n°93	Résistance, existence, autorité, 2014	20,00€

Achevé d'imprimer par Corlet Numérique - 14110 Condé-sur-Noireau
N° d'Imprimeur : 116119 - Dépôt légal : février 2015 - *Imprimé en France*

www.ingramcontent.com/pod-product-compliance
Lightning Source LLC
LaVergne TN
LVHW011312061026
849535LV00005B/1527
* 9 7 8 2 3 4 3 0 5 7 6 0 6 *